法大法考

2024年国家法律职业资格考试

主观题考点精编

刑法（第一册）

法律职业资格考试培训中心（学院）◎编著

方鹏◎编写

中国政法大学出版社

2024·北京

声　明　　1. 版权所有，侵权必究。

　　　　　　2. 如有缺页、倒装问题，由出版社负责退换。

图书在版编目（CIP）数据

2024年国家法律职业资格考试主观题考点精编/法律职业资格考试培训中心（学院）编著.—北京：中国政法大学出版社，2024.8
　ISBN 978-7-5764-1466-0

Ⅰ.①2… Ⅱ.①法… Ⅲ.①法律工作者－资格考试－中国－自学参考资料 Ⅳ.①D920.4

中国国家版本馆CIP数据核字(2024)第107065号

出　版　者	中国政法大学出版社	
地　　　址	北京市海淀区西土城路25号	
邮寄地址	北京100088 信箱8034分箱　邮编100088	
网　　　址	http://www.cuplpress.com（网络实名：中国政法大学出版社）	
电　　　话	010-58908285(总编室) 58908433（编辑部） 58908334(邮购部)	
承　　　印	北京鑫海金澳胶印有限公司	
开　　　本	787mm×1092mm　1/16	
印　　　张	86.5	
字　　　数	2000千字	
版　　　次	2024年8月第1版	
印　　　次	2024年8月第1次印刷	
定　　　价	289.00元（全7册）	

前 言
PREFACE

自中国政法大学法律职业资格考试中心（原司法考试学院）成立以来，其紧紧围绕建立的宗旨和方针，一方面为我校学生的法考准备与学习提供全方位教学服务；另一方面为校外学员提供高品质的法考培训，使得学员通过率逐年提升。一直以来，我院按照每年的新大纲所涉考点编写相关理论教材、法条解读等资料，对学员的备考复习发挥了重要作用。但是在培训教学过程中，我们也发现学员面对大量的辅导用书，备考重心不明确，复习缺乏体系化和层次性，"眉毛胡子一把抓"，学习效率比较低，将法考辅导用书去繁存简。伴随法考改革将主观题考查作为考生最后通关阶段，我校选拔了一批在法考方面的权威专家和名师成立编委会，精心编写了这本《国家法律职业资格考试主观题考点精编》作为校内学生法考主观题课程教学及对社会培训的专用教材。

《国家法律职业资格考试主观题考点精编》针对主观题考查内容进行编写，紧扣法考大纲，体系完整，重点突出。综合每门学科内容出综合性案例，授课老师会通过对案例的讲解融会贯通每科考点，抓重点、理顺案情脉络、识破题眼，掌握解题方法。案例贴近实践，与指导性案例相结合，考点明确，法律思维清晰，切中考点要害。全书渗透了参编教师多年的教学经验，体现法考规律和应考学科知识的深刻理解与把握，在排版格式上做了匠心独到的设计。本书主要分为三个部分，第一部分：主观题命题形式、命题思路分析、主观题答题策略和技巧等；第二部分：重要知识点归纳；第三部分：论述题模拟案例分析。

我相信，该教材的出版，会对提高考生主观题考场实战能力及未来从事法律工作能力给予有力支持和帮助。在此预祝各位备考考生顺利通关。最后对编写本套教材编委会老师的辛勤付出表示感谢！

编委会成员（按姓氏笔画排序）：方鹏、兰燕卓、叶晓川、刘家安、杨秀清、宋亚伟、肖沛权、贾若山、梁泽宇。

中国政法大学法律职业资格考试中心
2024 年 8 月

目 录
CONTENTS

第一编　答题方法论	（1）
第一章　刑法主观题的命题形式和答案标准	（1）
第二章　写作理由的方法：抓住关键词	（27）
第三章　法条援引方法和常考法条	（35）
第二编　总论重点考点	（58）
第四章　犯罪构成理论	（58）
第五章　不作为行为	（66）
第六章　因果关系	（72）
第七章　刑事责任年龄；刑事责任能力	（80）
第八章　事实认识错误（主观故意、过失的认定问题）	（84）
第九章　正当防卫、紧急避险	（93）
第十章　犯罪形态（既遂；中止；预备、未遂）	（101）
第十一章　共同犯罪	（108）
第十二章　罪数规则（总论理论+分则规定）	（133）
第三编　分则重点罪名考点	（137）
第十三章　人身犯罪（刑法分则第四章）	（137）
第一节　故意杀人罪、过失致人死亡罪、故意伤害罪	（137）
第二节　非法拘禁罪（催收非法债务罪）、绑架罪	（141）
第三节　性犯罪	（151）
第四节　拐卖收买犯罪	（154）
第十四章　财产犯罪（刑法分则第五章）	（159）
第一节　推理财产犯罪的步骤	（159）
第二节　抢劫罪、抢夺罪	（166）
第三节　敲诈勒索罪	（175）
第四节　盗窃罪、诈骗罪	（178）
第五节　侵占罪	（187）

第十五章 贪污贿赂、渎职犯罪（刑法分则第八章、第九章）……（191）
  第一节 贪污罪、挪用公款罪……（191）
  第二节 贿赂犯罪……（198）
  第三节 渎职犯罪……（210）

第十六章 各种诈骗犯罪……（214）
  第一节 信用卡诈骗罪（信用卡犯罪）……（214）
  第二节 金融诈骗犯罪……（222）
  第三节 合同诈骗罪……（226）

第十七章 汽车肇事与公共安全犯罪……（229）
  第一节 交通肇事罪、危险驾驶罪……（229）
  第二节 以危险方法危害公共安全类犯罪……（234）

第十八章 妨害司法类犯罪……（239）

第十九章 计算机信息系统犯罪……（241）

第二十章 黑社会、黄赌毒犯罪……（244）

第二十一章 知识产权犯罪、环境犯罪［《刑法修正案（十一）》《刑法修正案（十二）》］……（254）

第四编 刑罚论常考点……（262）

第二十二章 累犯、自首（坦白）、立功……（262）

第二十三章 追诉时效……（267）

第五编 主观题中的多观点题……（271）

第二十四章 多观点题……（271）
  第一节 多观点题的答题方法：通说+胡说……（271）
  第二节 总论中多观点题及历年真题例示……（281）
  第三节 分则中常见的多观点题及历年真题例示……（290）
  第四节 稍微生僻一些的非主流观点……（306）
  第五节 承前启后型推理的多观点题……（316）
  第六节 与刑诉证据规则结合的推理题……（317）

第六编 实战演练……（320）

第二十五章 刑法主观题简单示例及答题范例……（320）

第二十六章 主观题综合演练一：基本套路……（333）

第二十七章 主观题综合演练二：进阶变形……（347）

第二十八章 历届刑法主观题真题解析及答案范本……（358）

第一编 答题方法论

第一章 刑法主观题的命题形式和答案标准

刑法主观题的命题形式、内容与素材：四五段案情、四五组罪名。法律职业资格考试的刑法主观题，由一道案例分析题（第二题）组成，分值约 31-36 分。在命题形式方面，存在两种命题类型。（1）**第一种题型：简单理论多观点型（2021-2023 年）**，四组简单案情+五个问题+多观点题；（2）**第二种题型：复杂综合实用型（2019-2020 年）**，五组复杂案情+综合分析。

一、第一种题型：简单理论多观点型（四个小故事[五个问题]+正反作答）

主观题中也常常出现"简单理论多观点型"（多观点题）的命题形式，涉及四个小故事，考查四个到五个考点。在设问形式方面，列出四个到五个问题，一问一答，基本上模式是：陈列不同观点，给出结论，让考生作答赞成和不赞成的理由（预设结论、倒写理由），阐述自己赞成的观点（通说）。对于此类题型，在作答时应当先写出涉及的争议焦点问题，再分叙不同观点和理由，"先通说（多数观点）后胡说（少数观点）"。

（一）多观点题的命题形式

多观点题：四个小故事［四个问题］+给结论正反作答理由

1. 四个小故事：分则罪名（人身、财产、信用卡、金融诈骗）+总则争论问题
2. 五个问题：已给结论，要求正反作答理由，并说明各自依据、不足，你的观点

（二）多观点题的答案格式（通说+胡说）

多观点题：先写争议焦点，再分叙不同观点和理由

多观点型：先写争议焦点，再分叙不同观点和理由；**先通说（正推），再胡说（反推）**
…争议焦点。
（1）观点一（通说：正推）：结论1，理由1（关键词）。
（2）观点二（胡说：反推）：结论2，理由2（关键词）。

（三）多观点题写作理由的方法

> **多观点题写作理由的方法：抓住焦点，正反作答**
>
> 1. 分则罪名的争议焦点，靠分则法条，找出对法条字句的不同理解（客观要素、主观要素）、标准，正反作答
> 2. 总论理论，记住常考的多观点题争议

（四）经典真题示例一：简单理论多观点型

2023 年刑法主观题（难度系数 50%）
《儿子陈某"黑吃黑"、母亲洪某"捞人"案》

【案情】

迟某向陈某谎称自己被银行列入黑名单，无法申请银行卡，向陈某购买银行卡。陈某猜想迟某可能是利用该银行卡进行电信诈骗，但仍将银行卡卖给迟某，后迟某果然利用该银行卡进行电信诈骗犯罪。（事实一）

陈某通过手机银行短信得知，有多人向该银行卡汇入资金共 30 万元。陈某遂向银行工作人员谎称自己银行卡丢失，重新补办该银行卡；然后用补办的银行卡从银行柜台取出 30 万元。事发后被公安机关采取强制措施，并移交检察机关。（事实二）

陈某被采取强制措施后，陈某的母亲洪某向财政局局长吕某请托，并答应事成后给予 100 万元的报酬。吕某向公安局长覃某请托，覃某心想吕某肯定收受了陈某亲属的贿赂或者准备收受贿赂，但担心吕某对自己不利，于是以陈某不清楚事实为由撤销案件。陈某解除强制措施后，洪某交给吕某存有一百万元的银行卡。三个月来吕某使用该银行卡消费了 40 万元，担心长期使用洪某名下的银行卡会引起怀疑，遂将该银行卡还给洪某。洪某觉得吕某在此事帮了大忙，报酬不能太少，于是将剩下的 60 万现金取出，送给吕某。（事实三）

一年后，覃某被人举报。在其被采取强制措施后，覃某向检察机关交代了受吕某请托为陈某作无罪处理的事实。虽然覃某没有证据证明吕某收受了贿赂，但是为了立功表现，仍向检察机关举报吕某。检察机关询问覃某是否有证据，并告知如果没有证据证明吕某收受贿赂将成立诬告陷害罪。覃某表示如果吕某没有收受贿赂，自己愿意承担诬告陷害罪的刑事责任。

后检察机关将线索移交给监察机关，监察机关立案前电话通知吕某到指定地点问话，吕某如实供述收受洪某贿赂，但辩称只收受了 60 万元。（事实四）

【问题】

1. 事实一中，关于陈某行为的性质，刑法理论中有几种观点（至少写出三种）？你的观点和理由是什么？

2. 事实二中，关于陈某行为的性质，刑法理论中有几种观点（至少写出三种）？

你的观点和理由是什么？

3. 事实三中，洪某、吕某和覃某应当认定为何罪？犯罪数额是多少？
4. 事实四中，覃某和吕某的法定量刑情节有哪些？说明理由。

二、第二类题型：复杂综合实用型（五段故事[五组罪名]+综合作答[罪名、形态、罪数]）

"复杂综合实用型"（综合题）命题通常由五段小案情（案件）拼接而成，涉及五组罪名，以一个行为人为主线，穿插数个行为人，涉及十个以上的罪名。在设问形式方面，常见的问题形式是"单问题"，即"请根据《刑法》有关规定，按顺序分析上述案件中各行人的刑事责任"；有时问题形式是"多问题"，即根据事实拆分为三至五个问题。

以 2019 年"罄竹难书洪某的罪恶一生"、2020 年"洪某重出江湖偷沉香"为例，刑法主观题真题不仅案情事实复杂、人物众多，考点也比较多。既涉及定罪问题（分则罪名+总论理论分析），也涉及刑罚论问题（自首、坦白、立功、追诉时效等），具有相当的难度。

不仅要求考生结论准确、理据精准，而且要求作答熟练迅速，能在较短时间内答完较多的内容。

"综合题"命题基本格局是：<u>人身、财产、贪贿渎职、经济犯罪（尤其是信用卡诈骗、金融诈骗、合同诈骗、伪劣产品）、社管犯罪（网络犯罪、妨害司法犯罪、环境犯罪、黑社会犯罪；汽车肇事等）+共同犯罪、因果关系、认识错误、正当防卫+刑罚（自首、坦白、立功、追诉时效）+多观点问题</u>。

（一）综合题的命题形式

综合题：五组罪名+共同犯罪、认识错误、因果关系、防卫+刑罚

1. 五组罪名（三章加两节）：人身+财产+贪贿渎职+信用卡诈骗+经济犯罪（尤其金融诈骗、合同诈骗；知识产权；伪劣产品），或者社管犯罪（网络犯罪、妨害司法犯罪、环境犯罪、黑社会犯罪；汽车肇事等）
2. 共同犯罪+认识错误+因果关系+正当防卫
3. 刑罚论：自首（坦白）、立功+追诉时效
4. 少数几个多观点问题

（二）综合题的答案格式

综合题的答案格式（按事分段）：结论+理由（关键词）+援引法条（序号）

一、事实一中：
（一）张三构成 A 罪（既未遂），数额，罪数。
1. …理由（关键词），…法条（序号）。
2. …理由（关键词），…法条（序号）。

---

3. …争议焦点。
(1) 观点一：结论1，理由1（关键词）。
(2) 观点二：结论2，理由2（关键词）。
(二) 李四构成B罪。…理由（关键词），…法条（序号）。
(三) 王五构成C罪。…理由（关键词），…法条（序号）。
二、事实二中：
(一) 张三构成D罪。…理由（关键词），…法条（序号）。
(二) 李四构成E罪。…理由（关键词），…法条（序号）。
三、事实三中：
张三构成F罪。…理由（关键词），…法条（序号）。

(三) 综合题写作理由的方法

综合题写作理由的方法：关键词

1. **分则罪名**：简单罪名<u>直接套法条</u>；复杂罪名<u>先客观后主观</u>，客观主观相统一。
2. **总论理论**：写<u>刑法术语</u>。

(四) 经典真题示例二：复杂综合实用型

2020年刑法主观题（难度系数100%）
《洪某重出江湖偷沉香案》

【案情】<u>2010年3月</u>，刘某与任某为了种植沉香，擅自砍伐了国有森林中的一片林木（1200株），将砍伐的林木<u>扔在一旁</u>，然后种植沉香，一直没有人发现。

<u>2016年2月</u>，森林公安局的公安局长王某发现林木被砍伐，但因其与刘某是中学同学，碍于情面便未作任何处理，导致刘某与任某继续种植沉香。

2017年3月，王某购买一套房屋后，让刘某负责装修，并将50万元的装修费转交给刘某，同时对装修提出了需要花100万元才能完成的要求。刘某请甲装修公司装修完工后，装修公司应收取120万元的费用，但刘某只给了装修公司100万元。装修公司负责人张某执意要求刘某再付20万元，刘某对张某说："房主是在黑社会混的，你再要20万元，小心他捣毁你的装修公司。"张某听后就没有再要求刘某支付20万元，后来，刘某对王某说，装修总共花了120万元。王某说："太贵了，我再出10万元吧。"刘某收下了该10万元。

2018年7月，喜欢爬山的龚某、洪某见到一片沉香树之后心生盗念，龚某、洪某二人在盗窃之时被刘某与任某发现，洪某立即逃跑。龚某为了窝藏所盗沉香，对刘某、任某以不让拿走沉香就向林业主管部门告发相威胁，刘某、任某担心自己非法砍伐林木的行为被发现，就让龚某拿走了盗窃的价值2万元的沉香。

2018年8月，洪某向林业主管部门举报了有人在国有森林中种植沉香的事实。林业主管部门工作人员赵某与郑某上山检查时，刘某与任某为了抗拒抓捕，对赵某与郑某实施暴力，赵某与郑某反击，形成互殴状态。赵某被打成轻伤，该轻伤由刘某、任某造成，但不能查明是刘某的行为所致，还是任某的行为所致。刘某被打成重伤、任某被打成轻伤，其中，刘某的重伤由赵某与郑某共同造成，任某的轻伤则是由刘某的打击错误所造成（刘某在攻击郑某时，郑某及时躲闪，导致刘某击中了同伙任某）。

【问题】请根据《刑法》有关规定，按顺序分析上述案件中各行人的刑事责任（包括犯罪性质即罪名、犯罪形态、共同犯罪、数罪并罚、犯罪数额等），须说明理由。如有争议问题，可以同时答出不同观点和理由，并发表自己的看法。

三、刑法主观题考查的素材：分则罪名+总论理论+刑罚论+法条规定

无论是"综合型"还是"多观点型"，考查的素材都包括分则罪名和总论理论部分。都是由涉及分则罪名定性、总论理论争议的数个小案例故事拼结而成。只不过"综合型"不告诉结论，需要考生自己推理出结论并写作理由；而"多观点型"写出结论，让考生正反作答理由而已。

（一）分则罪名："三章加两节"罪名（四五组罪名）

刑法案例题的分则罪名涉及的是司法实务中多发常见的普通罪名，集中于分则"三章加两节"的罪名，即：

（1）刑法分则第四章：侵犯公民人身权利罪。

（2）第五罪：侵犯财产罪。

（3）第八章：贪污贿赂罪（以及第九章渎职罪）。

（4）第三章第五节：金融诈骗罪（特别是信用卡诈骗罪、贷款诈骗罪、集资诈骗罪），以及合同诈骗罪，知识产权、伪劣产品犯罪等。

（5）第六章第二节：妨害司法罪（如帮助毁灭、伪造证据罪，掩饰、隐瞒犯罪所得罪等）的罪名。

（6）妨害社会管理秩序犯罪：如网络犯罪、妨害司法犯罪、环境犯罪、黑社会犯罪、袭警罪（及妨害公务罪）等。

（7）公共安全犯罪：交通肇事罪、危险驾驶罪、以危险方法危险公共安全犯罪（如放火罪等）、妨害安全驾驶罪。

（8）还需特别注意《刑法修正案（十一）》增设的新罪名：高空抛物罪、催收非法债务罪、负有照护职责人员性侵罪等。生僻罪名也会偶然出现，但情况较少。

法考主观题常考罪名列表

第四章侵犯公民人身权利、民主权利罪	故意杀人罪，过失致人死亡罪，故意伤害罪；<u>非法拘禁罪（催收非法债务罪），绑架罪</u>；强奸罪，负有照护职责人员性侵罪，强制猥亵、侮辱罪，猥亵儿童罪；拐卖妇女、儿童罪，收买被拐卖的妇女、儿童罪；诬告陷害罪，诽谤罪，刑讯逼供罪；虐待罪，遗弃罪，重婚罪

续表

第五章侵犯财产罪	**财产犯罪四步法（民刑衔接）**，**占有的认定**；**抢劫罪**，抢夺罪，**敲诈勒索罪**；**盗窃罪**，**诈骗罪**；**侵占罪**；故意毁坏财物罪
第八章贪污贿赂罪	**贪污罪（职务侵占罪）**，**挪用公款罪（挪用资金罪、挪用特定款物罪）**，私分国有资产罪；**受贿罪（非国家工作人员受贿罪）**，行贿罪（对非国家工作人员行贿罪），利用影响力受贿罪，对有影响力的人行贿罪，介绍贿赂罪，单位行贿罪；巨额财产来源不明罪
第九章渎职罪	滥用职权罪、玩忽职守罪；**徇私枉法罪**，**徇私舞弊减刑、假释、暂予监外执行罪**；徇私舞弊不移交刑事案件罪
第二章危害公共安全罪	放火罪（失火罪），投放危险物质罪，**以危险方法危害公共安全罪（高空抛物罪）**；**交通肇事罪，危险驾驶罪，妨害安全驾驶罪**
第三章破坏社会主义市场经济秩序罪	走私普通货物、物品罪；**信用卡诈骗罪**，集资诈骗罪（非法吸收公众存款罪），**贷款诈骗罪**（骗取贷款罪），票据诈骗罪，金融凭证诈骗罪，保险诈骗罪；**合同诈骗罪**；非法经营罪，强迫交易罪；伪劣商品犯罪
第六章妨害社会管理秩序罪	**网络犯罪**；妨害公务罪，袭警罪；招摇撞骗罪，赌博罪；**妨害司法犯罪（帮助毁灭、伪造证据罪，掩饰、隐瞒犯罪所得罪等）**；毒品犯罪；卖淫周边犯罪；**黑社会组织犯罪**；环境犯罪

刑法主观题对分则罪名的考查，往往也是"一组组"或"一窝窝"的考查。例如，经常将故意杀人罪、过失致人死亡罪与故意伤害罪，非法拘禁罪与绑架罪，盗窃罪与诈骗罪，绑架罪与抢劫罪等放在一起，或者将诈骗罪、信用卡诈骗罪、合同诈骗罪、贷款诈骗罪、票据诈骗罪、金融凭证诈骗罪放在一起，考查这些罪名的区分和关系。

（二）总则理论：共同犯罪+认识错误+因果关系+正当防卫

在总论理论方面，经常会考到的问题有：

1. **共同犯罪**(如共同犯罪的成立、继承的共同犯罪、行为共同说以及对结果的客观归责、共犯从属、共犯的脱离、共同犯罪的未完成形态等)。

2. **认识错误**(对象错误、打击错误、因果关系错误；具体错误、抽象错误)。

3. **因果关系**(特殊体质与因果关系、介入因素与因果关系、共同犯罪与因果关系)。

4. **正当防卫**。

5. 犯罪形态（既遂、中止、未遂、预备）。

6. **罪数**(特别是想象竞合犯、牵连犯、事后不可罚、吸收犯等)与法条竞合。

（三）刑罚论：自首（坦白）、立功、追诉时效

在刑罚论方面，主要考查**累犯、自首（坦白）、立功、追诉时效**的认定。尤其是：

1. 一人犯有多罪时，部分交代、部分不交代，自首（坦白）尤其是特别自首的认定。

2. 共同犯罪中，一人交代，自首（坦白）与立功的区分。

3. 追诉时效的计算。特别是1997年10月1日新刑法生效之前立案后逃避侦查，以及一人犯有多罪、时效中断的情况。

(四) 围绕法条规定展开考查

法律职业资格考试，官方发放法条参考书。这为从此以后的法考发出了"奉法为尊"的强烈信号。无论是"综合型"还是"多观点型"，都是围绕法条规定展开考查。

在"综合型"中，要求考生判案须以法条为依据，熟悉法条、准确的运用法条解决实务案件、精准的援引法条（序号）。在"多观点型"中，涉及对法条规定的字词含义的解释的不同争论，在写作理由时首先需要将法条争议焦点列明。

由于主观题刑法答题时间较短，考生几乎不可能逐条去"找法条"。真要翻法条的话时间来不及，也不可能在指定时间内作答完毕。为了做题时不要"无事乱翻书"，就需要做到心中有剑、手中无剑，脑中法条记好。需要非常准确的记住重要法条的序号（详情参见本书第五章法条援引和常考法条），知晓各罪名条款、总则规定在法典中位置，在答题时可以准确援引。

四、刑法主观题的答案标准

(一) 刑法主观题的原初模型：实务案例及判决书精要

很多考生对于刑法主观题的答题的格式体例比较茫然。多数考生只对客观题（选择题）比较熟悉，对于主观题（文字书写题）的解题方法和思路、答案格式体例和得分标准比较陌生。经常有考生来问：犯罪构成理论是按"两阶层理论"来答还是按"四要件说"来答？法条要全抄吗？要写多少字才行？拿不准结论为何时可以把结论都写上去吗，写多了会扣分吗？等等。事实上，刑法主观题是从实务案例分析中来，其答案格式体例和得分标准，类似于判决书精要，要求条理清晰、切中要点。

赖小民受贿、贪污、重婚案判决书摘要

1. 2008年至2018年，赖小民利用担任原中国银行业监督管理委员会办公厅主任，原中国华融资产管理公司党委副书记、总裁，中国华融资产管理股份有限公司党委书记、董事长兼华融湘江银行股份有限公司党委书记等职务上的便利，以及职权和地位形成的便利条件，通过其他国家工作人员职务上的行为，为有关单位和个人在获得融资、承揽工程、合作经营、调动工作以及职务提拔调整等事项上提供帮助，直接或通过特定关系人非法收受、索取相关单位和个人给予的财物，共计折合人民币17.88亿余元。其中1.04亿余元尚未实际取得，属于犯罪未遂。

根据《刑法》第385条、第388条、第386条、第383条，构成受贿罪；判处死刑，剥夺政治权利终身，并处没收个人全部财产。

2. 2009年底至2018年1月，赖小民利用担任原中国华融资产管理公司党委副书记、总裁，中国华融资产管理股份有限公司党委书记、董事长兼华融湘江银行股份有

限公司党委书记等**职务上的便利**，**伙同特定关系人侵吞、套取单位公共资金**共计人民币 2513 万余元。

根据《刑法》<u>第 382 条</u>、第 383 条，<u>构成贪污罪</u>；判处有期徒刑十一年，并处没收个人财产人民币二百万元。

3. 赖小民在与妻子<u>合法婚姻关系存续期间</u>，还与他人<u>长期以夫妻名义共同居住生活</u>，并育有子女。

根据《刑法》<u>第 258 条</u>，<u>构成重婚罪</u>；判处有期徒刑一年。

4. <u>数罪并罚</u>；决定执行死刑，剥夺政治权利终身，并处没收个人全部财产。

(二) 答案定位：写给阅卷者看+判决书精要

对于案例分析题的答题格式而言，首先要弄清你写出来的答案的"读者"为谁？法考答案写出来（在电脑上作答"敲出来"）当然要给阅卷老师看的，阅卷老师才是读者。因此，考生在答题时，应当站在阅卷老师的视角上，写出能令他们"赏心悦目"的答案，方能取得较好的分数。由于受到阅卷时间的限制，一般阅卷老师的眼光不会在考生的试卷上停留太多的时间。而且，在主观题全面机考时代，可能还会有专门的辅助阅卷系统，将答案的"关键词"（即采分点）录入，在考生的答案上检索。因此，考生的答案应当能够让阅卷老师一眼看过去就能看明白、看清楚，"一眼中的"为好。同时，阅卷老师一般都具有较高的专业水平（通常要求高校法学专业教师方可参加阅卷工作），故而，考生在写作答案时需要抱持着"写给专业人士看"的态度，要有较高的水准；而不能写成"幼儿园水平"，或犯一些低级错误。

其次，在定位基准方面，法律职业资格考试是选拔法律职业者的考试，考生自己应当以"刑事法庭法官"为基准要求自己，把案例分析答案作为一篇"判决书精要"来写。结论为何、法律和理论依据为何、推理过程为何、认定关键在何处、争议焦点和判断标准为何，都应向判决书看齐。在主观题的作答格式上，以下问题需要重点关注。

(三) 写作答案的要义：抓住"采分点"（"关键词"）

在写作答案（包括理由）时，并不字数越多越好（实际上，在固定的有限时间内，字数写多了，也难以写完、做完题目），而是要求抓住"采分点"（"关键词"）。

因为标准答案虽是由整篇、整段的文字组成，但是阅卷者在评阅时，往往是去寻找答案中的"采分点"（"关键词"），找到一个"采分点"（"关键词"）就给一分。因此，考生写作答案时，需要抓住采分点，亦即最为关键、凝练的字词即"关键词"；围绕"关键词"写上一两句话即可，无需长篇大论。

答案中的"关键词"（"采分点"）：一是指结论，亦即犯罪性质即罪名、犯罪形态、共同犯罪、数罪并罚、犯罪数额等；二是指论证理由中核心术语，例如对象认识错误、具体认识错误不影响故意的成立、特殊体质不影响因果关系判断、转化型抢劫、索债型的非法拘禁罪、对共同行为导致的结果负责，等等。考生应当围绕这些关键词来组织句子和语言，写作理由。

本书之后会专辟一章来教习写作理由的方法，详见后节。

答案标准：张三构成××罪，既未遂（数额），罪数

1. 条理清晰：分段。
2. 结论精准（罪名、形态、罪数）。
3. 理由切中要点（关键词）。
4. 法条（序号）援引准确。

（四）答案的结构形式：条理清晰、纲要清楚

在答题格式体例上，首先要根据题目设定的问题来作答。法考主观题的问题形式，可分为"单问题型"和"多问题型"两种。

1. "单问题型"答案结构：以事为序、以人为序

"单问题型"的问题是大概地提问"根据《刑法》相关规定分析本案"。题目中没有分出小问题，而是整体上问"本案如何处理"。通常有"以事为序""以人为序"两种问法，考生也有对应的"按事分段""按人分段"两种答法。

（1）"以事为序"的问法，如前述2019年：请根据《刑法》有关规定，**按顺序**分析上述案件行为人刑事责任（包括犯罪性质即罪名、犯罪形态、共同犯罪、数罪并罚等），须说明理由。如有争议问题，可以同时答出不同观点和理由，并发表自己的看法。

考生在作答时，应当按照题目中案情叙述的顺序，大体上分为"事实一（第一段事实中）""事实二（第二段事实中）""事实三（第三段事实中）"各个大段落。然后在各大段落事实之下，再分行为人张三、李四、王五各个小段。

体例一（通常）：按事分段

一、事实一中：
（一）张三构成A罪（既未遂），数额，罪数。
1. ···理由（关键词），···法条（序号）。
2. ···理由（关键词），···法条（序号）。
3. ···争议焦点。
（1）观点一：结论1，理由1（关键词）。
（2）观点二：结论2，理由2（关键词）。
（二）李四构成B罪。···理由（关键词），···法条（序号）。
（三）王五构成C罪。···理由（关键词），···法条（序号）。
二、事实二中：
（一）张三构成D罪。···理由（关键词），···法条（序号）。
（二）李四构成E罪。···理由（关键词），···法条（序号）。
三、事实三中：
张三构成F罪。···理由（关键词），···法条（序号）。

（2）"以人为序"的问法如：请根据《刑法》相关规定与刑法原理分析赵某、钱某、孙某的刑事责任（要求注重说明理由，并可以同时答出不同观点和理由）。

考生在作答时，先需挑出犯罪行为人，根据各犯罪行为人分为"张三""李四""王五"各个大段落。然后在各大段落事实之下，再分"事实一（第一段事实中）""事实二（第二段事实中）""事实三（第三段事实中）"各个小段。

体例二：按人分段

一、张三：
（一）事实一中，张三构成 A 罪（形态）。
1. …理由（关键词）。
2. …理由（关键词）…法条（序号）。
（二）事实二中，张三构成 B 罪（形态）。…理由（关键词），…法条（序号）。
（三）事实三中，张三构成 C 罪（形态）。…理由（关键词），…法条（序号）。
二、李四：
（一）事实一中，李四构成 D 罪（形态）。…理由（关键词），…法条（序号）。
（二）事实二中，李四构成 E 罪（形态）。…理由（关键词），…法条（序号）。
三、王五：构成 F 罪（形态）。…理由（关键词），…法条（序号）。

---

2. "多问题型"答案结构：一问一答

例如 2018 年法考主观题，根据案情事实问了多个问题。通常的格式是：在事实一中，张三、李四构成何罪？说明理由。在在事实二中，李四、王五构成何罪？说明理由。根据案情事实的时间顺序提问，或者根据涉及的行为事实"一行为一问题"。对于"多问题型"的问题，考生应当按照题目所问的问题，做到一问一答，每一问都需分一段。

（五）综合型题目的答案组成部分：先写结论（罪名等），再写理由（关键词），最后援引法条（序号）

写作答案时，要求结论精准（罪名、犯罪形态、共同犯罪、数罪并罚、犯罪数额等）、理由切中要点（关键词）、法条援引准确。对于每个行为人的定性，应当**先写结论，再写理由，最后援引法条**。例如：

答案组成部分：结论（罪名等）+理由（关键词）+援引法条（序号）

张三构成 A 罪（既遂）、B 罪（未遂）、C 罪（中止）。应当数罪并罚。
1. 在事实一中，张三构成 A 罪（既遂）。理由是（关键词）……法条（序号）。
2. 在事实二中，张三构成 B 罪（未遂）。理由是（关键词）……法条（序号）。
3. 在事实二中，张三构成 C 罪（中止）。理由是（关键词）……法条（序号）。

如果理由较长，涉及多个考点和关键词，可以一个关键词分为一小段。

第一章 刑法主观题的命题形式和答案标准

> **每个考点和关键词可分为一段**
>
> 一、在事实一中：张三构成 A 罪（既遂），系 A 罪的结果加重犯。
> 1. 客观上张三实施了 A 罪行为。
> 2. 主观上，张三系对象认识错误、具体认识错误，对 B 对象具有 A 罪故意；根据刑法第 N 条，构成 A 罪。
> 3. A 罪的既遂标准是……，张三构成既遂。
> 4. 死亡结果与张三实施的 A 罪行为具有因果关系，张三成立 A 罪的结果加重犯。

（六）多观点型题目的答案组成部分：先写争议焦点，再分叙不同观点和理由

对于主观题中"多观点题"（给出结论要求写作理由，或者"可以同时答出不同观点和理由"），对于此类问题，应当先写涉及的争议焦点，再分叙不同观点和理由。例如：

【案情】高某因为感情问题，杀死了情妇钱某；又临时起意，拿走了钱某的手提包（价值 2 万元），以及包内的 5000 元钱。

【问题】关于拿走钱某的手提包和 5000 元现金的行为性质，如何定性？要求注重说明理由，并可以同时答出不同观点和理由。

【答案】对钱某的行为的定性，涉及到死者遗物的占有的认定。

（1）观点一（通说，即官方观点）：高某构成盗窃罪。理由是：死者遗物是他人占有的财物。高某秘密窃取他人占有的财物，根据《刑法》第 264 条的规定，构成盗窃罪。

（2）观点二（胡说，即学术观点）：高某构成侵占罪。理由是死者遗物无人占有，属于脱离他人占有的遗忘物。高某将遗忘物非法占为己有，根据《刑法》第 270 条第 2 款的规定，构成侵占罪。

五、"简单理论多观点型"题型的答案范本

2023 年真题《儿子陈某"黑吃黑"、母亲洪某"捞人"案》
（方鹏作答，每个下划线 1 分）

一、事实一（网络犯罪、"故意"的认定、片面帮助）中，关于陈某行为的性质，涉及犯罪故意的认定问题

【关键词】故意、片面帮助、概括故意；帮助信息网络犯罪活动罪、诈骗罪的帮助犯；择一重处。

（一）观点一（通说，此观点为我的观点）：陈某构成帮助信息网络犯罪活动罪的正犯、诈骗罪的帮助犯（片面帮助），应当择一重处。理由是：

帮助者陈某主观上单方面猜想迟某可能进行电信诈骗，系"片面帮助"的情况。

1. 如认为帮助信息网络犯罪活动罪的正犯故意，可以是片面的单向意思；并认为只需对犯罪事实的可能性有大概认知，即可认定为"明知"，可成立概括故意。则陈某

单方面猜想迟某可能进行电信诈骗而仍将银行卡卖给迟某，可认为其主观上具有帮助信息网络犯罪活动罪的正犯故意。明知陈某利用信息网络实施犯罪，为其犯罪提供帮助，根据《刑法》第287条之二第1款，构成<u>帮助信息网络犯罪活动罪</u>。

2. 同时，如认为帮助犯故意，也可以是片面的单向意思，且可以是概括故意。则陈某帮助迟某诈骗，主观上具有<u>片面帮助故意</u>，可认为具有诈骗罪的帮助故意，根据《刑法》第266条、第27条，构成<u>诈骗罪的帮助犯</u>。

3. 罪数：根据《刑法》第287条之二第3款，应当<u>择一重处</u>。

4. 注：因陈某出售的是本人的真的银行卡，不是伪造的或骗领的信用卡，不符合《刑法》第177条之一的规定，不构成妨害信用卡管理罪。

（二）观点二（胡说）：**陈某只构成帮助信息网络犯罪活动罪的正犯，不构成诈骗罪的帮助犯。**

1. 如认为帮助信息网络犯罪活动罪的正犯故意，可以是片面的单向意思，陈某可构成帮助信息网络犯罪活动罪的正犯。

2. 如果认为帮助故意必须双向意思联络，则片面帮助故意不能构成帮助故意，则陈某不构成诈骗罪的帮助犯。

（三）观点三（胡说）：陈某**不构成犯罪**。

1. 如认为无论是正犯故意，还是帮助犯故意，都必须对具体犯罪事实有明确清晰地认知，仅对犯罪事实的可能性具有猜测性的大概认知，不符合《刑法》第14条（故意）的规定，<u>不能认定为"明知"</u>，不能成立犯罪故意。

2. 则陈某虽在客观上实施了帮助信息网络犯罪活动的行为、诈骗罪的帮助行为，但主观上不认为具有帮助信息网络犯罪活动罪的正犯故意、帮助犯故意，不构成犯罪。

二、事实二（"掐卡"，财产犯罪、"银行账户资金的占有"）中，关于陈某行为的性质，涉及银行卡内资金占有状态的认定、<u>基于不法原因的代为保管物可否成为侵占罪对象</u>、共同犯罪与盗赃问题

【关键词】占有、基于不法原因的代为保管物、共同犯罪；侵占罪、盗窃罪、诈骗罪。

（一）观点一（通说，此观点为我的观点）：陈某构成侵占罪

1. 如认为"存款的占有归银行"（实然状态），名义存款人享有资金返还权。则陈某即使已将银行卡（非法）出售给迟某，但客观上已汇入陈某银行卡账户的资金30万元，<u>归银行占有</u>；但账户主人陈某，享有资金的返还请求权。

陈某将银行占有的该资金转归其本人占有，<u>转移占有的行为</u>，系无因行为及合法行为，不构成诈骗罪。

之后，陈某代为保管迟某诈骗所得30万元赃款，可认为是基于不法原因的代为保管物。如认为<u>基于不法原因的代为保管物</u>，可成为侵占罪对象；则根据《刑法》第270

条，陈某将其据为己有，构成**侵占罪**(参见《刑事审判参考》第 938 号"曹成洋侵占案")。

2. 如根据民法原理以及我国民法典物权编的规定，银行账户内的货币资金归属于名义存款人（或者认为资金给付的请求权属于名义存款人）。

［注：《民事审判指导与参考》总第 51 辑"丙公司与乙公司案外人执行异议纠纷上诉案"（借用账户内的资金应认定为归属于名义存款人）；最高院（2018）最高法民再 220 号《民事判决书》（对于银行账户中的货币，原则上应以账户名称为权属判断的基本标准），认为银行账户内的货币资金归属于名义存款人。这里所说的"资金归属"，也可以理解为资金给付的请求权。］

则陈某将归其本人即账户主人占有（或陈某享有资金给付的请求权）的、基于不法原因的代为保管物，据为己有，同样构成侵占罪。

3. 因陈某系迟某诈骗罪的共犯，为本犯，**不构成掩饰、隐瞒犯罪所得罪**。

（二）观点二：**陈某构成盗窃罪**

1. 如认为根据陈某与迟某之间的约定，该 30 万元，**应归银行卡的购买者迟某占有**。则陈某在原占有人迟某不知情的情况盗窃该 30 万元，根据《刑法》第 264 条，构成**盗窃罪**。

2. 即使认为陈某与迟某共同占有该款项，在共同占有人不知情的情况，转移占有，也构成盗窃罪。

（三）观点三：**陈某构成诈骗罪**

认为 30 万元**归银行占有**，陈某隐瞒款项系迟某所有的真相，骗取管理人银行处分该笔款项，根据《刑法》第 266 条，构成诈骗罪，**系三角诈骗**。

（四）观点四：**陈某该行为系诈骗罪共犯人的分赃行为，不构成犯罪**

如陈某构成迟某诈骗罪的帮助犯，则该 30 万元赃物系二人共同诈骗所得，侵吞该笔赃款，系分赃行为，不构成犯罪。

三、事实三（"连环贿赂"）中

【关键词】徇私枉法罪、斡旋型受贿、行贿罪

（一）洪某：**构成行贿罪（数额 100 万元）**

洪某为了谋取不正当利益，给予财政局局长吕某 100 万元，根据《刑法》第 389 条，构成行贿罪。数额 100 万元。

（二）吕某：**构成受贿罪（数额 100 万元）、徇私枉法罪教唆犯，应择一重处。**

1. 财政局局长吕某利用本人地位形成的便利条件，通过公安局长覃某职务上的行为，为请托人洪某谋取不正当利益，收受财物 100 万元，根据《刑法》第 388 条的规定，构成受贿罪，**系斡旋型受贿**。

2. 应以**实际收受到的财物价值**计算数额。吕某收到洪某给予的存有 100 万元的银行卡时，即已控制该卡内的财物，对 100 万元构成既遂；且最终实际消费、收受的款项数额为 100 万元。吕某将银行卡（余额 60 万元）退还给洪某之后，洪某又从银行卡中提现 60 万元给予吕某，**该 60 万元不应重复计算**。

[注：原则上，依据《最高人民法院、最高人民检察院关于办理商业贿赂刑事案件适用法律若干问题的意见》第 8 条"收受银行卡的，不论受贿人是否实际取出或者消费，卡内的存款数额一般应全额认定为受贿数额"。但是，该司法解释，仍需按"实际控制"标准进行具体再解释。

（1）行贿人提供了完全充分的信息，足以保证受贿人完全取出卡内存款或者消费，但由于银行方面的原因如技术故障，或者由于受贿人自身操作问题如记错密码，导致暂时不能取出存款或者消费的，仍应认定为受贿既遂。这是因为，行贿人将银行卡送给国家工作人员并告知其相关信息后，银行卡所对应的财物控制权便已转移。国家工作人员随时可以取出存款或者刷卡消费。银行出现技术故障、个人出现操作失误等原因，并不能从实质上阻碍国家工作人员对财物的控制权。当这些障碍排除后，国家工作人员便可以正常使用银行卡。

（2）行贿人送卡后抽回存款或者以挂失等方式阻碍受贿人取款或者消费的，受贿数额以受贿人已经取款或消费的数额计算。受贿人因行贿人的上述行为未能取出或消费的部分，按受贿未遂论处。这是因为，国家工作人员收受银行卡后，虽已取得财物的控制权，但由于银行卡是行贿人以自己名义办理的，其亦可变更密码、挂失或者抽回卡内钱款，导致国家工作人员丧失对卡内剩余钱款的实际控制权，因此对剩余部分应以未遂论处。（参见《中国纪检监察报》刊载："以收银行卡方式受贿中犯罪数额的认定"。）]

3. 教唆公安局长覃某徇私枉法，构成徇私枉法罪的教唆犯。

4. 根据《刑法》第 399 条第 4 款及刑法原理，**应择一重处**。

（三）覃某：构成**徇私枉法罪**

公安局长覃某作为刑事诉讼中的司法工作人员，对明知是有罪的陈某而故意包庇不使他受追诉、撤销案件，根据《刑法》第 399 条，构成徇私枉法罪。没有犯罪数额。

四、事实四（自首、坦白、立功）中

【关键词】立功线索、交代主要犯罪事实；自首、坦白、立功

（一）覃某：构成坦白、立功

1. 对于所犯徇私枉法罪，系被采取强制措施之后，才如实供述，**不属自动投案**，不成立自首；根据《刑法》第 67 条第 3 款，成立**坦白**。

2. 对于揭发吕某所犯受贿罪事实，虽没有证据，但系属与既存徇私枉法犯罪事实紧密关联的事实，应当认定为**提供重要线索**，从而得以侦破其他案件（对于受贿罪，

二人并不成立共同犯罪），根据《刑法》第 68 条，构成<u>立功</u>。

（二）吕某：构成**自首**。

对于自己所犯受贿罪，立案被电话通知到案，属自动投案；如实供述受贿事实，虽对犯罪数额未全部供述，但供述的数额多于未供述数额，根据《最高人民法院关于处理自首和立功若干具体问题的意见》（法发［2010］60 号）的规定"如实交代的犯罪数额多于未交代的犯罪数额，一般应认定为<u>如实供述自己的主要犯罪事实</u>"，根据《刑法》第 67 条第 1 款，构成自首，系<u>一般自首</u>。

六、"复杂综合实用型"题型的答案范本

2020 年真题《洪某重出江湖偷沉香案》

（方鹏作答，每个下划线 1 分）

一、在第一段事实中

刘某、任某：构成滥伐林木罪、非法占有农用地罪，应当追诉。

1. 因主观上无非法占有目的，不构成盗伐林木罪。

［注：根据《最高人民法院关于审理破坏森林资源刑事案件适用法律若干问题的解释》（法释〔2023〕8 号）第 3 条第 1 款，盗伐林木罪的成立以"非法占有目的"为必要构成要素。］

2. 二人违反森林法的规定，滥伐森林，数量较大，根据《刑法》第 345 条第 2 款，构成<u>滥伐林木罪</u>。<u>数量为 1200 株林木</u>。

［注：根据《最高人民法院关于审理破坏森林资源刑事案件适用法律若干问题的解释》（法释〔2023〕8 号）第 5 条第 1 款第 3 项"采伐国家、集体或者他人所有的林木的"，可构成滥伐林木罪。同时，根据前述解释第 3 条第 2 款，同时也可触犯故意毁坏财物罪。择一重处，以滥伐林木罪论处。］

3. 在追诉时效上，滥伐林木罪数量较大，法定最高刑为 3 年，追诉期限为 5 年。因在该罪追诉期限内，二人还同时犯有非法占有农用地罪；按照《刑法》第 89 条第 2 款，前罪追诉期限从犯后罪之日起计算；而后罪系继续犯，犯罪之日计至行为终了之日。故而，至案发时，滥伐林木罪未<u>超过追诉时效</u>。

［注：根据前述司法解释第 6 条，1200 株属"数量较大"。］

4. 二人违反土地管理法规，非法占用林地，改变被占用土地用途，数量较大，造成林地原有植被大量毁坏，根据《刑法》第 342 条，构成<u>非法占有农用地罪</u>。

［注：（1）按照行为当时的刑法，尽管二人毁林之后，仍然种树，但将原森林（公益林）改为种植林（商品林），改变林地用途，根据《森林法》第 48、50、73 条，仍属"改变被占用土地用途"，并造成林地原有植被大量毁坏，仍可构成本罪。实践中有改种茶树、核桃树、沉香树等经济树种等情况。题干未注明占用土地面积，但 1200 株

林木所占面积，应当超过起刑面积5亩。

（2）在现在，根据审判当时的刑法，即《刑法修正案（十一）》（2021年3月1日起施行）修正后的《刑法》第342条之一的规定，二人违反自然保护地管理法规，在国家公园（森林）进行开垦、开发活动，造成严重后果，触犯破坏自然保护地罪；同时也触犯非法占用农用地罪；应以特别法破坏自然保护地罪论处。从旧兼从轻，应以行为时的刑法认定为非法占用农用地罪。]

5. 该犯罪行为系继续犯，《刑法》第89条第1款，追诉期限从犯罪行为终了之日起计算，**未超过追诉时效，应当追诉**。

6. 两行为触犯两罪、造成两结果（砍树、占地），不属想象竞合，应当两罪并罚。

二、在第二、三段事实中

（一）王某：构成徇私枉法罪、受贿罪（60万），应择一重处

1. 王某在2016年2月发现刘某、任某罪行时，对于二人所犯滥伐林木罪、非法占有农用地罪，未超过追诉时效，应当予以刑事立案。

王某作为主管刑事立案的司法工作人员，徇私枉法，对明知是犯罪的刘某、任某，故意包庇不使他受追诉，根据《刑法》第399条，构成**徇私枉法罪**。

2. 王某作为国家工作人员利用职务便利，要求被管理人员低价提供房屋装修财产性利益，索取财物，根据《刑法》第385条，构成**受贿罪**，系索贿型受贿。

[注：根据《最高人民法院、最高人民检察院关于办理贪污贿赂刑事案件适用法律若干问题的解释》第12条，可以折算为货币的物质利益如房屋装修，系贿赂犯罪对象。另外，索贿型受贿的成立虽无需"为他人谋取利益"要素，但本案可认为是第13条第2款规定的"索取……具有行政管理关系的被管理人员的财物"。就索贿人而言，也知该索贿行为与之前的不查处违法犯罪有关联。]

3. 在犯罪数额上，犯罪对象是房屋装修这种财产性利益。客观上装修价值120万元，王某实付60万元，受贿数额即价差为60万元；主观上具有受贿60万元的故意。**犯罪数额为60万元**。

[注：虽行贿人刘某仅向装修公司支付100万元装修款，但本案的贿赂对象是装修本身的价值。相当于：刘某以100万元价格购得价值120万元的装修之后，再转送给王某；王某实际获得的装修价值为120万元。]

4. 在罪数上，王某索取贿赂构成受贿罪，又构成徇私枉法罪，根据《刑法》第399条第4款，应当**择一重处**。

（二）刘某：构成行贿罪（60万元）、诈骗罪（20万元），数罪并罚

1. 刘某为了谋取不正当利益，送给国家工作人员王某价值120万元的装修、只收取60万元，根据《刑法》第389条，构成**行贿罪**。**犯罪数额为60万元**。

2. 刘某虚构房主是黑社会的虚假事实，骗取装修公司负责人张某免除装修款20万元，根据《刑法》第 266 条，构成**诈骗罪**。**犯罪数额为 20 万元**。

［注：债权债务此种财产性利益，在能够立即消灭、转移占有时，可以成为转移占有型财产犯罪的对象。］

3. 刘某虽以虚假事实欺骗张某，但恐吓内容是"小心他捣毁你的装修公司"，而并非由其本人实施加害，不属威胁、要挟行为，不构成敲诈勒索罪。

三、在第四段事实中

（一）龚某：敲诈勒索罪（2 万元，既遂）

1. 秘密窃取刘某、任某的沉香，根据《刑法》第 264 条，构成**盗窃罪**。未控制住财物，系犯罪未遂。犯罪数额为 2 万元。

2. 以揭发违法犯罪相挟，强迫刘某、任某放弃对沉香的占的，根据《刑法》第 274 条，构成**敲诈勒索罪**。系犯罪既遂。**犯罪数额为 2 万元**。

3. 盗窃未遂转而敲诈勒索，应以敲诈勒索罪（2 万元，既遂）论处。

（二）洪某：盗窃罪（2 万元，未遂）

1. 与龚某共同盗窃，构成**盗窃罪的共同犯罪**。系犯罪未遂。犯罪数额为 2 万元。

2. 对于龚某实施的敲诈勒索罪，没有共同行为、共同故意，不构成共同犯罪。

四、在第五段事实中

（一）刘某：妨害公务罪（致一人轻伤、一人伤害未遂，或者致二人轻伤）

1. 对于将赵某打成轻伤的行为：

刘某、任某二人以暴力方法阻碍国家机关工作人员赵某、郑某依法执行职务，根据《刑法》第 277 条，构成**妨害公务罪**，系共同犯罪。

二人在伤害行为的范围内构成共同犯罪，对共同伤害导致的轻伤结果负责，根据《刑法》第 234 条，构成**故意伤害罪（轻伤）**。

想象竞合，择一重处，**以妨害公务罪（轻伤）论处**。

［注：妨害公务中致人轻伤，以妨害公务罪论处；造成重伤、死亡的，才以故意伤害罪、故意杀人罪论处。可比照《最高人民法院、最高人民检察院、公安部关于依法惩治袭警违法犯罪行为的指导意见》第 3 条第 2 款："暴力袭警，致使民警重伤、死亡，符合刑法第二百三十四条、第二百三十二条规定的，应当以故意伤害罪、故意杀人罪定罪，酌情从重处罚。"］

2. 对于攻击郑某的行为：同样构成妨害公务罪、故意伤害罪（未遂）。想象竞合，择一重处，以妨害公务罪（伤害未遂）论处。

3. 对于造成任某轻伤的行为：

（1）**客观上系偶然防卫**(制止了任某正在进行的妨害公务、伤害的不法侵害)，存在以下几种观点：

观点一，认为客观上制止了正在进行了不法侵害，符合防卫的客观条件，系**正当防卫**；

观点二，认为具有侵害合法权利的可能，**系妨害公务、伤害未遂**；

观点三，认为造成了轻伤结果，**系轻伤既遂**。

（2）**主观上系打击错误、具体认识错误**，存在以下几种观点：

观点一，根据法定符合说，认为具有妨害公务罪、故意伤害罪的**犯罪故意**；

观点二，根据具体符合说，认为没有故意，具有**犯罪过失**。

（3）客观主观相统一，有不构成犯罪、妨害公务罪（伤害未遂）、妨害公务罪（轻伤既遂）三种观点。

4. 罪数上，对于郑某构成的妨害公务罪（轻伤），与对于郑某的行为，系想象竞合犯，择一重处，应以妨害公务罪（伤害未遂）、妨害公务罪（轻伤既遂）论处。

5. 暴力伤害赵某之后，又暴力伤害郑某、任某，**系连续犯**，应以妨害公务罪（致一人轻伤、一人伤害未遂，或者致二人轻伤）论处。

（二）任某：妨害公务罪（致一人轻伤、一人伤害未遂）

1. 对于妨害公务、伤害赵某致其轻伤，并攻击郑某的行为，刘某、任某二人构成共同犯罪，根据《刑法》第234条，构成妨害公务罪、故意伤害罪（致一人轻伤、一人伤害未遂）。想象竞合，择一重处，**以妨害公务罪（致一人轻伤、一人伤害未遂）论处**。

2. 对于自己受轻伤的结果，系与刘某构成的共同伤害导致，属偶然自损，不构成犯罪。

（三）赵某、郑某：成立正当防卫

1. 在反击行为的性质上，刘某、任某先动手实施暴力伤害行为，赵某、郑某进行反击，应认定为**防卫行为**。主观上具有防卫意图，没有犯罪故意。

［注：依照《最高人民法院、最高人民检察院、公安部关于依法适用正当防卫制度的指导意见》第9条第2款："因琐事发生争执，双方均不能保持克制而引发打斗，有过错的一方先动手且手段明显过激，或者一方先动手，在对方努力避免冲突的情况下仍继续侵害的，还击一方的行为一般应当认定为防卫行为。"因此，赵某、郑某重伤刘某的行为，优先适用防卫行为，不必依据法令（执法）行为认定。题意中的"互殴"系事实描述，不是法律定性。］

2. 在重伤结果的归责上，赵某、郑某二人行为系防卫行为（即使过当，也是过失不法行为），而不属故意不法行为。

观点一：**按（不法）行为共同说，二人不属共同犯罪**。如果不能查明重伤结果具体由何人行为所致，则根据"存疑有利于被告人"规则，二人对重伤结果均不负责。

观点二：**按犯罪共同说，二人也不属共同犯罪**，如不能查明具体何人致重伤，对重伤结果也不负责。

观点三：**按构成要件共同说，二人属共同犯罪，客观上均对共同防卫行为造成的重伤结果负责。**

3. 在防卫限度上，即使造成重伤重大损害结果，但防卫行为与不法侵害相差并不悬殊、也未明显过激的，<u>不属防卫过当</u>。

4. 根据《刑法》第20条，构成<u>正当防卫</u>。

五、综上所述

1. 刘某：构成滥伐林木罪、非法占有农用地罪；行贿罪（60万元）、诈骗罪（20万元）；妨害公务罪。
2. 任某：构成滥伐林木罪、非法占有农用地罪；妨害公务罪。
3. 王某：构成徇私枉法罪、受贿罪（60万元），应择一重处。
4. 龚某：构成敲诈勒索罪（2万元，既遂）。
5. 洪某：构成盗窃罪（2万元，未遂）。
6. 赵某、郑某：成立正当防卫。

七、前述2020年真题《洪某重出江湖偷沉香案》的案情分解及疑难考点分析

（一）案情第一段：林木犯罪+追诉时效

1. 盗伐林木罪；滥伐林木罪

罪名	行为	主观
盗伐林木罪	盗伐（盗+伐）：擅自砍伐他人林木	具有非法占有为目的
滥伐林木罪	滥伐：无证、违规砍伐	没有非法占有目的

【参考法条】

第345条【盗伐林木罪】<u>盗伐</u>森林或者其他林木，数量较大的，处三年以下有期徒刑、拘役或者管制，并处或者单处罚金；数量巨大的，处三年以上七年以下有期徒刑，并处罚金；数量特别巨大的，处七年以上有期徒刑，并处罚金。

【滥伐林木罪】违反森林法的规定，<u>滥伐</u>森林或者其他林木，数量较大的，处三年以下有期徒刑、拘役或者管制，并处或者单处罚金；数量巨大的，处三年以上七年以下有期徒刑，并处罚金。

第344条【危害国家重点保护植物罪（《补充罪名（七）》修正罪名）】违反国家规定，非法采伐、毁坏珍贵树木或者国家重点保护的其他植物的，或者非法收购、运输、加工、出售珍贵树木或者国家重点保护的其他植物及其制品的，处三年以下有期徒刑、拘役或者管制，并处罚金；情节严重的，处三年以上七年以下有期徒刑，并处罚金。

《最高人民法院关于审理破坏森林资源刑事案件适用法律若干问题的解释》（<u>法释</u>

〔2023〕8号）

第三条 以非法占有为目的，具有下列情形之一的，应当认定为刑法第三百四十五条第一款规定的"盗伐森林或者其他林木"：

（一）未取得采伐许可证，擅自采伐国家、集体或者他人所有的林木的；

（二）违反森林法第五十六条第三款的规定，擅自采伐国家、集体或者他人所有的林木的；

（三）在采伐许可证规定的地点以外采伐国家、集体或者他人所有的林木的。

第五条 具有下列情形之一的，应当认定为刑法第三百四十五条第二款规定的"滥伐森林或者其他林木"：

（一）未取得采伐许可证，或者违反采伐许可证规定的时间、地点、数量、树种、方式，任意采伐本单位或者本人所有的林木的；

（二）违反森林法第五十六条第三款的规定，任意采伐本单位或者本人所有的林木的；

（三）在采伐许可证规定的地点，超过规定的数量采伐国家、集体或者他人所有的林木的。

林木权属存在争议，一方未取得采伐许可证擅自砍伐的，以滥伐林木论处。

第六条 滥伐森林或者其他林木，涉案林木具有下列情形之一的，应当认定为刑法第三百四十五条第二款规定的"数量较大"：

（一）立木蓄积二十立方米以上的；

（二）幼树一千株以上的；

（三）数量虽未分别达到第一项、第二项规定标准，但按相应比例折算合计达到有关标准的；

（四）价值五万元以上的。

实施前款规定的行为，达到第一项至第四项规定标准五倍以上的，应当认定为刑法第三百四十五条第二款规定的"数量巨大"。

实施滥伐林木的行为，所涉林木系风倒、火烧、水毁或者林业有害生物等自然原因死亡或者严重毁损的，一般不以犯罪论处；确有必要追究刑事责任的，应当从宽处理。

2. 非法占用农用地罪、破坏自然保护地罪〔《刑法修正案（十一）》增设〕

罪名	行为	对象	成罪要素
非法占用农用地罪	非法占用	耕地、林地等农用地	改变被占用土地用途，数量较大，造成耕地、林地等农用地大量毁坏
破坏自然保护地罪	开垦、开发活或者修建建筑物	国家公园、国家级自然保护区	造成严重后果或者其他恶劣情节

第342条【非法占用农用地罪】违反土地管理法规，非法占用耕地、林地等农用

地，改变被占用土地用途，数量较大，造成耕地、林地等农用地大量毁坏的，处五年有期徒刑或者拘役，并处或者单处罚金。

第342条之一【破坏自然保护地罪［《刑法修正案（十一）》增设］】违反自然保护地管理法规，在国家公园、国家级自然保护区进行开垦、开发活动或者修建建筑物，造成严重后果或者有其他恶劣情节的，处五年以下有期徒刑或者拘役，并处或者单处罚金。

有前款行为，同时构成其他犯罪的，依照处罚较重的规定定罪处罚。

3. 追诉时效

(1) 不受时效限制	①司法机关立案（对事立案）、受理+行为人逃避；②被害人在追诉期内控告+应当立案而不予立案；③1997.10.1之前：强制措施+逃避
(2) 起算点	(行为人) 犯罪成立之日起算；连续犯、继续犯犯罪行为终了之日起算
时效中断	前罪时效内犯后罪，前罪时效从后罪成立之日重新计算
(3) 终止时点	破案之日：对人立案（侦破确定犯罪嫌疑人）
(4) 时限	①法定最高刑"不满5年"（不包括5年）经过5年；"不满10年"（不包括10年）经过10年；"10年以上"（包括10年）15年。②最高刑5年（包括5年），时限10年；最高刑10年（包括10年），时限15年；最高刑15年，时限15年。最高刑无期、死刑，时限20年。
(5) 超时限后果	①一般犯罪不再追诉。②最高刑无期、死刑超20年，仍想追诉报最高检核准。

第89条【追诉期限的起算点】追诉期限从犯罪之日起计算；犯罪行为有连续或者继续状态的，从犯罪行为终了之日起计算。

【追诉期限的的中断】在追诉期限以内又犯罪的，前罪追诉的期限从犯后罪之日起计算。

第87条【追诉时效期限】犯罪经过下列期限不再追诉：

（一）法定最高刑为不满五年有期徒刑的，经过五年；

（二）法定最高刑为五年以上不满十年有期徒刑的，经过十年；

（三）法定最高刑为十年以上有期徒刑的，经过十五年；

（四）法定最高刑为无期徒刑、死刑的，经过二十年。如果二十年以后认为必须追诉的，须报请最高人民检察院核准。

（二）案情第二段、第三段：渎职犯罪+贿赂犯罪+罪数

1. 渎职犯罪

徇私枉法罪	
主体身份（身份犯）：刑事司法工作人员	刑事诉讼中负有侦查、检察、审判、监管职责的司法工作人员。如刑警、检察官、法院刑庭审判人员、监狱侦查人员

续表

徇私枉法罪	
时空环境：在刑事诉讼活动中，包括刑事附带民事诉讼之中	民事诉讼、行政诉讼中的司法工作人员故意乱判案，构成民事、行政枉法裁判罪。
徇私枉法行为：违背事实和法律对刑事案件作枉法裁判	故意地有罪判无、无罪判有；重罪轻判、轻罪重判；其它乱判
罪过形式：故意，出于徇私、徇情动机	因法律水平不高、事实掌握不全而过失造成错判，不构成本罪；确有重大过失造成重大损失结果的，可触犯玩忽职守罪

第399条【徇私枉法罪】<u>司法工作人员</u>徇私枉法、徇情枉法，对明知是无罪的人而使他受追诉、对明知是有罪的人而故意包庇不使他受追诉，或者在刑事审判活动中故意违背事实和法律作枉法裁判的，处五年以下有期徒刑或者拘役；情节严重的，处五年以上十年以下有期徒刑；情节特别严重的，处十年以上有期徒刑。……

【罪数规定】司法工作人员收受贿赂，有前三款行为的，同时又构成本法第三百八十五条规定之罪的，依照处罚较重的规定定罪处罚。

第397条【滥用职权罪；玩忽职守罪】**国家机关工作人员**滥用职权或者玩忽职守，致使公共财产、国家和人民利益遭受重大损失的，处三年以下有期徒刑或者拘役；情节特别严重的，处三年以上七年以下有期徒刑。本法另有规定的，依照规定。

国家机关工作人员徇私舞弊，犯前款罪的，处五年以下有期徒刑或者拘役；情节特别严重的，处五年以上十年以下有期徒刑。<u>本法另有规定的，依照规定</u>。

2. 贿赂犯罪（犯罪数额+罪数）

索取贿赂（主动要）	无需"为他人谋取利益"	
收受贿赂（被动收）	需要"为他人谋取利益"（正当、不正当）	客观构成要件要素（客观上承诺即可）
		1、实际或者承诺为他人谋取利益的；2、明知他人有具体请托事项的；3、履职时未被请托，但事后基于该履职事由收受；4、索取、收受具有上下级关系的下属或者具有行政管理关系的被管理人员的财物，可能影响职权行使

受贿后又实施渎职犯罪的罪数认定

择一重罪处断（非常态）	国家机关工作人员收受贿赂，并实施徇私枉法罪，民事、行政枉法裁判罪，执行判决、裁定滥用职权罪三罪之一
数罪并罚（常态）	国家机关工作人员收受贿赂，并实施除上述三罪之外的其他渎职犯罪

第385条【普通受贿罪】国家工作人员利用职务上的便利，索取他人财物的，或者非法收受他人财物，为他人谋取利益的，是受贿罪。

《最高人民法院、最高人民检察院关于办理贪污贿赂刑事案件适用法律若干问题的

解释》

第十二条 贿赂犯罪中的"财物",包括货币、物品和财产性利益。财产性利益包括可以折算为货币的物质利益如<u>房屋装修</u>、债务免除等,以及需要支付货币的其他利益如会员服务、旅游等。<u>后者的犯罪数额,以实际支付或者应当支付的数额计算</u>。

第十三条 具有下列情形之一的,应当认定为"为他人谋取利益",构成犯罪的,应当依照刑法关于受贿犯罪的规定定罪处罚:

(一) 实际或者承诺为他人谋取利益的;

(二) 明知他人有具体请托事项的;

(三) 履职时未被请托,但事后基于该履职事由收受他人财物的。

国家工作人员索取、收受具有上下级关系的下属或者<u>具有行政管理关系的被管理人员</u>的财物价值三万元以上,可能影响职权行使的,视为承诺为他人谋取利益。

第十七条 国家工作人员利用职务上的便利,收受他人财物,为他人谋取利益,同时构成受贿罪和刑法分则第三章第三节、第九章规定的渎职犯罪的,<u>除刑法另有规定外,以受贿罪和渎职犯罪数罪并罚</u>。

(三) 案情第四段:财产犯罪(犯罪形态)

敲诈勒索罪:利用暴力威胁、非暴力要挟强迫他人交财

敲诈手段:暴力或威胁、非暴力要挟手段	①暴力或暴力威胁(对人身)。非暴力要挟,以毁财、毁人名誉、揭发犯罪或隐私为内容,恐吓被害人
	②暴力或威胁、非暴力要挟的<u>加害内容需由行为人实施</u>
	③暴力或威胁、非暴力要挟手段(敲诈手段)<u>具有非法性</u>
	④以揭发犯罪、揭发隐私相要挟,索要财物的,也可构成敲诈勒索罪
勒索行为	利用被害人的恐惧心理(或为难心理),<u>强行索取公私财物</u>

敲诈勒索罪与诈骗罪的关系

行为人行为	被害人反应	罪名
仅欺骗	认识错误→恐惧心理	诈骗罪
仅威胁要挟	主要基于恐惧心理	敲诈勒索罪
欺骗与威胁要挟	认识错误	诈骗罪
欺骗与威胁要挟	恐惧心理	敲诈勒索罪
欺骗与威胁要挟	认识错误→恐惧心理	诈骗罪与敲诈勒索罪的想象竞合犯

第274条【敲诈勒索罪】<u>敲诈勒索</u>公私财物,数额较大或者多次敲诈勒索的,处三年以下有期徒刑、拘役或者管制,并处或者单处罚金;数额巨大或者有其他严重情节的,处三年以上十年以下有期徒刑,并处罚金;数额特别巨大或者有其他特别严重情节的,处十年以上有期徒刑,并处罚金。

第266条【诈骗罪】**诈骗**公私财物，数额较大的，处三年以下有期徒刑、拘役或者管制，并处或者单处罚金；数额巨大或者有其他严重情节的，处三年以上十年以下有期徒刑，并处罚金；数额特别巨大或者有其他特别严重情节的，处十年以上有期徒刑或者无期徒刑，并处罚金或者没收财产。本法另有规定的，依照规定。

第264条【盗窃罪】**盗窃**公私财物，数额较大的，或者多次盗窃、入户盗窃、携带凶器盗窃、扒窃的，处三年以下有期徒刑、拘役或者管制，并处或者单处罚金；数额巨大或者有其他严重情节的，处三年以上十年以下有期徒刑，并处罚金；数额特别巨大或者有其他特别严重情节的，处十年以上有期徒刑或者无期徒刑，并处罚金或者没收财产。

（四）案情第五段之一：妨害公务罪+人身犯罪+共同犯罪

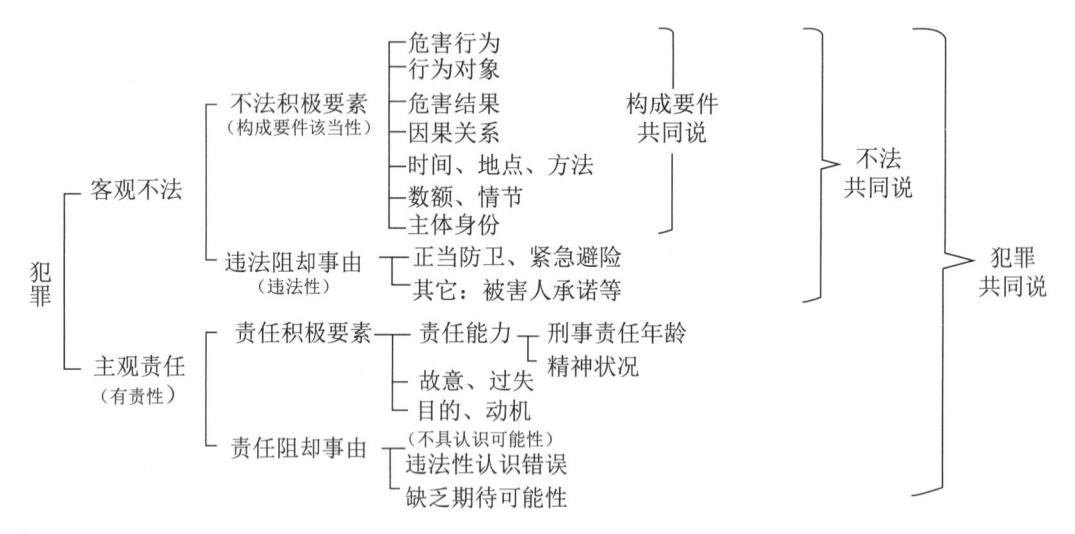

```
                      ┌─ 危害行为
                      ├─ 行为对象
           ┌ 不法积极要素 ─┼─ 危害结果     ┐ 构成要件
           │ （构成要件该当性）├─ 因果关系     ┘ 共同说
     ┌ 客观不法 ┤              ├─ 时间、地点、方法      ┐
     │        │              ├─ 数额、情节          │ 不法
     │        │              └─ 主体身份           │ 共同说
     │        └ 违法阻却事由 ─┬─ 正当防卫、紧急避险    │
犯罪 ┤          （违法性）   └─ 其它：被害人承诺等    ┘        ┐
     │                                                  │ 犯罪
     │        ┌ 责任积极要素 ─┬─ 责任能力 ─┬ 刑事责任年龄         │ 共同说
     │        │              │           └ 精神状况             │
     └ 主观责任 ┤              ├─ 故意、过失                     │
        （有责性）│              └─ 目的、动机                     │
              └ 责任阻却事由 ─┬ （不具认识可能性）                │
                            ├─ 违法性认识错误                   │
                            └─ 缺乏期待可能性                  ┘
```

第25条【共同犯罪】共同犯罪是指二人以上共同故意犯罪。

【共同过失犯罪】二人以上共同过失犯罪，不以共同犯罪论处；应当负刑事责任的，按照他们所犯的罪分别处罚。

第277条【妨害公务罪】以暴力、威胁方法阻碍国家机关工作人员依法执行职务的，处三年以下有期徒刑、拘役、管制或者罚金。

以暴力、威胁方法阻碍全国人民代表大会和地方各级人民代表大会代表依法执行代表职务的，依照前款的规定处罚。

在自然灾害和突发事件中，以暴力、威胁方法阻碍红十字会工作人员依法履行职责的，依照第一款的规定处罚

故意阻碍国家安全机关、公安机关依法执行国家安全工作任务，未使用暴力、威胁方法，造成严重后果的，依照第一款的规定处罚。

（五）案情第五段之二：正当防卫（偶然防卫+打击错误）

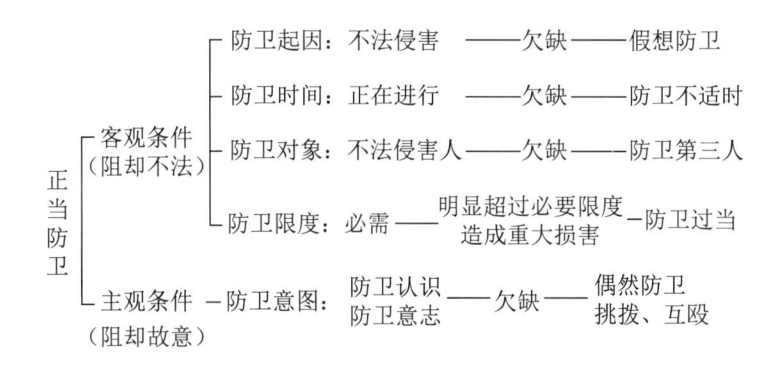

```
            ┌ 客观条件   ┌ 防卫起因：不法侵害 ——欠缺——假想防卫
            │ （阻却不法）│ 防卫时间：正在进行 ——欠缺——防卫不适时
正当         │           │ 防卫对象：不法侵害人——欠缺——防卫第三人
防卫         │           └ 防卫限度：必需——明显超过必要限度——防卫过当
            │                              造成重大损害
            └ 主观条件 — 防卫意图  防卫认识 ——欠缺—— 偶然防卫
              （阻却故意）          防卫意志           挑拨、互殴
```

偶然防卫：具备防卫客观条件+不具备防卫意图条件（有犯罪故意）

偶然防卫+打击错误推理：						
【"猪队友事件"】甲、乙共谋杀害丙，甲开枪打丙（未遂），子弹走偏打死同伙乙						
甲的行为	不法积极层面（事实层面）	不法消极层面（价值层面）	不法与否	主观故意（打击错误）	罪名	罪数
甲对丙（好人）	杀人未遂行为	无	不法	杀人故意	故意杀人罪未遂	想象竞合
甲对乙（坏人）	杀人行为+死亡结果=杀人致死行为	偶然防卫	①通说：合法 ②少数：杀人未遂 ③极少数：杀人既遂	①法定符合说：杀人故意 ②具体符合说：过失	①无罪；②无罪；③故意杀人罪未遂；④过失致死未遂，无罪；⑤故意杀人罪既遂；⑥过失致人死亡罪	想象竞合

第20条【正当防卫】为了使国家、公共利益、本人或者他人的人身、财产和其他权利免受<u>正在进行</u>的<u>不法侵害</u>，而采取的制止不法侵害的行为，对不法侵害人造成损害的，属于正当防卫，不负刑事责任。

【防卫过当】正当防卫<u>明显超过必要限度</u>造成<u>重大损害</u>的，应当负刑事责任，但是<u>应当减轻或者免除处罚</u>。

【特殊防卫】对正在进行行凶、杀人、抢劫、强奸、绑架以及其他<u>严重危及人身安全的暴力犯罪</u>，采取防卫行为，造成不法侵害人伤亡的，不属于防卫过当，不负刑事责任。

《最高人民法院、最高人民检察院、公安部关于依法适用正当防卫制度的指导意见》

准确认定"明显超过必要限度"。防卫是否"明显超过必要限度"，应当综合不法侵害的性质、手段、强度、危害程度和防卫的时机、手段、强度、损害后果等情节，考虑双方力量对比，立足防卫人防卫时所处情境，结合社会公众的一般认知作出判断。在判断不法侵害的危害程度时，不仅要考虑已经造成的损害，还要考虑造成进一步损害的紧迫危险性和现实可能性。不应当苛求防卫人必须采取与不法侵害基本相当的反击方式和强度。通过综合考量，对于防卫行为与不法侵害相差悬殊、明显过激的，应当认定防卫明显超过必要限度。

第二章 写作理由的方法：抓住关键词

刑法主观案例题，作答时除了要求结论正确，还要求"注重说明理由"；在采分点分布上，如果结论正确的话，说明理由的分值，会大于结论的分值。因此，在结论正确的前提之下，必须学会写作理由。

初学考生在做主观题时，首先遇到的困难是感到"无话可说"、没有头绪。考过客观题后，对于案件结论的判断已大概知道并能大体上判断正确，但如何写作理由，该写什么内容，往往会茫然不知所措。因此，首先需要认真学习写作理由的内容，此时应当学会"有话可说"，尽量论理充分一些。

在之后，当考生学会写作理由的内容之后，又会发现写得太多、太杂，一道题写上一两个小时，洋洋洒洒。但考试受时间限制，一道题作答时间应当控制在 50 分钟之内。此时，应当学习"把话说精"，把握住关键词，言简意赅的写出理由，长话短说、切中肯綮。

一、写作理由的核心要点："切中要点"（关键词）

写理由时，要求切中要点，抓住<u>关键词</u>。直接答出阅卷人想看到的"采分点"。

很多考生经常问"是按四要件分析还是按两阶层分析"，事实上，一般案例分析题，在回答行为人构成何罪的理由时，基本上无需按任何犯罪论体系。而应"切中要点"，直接答出阅卷人想看到的"采分点"（关键词）即可。

阅卷在阅卷时，往往只要看到关键"采分点"就会立即给分；对于多余的、不关键的其它叙述，并不看重。

（1）×认定行为人构成某罪时，不能这么写：因为 A 罪的构成要件是客体、客观要件、主体、主观要件；而甲某的行为符合了 A 罪的客体、客观要件、主体、主观要件，所以构成 A 罪。

（2）√而应当这么写：【关键词1：转化型抢劫】甲犯盗窃罪，为抗拒抓捕当场使用暴力将乙打成重伤，根据《刑法》第 269 条，系转化型抢劫，构成抢劫罪；犯罪既遂。【关键词2：结果加重犯】系结果加重犯，属抢劫罪（致人重伤）。

因为阅卷人是通过"采分点"来给考生"找分"的，因此，在电脑上写作理由之前，可以先打一个"腹稿"，先列出之后写出理由解析的"关键词"，然后围绕"关键词"组织语言。

【关键词：索债型非法拘禁】张三为了索取债务而非法扣押被害人李四，依照《刑法》第 238 条第 3 款的规定，构成非法拘禁罪，系索债型非法拘禁。

二、分则罪名模式

（一）简单罪名模式：以被援引法条规定为基准，比照构成要件直接简述代入案情+法条序号

【案情1】甲为了劫财，砍死乙，拿走其手机一部。

【答案】甲以杀害乙的暴力方法当场劫夺乙的手机，根据《刑法》第263条，构成抢劫罪。

[参考法条（不用抄写原文，援引序号即可）：第263条【抢劫罪】以暴力、胁迫或者其他方法抢劫公私财物的，处三年以上十年以下有期徒刑，并处罚金……]

【案情2】张三为了报仇而朝李四连射四枪，致其死亡。

【答案】张三杀害李四，根据《刑法》第232条，构成故意杀人罪。

[参考法条（不用抄写原文，援引序号即可）：第232条，故意杀人的……]

【案情3】张三捡到李四的信用卡在ATM机上取款1万之后，被李四发现，为了阻止李四的抓捕，开枪打李四；未料子弹走偏，打死了王五。

【答案】（一）对李四：抢劫罪

1. 张三犯信用卡诈骗罪，为了抗拒抓捕，当场使用暴力杀人，根据《刑法》第269条，构成抢劫罪，系转化型抢劫。

2. 已取得财物，系犯罪既遂。

3. 杀而未死，系抢劫罪致人死亡，结果加重犯的未遂。

（二）对王五

1. 客观上，转化型抢劫行为致王五死亡。

2. 主观上，系打击错误、具体错误。

（1）观点一：按法定符合说，仍有抢劫故意，构成抢劫罪致人死亡，结果加重犯的既遂。

（2）观点二：按具体符合说，仅有过失，构成过失致人死亡罪。

（三）想象竞合，择一重处，以抢劫罪致人死亡，结果加重犯的既遂。

[参考法条（不用抄写原文，援引序号即可）：第269条【转化型抢劫罪】犯盗窃、诈骗、抢夺罪，为窝藏赃物、抗拒抓捕或者毁灭罪证而当场使用暴力或以暴力相威胁的，依照本法第二百六十三条的规定定罪处罚。]

（二）有明确法条依据模式：以被援引法条规定为基准，比照构成要件直接简述代入案情+法条序号

【案情4】甲为了索取赌债，而将乙抓来关在地下室三天。

【答案】（1）甲为了索取赌债而非法扣押乙，依照《刑法》第238条第3款，构成非法拘禁罪，系索债型的非法拘禁。

（2）甲采用限制乙人身自由的方法催收赌债这种非法债务，依照《刑法》第293

条之一第 2 项，触犯**催收非法债务罪**。

（3）择一重处，以催收非法债务罪论处。

[参考法条（**不用抄写原文，援引序号即可**）：第 238 条第 3 款【索债型非法拘禁】为索取债务非法扣押、拘禁他人的，依照前两款的规定处罚。

第 293 条之一【催收非法债务罪】有下列情形之一，催收高利放贷等产生的非法债务，情节严重的，处三年以下有期徒刑、拘役或者管制，并处或者单处罚金：

（一）使用暴力、胁迫方法的；

（二）限制他人人身自由或者侵入他人住宅的；

（三）恐吓、跟踪、骚扰他人的。]

（三）构成要素解释模式（如盗窃罪、诈骗罪、敲诈勒索罪等）：对构成要素简单解释，代入案情事实

【案情 5】乙坐地铁时睡着了，甲趁机拿走了其放在脚边的皮包。

【答案】甲秘密窃取乙的皮包，依照《刑法》第 264 条，构成盗窃罪，系扒窃。

[参考法条（**不用抄写原文，援引序号即可**）：第 264 条【盗窃罪】盗窃（解释：秘密窃取）公私财物，数额较大的，或者多次盗窃、入户盗窃、携带凶器盗窃、扒窃的……]

【案情 6】某网络直播平台男主播甲男，谎称自己父亲患癌症急需手术费，骗得女粉丝乙女 20 万元后逃走。

【答案】甲男虚构款项用途骗取乙女 20 万元，依照《刑法》第 266 条，构成诈骗罪。

[参考法条（**不用抄写原文，援引序号即可**）：第 266 条【诈骗罪】诈骗（解释：虚构事实、隐瞒真相）公私财物，数额较大的……]

【案情 7】甲得知官员乙的受贿事实后，向乙索要"封口费"50 万元，否则向监察委告发。

【答案】甲以揭发犯罪相要挟勒索乙 50 万元，根据《刑法》第 274 条，构成敲诈勒索罪。

[参考法条（**不用抄写原文，援引序号即可**）：第 274 条【敲诈勒索罪】敲诈勒索（解释：威胁、要挟）公私财物，数额较大或者多次敲诈勒索的……]

三、构成要件模式：先客观、后主观

（一）罪名区分模式

考查罪名之间的区分，**直接写区分要点；或先反向论证不构成 B 罪，再正向论证构成 A 罪**。

【案情 8】甲将超市里的茅台装入二锅头的瓶子，谎称购买二锅头，向售货员支付了二锅头的价格（20 元），拿走了茅台（3500 元）。

【答案】甲构成盗窃罪，而不是诈骗罪。

1. 行为人虽有诈骗行为，但被骗人不知情转移占有的事实，没有处分意识，不构成诈骗罪。

2. 在原占有人不知情的情况下拿走，系秘密窃取的盗窃行为，根据《刑法》264条，构成盗窃罪。

（二）欠缺某个构成要素模式：直接写欠缺某个构成要件要素，不构成该罪

【案情9】甲喝醉后，发现路边有一辆哈雷摩托车，误认为是别人的，遂撬锁偷走；第二天酒醒后才发现是自己停在路边的摩托车。

【答案】

（1）对自己的摩托车：因客观对象是其本人所有、占有的财物，不是盗窃罪的对象他人占有的财物，不符合盗窃罪的对象要求，不构成盗窃罪。

（2）对于别人的摩托车（如果旁边停放有别人的摩托车的话），可构成盗窃罪未遂。

（三）客观不法、主观责任要素不统一模式：但客观主观可重合于某罪名的，直接写明客观、主观的推理过程

【案情10】乙去上厕所，把拖杆箱放在路边；甲误认为是别人遗忘的，而拖走。

【答案】甲构侵占罪。

（1）在客观方面，物主近在咫尺，应该认定为他人占有的财物，系盗窃罪的对象，行为人的行为应当认定为盗窃行为。

（2）在主观方面，行为人误认为系脱离他人占有的遗忘物，具有侵占罪故意。

（3）因行为人欠缺盗窃故意，不能构成盗窃罪。

（4）客观主观相统一，根据《刑法》第270条，构成侵占罪。

四、刑法总论考点模式：刑法术语

总论考点模式，可先叙述所涉及的总论的疑难点（考点），再作细致解析。例如：

（1）"对象认识错误""具体认识错误"。例如，甲误将丙认作乙砍击，系对象认识错误、具体认识错误，构成故意伤害罪既遂（致人重伤）。

（2）"承继的共犯"。例如，甲与乙构成盗窃罪的共同犯罪，乙在甲盗窃犯罪终了之前加入，以共同盗窃故意实施部分盗窃行为，系承继的共犯。符合《刑法》第25条第1款的规定，构成共同犯罪。

（3）"共犯脱离"。例如，甲成立故意杀人罪既遂，因其未切断帮助行为与死亡结果的因果关系，共犯脱离不成，仍对被害人死亡的结果负责。

（4）"因果关系中断""犯罪中止"。例如，甲成立故意杀人罪中止。死亡结果虽然发生，但系乙的行为导致，介入因素中断的因果关系，非因甲的杀人行为导致，甲不构成既遂。甲自动放弃犯罪，尽了最大的、真诚的救助努力，介入因素中断因果关

系。根据《刑法》第24条的规定，可认定为"自动有效地防卫犯罪结果发生"，构成犯罪中止。

五、练习及示例：甲、乙、丙绑错人案（2017年主观题，难度系数20%）

【案情】甲生意上亏钱，乙欠下赌债，二人合谋干一件"靠谱"的事情以摆脱困境。【旁注：主观上想弄钱】甲按分工找到丙，骗丙使其相信钱某欠债不还【旁注："骗丙"，支配丙】，丙答应控制钱某的小孩以逼钱某还债，否则不放人【旁注：丙主观上是"要债"】。

丙按照甲所给线索将钱某的小孩骗到自己的住处看管起来，电告甲控制了钱某的小孩，甲通知乙行动【旁注：是丙绑的人，乙去勒赎】。乙给钱某打电话："你的儿子在我们手上，赶快交50万元赎人，否则撕票!"钱某看了一眼身旁的儿子，回了句："骗子!"便挂断电话，不再理睬。乙感觉异常，将情况告诉甲。甲来到丙处发现这个孩子不是钱某的小孩而是赵某的小孩【旁注：甲、乙、丙都认错人了】，但没有告诉丙，只是嘱咐丙看好小孩，并从小孩口中套出其父赵某的电话号码【旁注：之后，甲、乙对赵某的小孩没认错】。（事实一）

甲与乙商定转而勒索赵某的钱财【旁注：甲、乙又想勒赎】。第二天，小孩哭闹不止要离开，丙恐被人发觉，用手捂住小孩口、鼻，然后用胶带捆绑其双手并将嘴缠住，致其机械性窒息死亡【旁注：虽有"暴力"；但对死亡结果，主观上是故意的，还是过失的？】。（事实二）

甲得知后与乙商定放弃勒索赵某财物【旁注：甲、乙放弃勒赎】，由乙和丙处理尸体。乙、丙二人将尸体连夜运至城外掩埋【旁注：能否构成帮助毁灭证据罪？】。第三天，乙打电话给赵某，威胁赵某赶快向指定账号打款30万元，不许报警，否则撕票【旁注：是之前绑架罪的延续？真绑架，还是"假绑架"】。（事实三）

赵某当即报案，甲、乙、丙三人很快归案【旁注：下面的问题没有问刑罚问题】。

【问题】

请分析甲、乙、丙的刑事责任（包括犯罪性质即罪名、犯罪形态、共同犯罪、数罪并罚等），须简述相应理由。

【满分答案，一个下划线一分】

（一）甲构成绑架罪

1. 甲、乙以勒索财物为目的，欺骗丙利用丙的行为<u>绑架他人</u>，根据《刑法》第239条的规定，构成<u>绑架罪</u>。【简单罪名模式：绑架罪】

2. 系绑架罪的<u>间接正犯</u>。【总论考点模式：间接正犯】

参考法条（不用抄写原文，援引序号即可）：第239条【绑架罪】以勒索财物为目的<u>绑架他人</u>的，或者<u>绑架他人作为人质</u>的，处十年以上有期徒刑或者无期徒刑，并处罚金或者没收财产；情节较轻的，处五年以上十年以下有期徒刑，并处罚金。

犯前款罪，杀害被绑架人的，或者故意伤害被绑架人，致人重伤、死亡的，处无期徒刑或者死刑，并处没收财产。

以勒索财物为目的偷盗婴幼儿的，依照前两款的规定处罚。

3. 甲、乙误将赵某的儿子当作钱某的儿子进行绑架（拘禁），系对象认识错误、具体认识错误。对于赵某的儿子具有绑架罪故意。【总论考点模式：认识错误】

4. 关于绑架罪的犯罪形态。【分则问题：犯罪形态】

（1）观点一：如果认为绑架罪保护的主要是被绑架人的利益，既遂标准是控制住人质的人身，则甲、乙已经控制赵某的儿子，构成绑架罪既遂。

（2）观点二：如果认为绑架罪保护的主要是被勒索人的利益，既遂标准是第三人的权益，则甲、乙所犯绑架罪，因为意志以外的因素，没有造成钱某或赵某的担忧、财物受损的实害结果，属于未遂，可以从轻或者减轻处罚。

（二）乙构成绑架罪，敲诈勒索罪与诈骗罪的想象竞合

1. 乙与甲二人基于勒索财物目的、绑架故意，共同支配丙实施绑架行为，根据《刑法》第25条，二人构成共同犯罪。同样存在对象认识错误、具体认识错误。犯罪形态同上。【总论考点模式：共同犯罪】

参考法条（不用抄写原文，援引序号即可）：第25条第1款【共同（故意）犯罪】共同犯罪是指二人以上共同故意犯罪。

2. 在第三段事实中：

（1）乙在之前甲、乙共同绑架行为终了之后，又另起犯意的单独实施另一行为，是其单独犯罪。不是之前绑架罪的延续。【总论考点模式：数行为】

（2）乙客观上未实施绑架行为，不构成绑架罪。【罪名区分模式：真绑架与"假绑架"】

（3）乙在赵某的小孩死亡之后谎称绑架，诈骗赵某钱财，根据《刑法》第266条，触犯诈骗罪。【构成要素解释模式：诈骗罪】

参考法条（不用抄写原文，援引序号即可）：第266条【诈骗罪】诈骗公私财物，数额较大的，处三年以下有期徒刑、拘役或者管制，并处或者单处罚金；数额巨大或者有其他严重情节的，处三年以上十年以下有期徒刑，并处罚金；数额特别巨大或者有其他特别严重情节的，处十年以上有期徒刑或者无期徒刑，并处罚金或者没收财产。本法另有规定的，依照规定。

（4）乙利用虚假消息，威胁、要挟敲诈赵某，向其勒索钱财，根据《刑法》第274条，触犯敲诈勒索罪。【构成要素解释模式：敲诈勒索罪】

参考法条（不用抄写原文，援引序号即可）：第274条【敲诈勒索罪】敲诈勒索公私财物，数额较大或者多次敲诈勒索的，处三年以下有期徒刑、拘役或者管制，并处或者单处罚金；数额巨大或者有其他严重情节的，处三年以上十年以下有期徒刑，并处罚金；数额特别巨大或者有其他特别严重情节的，处十年以上有期徒刑，并处罚金。

（5）一行为同时触犯数罪，系两罪的想象竞合犯，应当从一重罪论处。并与之前所犯绑架罪，数罪并罚。【总论考点模式：罪数】

（三）丙构成非法拘禁罪（致人死亡）

1. 在第一段事实中，丙构成非法拘禁罪。系犯罪既遂。

（1）因丙主观上没有勒赎目的，仅有索取债务意图，故不构成绑架罪。【罪名区分模式：非法拘禁罪与绑架罪】

（2）丙为索取债务而非法扣押、拘禁赵某的儿子，根据《刑法》第238条第3款，构成非法拘禁罪。【有明确法条依据模式：索债型非法拘禁】

参考法条（不用抄写原文，援引序号即可）：第238条【非法拘禁罪】非法拘禁他人或者以其他方法非法剥夺他人人身自由的，处三年以下有期徒刑、拘役、管制或者剥夺政治权利。具有殴打、侮辱情节的，从重处罚。

犯前款罪，致人重伤的，处三年以上十年以下有期徒刑；致人死亡的，处十年以上有期徒刑。使用暴力致人伤残、死亡的，依照本法第二百三十四条、第二百三十二条的规定定罪处罚。

【索债型非法拘禁】为索取债务非法扣押、拘禁他人的，依照前两款的规定处罚。

国家机关工作人员利用职权犯前三款罪的，依照前三款的规定从重处罚。

（3）丙存在对象认识错误、具体认识错误，对于赵某的儿子具有非法拘禁罪故意。【总论考点模式：认识错误】

（4）客观上已经控制赵某的儿子，系犯罪既遂。【分则问题：犯罪形态】

2. 在第二段事实中，关于丙致小孩死亡的行为

（1）如果丙致小孩死亡的行为是为了非法拘禁，发生在非法拘禁的过程中。根据《刑法》第238条第2款，则非法拘禁过失致人死亡，构成非法拘禁罪（致人死亡）；非法拘禁使用暴力故意致人死亡，构成故意杀人罪。

（2）如果认为不是为了拘禁，发生在拘禁过程之外，则单独评价。

观点一：丙为控制小孩采取捆绑行为致其死亡，如果认为其对死亡结果为故意，依照《刑法》第232条，构成故意杀人罪。

观点二：如果认为丙对死亡结果为过失，依照《刑法》第233条，丙构成过失致人死亡罪。

（3）根据题意描述的案情事实："小孩哭闹不止要离开，丙恐被人发觉"，丙致小孩死亡的行为，应当认定为过失，亦发生在拘禁过程中。故而，根据《刑法》第238条第2款，应当认为丙构成非法拘禁罪（致人死亡）。【有明确法条依据模式：非法拘禁罪致人死亡】

（四）甲、乙、丙在非法拘禁的范围内构成共同犯罪

1. 甲、乙、丙在非法拘禁的范围内构成共同犯罪。

甲、乙欺骗丙，利用没有勒赎目的、但有拘禁故意的丙对人质实施控制、绑架行

为，甲、乙是绑架罪的间接正犯，同时亦是非法拘禁罪的教唆犯，以绑架罪论处（系整体法与部分法的法条竞合）。【总论考点模式：间接正犯、共同犯罪】

2. 甲、乙对致死结果承担过失责任。

丙致小孩死亡的行为是为了非法拘禁，发生在非法拘禁的过程中，因甲、乙、丙在非法拘禁的范围内构成共同犯罪，则甲、乙在客观上需要对此共同拘禁行为导致的死亡结果负责，只不过主观上不具有故意，只具有过失。系绑架罪、过失致人死亡罪的想象竞合，择一重处，以绑架罪论处。【总论考点模式：共同行为，连带责任】

第三章 法条援引方法和常考法条

自2018年首届法考主观题考试开始,官方发放法条参考书,与之同步,也要求答题者能向实务判决书一样援引法条(序号)。即使在2021~2023年"简单多观点理论型"的命题体例之下,也是围绕法条规定的理解和适用而展开。

一、法条援引的格式及注意事项

关于法条援引,需要注意以下问题:

1. <u>只需援引法条序号</u>。没有必要、也不需要长段抄写法条。在叙述判案理由时,应将法条中的核心关键词(采分点)融入案情之中。

有的考生误认为援引法条就是"整段抄写",这是重大误解。事实上,考生抄法条会费很多时间(因为法条很长),而阅卷老师也并不喜欢在答卷上看到大段的法条原文抄写,因为这会被认为是法学水平较低的"故意凑字数"。并且,对于考生而言,长段的抄写也会耗费太多的答题时间,使得写作答题关键采分点的时间减少,得不偿失。

因此,考生在作答援引法条时,也应以司法实务中的判决书为样本,无需长段抄写法条,而只需引述法条序号即可。当然,在叙述判案理由时,应将法条中的核心关键词(采分点)融入案情之中。例如:

(1)×认定行为人构成非法拘禁罪时,不宜这么写:根据《刑法》第238条(非法拘禁罪)的规定:"非法拘禁他人或者以其他方法非法剥夺他人人身自由的,处三年以下有期徒刑、拘役、管制或者剥夺政治权利。具有殴打、侮辱情节的,从重处罚。""为索取债务非法扣押、拘禁他人的,依照前两款的规定处罚。"因此,甲某构成非法拘禁罪。

(2)√而应当这么写:甲为了索取高利贷而非法扣押被害人,依照《刑法》第238条第3款,触犯非法拘禁罪。同时,采用限制他人人身自由的方式催收高利贷,依照《刑法》第293条之一,触犯催收非法债务罪。择一重处,应以催收非法债务罪论处。

2. <u>分则罪名法条</u>尽量能援引就援引。对于总则法条,没有明文规定的总论理论,不必援引法条。例如,像不作为、因果关系等问题,由于刑法总则中没有明文规定,故而进行判断时,没有法条可供援引,直接叙理即可。

3. 在叙述案件理由、"切中要点"时,要围绕所援引的法条展开。例如,讨论是否构成犯罪中止时,要结合《刑法》第24条(犯罪中止)第1款中"在犯罪过程中""自动放弃""有效地防止犯罪结果发生"这些要素展开。在区分盗窃罪与侵占罪时,可以围绕《刑法》第264条盗窃罪的对象"公私财物"的解释展开,等等。由此,可以将刑法问题的讨论拉回法条适用层面上,体现"奉法为尊"的法治精神。

4. 记住一些常考的法条,如有必要查阅法条时,直接写明法条序号,或者根据目录直接抄写法条序号即可。

二、常考法条（三章+两节+公共安全）及其序号（232，263，382）

第四章　侵犯公民人身权利、民主权利罪	
第 232 条	故意杀人罪
第 233 条	过失致人死亡罪
第 234 条	故意伤害罪
第 234 条之一	组织出卖人体器官罪
第 235 条	过失致人重伤罪
第 236 条第 1 款	强奸罪［《刑法修正案（十一）》修正］
第 236 条之一	负有照护职责人员性侵罪［《刑法修正案（十一）》增设］
第 237 条第 1 款	强制猥亵、侮辱罪
第 237 条第 3 款	猥亵儿童罪［《刑法修正案（十一）》修正］
第 238 条	非法拘禁罪
第 239 条	绑架罪
第 240 条	拐卖妇女、儿童罪
第 241 条第 1 款	收买被拐卖的妇女、儿童罪
第五章　侵犯财产罪	
第 263 条	抢劫罪
第 264 条	盗窃罪
第 266 条	诈骗罪
第 267 条第 1 款	抢夺罪
第 267 条第 2 款	**携带凶器抢夺定抢劫罪**
第 269 条	**转化型抢劫罪**
第 270 条	侵占罪
第 271 条第 1 款	职务侵占罪［《刑法修正案（十一）》修正］
第 272 条第 1 款	挪用资金罪［《刑法修正案（十一）》修正］
第 273 条	挪用特定款物罪
第 274 条	敲诈勒索罪
第 275 条	故意毁坏财物罪
第八章　贪污贿赂罪	
第 382 条	贪污罪
第 384 条	挪用公款罪
第 385 条	受贿罪

续表

第 387 条	单位受贿罪［《刑法修正案（十二）》修正］
第 388 条	（斡旋型）受贿罪
第 388 条之一	利用影响力受贿罪
第 389 条	行贿罪［《刑法修正案（十二）》修正］
第 390 条之一	对有影响力的人行贿罪
第 392 条	介绍贿赂罪
第 391 条	对单位行贿罪［《刑法修正案（十二）》修正］
第 393 条	单位行贿罪［《刑法修正案（十二）》修正］
第 396 条第 1 款	私分国有资产罪
第 163 条	非国家工作人员受贿罪［《刑法修正案（十一）》修正］
第 164 条第 1 款	对非国家工作人员行贿罪
第九章　渎职罪	
第 397 条	滥用职权罪；玩忽职守罪
第 399 条第 1 款	徇私枉法罪
第 401 条	徇私舞弊减刑、假释、暂予监外执行罪
第 402 条	徇私舞弊不移交刑事案件罪
第二章　危害公共安全罪	
第 114 条、第 115 条第 1 款	放火罪；决水罪；爆炸罪；投放危险物质罪；以危险方法危害公共安全罪
第 133 条	**交通肇事罪**
第 133 条之一	危险驾驶罪
第 133 条之二	妨害安全驾驶罪［《刑法修正案（十一）》增设］
第三章　破坏社会主义市场经济秩序罪	
第 196 条第 1、2 款	信用卡诈骗罪
第 196 条第 3 款	盗窃信用卡并使用定盗窃罪
第 192 条	集资诈骗罪［《刑法修正案（十一）》修正］
第 193 条	贷款诈骗罪
第 194 条第 1 款	票据诈骗罪
第 194 条第 2 款	金融凭证诈骗罪
第 224 条	合同诈骗罪

续表

第六章　妨害社会管理秩序罪	
第277条第1款	妨害公务罪
第277条第5款	袭警罪［《刑法修正案（十一）》增设］
第280条第1款	伪造、变造、买卖国家机关公文、证件、印章罪
第280条第2款	伪造公司、企业、事业单位、人民团体印章罪
第280条第3款	伪造、变造、买卖身份证件罪
第280条之二	冒名顶替罪［《刑法修正案（十一）》增设］
第291条之二	高空抛物罪［《刑法修正案（十一）》增设］
第293条之一	催收非法债务罪［《刑法修正案（十一）》增设］
第285条第1款	非法侵入计算机信息系统罪
第285条第2款	非法获取计算机信息系统数据、非法控制计算机信息系统罪
第286条	破坏计算机信息系统罪
第287条之一	非法利用信息网络罪
第287条之二	帮助信息网络犯罪活动罪
第294条第1款	组织、领导、参加黑社会性质组织罪
第二节　妨害司法罪	
第305条	伪证罪
第307条第1款	妨害作证罪
第307条第2款	帮助毁灭、伪造证据罪
第307条之一	虚假诉讼罪
第310条	窝藏、包庇罪
第312条	掩饰、隐瞒犯罪所得、犯罪所得收益罪
第191条	洗钱罪［《刑法修正案（十一）》修正］
刑法总则	
第25条	共同犯罪
第26条	主犯
第27条	从犯
第29条	教唆犯
第24条	**犯罪中止**
第23条	犯罪未遂
第20条	正当防卫

续表

第21条	紧急避险
第65条第1款	一般累犯
第66条	特别累犯
第67条第1款	**一般自首**
第67条第2款	特别自首
第68条	立功
第87~89条	**追诉时效**

(一) 财产犯罪

第263条【普通抢劫】以暴力、胁迫或者其他方法抢劫公私财物的，处三年以上十年以下有期徒刑，并处罚金；有下列情形之一的，处十年以上有期徒刑、无期徒刑或者死刑，并处罚金或者没收财产：

(一) 入户抢劫的；(二) 在公共交通工具上抢劫的；(三) 抢劫银行或者其他金融机构的；(四) 多次抢劫或者抢劫数额巨大的；(五) 抢劫致人重伤、死亡的；(六) 冒充军警人员抢劫的；(七) 持枪抢劫的；(八) 抢劫军用物资或者抢险、救灾、救济物资的。

第267条第2款【携带凶器抢夺定抢劫罪】携带凶器抢夺的，依照本法第二百六十三条的规定（抢劫罪）定罪处罚。

第269条【转化型抢劫】犯盗窃、诈骗、抢夺罪，为窝藏赃物、抗拒抓捕或者毁灭罪证而当场使用暴力或者以暴力相威胁的，依照本法第二百六十三条的规定（抢劫罪）定罪处罚。

第289条【聚众打砸抢的首要分子】聚众"打砸抢"，致人伤残、死亡的，依照本法第二百三十四条、第二百三十二条的规定定罪处罚。毁坏或者抢走公私财物的，除判令退赔外，对首要分子，依照本法第二百六十三条的规定定罪处罚。

第264条【盗窃罪】盗窃公私财物，数额较大的，或者多次盗窃、入户盗窃、携带凶器盗窃、扒窃的，处三年以下有期徒刑、拘役或者管制，并处或者单处罚金；数额巨大或者有其他严重情节的，处三年以上十年以下有期徒刑，并处罚金；数额特别巨大或者有其他特别严重情节的，处十年以上有期徒刑或者无期徒刑，并处罚金或者没收财产。

第266条【诈骗罪】诈骗公私财物，数额较大的，处三年以下有期徒刑、拘役或者管制，并处或者单处罚金；数额巨大或者有其他严重情节的，处三年以上十年以下有期徒刑，并处罚金；数额特别巨大或者有其他特别严重情节的，处十年以上有期徒刑或者无期徒刑，并处罚金或者没收财产。本法另有规定的，依照规定。

第267条第1款【抢夺罪】抢夺公私财物，数额较大的，或者多次抢夺的，处三年以下有期徒刑、拘役或者管制，并处或者单处罚金；数额巨大或者有其他严重情节的，处三年以上十年以下有期徒刑，并处罚金；数额特别巨大或者有其他特别严重情节的，处十年以上有期徒刑或者无期徒刑，并处罚金或者没收财产。

第270条【侵占罪】将代为保管的他人财物非法占为己有，数额较大，拒不退还的，处二年以下有期徒刑、拘役或者罚金；数额巨大或者有其他严重情节的，处二年以上五年以下有期徒刑，并处罚金。

将他人的遗忘物或者埋藏物非法占为己有，数额较大，拒不交出的，依照前款的规定处罚。

本条罪，告诉的才处理。

第274条【敲诈勒索罪】敲诈勒索公私财物，数额较大或者多次敲诈勒索的，处三年以下有期徒刑、拘役或者管制，并处或者单处罚金；数额巨大或者有其他严重情节的，处三年以上十年以下有期徒刑，并处罚金；数额特别巨大或者有其他特别严重情节的，处十年以上有期徒刑，并处罚金。

第271条第1款【职务侵占罪】公司、企业或者其他单位的工作人员，利用职务上的便利，将本单位财物非法占为己有，数额较大的，处三年以下有期徒刑或者拘役，并处罚金；数额巨大的，处三年以上十年以下有期徒刑，并处罚金；数额特别巨大的，处十年以上有期徒刑或者无期徒刑，并处罚金。

第272条【挪用资金罪】公司、企业或者其他单位的工作人员，利用职务上的便利，挪用本单位资金归个人使用或者借贷给他人，数额较大、超过三个月未还的，或者虽未超过三个月，但数额较大、进行营利活动的，或者进行非法活动的，处三年以下有期徒刑或者拘役；挪用本单位资金数额巨大的，处三年以上七年以下有期徒刑；数额特别巨大的，处七年以上有期徒刑。

【挪用公款罪的提示条款】国有公司、企业或者其他国有单位中从事公务的人员和国有公司、企业或者其他国有单位委派到非国有公司、企业以及其他单位从事公务的人员有前款行为的，依照本法第三百八十四条的规定定罪处罚。

有第一款行为，在提起公诉前将挪用的资金退还的，可以从轻或者减轻处罚。其中，犯罪较轻的，可以减轻或者免除处罚。

第273条【挪用特定款物罪】挪用用于救灾、抢险、防汛、优抚、扶贫、移民、救济款物，情节严重，致使国家和人民群众利益遭受重大损害的，对直接责任人员，处三年以下有期徒刑或者拘役；情节特别严重的，处三年以上七年以下有期徒刑。

第275条【故意毁坏财物罪】故意毁坏公私财物，数额较大或者有其他严重情节的，处三年以下有期徒刑、拘役或者罚金；数额巨大或者有其他特别严重情节的，处三年以上七年以下有期徒刑。

(二) 人身犯罪

第232条【故意杀人罪】故意杀人的，处死刑、无期徒刑或者十年以上有期徒刑；情节较轻的，处三年以上十年以下有期徒刑。

第233条【过失致人死亡罪】过失致人死亡的，处三年以上七年以下有期徒刑；

情节较轻的，处三年以下有期徒刑。本法另有规定的，依照规定。

第234条【故意伤害罪】故意伤害他人身体的，处三年以下有期徒刑、拘役或者管制。

犯前款罪，致人重伤的，处三年以上十年以下有期徒刑；致人死亡或者以特别残忍手段致人重伤造成严重残疾的，处十年以上有期徒刑、无期徒刑或者死刑。本法另有规定的，依照规定。

第238条【非法拘禁罪】非法拘禁他人或者以其他方法非法剥夺他人人身自由的，处三年以下有期徒刑、拘役、管制或者剥夺政治权利。具有殴打、侮辱情节的，从重处罚。

犯前款罪，致人重伤的，处三年以上十年以下有期徒刑；致人死亡的，处十年以上有期徒刑。使用暴力致人伤残、死亡的，依照本法第二百三十四条、第二百三十二条的规定定罪处罚。

为索取债务非法扣押、拘禁他人的，依照前两款的规定处罚。

国家机关工作人员利用职权犯前三款罪的，依照前三款的规定从重处罚。

第293条之一【催收非法债务罪】有下列情形之一，催收高利放贷等产生的非法债务，情节严重的，处三年以下有期徒刑、拘役或者管制，并处或者单处罚金：

（一）使用暴力、胁迫方法的；

（二）限制他人人身自由或者侵入他人住宅的；

（三）恐吓、跟踪、骚扰他人的。

第239条【绑架罪】以勒索财物为目的绑架他人的，或者绑架他人作为人质的，处十年以上有期徒刑或者无期徒刑，并处罚金或者没收财产；情节较轻的，处五年以上十年以下有期徒刑，并处罚金。

犯前款罪，杀害被绑架人的，或者故意伤害被绑架人，致人重伤、死亡的，处无期徒刑或者死刑，并处没收财产。

以勒索财物为目的偷盗婴幼儿的，依照前两款的规定处罚。

第236条【强奸罪】以暴力、胁迫或者其他手段强奸妇女的，处三年以上十年以下有期徒刑。

奸淫不满十四周岁的幼女的，以强奸论，从重处罚。

强奸妇女、奸淫幼女，有下列情形之一的，处十年以上有期徒刑、无期徒刑或者死刑：

（一）强奸妇女、奸淫幼女情节恶劣的；

（二）强奸妇女、奸淫幼女多人的；

（三）在公共场所当众强奸妇女、奸淫幼女的；

（四）二人以上轮奸的；

（五）奸淫不满十周岁的幼女或者造成幼女伤害的；

（六）致使被害人重伤、死亡或者造成其他严重后果的。

第236条之一【负有照护职责人员性侵罪】对已满十四周岁不满十六周岁的未成年女性负有监护、收养、看护、教育、医疗等特殊职责的人员，与该未成年女性发生性关系的，处三年以下有期徒刑；情节恶劣的，处三年以上十年以下有期徒刑。

【触犯强奸择一重处】有前款行为，同时又构成本法第二百三十六条规定之罪的，依照处罚较重的规定定罪处罚。

第237条【强制猥亵、侮辱罪】以暴力、胁迫或者其他方法强制猥亵他人或者侮辱妇女的，处五年以下有期徒刑或者拘役。

聚众或者在公共场所当众犯前款罪的，或者有其他恶劣情节的，处五年以上有期徒刑。

【猥亵儿童罪】猥亵儿童的，处五年以下有期徒刑；有下列情形之一的，处五年以上有期徒刑：

（一）猥亵儿童多人或者多次的；

（二）聚众猥亵儿童的，或者在公共场所当众猥亵儿童，情节恶劣的；

（三）造成儿童伤害或者其他严重后果的；

（四）猥亵手段恶劣或者有其他恶劣情节的。

第240条【拐卖妇女、儿童罪】拐卖妇女、儿童的，处五年以上十年以下有期徒刑，并处罚金；有下列情形之一的，处十年以上有期徒刑或者无期徒刑，并处罚金或者没收财产；情节特别严重的，处死刑，并处没收财产：

（一）拐卖妇女、儿童集团的首要分子；

（二）拐卖妇女、儿童三人以上的；

（三）奸淫被拐卖的妇女的；

（四）诱骗、强迫被拐卖的妇女卖淫或者将被拐卖的妇女卖给他人迫使其卖淫的；

（五）以出卖为目的，使用暴力、胁迫或者麻醉方法绑架妇女、儿童的；

（六）以出卖为目的，偷盗婴幼儿的；

（七）造成被拐卖的妇女、儿童或者其亲属重伤、死亡或者其他严重后果的；

（八）将妇女、儿童卖往境外的。

拐卖妇女、儿童是指以出卖为目的，有拐骗、绑架、收买、贩卖、接送、中转妇女、儿童的行为之一的。

第241条【收买被拐卖的妇女、儿童罪】收买被拐卖的妇女、儿童的，处三年以下有期徒刑、拘役或者管制。

【强奸罪】收买被拐卖的妇女，强行与其发生性关系的，依照本法第二百三十六条的规定定罪处罚。

【非法拘禁罪；故意伤害罪；侮辱罪】收买被拐卖的妇女、儿童，非法剥夺、限制其人身自由或者有伤害、侮辱等犯罪行为的，依照本法的有关规定定罪处罚。

收买被拐卖的妇女、儿童，并有第二款、第三款规定的犯罪行为的，依照数罪并罚的规定处罚。

【拐卖妇女、儿童罪】收买被拐卖的妇女、儿童又出卖的，依照本法第二百四十条的规定（拐卖妇女、儿童罪）定罪处罚。

【从轻、减轻条款】收买被拐卖的妇女、儿童，对被买儿童没有虐待行为，不阻碍对其进行解救的，可以从轻处罚；按照被买妇女的意愿，不阻碍其返回原居住地的，可以从轻或者减轻处罚。

第242条【妨害公务罪】以暴力、威胁方法阻碍国家机关工作人员解救被收买的妇女、儿童的，依照本法第二百七十七条的规定定罪处罚。

【聚众阻碍解救被收买的妇女、儿童罪】聚众阻碍国家机关工作人员解救被收买的妇女、儿童的首要分子，处五年以下有期徒刑或者拘役；其他参与者使用暴力、威胁方法的，依照前款的规定处罚。

第253条之一【侵犯公民个人信息罪】违反国家有关规定，向他人出售或者提供公民个人信息，情节严重的，处三年以下有期徒刑或者拘役，并处或者单处罚金；情节特别严重的，处三年以上七年以下有期徒刑，并处罚金。

违反国家有关规定，将在履行职责或者提供服务过程中获得的公民个人信息，出售或者提供给他人的，依照前款的规定从重处罚。

窃取或者以其他方法非法获取公民个人信息的，依照第一款的规定处罚。

单位犯前三款罪的，对单位判处罚金，并对其直接负责的主管人员和其他直接责任人员，依照各该款的规定处罚。

(三) 贪污贿赂犯罪+渎职犯罪

第385条【（普通）受贿罪】国家工作人员利用职务上的便利，索取他人财物的，或者非法收受他人财物，为他人谋取利益的，是受贿罪。

【收受回扣型的受贿罪】国家工作人员在经济往来中，违反国家规定，收受各种名义的回扣、手续费，归个人所有的，以受贿论处。

第388条【（斡旋型）受贿罪】国家工作人员利用本人职权或者地位形成的便利条件，通过其他国家工作人员职务上的行为，为请托人谋取不正当利益，索取请托人财物或者收受请托人财物的，以受贿论处。

第388条之一【利用影响力受贿罪】国家工作人员的近亲属或者其他与该国家工作人员关系密切的人，通过该国家工作人员职务上的行为，或者利用该国家工作人员职权或者地位形成的便利条件，通过其他国家工作人员职务上的行为，为请托人谋取不正当利益，索取请托人财物或者收受请托人财物，数额较大或者有其他较重情节的，处三年以下有期徒刑或者拘役，并处罚金；数额巨大或者有其他严重情节的，处三年以上七年以下有期徒刑，并处罚金；数额特别巨大或者有其他特别严重情节的，处七年以上有期徒刑，并处罚金或者没收财产。

离职的国家工作人员或者其近亲属以及其他与其关系密切的人，利用该离职的国家工作人员原职权或者地位形成的便利条件实施前款行为的，依照前款的规定定罪处罚。

第390条之一【对有影响力的人行贿罪】为谋取不正当利益,向国家工作人员的近亲属或者其他与该国家工作人员关系密切的人,或者离职的国家工作人员或者其近亲属以及其他与其关系密切的人行贿的,处三年以下有期徒刑或者拘役,并处罚金;情节严重的,或者使国家利益遭受重大损失的,处三年以上七年以下有期徒刑,并处罚金;情节特别严重的,或者使国家利益遭受特别重大损失的,处七年以上十年以下有期徒刑,并处罚金。

单位犯前款罪的,对单位判处罚金,并对其直接负责的主管人员和其他直接责任人员,处三年以下有期徒刑或者拘役,并处罚金。

第389条【行贿罪】为谋取不正当利益,给予国家工作人员以财物的,是行贿罪。

在经济往来中,违反国家规定,给予国家工作人员以财物,数额较大的,或者违反国家规定,给予国家工作人员以各种名义的回扣、手续费的,以行贿论处。

【违法阻却事由】因被勒索给予国家工作人员以财物,没有获得不正当利益的,不是行贿。

第392条【介绍贿赂罪】向国家工作人员介绍贿赂,情节严重的,处三年以下有期徒刑或者拘役,并处罚金。

介绍贿赂人在被追诉前主动交待介绍贿赂行为的,可以减轻处罚或者免除处罚。

第163条【非国家工作人员受贿罪】公司、企业或者其他单位的工作人员,利用职务上的便利,索取他人财物或者非法收受他人财物,为他人谋取利益,数额较大的,处三年以下有期徒刑或者拘役,并处罚金;数额巨大或者有其他严重情节的,处三年以上十年以下有期徒刑,并处罚金;数额特别巨大或者有其他特别严重情节的,处十年以上有期徒刑或者无期徒刑,并处罚金。

公司、企业或者其他单位的工作人员在经济往来中,利用职务上的便利,违反国家规定,收受各种名义的回扣、手续费,归个人所有的,依照前款的规定处罚。

【受贿罪】国有公司、企业或者其他国有单位中从事公务的人员和国有公司、企业或者其他国有单位委派到非国有公司、企业以及其他单位从事公务的人员有前两款行为的,依照本法第三百八十五条、第三百八十六条的规定定罪处罚。

第164条【对非国家工作人员行贿罪】为谋取不正当利益,给予公司、企业或者其他单位的工作人员以财物,数额较大的,处三年以下有期徒刑或者拘役,并处罚金;数额巨大的,处三年以上十年以下有期徒刑,并处罚金。

【对外国公职人员、国际公共组织官员行贿罪】为谋取不正当商业利益,给予外国公职人员或者国际公共组织官员以财物的,依照前款的规定处罚。

单位犯前两款罪的,对单位判处罚金,并对其直接负责的主管人员和其他直接责任人员,依照第一款的规定处罚。

【追诉前主动交待从宽】行贿人在被追诉前主动交待行贿行为的,可以减轻处罚或者免除处罚。

第382条【贪污罪】国家工作人员利用职务上的便利,侵吞、窃取、骗取或者以其他手段非法占有公共财物的，是贪污罪。

受国家机关、国有公司、企业、事业单位、人民团体委托管理、经营国有财产的人员，利用职务上的便利，侵吞、窃取、骗取或者以其他手段非法占有国有财物的，以贪污论。

与前两款所列人员勾结，伙同贪污的，以共犯论处。

第394条【贪污罪的提示条款】国家工作人员在国内公务活动或者对外交往中接受礼物，依照国家规定应当交公而不交公，数额较大的，依照本法第三百八十二条、第三百八十三条（贪污罪）的规定定罪处罚。

第384条【挪用公款罪】国家工作人员利用职务上的便利，挪用公款归个人使用，进行非法活动的，或者挪用公款数额较大、进行营利活动的，或者挪用公款数额较大、超过三个月未还的，是挪用公款罪，处五年以下有期徒刑或者拘役；情节严重的，处五年以上有期徒刑。挪用公款数额巨大不退还的，处十年以上有期徒刑或者无期徒刑。

挪用用于救灾、抢险、防汛、优抚、扶贫、移民、救济款物归个人使用的，从重处罚。

第396条第1款【私分国有资产罪】国家机关、国有公司、企业、事业单位、人民团体，违反国家规定，以单位名义将国有资产集体私分给个人，数额较大的，对其直接负责的主管人员和其他直接责任人员，处三年以下有期徒刑或者拘役，并处或者单处罚金；数额巨大的，处三年以上七年以下有期徒刑，并处罚金。

第397条【滥用职权罪；玩忽职守罪】国家机关工作人员滥用职权或者玩忽职守，致使公共财产、国家和人民利益遭受重大损失的，处三年以下有期徒刑或者拘役；情节特别严重的，处三年以上七年以下有期徒刑。本法另有规定的，依照规定。

国家机关工作人员徇私舞弊，犯前款罪的，处五年以下有期徒刑或者拘役；情节特别严重的，处五年以上十年以下有期徒刑。本法另有规定的，依照规定。

第399条【徇私枉法罪】司法工作人员徇私枉法、徇情枉法，对明知是无罪的人而使他受追诉、对明知是有罪的人而故意包庇不使他受追诉，或者在刑事审判活动中故意违背事实和法律作枉法裁判的，处五年以下有期徒刑或者拘役；情节严重的，处五年以上十年以下有期徒刑；情节特别严重的，处十年以上有期徒刑。……

【罪数规定】司法工作人员收受贿赂，有前三款行为的，同时又构成本法第三百八十五条规定之罪的，依照处罚较重的规定定罪处罚。

第401条【徇私舞弊减刑、假释、暂予监外执行罪】司法工作人员徇私舞弊，对不符合减刑、假释、暂予监外执行条件的罪犯，予以减刑、假释或者暂予监外执行的，处三年以下有期徒刑或者拘役；情节严重的，处三年以上七年以下有期徒刑。

第402条【徇私舞弊不移交刑事案件罪】行政执法人员徇私舞弊，对依法应当移交司法机关追究刑事责任的不移交，情节严重的，处三年以下有期徒刑或者拘役；造成严重后果的，处三年以上七年以下有期徒刑。

(四) 金融诈骗犯罪、合同诈骗罪、招摇撞骗罪

第196条第1、2款【信用卡诈骗罪】有下列情形之一，进行信用卡诈骗活动，数额较大的，处五年以下有期徒刑或者拘役，并处二万元以上二十万元以下罚金；数额巨大或者有其他严重情节的，处五年以上十年以下有期徒刑，并处五万元以上五十万元以下罚金；数额特别巨大或者有其他特别严重情节的，处十年以上有期徒刑或者无期徒刑，并处五万元以上五十万元以下罚金或者没收财产：

（一）使用伪造的信用卡，或者使用以虚假的身份证明骗领的信用卡的；

（二）使用作废的信用卡的；

（三）冒用他人信用卡的；

（四）恶意透支的。

前款所称恶意透支，是指持卡人以非法占有为目的，超过规定限额或者规定期限透支，并且经发卡银行催收后仍不归还的行为。

第196条第3款【盗窃信用卡并使用定盗窃罪】盗窃信用卡并使用的，依照本法第二百六十四条的规定（盗窃罪）定罪处罚。

第176条【非法吸收公众存款罪】非法吸收公众存款或者变相吸收公众存款，扰乱金融秩序，处三年以下有期徒刑或者拘役，并处或者单处罚金；数额巨大或者有其他严重情节的，处三年以上十年以下有期徒刑，并处罚金，数额特别巨大或者有其他特别严重情节的，处十年以上有期徒刑，并处罚金。

单位犯前款罪的，对单位判处罚金，并对其直接负责的主管人员和其他直接责任人员，依照前款的规定处罚。

有前两款行为，在提起公诉前积极退赃退赔，减少损害结果发生的，可以从轻或者减轻处罚。

第192条【集资诈骗罪】以非法占有为目的，使用诈骗方法非法集资，数额较大的，处三年以上七年以下有期徒刑，并处罚金；数额巨大或者有其他严重情节的，处七年以上有期徒刑或者无期徒刑，并处罚金或者没收财产。

单位犯前款罪的，对单位判处罚金，并对直接负责的主管人员和其他直接责任人员，依照前款的规定处罚。

第175条之一第1款【骗取贷款、票据承兑、金融票证罪】以欺骗手段取得银行或者其他金融机构贷款、票据承兑、信用证、保函等，给银行或者其他金融机构造成重大损失的，处三年以下有期徒刑或者拘役，并处或者单处罚金；给银行或者其他金融机构造成特别重大损失或者有其他特别严重情节的，处三年以上七年以下有期徒刑，并处罚金。

第175条【高利转贷罪】以转贷牟利为目的，套取金融机构信贷资金高利转贷他人，违法所得数额较大的，处三年以下有期徒刑或者拘役，并处违法所得一倍以上五倍以下罚金；数额巨大的，处三年以上七年以下有期徒刑，并处违法所得一倍以上五倍以下罚金。

第193条【贷款诈骗罪】有下列情形之一，以非法占有为目的，诈骗银行或者其他金融机构的贷款，数额较大的，处五年以下有期徒刑或者拘役，并处二万元以上二十万元以下罚金；数额巨大或者有其他严重情节的，处五年以上十年以下有期徒刑，并处五万元以上五十万元以下罚金；数额特别巨大或者有其他特别严重情节的，处十年以上有期徒刑或者无期徒刑，并处五万元以上五十万元以下罚金或者没收财产：

（一）编造引进资金、项目等虚假理由的；
（二）使用虚假的经济合同的；
（三）使用虚假的证明文件的；
（四）使用虚假的产权证明作担保或者超出抵押物价值重复担保的；
（五）以其他方法诈骗贷款的。

第194条第1款【票据诈骗罪】有下列情形之一，进行金融票据诈骗活动，数额较大的，处五年以下有期徒刑或者拘役，并处二万元以上二十万元以下罚金；数额巨大或者有其他严重情节的，处五年以上十年以下有期徒刑，并处五万元以上五十万元以下罚金；数额特别巨大或者有其他特别严重情节的，处十年以上有期徒刑或者无期徒刑，并处五万元以上五十万元以下罚金或者没收财产：

（一）明知是伪造、变造的汇票、本票、支票而使用的；
（二）明知是作废的汇票、本票、支票而使用的；
（三）冒用他人的汇票、本票、支票的；
（四）签发空头支票或者与其预留印鉴不符的支票，骗取财物的；
（五）汇票、本票的出票人签发无资金保证的汇票、本票或者在出票时作虚假记载，骗取财物的。

第194条第2款【金融凭证诈骗罪】使用伪造、变造的委托收款凭证、汇款凭证、银行存单等其他银行结算凭证的，依照前款的规定处罚。

第224条【合同诈骗罪】有下列情形之一，以非法占有为目的，在签订、履行合同过程中，骗取对方当事人财物，数额较大的，处三年以下有期徒刑或者拘役，并处或者单处罚金；数额巨大或者有其他严重情节的，处三年以上十年以下有期徒刑，并处罚金；数额特别巨大或者有其他特别严重情节的，处十年以上有期徒刑或者无期徒刑，并处罚金或者没收财产：

（一）以虚构的单位或者冒用他人名义签订合同的；
（二）以伪造、变造、作废的票据或者其他虚假的产权证明作担保的；
（三）没有实际履行能力，以先履行小额合同或者部分履行合同的方法，诱骗对方当事人继续签订和履行合同的；
（四）收受对方当事人给付的货物、货款、预付款或者担保财产后逃匿的；
（五）以其他方法骗取对方当事人财物的。

第279条【招摇撞骗罪】冒充国家机关工作人员招摇撞骗的，处三年以下有期徒刑、拘役、管制或者剥夺政治权利；情节严重的，处三年以上十年以下有期徒刑。

冒充人民警察招摇撞骗的,依照前款的规定从重处罚。

第372条【冒充军人招摇撞骗罪】冒充军人招摇撞骗的,处三年以下有期徒刑、拘役、管制或者剥夺政治权利;情节严重的,处三年以上十年以下有期徒刑。

(五) 妨害司法犯罪

第305条【伪证罪】在刑事诉讼中,证人、鉴定人、记录人、翻译人对与案件有重要关系的情节,故意作虚假证明、鉴定、记录、翻译,意图陷害他人或者隐匿罪证的,处三年以下有期徒刑或者拘役;情节严重的,处三年以上七年以下有期徒刑。

第307条【妨害作证罪】以暴力、威胁、贿买等方法阻止证人作证或者指使他人作伪证的,处三年以下有期徒刑或者拘役;情节严重的,处三年以上七年以下有期徒刑。

【帮助毁灭、伪造证据罪】帮助当事人毁灭、伪造证据,情节严重的,处三年以下有期徒刑或者拘役。

司法工作人员犯前两款罪的,从重处罚。

第307条之一【虚假诉讼罪】以捏造的事实提起民事诉讼,妨害司法秩序或者严重侵害他人合法权益的,处三年以下有期徒刑、拘役或者管制,并处或者单处罚金;情节严重的,处三年以上七年以下有期徒刑,并处罚金。

单位犯前款罪的,对单位判处罚金,并对其直接负责的主管人员和其他直接责任人员,依照前款的规定处罚。

【罪数规定】有第一款行为,非法占有他人财产或者逃避合法债务,又构成其他犯罪的,依照处罚较重的规定定罪从重处罚。

司法工作人员利用职权,与他人共同实施前三款行为的,从重处罚;同时构成其他犯罪的,依照处罚较重的规定定罪从重处罚。

第310条【窝藏、包庇罪】明知是犯罪的人而为其提供隐藏处所、财物,帮助其逃匿或者作假证明包庇的,处三年以下有期徒刑、拘役或者管制;情节严重的,处三年以上十年以下有期徒刑。

【事前通谋定共犯】犯前款罪,事前通谋的,以共同犯罪论处。

第312条【掩饰、隐瞒犯罪所得、犯罪所得收益罪】明知是犯罪所得及其产生的收益而予以窝藏、转移、收购、代为销售或者以其他方法掩饰、隐瞒的,处三年以下有期徒刑、拘役或者管制,并处或者单处罚金;情节严重的,处三年以上七年以下有期徒刑,并处罚金。

单位犯前款罪的,对单位判处罚金,并对其直接负责的主管人员和其他直接责任人员,依照前款的规定处罚。

第191条【洗钱罪】为掩饰、隐瞒毒品犯罪、黑社会性质的组织犯罪、恐怖活动犯罪、走私犯罪、贪污贿赂犯罪、破坏金融管理秩序犯罪、金融诈骗罪的所得及其产生的收益的来源和性质。有下列行为之一的,没收实施以上犯罪的所得及其产生的收益,处五年以下有期徒刑或者拘役,并处或单处罚金;情节严重的,处五年以上十年以下有期徒刑，并处罚金：

（一）提供资金账户的；

（二）将财产转换为现金、金融票据、有价证券的；

（三）通过转账或者其他支付结算方式转移资金的；

（四）跨境转移资产的；

（五）以其他方式掩饰、隐瞒犯罪所得及其收益的来源和性质。

单位犯前款罪的，对单位判处罚金，并对其直接负责的主管人员和其他直接责任人员，依照前款的规定处罚。

（六）公共安全犯罪

第114条【放火罪、决水罪、爆炸罪、投放危险物质罪、以危险方法危害公共安全罪的危险犯（基本犯）】放火、决水、爆炸以及投放毒害性、放射性、传染病病原体等物质或者以其他危险方法危害公共安全，尚未造成严重后果的，处三年以上十年以下有期徒刑。

第115条第1款【放火罪、决水罪、爆炸罪、投放危险物质罪、以危险方法危害公共安全罪的实害犯（结果加重犯）】放火、决水、爆炸以及投放毒害性、放射性、传染病病原体等物质或者以其他危险方法致人重伤、死亡或者使公私财产遭受重大损失的，处十年以上有期徒刑、无期徒刑或者死刑。

第291条之二【高空抛物罪】从建筑物或者其他高空抛掷物品，情节严重的，处一年以下有期徒刑、拘役或者管制，并处或者单处罚金。

【择一重处】有前款行为，同时构成其他犯罪的，依照处罚较重的规定定罪处罚。

第133条【交通肇事罪】违反交通运输管理法规，因而发生重大事故，致人重伤、死亡或者使公私财产遭受重大损失的，处三年以下有期徒刑或者拘役；交通运输肇事后逃逸或者有其他特别恶劣情节的，处三年以上七年以下有期徒刑；因逃逸致人死亡的，处七年以上有期徒刑。

第133条之一【危险驾驶罪】在道路上驾驶机动车，有下列情形之一的，处拘役，并处罚金：

（一）追逐竞驶，情节恶劣的；

（二）醉酒驾驶机动车的；

（三）从事校车业务或者旅客运输，严重超过额定乘员载客，或者严重超过规定时速行驶的；

（四）违反危险化学品安全管理规定运输危险化学品，危及公共安全的。

机动车所有人、管理人对前款第三项、第四项行为负有直接责任的，依照前款的规定处罚。

【择一重处】有前两款行为，同时构成其他犯罪的，依照处罚较重的规定定罪处罚。

第133条之二【妨害安全驾驶罪】对行驶中的公共交通工具的驾驶人员使用暴力

或者抢控驾驶操纵装置，干扰公共交通工具正常行驶，危及公共安全的，处一年以下有期徒刑、拘役或者管制，并处或者单处罚金。

前款规定的驾驶人员在行驶的公共交通工具上擅离职守，与他人互殴或者殴打他人，危及公共安全的，依照前款的规定处罚。

【择一重处】有前两款行为，同时构成其他犯罪的，依照处罚较重的规定定罪处罚。

（七）其他常考罪名

第277条【妨害公务罪】以暴力、威胁方法阻碍国家机关工作人员依法执行职务的，处三年以下有期徒刑、拘役、管制或者罚金。

以暴力、威胁方法阻碍全国人民代表大会和地方各级人民代表大会代表依法执行代表职务的，依照前款的规定处罚。

在自然灾害和突发事件中，以暴力、威胁方法阻碍红十字会工作人员依法履行职责的，依照第一款的规定处罚。

故意阻碍国家安全机关、公安机关依法执行国家安全工作任务，未使用暴力、威胁方法，造成严重后果的，依照第一款的规定处罚。

【袭警罪】暴力袭击正在依法执行职务的人民警察的，处三年以下有期徒刑、拘役或者管制；使用枪支、管制刀具，或者以驾驶机动车撞击等手段，严重危及其人身安全的，处三年以上七年以下有期徒刑。

第280条【伪造、变造、买卖国家机关公文、证件、印章罪；盗窃、抢夺、毁灭国家机关公文、证件、印章罪】伪造、变造、买卖或者盗窃、抢夺、毁灭国家机关的公文、证件、印章的，处三年以下有期徒刑、拘役、管制或者剥夺政治权利，并处罚金；情节严重的，处三年以上十年以下有期徒刑，并处罚金。

【伪造公司、企业、事业单位、人民团体印章罪】伪造公司、企业、事业单位、人民团体的印章的，处三年以下有期徒刑、拘役、管制或者剥夺政治权利，并处罚金。

【伪造、变造、买卖身份证件罪】伪造、变造、买卖居民身份证、护照、社会保障卡、驾驶证等依法可以用于证明身份的证件的，处三年以下有期徒刑、拘役、管制或者剥夺政治权利，并处罚金；情节严重的，处三年以上七年以下有期徒刑，并处罚金。

第280条之二【冒名顶替罪】盗用、冒用他人身份，顶替他人取得的高等学历教育入学资格、公务员录用资格、就业安置待遇的，处三年以下有期徒刑、拘役或者管制，并处罚金。

【共犯】组织、指使他人实施前款行为的，依照前款的规定从重处罚。

【罪数】国家工作人员有前两款行为，又构成其他犯罪的，依照数罪并罚的规定处罚。

第285条【非法侵入计算机信息系统罪】违反国家规定，侵入**国家事务、国防建设、尖端科学技术领域**的计算机信息系统的，处三年以下有期徒刑或者拘役。

【非法获取计算机信息系统数据、非法控制计算机信息系统罪】违反国家规定，侵入前款规定**以外**的计算机信息系统或者采用其他技术手段，获取该计算机信息系统中存储、处理或者传输的数据，或者对该计算机信息系统实施非法控制，情节严重的，处三年以下有期徒刑或者拘役，并处或者单处罚金；情节特别严重的，处三年以上七年以下有期徒刑，并处罚金。

提供专门用于侵入、非法控制计算机信息系统的程序、工具，或者明知他人实施侵入、非法控制计算机信息系统的违法犯罪行为而为其提供程序、工具，情节严重的，依照前款的规定处罚。

单位犯前三款罪的，对单位判处罚金，并对其直接负责的主管人员和其他直接责任人员，依照各该款的规定处罚。

第286条第1、2、3款【破坏计算机信息系统罪】违反国家规定，对计算机**信息系统功能**进行删除、修改、增加、干扰，造成计算机信息系统不能正常运行，后果严重的，处五年以下有期徒刑或者拘役；后果特别严重的，处五年以上有期徒刑。

违反国家规定，对计算机信息系统中存储、处理或者传输的**数据和应用程序**进行删除、修改、增加的操作，后果严重的，依照前款的规定处罚。

故意制作、传播计算机病毒等**破坏性程序**，影响计算机系统正常运行，后果严重的，依照第一款的规定处罚。

单位犯前三款罪的，对单位判处罚金，并对其直接负责的主管人员和其他直接责任人员，依照第一款的规定处罚。

第287条【网络手段、目的行为，以目的行为论】利用计算机实施金融诈骗、盗窃、贪污、挪用公款、窃取国家秘密或者**其他犯罪**的，依照本法有关规定定罪处罚。

第287条之一第1、3款【非法利用信息网络罪】利用信息网络实施下列行为之一，情节严重的，处三年以下有期徒刑或者拘役，并处或者单处罚金：

（一）设立用于实施诈骗、传授犯罪方法、制作或者销售违禁物品、管制物品等违法犯罪活动的网站、通讯群组的；

（二）发布有关制作或者销售毒品、枪支、淫秽物品等违禁物品、管制物品或者其他违法犯罪信息的；

（三）为实施诈骗等违法犯罪活动发布信息的。

单位犯前款罪的，对单位判处罚金，并对其直接负责的主管人员和其他直接责任人员，依照第一款的规定处罚。

【想象竞合择一重处】有前两款行为，同时构成其他犯罪的，依照处罚较重的规定定罪处罚。

第287条之二第1、3款【帮助信息网络犯罪活动罪】明知他人利用信息网络实施犯罪，为其犯罪提供互联网接入、服务器托管、网络存储、通讯传输等技术支持，或者提供广告推广、支付结算等帮助，情节严重的，处三年以下有期徒刑或者拘役，并处或者单处罚金。

单位犯前款罪的，对单位判处罚金，并对其直接负责的主管人员和其他直接责任人员，依照第一款的规定处罚。

【想象竞合择一重处】有前两款行为，同时构成其他犯罪的，依照处罚较重的规定定罪处罚。

第294条【组织、领导、参加黑社会性质组织罪】组织、领导黑社会性质的组织的，处七年以上有期徒刑，并处没收财产；积极参加的，处三年以上七年以下有期徒刑，可以并处罚金或者没收财产；其他参加的，处三年以下有期徒刑、拘役、管制或者剥夺政治权利，可以并处罚金。……

【数罪并罚】犯前三款罪又有其他犯罪行为的，依照数罪并罚的规定处罚。

【黑社会性质的组织】黑社会性质的组织应当同时具备以下特征：

（一）形成较稳定的<u>犯罪组织</u>，人数较多，有明确的组织者、领导者，骨干成员基本固定；

（二）有组织地通过违法犯罪活动或者其他手段获取<u>经济利益</u>，具有一定的经济实力，以支持该组织的活动；

（三）<u>以暴力、威胁或者其他手段</u>，有组织地多次进行违法犯罪活动，为非作恶，欺压、残害群众；

（四）通过实施违法犯罪活动，或者利用国家工作人员的包庇或者纵容，称霸一方，在一定区域或者行业内，形成<u>非法控制或者重大影响</u>，严重破坏经济、社会生活秩序。

(八) 总则常考法条

第25条【共同犯罪概念】共同犯罪是指<u>二人以上共同故意犯罪</u>。

【共同过失犯罪】二人以上共同过失犯罪，不以共同犯罪论处；应当负刑事责任的，按照他们所犯的罪分别处罚。

第26条【主犯】组织、领导犯罪集团进行犯罪活动的或者在共同犯罪中起主要作用的，是主犯。

【犯罪集团】三人以上为共同实施犯罪而组成的较为固定的犯罪组织，是犯罪集团。

【犯罪集团首要分子的责任】对组织、领导犯罪集团的首要分子，按照<u>集团所犯的全部罪行</u>处罚。

【一般主犯的责任】对于第三款规定以外的主犯，应当按照其所参与的或者组织、指挥的全部犯罪处罚。

第27条【从犯】在共同犯罪中起次要或者辅助作用的，是从犯。

【从犯的处罚】对于从犯，应当从轻、减轻处罚或者免除处罚。

第29条【教唆犯】教唆他人犯罪的，应当按照他在共同犯罪中<u>所起的作用处罚</u>。教唆不满十八周岁的人犯罪的，应当从重处罚。

如果被教唆的人没有犯被教唆的罪，对于教唆犯，可以从轻或者减轻处罚。

第24条【犯罪中止】在<u>犯罪过程中</u>，<u>自动放弃犯罪或者自动有效地防止犯罪结果</u>

发生的，是犯罪中止。

对于中止犯，没有造成损害的，应当免除处罚；造成损害的，应当减轻处罚。

第23条【犯罪未遂】已经着手实行犯罪，由于犯罪分子意志以外的原因而未得逞的，是犯罪未遂。

对于未遂犯，可以比照既遂犯从轻或者减轻处罚。

第20条【一般正当防卫】为了使国家、公共利益、本人或者他人的人身、财产和其他权利免受正在进行的不法侵害，而采取的制止不法侵害的行为，对不法侵害人造成损害的，属于正当防卫，不负刑事责任。

【防卫过当】正当防卫明显超过必要限度造成重大损害的，应当负刑事责任，但是应当减轻或者免除处罚。

【特殊正当防卫】对正在进行行凶、杀人、抢劫、强奸、绑架以及其他严重危及人身安全的暴力犯罪，采取防卫行为，造成不法侵害人伤亡的，不属于防卫过当，不负刑事责任。

第21条【紧急避险】为了使国家、公共利益、本人或者他人的人身、财产和其他权利免受正在发生的危险，不得已采取的紧急避险行为，造成损害的，不负刑事责任。

【避险过当】紧急避险超过必要限度造成不应有的损害的，应当负刑事责任，但是应当减轻或者免除处罚。

第一款中关于避免本人危险的规定，不适用于职务上、业务上负有特定责任的人。

第65条第1款【一般累犯】被判处有期徒刑以上刑罚的犯罪分子，刑罚执行完毕或者赦免以后，在五年以内再犯应当判处有期徒刑以上刑罚之罪的，是累犯，应当从重处罚，但是过失犯罪和不满十八周岁的人犯罪的除外。

第66条【特别累犯】危害国家安全犯罪、恐怖活动犯罪、黑社会性质的组织犯罪的犯罪分子，在刑罚执行完毕或者赦免以后，在任何时候再犯上述任一类罪的，都以累犯论处。

第67条第1款【一般自首】犯罪以后自动投案，如实供述自己的罪行的，是自首。对于自首的犯罪分子，可以从轻或者减轻处罚。其中，犯罪较轻的，可以免除处罚。

第67条第2款【特别自首】被采取强制措施的犯罪嫌疑人、被告人和正在服刑的罪犯，如实供述司法机关还未掌握的本人其他罪行的，以自首论。

第68条【立功】犯罪分子有揭发他人犯罪行为，查证属实的，或者提供重要线索，从而得以侦破其他案件等立功表现的，可以从轻或者减轻处罚；有重大立功表现的，可以减轻或者免除处罚。

第87条【追诉时效期限】犯罪经过下列期限不再追诉：

（一）法定最高刑为不满五年有期徒刑的，经过五年；

（二）法定最高刑为五年以上不满十年有期徒刑的，经过十年；

（三）法定最高刑为十年以上有期徒刑的，经过十五年；

(四)法定最高刑为无期徒刑、死刑的,经过二十年。如果二十年以后认为必须追诉的,须报请最高人民检察院核准。

第88条【不受追诉期限限制】在人民检察院、公安机关、国家安全机关立案侦查或者在人民法院受理案件以后,逃避侦查或者审判的,不受追诉期限的限制。

被害人在追诉期限内提出控告,人民法院、人民检察院、公安机关应当立案而不予立案的,不受追诉期限的限制。

第89条【追诉期限的计算与中断】追诉期限从犯罪之日起计算;犯罪行为有连续或者继续状态的,从犯罪行为终了之日起计算。

在追诉期限以内又犯罪的,前罪追诉的期限从犯后罪之日起计算。

(九)《刑法修正案(十二)》修正的罪名

第165条【非法经营同类营业罪】国有公司、企业的董事、监事、高级管理人员,利用职务便利,自己经营或者为他人经营与其所任职公司、企业同类的营业,获取非法利益,数额巨大的,处三年以下有期徒刑或者拘役,并处或者单处罚金;数额特别巨大的,处三年以上七年以下有期徒刑,并处罚金。

其他公司、企业的董事、监事、高级管理人员违反法律、行政法规规定,实施前款行为,致使公司、企业利益遭受**重大损失**的,依照前款的规定处罚。

第166条【为亲友非法牟利罪】国有公司、企业、事业单位的工作人员,利用职务便利,有下列情形之一,致使国家利益遭受重大损失的,处三年以下有期徒刑或者拘役,并处或者单处罚金;致使国家利益遭受特别重大损失的,处三年以上七年以下有期徒刑,并处罚金:

(一)将本单位的盈利业务交由自己的亲友进行经营的;

(二)以明显高于市场的价格从自己的亲友经营管理的单位采购商品、**接受服务**或者以明显低于市场的价格向自己的亲友经营管理的单位销售商品、**提供服务**的;

(三)从自己的亲友经营管理的单位采购、接受不合格商品、**服务**的。

其他公司、企业的工作人员违反法律、行政法规规定,实施前款行为,致使公司、企业利益遭受**重大损失**的,依照前款的规定处罚。

第169条【徇私舞弊低价折股、出售公司、企业资产罪】国有公司、企业或者其上级主管部门直接负责的主管人员,徇私舞弊,将国有资产低价折股或者低价出售,致使国家利益遭受重大损失的,处三年以下有期徒刑或者拘役;致使国家利益遭受特别重大损失的,处三年以上七年以下有期徒刑。

其他公司、企业直接负责的主管人员,徇私舞弊,将公司、企业资产低价折股或者低价出售,致使公司、企业利益遭受**重大损失**的,依照前款的规定处罚。

第387条【单位受贿罪】国家机关、国有公司、企业、事业单位、人民团体,索取、非法收受他人财物,为他人谋取利益,情节严重的,对单位判处罚金,并对其直接负责的主管人员和其他直接责任人员,**处三年以下**有期徒刑或者拘役;情节特别严重的,**处三年以上十年以下**有期徒刑。

前款所列单位,在经济往来中,在账外暗中收受各种名义的回扣、手续费的,以受贿论,依照前款的规定处罚。

第390条【对犯行贿罪的处罚规定】对犯行贿罪的,处三年以下有期徒刑或者拘役,并处罚金;因行贿谋取不正当利益,情节严重的,或者使国家利益遭受重大损失的,处三年以上十年以下有期徒刑,并处罚金;情节特别严重的,或者使国家利益遭受特别重大损失的,处十年以上有期徒刑或者无期徒刑,并处罚金或者没收财产。

有下列情形之一的,从重处罚:
(一) 多次行贿或者向多人行贿的;
(二) 国家工作人员行贿的;
(三) 在国家重点工程、重大项目中行贿的;
(四) 为谋取职务、职级晋升、调整行贿的;
(五) 对监察、行政执法、司法工作人员行贿的;
(六) 在生态环境、财政金融、安全生产、食品药品、防灾救灾、社会保障、教育、医疗等领域行贿,实施违法犯罪活动的;
(七) 将违法所得用于行贿的。

行贿人在被追诉前主动交待行贿行为的,可以从轻或者减轻处罚。其中,犯罪较轻的,对调查突破、侦破重大案件起关键作用的,或者有重大立功表现的,可以减轻或者免除处罚。

第391条【对单位行贿罪】为谋取不正当利益,给予国家机关、国有公司、企业、事业单位、人民团体以财物的,或者在经济往来中,违反国家规定,给予各种名义的回扣、手续费的,处三年以下有期徒刑或者拘役,并处罚金;情节严重的,处三年以上七年以下有期徒刑,并处罚金。

单位犯前款罪的,对单位判处罚金,并对其直接负责的主管人员和其他直接责任人员,依照前款的规定处罚。

第393条【单位行贿罪】单位为谋取不正当利益而行贿,或者违反国家规定,给予国家工作人员以回扣、手续费,情节严重的,对单位判处罚金,并对其直接负责的主管人员和其他直接责任人员,处三年以下有期徒刑或者拘役,并处罚金;情节特别严重的,处三年以上十年以下有期徒刑,并处罚金。因行贿取得的违法所得归个人所有的,依照本法第三百八十九条、第三百九十条的规定定罪处罚。

三、练习及示例:2020年新疆延考题(难度系数30%)

《被家暴男的毒苹果反击》

【案情】王某和陈某是好朋友。王某得知陈某长期受到妻子家暴,就劝说陈某:"你妻子这样对你不如杀了她。"于是陈某将一个有毒的苹果拿给妻子吃,妻子没有吃反而把苹果递给孩子,陈某见状就说了一句,"给你吃的,别给孩子吃",但是并没有

采取其他任何阻止措施。孩子吃了苹果后中毒身亡。(事实一)

妻子向公安机关报案,陈某逃往外地,由于不敢住宾馆,于是就去了一个洗脚城,洗完脚看见旁边赵某睡着了,便趁机拿走其手机,发现手机的支付宝绑定有储蓄卡,于是利用支付宝将储蓄卡中的3万元转入自己的支付宝。保安钱某发现此情况,欲控制陈某,陈某使用暴力将钱某打成重伤,期间保安辛某、李某闻讯赶来,陈某又将辛某打成轻伤。两人最终将陈某控制,扭送派出所。(事实二)

王某听说此情况,害怕陈某供出自己,于是向公安局分管副局长周某的岳母曲某送了30万现金,并且对曲某说:"这个钱是你自己拿还是跟周某分你自己看着办。"曲某将情况如实告知周某,周某听后说:"情况我知道了,钱你就自己拿好。"周某后面对于案件就没有再过问。(事实三)

【问题】分析王某、陈某、曲某、周某的刑事责任(罪名、犯罪形态、罪数等);并说明理由。(如涉及多种观点请分别展示并说明你的观点。)

【满分答案】

一、在事实一中

(一)陈某:故意杀人罪既遂。

1. **对于妻子**:用毒苹果杀害妻子,根据《刑法》第232条,构成故意杀人罪;系犯罪未遂。

2. 对于孩子:

(1) **客观上**负有因先前行为、法律规定的保护义务,能够履行而不履行,系不作为的杀人行为。

(2) **主观上**具有直接故意,根据《刑法》第232条,构成故意杀人罪既遂。
[注:主观上没有认识错误,不存在打击错误、具体错误的情况。]

3. **系连续犯**,以故意杀人罪既遂一罪论处。

(二)王某:**故意杀人罪的教唆犯(犯罪既遂)**;或故意杀人罪的教唆犯(犯罪既遂)与过失致人死亡罪,择一重处。

1. 教唆陈某杀害妻子,根据《刑法》第232条、第29条,构成故意杀人罪的**教唆犯**。系犯罪未遂。

2. 对于孩子死亡的结果,系打击错误、具体错误,有以下观点:

(1) 按照**法定符合说**,具有故意,构成故意杀人罪既遂。

(2) 按照**具体符合说**,具有过失,构成过失致人死亡罪。

3. 对于**陈某不救助孩子的行为**,客观上没有实施教唆、帮助等行为,不构成共同犯罪。

4. 想象竞合,择一重处。

二、在事实二中，陈某：抢劫罪（致人重伤）

1. 在支付宝上冒用赵某的储蓄卡，根据《刑法》第 196 条第 1 款第 3 项，构成信用卡诈骗罪。[注：此处没有观点陈列]
2. 信用卡诈骗罪系诈骗罪的特别法。
3. 陈某犯信用卡诈骗罪，为了抗拒抓捕，而当场将钱某、辛某打伤，根据《刑法》第 269 条，构成抢劫罪，系转化型抢劫。
4. 抢劫中致人重伤，系结果加重犯。

三、在事实三中

（一）周某

1. 国家工作人员周某，知情特定关系人收受财物而不退还，利用职务便利承诺为请托人谋利，根据《刑法》第 385 条，构成受贿罪。
2. 没有徇私枉法的行为，不构成徇私枉法罪。

（二）曲某

与周某勾结，帮助周某收受财物，构成受贿罪的帮助犯。[尽量不要写利用影响力受贿罪]

（三）王某

为了谋取不正当利益，给予国家工作人员及共犯财物，根据《刑法》第 389 条，构成行贿罪。

第二编　总论重点考点

第四章　犯罪构成理论

　　刑法主观题的答案标准要求结论（罪名等）精准、理由切中要点（关键词）、法条（序号）援引准确。首先就是要求结论必须正确。正如司法实务判案一样，必须保证定罪正确。如果连基本的定罪结论都不正确，说得再多、写得再多也是白搭。主观题的结论包括分则罪名结论、总论理论结论（如是否成立不作为、因果关系有无、犯罪形态判断、罪数等）、刑罚论结论（自首、立功、坦白、累犯、追诉时效等）。答案的基础前提是答对分则罪名结论。在读完题目之后，首先就应当判断行为人的行为应当认定为何种罪名？在此基础之上，再讨论总论问题、刑罚论问题。如何保证定罪结论完全正确呢？唯一的依据是就是犯罪构成理论。

　　读完案情事实之后，头脑中应当立即圈定行为可能涉嫌的罪名范围，列出罪名的核心构成要件要素，以及类似罪名之间的区分。然后"左手边是案情，右手边是罪名构成要件"，按照"先客观后主观、客观主观相统一"的逻辑顺序进行对应判断，推理出正确罪名。

　　犯罪构成理论（客观不法要件：行为、对象、结果、因果关系等；主观责任要件：故意、过失等），是推理罪名结论的思维方法，也是分析写作复杂疑难案件的写作框架。

推理罪名结论的思维方法：犯罪构成理论

1. 先客观判断（不法），后主观判断（责任）。
2. 客观不法、主观责任相统一
（1）两要件全部要素都具备，才构成分则之罪。
（2）行为与责任同时性原则。
3. 客观主观不统一时，在重合的范围内认定罪名。

一、完整的犯罪构成以及构成要件要素

客观不法＋主观责任＝构成分则罪名

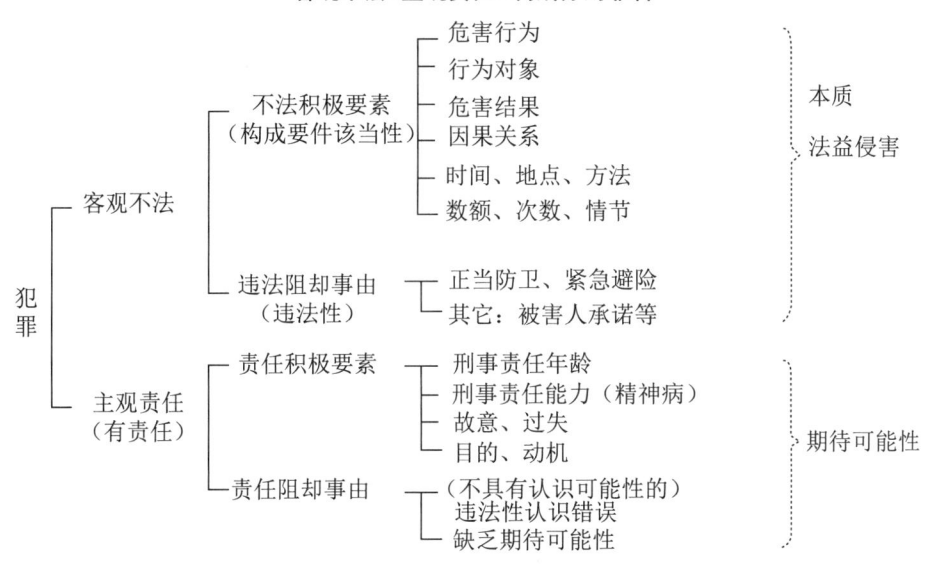

```
          ┌─ 客观不法 ─┬─ 不法积极要素       ┬─ 危害行为
          │           │ （构成要件该当性）   ├─ 行为对象
          │           │                    ├─ 危害结果     ┐ 本质
          │           │                    ├─ 因果关系     ├ 法益侵害
          │           │                    ├─ 时间、地点、方法 │
          │           │                    └─ 数额、次数、情节 ┘
犯罪 ─────┤           │
          │           └─ 违法阻却事由       ┬─ 正当防卫、紧急避险
          │             （违法性）          └─ 其它：被害人承诺等
          │
          └─ 主观责任 ─┬─ 责任积极要素       ┬─ 刑事责任年龄
            （有责任） │                    ├─ 刑事责任能力（精神病）
                      │                    ├─ 故意、过失              ┐ 期待可能性
                      │                    └─ 目的、动机              │
                      │                                              │
                      └─ 责任阻却事由       ┬─（不具有认识可能性的）   │
                                           │  违法性认识错误          │
                                           └─ 缺乏期待可能性          ┘
```

任何犯罪的成立都需具备"客观要件"（不法）与"主观要件"（责任）两方面的要件。犯罪即是"客观、主观相统一"，亦即要求行为"不法"、行为人"有责任"。完整的犯罪构成以及构成要件要素：

1. 在客观不法要件层面上，构成要素分为不法积极要素即"构成要件该当性"层面的要素，包括危害行为、行为对象、危害结果、因果关系、时间、地点、方法、数额、次数、情节、身份等要素，以及不法的消极层面即"违法阻却事由"的要素，如正当防卫、紧急避险、被害人承诺等。

2. 在主观责任要件层面上，构成要素分为责任积极要素，包括刑事责任年龄、责任能力（精神正常）、故意、过失，目的、动机等要素。以及责任的消极要素即"责任阻却事由"，如不具认识可能性的违法性认识错误、欠缺期待可能性。

二、简化版的犯罪构成：客观行为（结果）＋主观过错＝罪名

对于一般的案件，没有必要使用前述完备的构成要件，可以采用"客观行为+主观过错＝罪名"的简化版本。亦即，一般只考虑客观不法积极要素中的行为、对象等，主观责任积极要素中的故意、过失、目的等。对于消极要素，如客观不法要件中的消极要素（"违法阻却事由"）如正当防卫、紧急避险、被害人承诺等，以及主观责任要件中的消极要素（"责任阻却事由"）如不具认识可能性的违法性认识错误、欠缺期待可能性等，除非特别出现，一般无需考虑。

（一）单一罪名成立与否的判断

【事例4-1：贪官妻子取钱案】

【案情】(1) 国有化工厂车间主任甲与副厂长乙（均为国家工作人员）共谋，在车间的某贵重零件仍能使用时，利用职务之便，制造该零件报废、需向五金厂（非国有企业）购买的假象（该零件价格26万元），以便非法占有货款。甲将实情告知五金厂负责人丙，嘱咐丙接到订单后，只向化工厂寄出供货单、发票而不需要实际供货，等五金厂收到化工厂的货款后，丙再将26万元货款汇至乙的个人账户（事实一）。

(2) 丙为使五金厂能长期向化工厂供货，便提前将五金厂的26万元现金汇至乙的个人账户。乙随即让事后知情的妻子丁去银行取出26万元现金，并让丁将其中的13万元送给甲。3天后，化工厂会计准备按照乙的指示将26万元汇给五金厂时，因有人举报而未汇出（事实二）。

【问题】请分析丁的刑事责任，须答出相应理由。(2012/4/2)

【答案】

1. 丁将26万元取出的行为，不构成贪污罪的共犯，因为丁取出26万元时该26万元不是贪污犯罪所得；丁主观上也只有事后加入的故意，没有贪污罪的共同故意。

2. 丁也不构成掩饰、隐瞒犯罪所得罪。因为客观上该26万元不是贪污犯罪所得，也不是其他犯罪所得，不符合《刑法》第312条规定的"犯罪所得"的对象要素。主观上虽有掩饰、隐瞒犯罪所得罪的故意，但系不能犯。

3. 丁将其中的13万元送给甲，既不是帮助分赃，也不是行贿，不成立犯罪。

【事例4-2：误认赝品为真品出售案】

【案情】三日后，赵某将一幅赝品（价值8000元）交给孙某。孙某误以为是真品，以600万元的价格卖给李某。李某发现自己购买了赝品，向公安机关告发孙某，导致案发。（2016年刑法主观题-事实四）

【问题】孙某将赝品出卖给李某的行为是否构成犯罪？为什么？

【答案】孙某不构成诈骗罪。

1. 孙某客观上虽实施了售假的诈骗行为。

2. 但主观上以为出卖的是真的名画，不具有诈骗罪故意。不能构成诈骗罪。

（二）多次客观+主观：同一行为人，针对不同对象（结果），分别判断多罪是否成立

【事例4-3：2019年真题《罄竹难书洪某的罪恶一生》事实二】

【案情】2016年9月，洪某被保险公司辞退后回到甲市。由于没有经济来源，洪某打算从事个体经营。于是洪某伪造了房屋产权证明，从A银行贷款30万元，用于个体工商户经营，后因经营不善而难以偿还贷款。为了归还贷款，洪某想通过租车用于质

押骗取他人借款。洪某从 B 汽车租赁公司的员工钱某那里得知，所有的汽车都装有 GPS 定位系统，如果他将汽车开出去质押，租车公司也可以找得回来，因而不会有财产损失。于是，洪某于 2017 年 3 月 12 日，以真实身份与 B 公司签订了租车合同，租用了一辆奥迪汽车，约定租车一周，交付了租金。租到车辆后，洪某伪造了驾驶证、机动车登记证、购车发票，以奥迪汽车为质押，向 C 小额贷款公司借款 50 万元。C 小额贷款公司负责人孙某信以为真，将奥迪车留在公司（但没有办理质押手续），借给孙某 50 万元，要求洪某一星期后归还本息。一周后，B 租车公司发现奥迪车超期未还，通过 GPS 发现了车子的位置，B 公司员工钱某遂于深夜将其开走。洪某从 C 公司借来的 50 万元归还了 A 银行的贷款 30 万元。孙某发现自己受骗，于是报警。

【问题】请根据《刑法》有关规定，按顺序分析上述案件中各行为人的刑事责任（包括犯罪性质即罪名、犯罪形态、共同犯罪、数罪并罚等），须说明理由。如有争议问题，可以同时答出不同观点和理由，并发表自己的看法。

被害人	A 银行	B 公司	C 公司
对象	30 万贷款 （已还）	奥迪汽车 （被 C 抵押，后偷回）	对象1：质押的汽车 （被钱某偷走） 对象2：借款50万 （被洪某占有、还债）
客观（行为、结果）	行为：骗 结果：无损失	行为：骗 结果：取回后也有损失	行为：骗 结果：损失的财物是什么？
主观（目的）	无非法占有目的	有非法占有目的	有非法占有目的
罪名（客+主）	不构成犯罪	合同诈骗罪	构成诈骗犯罪 或者不构成犯罪

（三）不同行为人，分别客观+主观

【事例 4-4：多人"开枪"案】

【案情】甲某和秘书乙某去 KTV 唱歌，与保安丙某发生争吵，乙某遂叫来 A、B、C、D 四人携带枪支过来帮忙。A、B、C、D 四人带枪来到 KTV 大堂。甲某下楼，见乙某叫了人过来，但并不知 A、B、C、D 带枪了，就对乙某说："打他"；乙某传达甲某的意思，说成了"开枪"。A、B、C、D 对"开枪"的含义各有不同理解。A 某、B 某以为是吓唬丙某，A 某朝天上开枪，子弹没有打中；B 某朝丙某附近的地面开枪，但子弹击中地面反弹击中丙某要害部位。同时，C 某朝丙某腿部开枪，D 某朝丙某腹部开枪，二人中仅有一枪击中丙某要害部位，但无法查明是谁击中。丙某两处要害部位被击中，当场死亡。

【问题】请分析本案中各行为人的行为性质，并说明理由。（2022/客/1/8）

【答案】

（一）D某：故意杀人罪（既遂）、非法持有枪支罪。

1. 客观上杀人行为。

2. 与C某，在故意伤害罪（行为）范围内构成共同犯罪；对共同伤害行为导致的死亡结果负责。

3. 主观上具有杀人故意；根据《刑法》第232条，构成故意杀人罪（既遂）。

4. 另行构成非法持有枪支罪，数罪并罚。

（二）C某：故意伤害罪（致人死亡）、非法持有枪支罪。

1. 客观上伤害行为。

2. 对共同伤害导致死亡结果负责。

3. 主观上具有伤害故意，对死亡结果系过失。根据《刑法》第234条，构成故意伤害罪（致人死亡），结果加重犯。

4. 另行构成非法持有枪支罪，数罪并罚。

（三）B某：过失致人死亡罪、非法持有枪支罪。

1. 没有杀人、伤害故意，与C某、D某不构成故意伤害罪的共同犯罪。

2. 构成过失致人死亡罪、非法持有枪支罪，数罪并罚。

（四）A某：构成非法持有枪支罪。

（五）甲某、乙某：故意伤害罪（致人死亡），教唆犯。

1. 客观上实施杀人致死、伤害致死的教唆行为。

2. 二人主观上真实犯意是伤害故意，具有伤害罪的教唆故意；根据《刑法》第234条、29条，构成故意伤害罪（致人死亡）教唆犯。

3. 乙某另行构成非法持有枪支罪的教唆犯，数罪并罚。

三、"客观""主观"判断的含义

认定犯罪，应当按照先客观、后主观的认定顺序。需要弄清《刑法》中"客观""主观"判断的含义。"客观判断"是指，裁判者站在社会公众的立场上，依据行为当时存在的**客观素材**（无论行为人或社会公众当时是否知情），对照《刑法》规定的483种危害行为、对象、结果，判断行为人实施的行为，属于何种行为、行为对象为何、造成的结果（实害、危险）为何。"主观判断"是指以行为人的主观认识、心理事实为素材（无论客观事实是否符合其主观认识），对于《刑法》第14条、第15条以及分则具体罪名故意、过失的成立条件，判断行为人的主观心态是故意还是过失，是何种罪名的故意、过失。

尤其是：应当首先判断行为客观上是否是危害行为、是何种行为，然后判断行为人主观上有无过错。而不能相反，认为行为人主观上具有过错（故意、过失），就顺其自然地认定其行为是危害行为，不进行客观判断，就认为其行为构成犯罪。

【方鹏刑法主观题练习 4-1：红糖杀人案】

【案情】甲怀有杀害乙的意图，认为红糖（蔗糖）可以杀人，遂将红糖投入乙的水杯中；一般人饮此红糖水本不致死。

（1）假设情况一：正常体质的乙喝后毫无反应。

（2）假设情况二：丙见此情形，偷偷将红糖调换为毒药，甲不知情仍然递给乙喝，乙喝后死亡。

（3）假设情况三：乙患有非常奇怪的病症（红糖过敏），喝下红糖水后过敏死亡。

【问题】三种情况下对甲的行为如何认定？说明理由。

【简要答案】（1）甲无罪；（2）甲无罪；丙构成故意杀人罪（既遂）；（3）甲构成故意杀人罪（既遂）。

四、客观、主观相统一

当客观不法与主观责任要素并不完全重合时，**应当在重合的范围内认定罪名**。亦即，要构成《刑法》某个具体罪名，行为人的行为、主观过错等（"左手边案情"），必须同时具备《刑法》规定（"右手边法条"）的该罪名的客观要件、主观要件。当事实层面上的行为、过错表面上不能统一时，就要看能够认定为《刑法》层面上的另一行为、过错。低度法与高度法之间要件错位，统一于低度法；一般法与特别法之间要件错位，统一于一般法。部分法与整体法之间要件错位，统一于部分法。

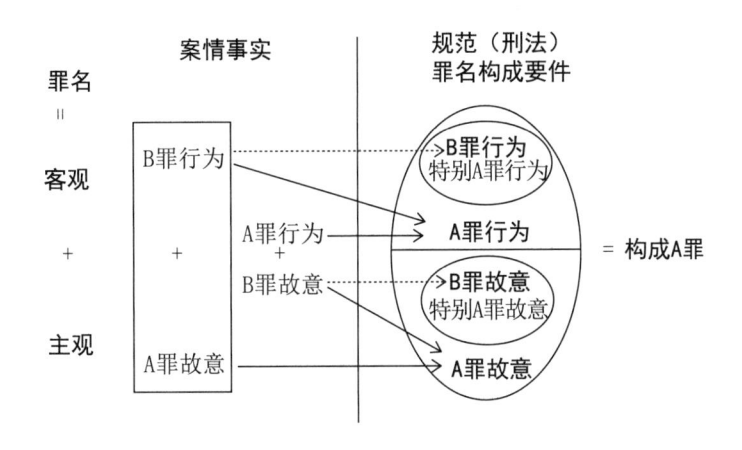

(A 罪与 B 罪 = 低度与高度；或一般法与特别法；或部分法与整体法)

【事例 4-5：误将枪支当作钱款盗窃案】甲以为乙皮包里装的是钱，偷走后才发现其中装有手枪一把。

【解析】甲客观上实施的是盗窃枪支的行为，主观上仅有盗窃故意。盗窃枪支的行为可评价为盗窃特别财物的行为，主观上具有盗窃财物故意，客观主观统一于盗窃（财物）罪。

【事例4-6：误将劣药当作假药销售案】甲误认为自己销售的是假药，实际上销售的是劣药。

【解析】客观上实施了销售劣药的行为；而主观上有销售假药故意，因销售假药故意或内含销售劣药故意，可认为主观上具有销售最劣的劣药故意，故主客观统一于销售劣药罪。

【事例4-7：捡提包案】

【案情】甲乘坐长途公共汽车时，误以为司机座位后的提包为身边的乙所有（实为司机所有）；乙中途下车后，甲误以为乙忘了拿走提包。为了非法占有该提包内的财物（内有司机为他人代购的13部手机，价值26万元），甲提前下车并将提包拿走。司机到站后发现自己的手提包丢失，便报案。公安人员发现甲有重大嫌疑，便询问甲，但甲拒不承认，也不交出提包。

【问题】本案中甲的行为如何定性？说明理由。（2004/2/88）

【答案】客观上秘密窃取司机占有的提包；主观上侵占遗忘物的侵占罪故意，客观主观相统一，根据《刑法》第270条，构成侵占罪。

【方鹏刑法主观题练习4-2：误将活人当将作尸体奸淫案】

【案情】甲男欲将乙女掐昏后强奸，掐昏后发现乙不动弹、没了气息，误认为乙"死亡"（实际只是假死）。甲想"一不做，二不休，死了不能浪费"，实施了"奸尸"行为，后离开。经法医鉴定，乙在被掐时没有死亡；是"奸尸"时由于用力过猛导致死亡的。

【问题】甲男如何定性？说明理由。

【简要答案】强奸罪（未遂）；侮辱尸体罪（既遂）、过失致人死亡罪，想象竞合。

五、复杂案件可按完整的犯罪构成体系进行推理

在复杂案件的分析中，可以按照前述完整的犯罪构成以及构成要件要素的顺序，亦即：客观上行为、对象、结果、因果关系……身份等要素；正当防卫、紧急避险、被害人承诺等。主观上年龄、精神状况、故意、过失、目的、动机等要素；违法性认识错误、期待可能性等，逐一进行推理分析。

【方鹏刑法主观题练习4-3：犯罪嫌疑人的献身案】

【案情】（1）丈夫傅某（男）一日酩酊大醉后，回家欲与妻子陈某（女）亲热，陈某嫌臭拒绝。傅某勃然大怒，扇了陈某一巴掌，压住陈某霸王硬上弓。陈某反抗，抓起床头柜上的水果刀，朝傅某的胸部扎了一刀。傅某血流不止，渐无气息。陈某认为扎死人了，非常惊恐。

（2）此时陈某的蓝颜知己石某（男）到来，二人合谋，陈某找刀，石某操刀，索

性将傅某"尸体"肢解，抛入河中灭迹。

（3）事后证明：傅某实系死于肢解。

【问题】陈某、傅某、石某的行为如何定性？说明理由。

【简要答案】傅某：不追究强奸罪责任。陈某：故意毁坏尸体罪。石某：故意毁坏尸体罪、过失致人死亡罪、帮助毁灭证据罪，择一重处。

第五章 不作为行为

一、成立不作为犯（行为）的一般条件

不作为犯	总论中三个客观条件	行为人负有特定积极义务（具有"保证人"的身份）	四种形式根据	法律、法规规定的义务	三种实质根据	基于对危险源支配产生的监督义务
				职务或者业务要求的义务		基于与法益无助状态的特殊关系产生的保护义务
				法律行为引起的义务		基于对法益危险发生领域的支配产生的报告阻止义务
				先前行为引起的义务		
		行为人能够履行特定义务（具有履行义务的能力和条件、作为可能性）				符合分则具体罪名构成要件
		行为人不履行特定义务，造成或者可能造成危害结果（因果关系）				
	主观	故意，过失				

【事例 5-1：虎毒食子案】

【案情】 甲因与丙发生婚外情而欲与妻子乙离婚，乙拒绝离婚，丙提议往乙喝的牛奶里投毒。甲投毒后，乙不知牛奶有毒，端给儿子丁喝。甲说儿子已经喝过牛奶了，乙坚持给儿子喝。丁喝完牛奶后中毒，被乙送往医院经抢救未脱险仍死亡。

【问题】 甲、乙、丙如何定性？说明理由。

【答案】

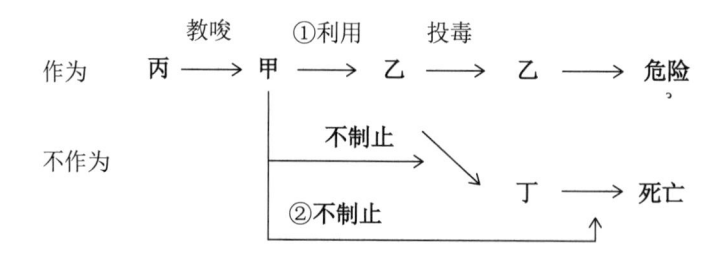

```
             教唆     ①利用      投毒
作为    丙 ──→ 甲 ──────→ 乙 ──────→ 乙 ──→ 危险
                    ┐
                    │不制止
不作为               └──────→
                                    丁 ──→ 死亡
              ②不制止              ↑
            ─────────────────────┘
```

（一）实行者妻子乙：客观上致儿子丁死亡，主观上系意外事件，不构成犯罪。

（二）正犯甲：1. 对妻子乙，利用妻子自己喝毒药杀害妻子，系作为杀人行为；主观上具有直接故意；构成故意杀人罪未遂、直接正犯。2. 对儿子丁：（1）在客观行为上，①利用不知情的乙杀丁，系作为杀人行为、间接正犯行为；②具有因先前投毒行为产生的制止妻子乙的义务，而不制止，利用没有故意的乙杀丁，系不作为杀人行为、间接正犯行为；③甲本人具有因民法规定的保护儿子丁的义务，而不保护，系不作为杀人行为、直接正犯行为。（2）在行为个数上：①甲利用乙杀丁的作为行为，与

不制止乙杀丁的不作为行为，是同一个行为；作为吸收不作为，认定为作为的杀人行为。②甲利用乙杀丁的作为杀人行为，与不救助丁的不作为杀人行为，虽是两个阶段，但是整体上，作为杀人行为吸收不作为杀人行为，整体上认定为一个作为的杀人行为。（3）主观上，对于对象人儿子，没有认识错误，具有杀人直接故意。构成故意杀人罪、间接正犯，系犯罪既遂。

（三）教唆犯丙：①对于正犯甲实施的杀妻行为，构成杀人罪未遂的教唆犯。②对于正犯甲利用妻子乙杀害儿子丁的行为，尽管杀害的具体对象人不同，但都是同性质的杀人行为；丙客观上实施了杀人的教唆行为。主观上系打击错误、具体错误（通说），按法定符合说仍有故意。构成杀人罪既遂的教唆犯。③对于甲实施的不救助儿子丁的不作为杀人行为，丙确实没有教唆，不构成该不作为行为的教唆犯。④但是，儿子丁的死亡结果，仍与甲利用妻子乙杀丁的作为行为具有因果关系，教唆犯丙对甲的该作为行为导致的结果需要负责。

二、作为义务有无的判断（来源）：形式的义务根据（形式四分法）

四种形式根据	法律、法规规定的义务	亲属间的扶养义务	"法律、法规"既包括刑法，也包括民商法、经济法、行政法、宪法等	只有符合刑法规定的**具体罪名的构成要件**(刑法将此种不作为行为规定为犯罪)，才能构成不作为犯罪
	职务或者业务要求的义务	值勤的消防人员有灭火义务	需要具体考查其职责范围	
	法律行为引起的义务	保姆看护小孩	合同行为，自愿接受行为（单方法律行为）	
	先前行为引起的义务	带邻居家小孩去游泳负有救助义务	只有创设、增加风险的先前行为（最重要条件）才产生作为义务	

【案例5-2：救人未救到底案】

【案情】甲见有人掉入偏僻之地的深井，找来绳子救人，将绳子的一头扔至井底后，发现井下的是仇人乙，想到"你死了我最开心了"，便放弃拉绳子走掉，乙因无人救助死亡。甲是当时唯一在场的人。

【简要答案】甲没有救助乙的义务，不构成不作为犯。

★先前行为引起的义务的实质标准

1. <u>先前行为与危险的造成</u>**具有刑法上的因果关系**(最重要条件)，才引起作为义务。
2. 行为人引起他人自主自决的<u>自陷风险行为</u>(有认识能力、有自由意志)，风险由自陷风险者造成，<u>行为人不承担救助义务</u>。

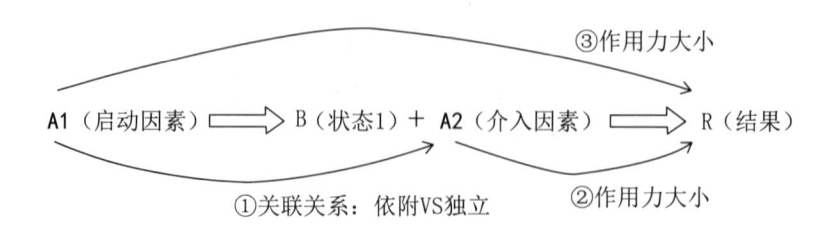

```
                              ③作用力大小
        ┌─────────────────────────────────→┐
  A1（启动因素）⇒ B（状态1） + A2（介入因素）⇒ R（结果）
                └─────────┘     └──────────┘
                ①关联关系：依附VS独立  ②作用力大小
```

【案例5-3：漂流案】

【案情】 丁邀秦某到风景区漂流，在漂流筏转弯时，秦某的安全带突然松开致其摔落河中。秦某呼救，丁想"你死了我才开心"，未下河救人，秦某溺亡。

【简要答案】 丁邀请秦某的行为，与秦某落水的风险之间，仅有条件关系，而无因果关系，丁没有救助秦某的义务，不构成不作为犯。

三、先前作为行为后续的不救助行为能否"独立成立不作为行为（不作为犯）"

1. 先判断<u>因果关系</u>，看结果可否归因于不作为行为

```
                 ┌──── 作为犯 ────┐
         ├──────────┼──────────┤      ● 结果
          作为行为    不作为行为
                      └──── 不作为犯 ────┘
```

2. 当结果可归因于不救助时，还需看不救助行为与先前作为行为<u>能否合并评价</u>

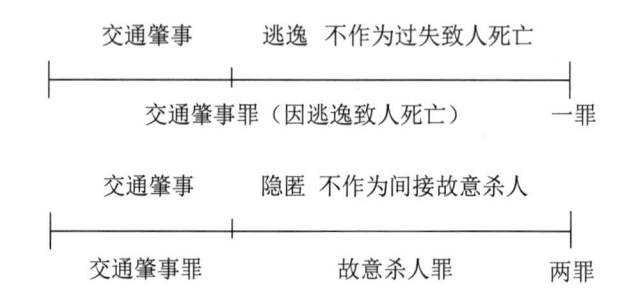

```
    交通肇事      逃逸  不作为过失致人死亡
   ├──────────┼────────────────────┤
         交通肇事罪（因逃逸致人死亡）         一罪

    交通肇事      隐匿  不作为间接故意杀人
   ├──────────┼────────────────────┤
      交通肇事罪        故意杀人罪          两罪
```

（1）能够合并评价为一个行为，不救助行为不能单独成罪
（2）不能合并评价为一个行为，不救助行为可以单独成罪

3. 当先前行为是防卫、避险等行为（作为行为）时，评价后续的不救助行为，也采用前述判断方法，只不过先考虑合并评价，再考虑是否过当。

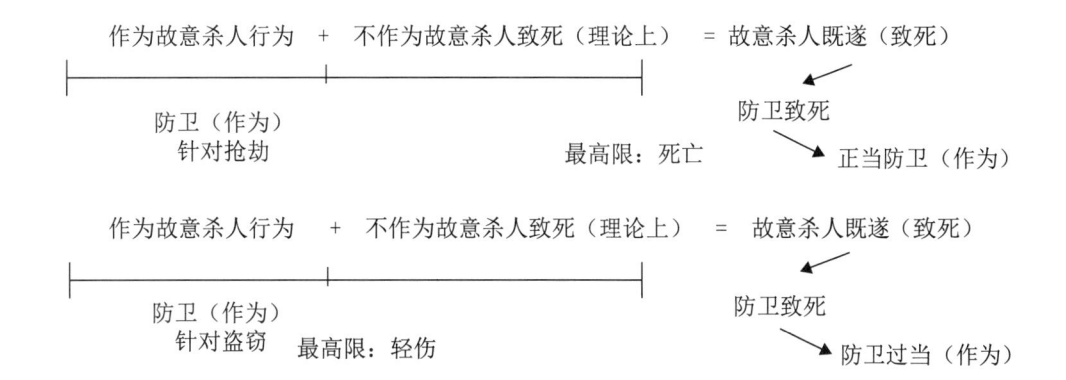

```
作为故意杀人行为  +  不作为故意杀人致死（理论上）  =  故意杀人既遂（致死）
├─────────────────┤                                              ↓
  防卫（作为）                                        防卫致死
  针对抢劫                    最高限：死亡                ↓
                                                      正当防卫（作为）

作为故意杀人行为  +  不作为故意杀人致死（理论上）  =  故意杀人既遂（致死）
├─────────────────┤                                              ↓
  防卫（作为）                                        防卫致死
  针对盗窃              最高限：轻伤                       ↓
                                                      防卫过当（作为）
```

【案例 5-4：抓强奸犯案】

【案情】 网约车司机甲男行车途中强奸女乘客空姐乙女，群众丙为了制止甲男而赤手空拳殴击甲男。甲男跳河逃走，发现自己不会游泳。群众丙看着甲男淹死才离去。

【简要答案】 群众丙殴击甲男的行为，与甲男跳河落水的风险之间，仅有条件关系，而无因果关系，丙没有救助甲男的义务，不构成不作为犯。

【案例 5-5：追小偷案】

【案情】 甲在公交车上扒窃乙的皮包，丙为了帮乙夺回皮包，持菜刀追砍伤害甲。甲被迫跳入河中，在水中挣扎。乙、丙见状，救助也较为便利，但二人没有救而离去，半小时后甲溺水身亡。

【简要答案】

1. 丙追砍的作为伤害，与之后的不救助致死，合并评价为伤害致死行为。
2. 对正在实施盗窃的甲进行防卫，超过防卫限度，系防卫过当。
3. 对过当致死的结果具有故意，构成故意杀人罪。

四、多观点题：共同犯罪人对共同犯罪引起的另一共犯人的实行过限行为是否有制止义务？

观点一：只有先前的共同犯罪行为，与过限行为之间具有因果关系，共犯人才有制止义务。

观点二：只需先前的共同犯罪行为，与过限行为之间具有条件关系，共犯人就有制止义务。

【案例 5-6：盗窃后猥亵女主人案】

【案情】 赵某、孙某共同盗窃，之后赵某猥亵女主人，孙某看了没有制止。（2021年法考真题C组事实一）

【问题】 关于事实一，如果认为孙某不成立强制猥亵罪的共同犯罪，理由是什么？

如果认为其成立强制猥亵罪的共同犯罪，理由又是什么？

【简要答案】

观点一：

1. 孙某与赵某在盗窃罪的范围内构成共同犯罪。

2. 赵某所犯强制猥亵罪，系其实行过限行为；孙某没有共同作为行为，不构成作为的共同犯罪。

3. 赵某所犯强制猥亵罪，虽与之前的共同盗窃有条件关系，但无因果关系；盗窃罪的共同犯罪人孙某对于赵某实施的强制猥亵没有制止义务，不构成不作为行为。对于赵某实施的强制猥亵，赵某既无共同作为行为，也没有不作为行为，不构成共同犯罪。

观点二：

赵某所犯强制猥亵罪，系之前与孙某的共同盗窃引起的，孙某具有先前行为引起的作为义务，不制止可构成不作为行为，系强制猥亵罪的帮助犯。

【案例5-7：抢劫后杀人案】

【案情】甲、乙共同入户抢劫丙，进入被害人丙家后，甲将丙捆绑后，二人共同实施了抢劫行为。之后，乙为灭口而临时起意杀害了丙，甲站在一旁观看没有制止。

【简要答案】

一、乙：抢劫后灭口而杀人，构成抢劫罪（基本犯）、故意杀人罪，两罪并罚。

二、甲：

（一）与乙构成抢劫罪（基本犯）的共同正犯。

（二）对于乙实施的杀人行为

观点一：①乙实施的杀人实行过限行为，是丙被杀的风险，负主要责任的条件，亦即具有因果关系；②甲与乙实施的共同抢劫行为，与丙被杀的风险，仅有条件关系，而无因果关系。③甲不具有因先前行为引起的作为义务，对乙实施的杀人行为没有制止义务，不能构成不作为的故意杀人罪。只构成抢劫罪（基本犯）一罪。

观点二：乙实施的杀人行为，系之前甲与乙实施的共同抢劫行为引起，乙具有制止义务，构成不作为行为，系故意杀人罪的帮助犯。

【方鹏刑法主观题练习5：夺刀反杀不救案】

【案情】赵某、钱某合谋，通过签订租车合同的方式，骗取了租车公司A公司的汽车，骗完后不料被A公司员工孙某发现，要抓捕二人。

赵某为了抗拒抓捕，抽出随身携带的西瓜刀砍向孙某，结果砍偏，误击钱某致其轻伤，随后钱某带伤逃走。

孙某上前与赵某扭打，期间夺下赵某的西瓜刀，扔给另一名员工李某，李某没接住，意外中刀导致重伤。

赵某见凶器被夺，转身开上骗来的汽车逃跑，孙某随后追出。为了夺回汽车、阻止赵某逃跑，孙某拉开车门，拉出赵某，连人一并抱住并向一旁摔去。孙某自己摔成轻伤。

赵某也被摔成重伤，向孙某求助，孙某置之不理，自己前往医务室治疗。六小时后才回到现场报警，警察到达后才将赵某送往医院救治，后因时间延误流血过多而死。

【问题】请分析赵某、钱某、孙某的刑事责任（包括犯罪性质即罪名、犯罪形态、共同犯罪、数罪并罚等），须说明理由。

【简要答案】

1. 钱某：合同诈骗罪。
2. 赵某：抢劫罪。
3. 孙某：（1）对赵某：正当防卫；（2）对李某：过失致人重伤罪。

第六章 因果关系

一、判断因果关系有无的标准：相当因果关系说（相当因果关系说＝条件关系+相当性）

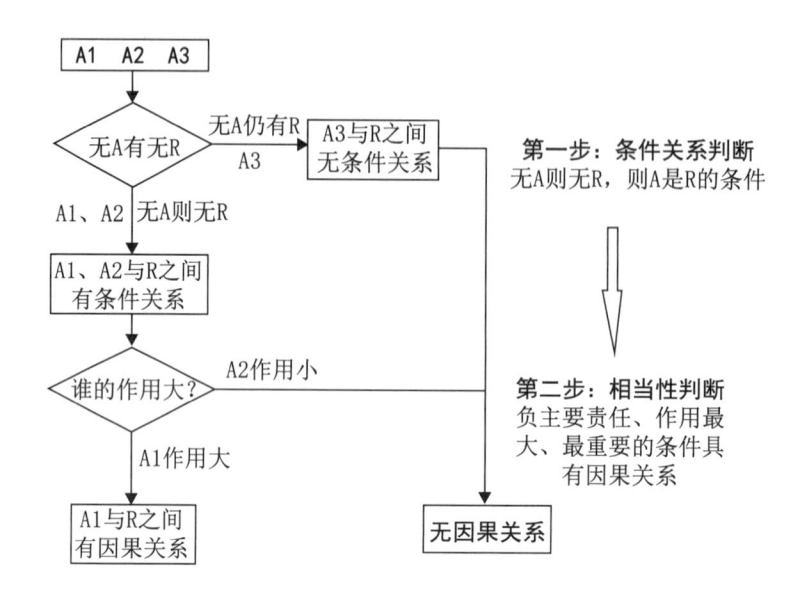

```
        A1  A2  A3
             ↓
        ┌─无A有无R─┐  无A仍有R      ┌─────────────┐
        │         │ ─────────→    │ A3与R之间    │     第一步：条件关系判断
        └─────────┘    A3          │ 无条件关系   │     无A则无R，则A是R的条件
             │                     └─────────────┘
        A1、A2 无A则无R                     │
             ↓                              │
        ┌─────────────┐                     │
        │ A1、A2与R之间│                    │
        │ 有条件关系  │                     │        ⇩
        └─────────────┘                     │
             │                              │
        ┌─────────┐     A2作用小            │     第二步：相当性判断
        │谁的作用大│ ───────────────────────┤     负主要责任、作用最
        └─────────┘                         │     大、最重要的条件具
             │ A1作用大                     │     有因果关系
             ↓                              ↓
        ┌─────────────┐               ┌─────────┐
        │ A1与R之间    │              │ 无因果关系│
        │ 有因果关系   │              └─────────┘
        └─────────────┘
```

【事例6-1：最高法案例：陈某被控交通肇事案】

【案情】 陈某驾驶悬挂假号牌的大货车，至某路口时违章靠边停车等人。期间张某驾驶小型客车（车上搭载关某）同向行驶，追尾碰撞陈某驾驶的大货车尾部，导致小客车损坏、关某受重伤、张某当场死亡。事故发生后，陈某驾车逃逸。

【问题】 陈某是否应对损失结果负责，是否构成交通肇事罪？

【附法条及司法解释】

《刑法》第133条【交通肇事罪】违反交通运输管理法规，因而发生重大事故，致人重伤、死亡或者使公私财产遭受重大损失的，处三年以下有期徒刑或者拘役；交通运输肇事后逃逸或者有其他特别恶劣情节的，处三年以上七年以下有期徒刑；因逃逸致人死亡的，处七年以上有期徒刑。

《最高人民法院关于审理交通肇事刑事案件具体应用法律若干问题的解释》

第2条　交通肇事具有下列情形之一的，处三年以下有期徒刑或者拘役：

（一）死亡一人或者重伤三人以上，负事故全部或者主要责任的；

（二）死亡三人以上，负事故同等责任的；

（三）造成公共财产或者他人财产直接损失，负事故全部或者主要责任，无能力赔偿数额在三十万元以上的。

交通肇事致一人以上重伤，负事故全部或者主要责任，并具有下列情形之一的，以交通肇事罪定罪处罚：

（一）酒后、吸食毒品后驾驶机动车辆的；

（二）无驾驶资格驾驶机动车辆的；

（三）明知是安全装置不全或者安全机件失灵的机动车辆而驾驶的；

（四）明知是无牌证或者已报废的机动车辆而驾驶的；

（五）严重超载驾驶的；

（六）为逃避法律追究逃离事故现场的。

【简要答案】陈某：

1. 违章行为：挂假车牌、违章停车、逃逸；结果：一死一重伤。

2. 因果关系：

（1）违章停车（A1）、追尾（A2）是死亡、重伤的条件。

（2）追尾行为的责任大小，是原因，与死亡、重伤结果有因果关系。

（3）陈某的三项违章与死亡、重伤结果，没有因果关系，不承担刑事责任。

3. 不构成交通肇事罪。

二、判断因果关系有无的四种基本定式模型

（一）被害人的<u>特殊体质</u>与因果关系（A+特殊体质→R）的认定：<u>有因果关系</u>

（1）应当肯定行为人的行为与死亡结果之间，在客观上存在因果关系。
（2）至于行为人是否认识到或者是否应当预见被害人存在疾病或者具有特殊体质，只是行为人主观上有无故意、过失的问题，而不影响客观因果关系的判断。
（3）行为人是否构成犯罪、构成何罪，应当将客观与主观结合。

【事例6-2：《罪犯洪某罄竹难书的罪恶一生》事实五】

【案情】黄某雇用程某，让程某去伤害黄某的前妻周某。程某问到什么程度，黄某说伤她一条手臂即可，先付你10万元，事成之后付你20万元。程某在小巷拦截周某，想着不如再敲诈一笔，大喊"有人雇我来伤你，给我40万，不然我真的照做。"周某说"我才不相信你"，程某持水果刀朝周某胳膊上捅了一刀，致周某轻伤。因周某患有白血病，流血过多而死亡。事后查明，程某并不知道周某患有白血病，而黄某却一清二楚。（2019年刑法主观题事实五）

【问题】请根据《刑法》有关规定，按顺序分析上述案件中各行为人的刑事责任（包括犯罪性质即罪名、犯罪形态、共同犯罪、数罪并罚等），须说明理由。

【答案】

在第五段事实中，程某构成抢劫罪、故意伤害罪，黄某构成故意杀人罪。

（一）程某：构成抢劫罪（未遂）、故意伤害罪（致人死亡、致人重伤）。

1. 对周某当场暴力威胁劫夺财物，根据《刑法》第263条，构成<u>抢劫罪</u>。（注意：

不构成敲诈勒索罪）。未轻伤、得财，系犯罪未遂。

2. 抢劫不成另起犯意，对周某实施了伤害行为，有伤害故意，根据《刑法》第234条，构成故意伤害罪。**特殊体质不中断因果**，系结果加重犯，**故意伤害罪（致人死亡）**。

3. 与黄某在故意伤害罪的范围内成立共同犯罪。

4. 程某将黄某打成重伤，主观上是为报复，没有非法占有目的，不构成抢劫罪，构成**故意伤害罪（致人重伤）**。

（二）黄某：故意杀人罪（间接正犯）。

1. 主观上，黄某知情周某有白血病，也应知情伤害后大概率死亡的结果，根据《刑法》第14条，**对于死亡结果具有故意**。

2. 黄某利用没有杀人故意的程某致周某死亡，主观上有杀人故意，根据《刑法》第232条，构成故意杀人罪，**系间接正犯**。

3. 构成程某故意伤害罪（致人死亡）的教唆犯。以故意杀人罪一罪论处。

（二）**介入因素**与因果关系的认定（介入因果）：A1（条件1）→B+A2（条件2）→R（果）

"两步法"：

（1）第一步，首先判断**介入因素**（A2）与**最初行为**（A1）有无关联，**关联大小**（是否大概率导致、依附出现）。如果A1大概率导致A2，亦即A2依附于A1出现，**A1、A2是依附关系，则A1与R有因果关系**。

（2）第二步，如果A1不会大概率导致A2，亦即A2并不依附于A1出现，**A1、A2是独立关系，则再判断A1、A2各自对R的作用力（影响力）大小，作用大者（≥50%）有因果**。

①若A2对R的作用力大（≥50%），则A2与R有因果关系；若A1对R的作用力大（≥50%），则A1与R有因果关系。

②若A1、A2对结果的作用一样大（＝50%），或者不能辨别作用大小（推定同等责任＝50%）；或者分别判断时作用都很大（均>50%），则A1、A2与R都有因果关系。

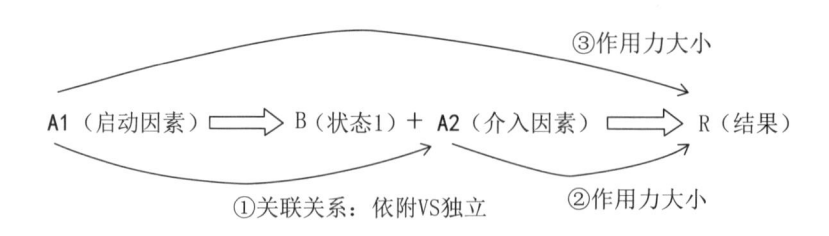

```
                                    ③作用力大小
         ┌─────────────────────────────────────────┐
         │                                         ↓
  A1（启动因素）──→ B（状态1）＋ A2（介入因素）──→ R（结果）
                                ↑
         └──────────────────────┘
           ①关联关系：依附VS独立    ②作用力大小
```

【事例 6-3："误警为匪案"事实三】

【案情】司机谢某见甲、乙打人后驾车逃离，对乙车紧追。甲让乙提高车速并走

"蛇形"，以防谢某超车。汽车开出2公里后，乙慌乱中操作不当，车辆失控撞向路中间的水泥隔离墩。谢某刹车不及撞上乙车受重伤。赶来的警察将甲、乙抓获。（2013年主观题事实三）

【问题】就事实三，甲、乙是否应当对谢某重伤的结果负责（负刑责）？理由是什么？

【答案】事实三中，甲、乙不对谢某重伤的结果承担刑事责任。

1. 根据条件规则判断，导致谢某重伤结果的因素两个：甲、乙走蛇形撞上水泥隔离墩停车、谢某刹车不及追尾。没有甲、乙撞上隔离墩停车，谢某不会重伤；即使甲、乙撞上隔离墩停车，没有谢某的追尾，谢某也不会重伤。两个行为都是导致谢某重伤结果的条件。

2. 根据相当因果关系说，一般情况下，谢某的追尾行为对重伤结果负有全部或主要责任，是具有相当性的条件，具有刑法上的因果关系。

3. 故而，从规范判断（相当因果关系说）的角度看，甲、乙的行为与谢某的重伤结果之间，仅有条件关系，而没有因果关系；谢某本人的追尾行为与重伤结果之间，具有刑法上的因果关系。甲、乙不对该结果承担刑法上的责任。

【事例6-4：刘某抢劫、强奸致人跳楼案】

【案情】刘某（男）将唐某（女）骗至其位于某市的一出租房内，穿插使用暴力殴打、持刀威胁、用竹签及针刺戳等手段逼迫唐某打电话向朋友筹款现金20万元，因唐某未筹到钱，刘某只好逼迫唐某写下20万元的欠条。其间，刘某还两次违背唐某意志，强行与唐某发生性关系。次日唐某因无法忍受刘某不停的暴力折磨，趁刘某不注意爬上窗台跳楼逃离，造成右股骨上段、左耻骨上肢、左坐骨支骨等多处严重骨折。经鉴定，唐某损伤程度已构成重伤。

【问题】刘某的行为如何定性？说明理由。

【简要答案】

1. 263条，抢劫罪，未遂。

2. 236条，强奸罪，既遂。

3. 重伤结果，强奸、跳楼逃离，都是条件；跳楼逃离依附关系不中断因果。强奸罪（致人重伤），结果加重犯。

4. 数罪并罚。

（三）重叠因果关系：A1（≥50%）+A2（≥50%）→R

两个以上相互独立的行为（A1、A2是独立关系，不是依附关系），单独不能导致结果的发生（但具有导致结果发生的危险），但合并在一起造成了结果时，就是所谓重叠的因果关系。如果二行为对结果造成的作用一样大（或都超过50%），或者无法区分作用大小，则一般认为二行为均与结果之间具有因果关系。

【事例6-5：二人投毒案】

【案情】 甲与乙都对丙有仇,甲见乙向丙的食物中投放了5毫克毒物,且知道5毫克毒物不能致丙死亡,遂在乙不知情的情况下又添加了5毫克毒物,丙吃下食物后死亡。单独的5毫克毒物本身不足以致丙死亡。

【简要答案】

一、乙

1. 杀人行为。

2. 与甲没有共谋、对之后甲的行为不知情,不与甲构成共同犯罪,系乙的单独行为,仅对其本人投毒5毫克的行为负责。

3. 如果没有乙的投毒,丙不会死亡,乙投毒行为(A1)是丙死亡结果(R)的条件;对死亡的作用为50%,具有因果关系。可认为是重叠因果。

4. 构成故意杀人罪既遂。

二、甲

1. 甲知情乙投毒还添加毒药,甲为片面共同实行犯。

2. 有不同观点和理由:

(1) 观点一:认为片面共同正犯行为不成立共同正犯,可成立片面帮助犯,应对其本人与乙共同的投毒行为(5毫克+5毫克=10毫克)负责,对死亡结果的作用为100%,也具有因果关系。构成故意杀人罪既遂。

(2) 观点二:认为片面共同正犯行为成立共同正犯,甲对死亡结果仍有100%的责任。构成故意杀人罪既遂。

(四) 同时犯因果(事实无法完全查明时的证据规则)

$$A1 \searrow$$
$$A2 \nearrow R$$

甲与乙没有意思联络,都意欲杀丙,并同时向丙开枪(同时犯)			
1. 丙身上有两个弹孔,可证明致死的一枪是甲命中的,乙击中但未造成致死伤	所有事实均可查明**直接按照已经查明的事实认定**因果关系	甲的行为与死亡有因果关系,乙的行为与死亡无因果关系	甲为故意杀人罪既遂,乙为故意杀人罪未遂
2. 丙身上有两个弹孔,均为致命伤(特殊同时犯)	二人均击中,能证明单独均可致死;但不能证明击中的精确先后;推定**全部责任(100%)**	甲、乙二人行为与结果都有因果关系(但允许律师举证)	甲、乙二人均为故意杀人罪既遂

3. 丙身上有两个弹孔，均是死亡条件，一处作用大、一处作用小（特殊同时犯）	二人均击中，能证明均有条件关系；但不能证明谁所起作用较大；推定**同等责任**（50%）	甲、乙二人行为与结果都有因果关系（但允许律师举证）	甲、乙二人均为故意杀人罪既遂
4. 丙身上只有一个弹孔，可证明甲、乙二人一人击中、一人未击中	谁击中、谁未击中不能查明，基本流程不能查清推定**对结果不负责任**（疑罪从轻）	甲、乙二人行为与结果都无因果关系（无法查明）	甲、乙二人均为故意杀人罪未遂

【事例 6-6：同时开枪案】

【事例】甲与乙没有意思联络，都意欲杀丙，并同时向丙开枪（同时犯），丙身上只有一个弹孔，可证明甲、乙二人一人击中、一人未击中。

【简要答案】由于不能查明谁对结果负责，根据存疑有利于被告的证据规则，二人均不对死亡结果负责，构成故意杀人罪未遂。

（五）<u>共同犯罪与因果关系</u>：共同正犯对共同行为导致的结果承担客观责任

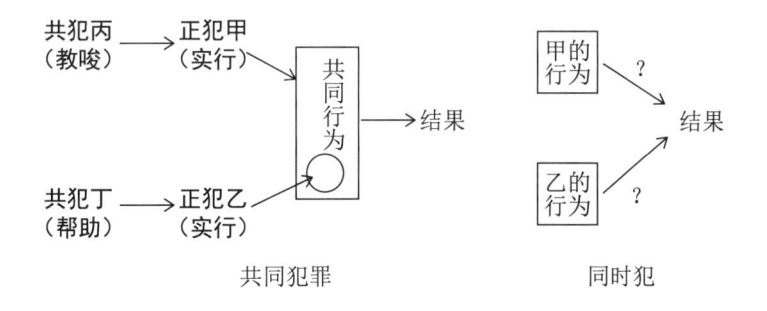

1. **共同正犯**：一人既遂、全体既遂；一部实行，全部责任（客观上对结果承担连带责任）。

2. **帮助犯、教唆犯**：帮助行为、教唆行为，如与实行行为、结果有因果关系，则对结果负责。

【事例 6-7：二人各怀鬼胎案】

【案情】甲以抢劫故意、乙以强奸故意共同对丙实施暴力，造成丙死亡，但丙身上只有一处暴力伤痕，不能查明由谁造成。则甲、乙二人如何定性？

【简要答案】
一、甲
1. 客观上，抢劫行为，与乙在暴力行为的范围内是共同犯罪，对<u>共同暴力导致的死亡结果负责</u>。
2. 主观上，抢劫故意，<u>抢劫罪（致人死亡）</u>。

二、乙：强奸罪（致人死亡）。

三、归纳

1. 条件判断		无 A 则无 R，A 是 R 的条件	
2. 相当性判断		具体定式模型	
	利用既存条件（或者认为只有一个条件）	特殊体质（A+特殊体质→R）	有因果
	Step1：无 A1、A2 则无 R→A1、A2 是 R 的条件；Step2：A1 重要，A2 不重要→A1 有因果，A2 是条件	介入因果（A1→B+A2→R）分两步看三因素：	Step1：启动因素（A1）是否大概率导致介入因素（A2）？依附关系不中断因果 Step2：独立关系，则看介入因素（A2）、启动因素（A1）对结果（R）的作用力大小。作用大者有因果
		重叠因果（A1+A2→R）	A1、A2 都有因果（作用都超过50%，或无法查明大小）
		同时犯因果（A1、A2→R）四情形：	A1、A2 谁打中查不清，都无因果
			A1、A2 都打中都致命，都有因果
			A1、A2 都打中作用大小查不清，都有因果
			A1、A2 都打中致命一枪查得清，按查清情况认定因果
	共同正犯（一个整体行为）		对共同行为导致的结果负责
因果关系与犯罪成立的关系：有因果关系可认为具备犯罪成立的客观要件（不法），但是否构成犯罪还需要主观要件（责任）。			

【方鹏刑法主观题练习6：共同暴力致死案】

【案情】 李某以抢劫故意、孙某以绑架故意，各怀鬼胎，商量共同对 A 某实施暴力殴打，以控制 A 某。二人误将 A 某的表弟 B 某，认为是 A 某。李某殴打"A 某"腹部，孙某却用铁棒猛砸"A 某"的头部。

打了一会儿，A 某的另一个仇人方某也过来了，见李某、孙某二人在打人，说"我也一起打"，方某加入后，也用铁棒猛砸头部。

后"A 某"（B 某）死亡，事后查明只有一处重伤，是因打击疼痛，而诱发心脏病发作死亡，但不知是何处打击所致；重伤之处，也不知是在方某加入之前，还是加入之后导致。

【问题】 三人如何定性?说明理由。

【简要答案】

李某:抢劫罪(致人死亡);孙某:绑架罪(杀害被绑架人)。方某:故意杀人罪(未遂)。

第七章 刑事责任年龄；刑事责任能力

一、刑事责任年龄

（一）四阶段的刑事责任年龄划分（0、12、14、16）

第17条【刑事责任年龄】已满十六周岁的人犯罪，应当负刑事责任。

已满十四周岁不满十六周岁的人，犯故意杀人、故意伤害致人重伤或者死亡、强奸、抢劫、贩卖毒品、放火、爆炸、投放危险物质罪的，应当负刑事责任。

已满十二周岁不满十四周岁的人，犯故意杀人、故意伤害罪，致人死亡或者以特别残忍手段致人重伤造成严重残疾，情节恶劣，经最高人民检察院核准追诉的，应当负刑事责任。

【不满十八周岁的人从宽】对依照前三款规定追究刑事责任的不满十八周岁的人，应当从轻或者减轻处罚。

【未达年龄的人实施不法行为的后果】因不满十六周岁不予刑事处罚的，责令其父母或者其他监护人加以管教；在必要的时候，依法进行专门矫治教育。

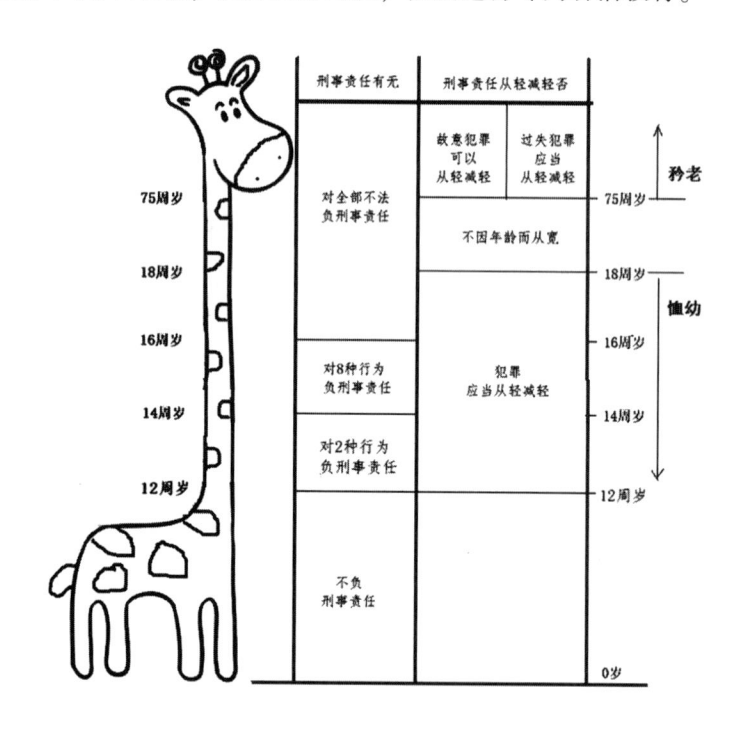

	刑事责任有无	刑事责任从轻减轻否	
		故意犯罪可以从轻减轻	过失犯罪应当从轻减轻
75周岁	对全部不法负刑事责任		矜老
18周岁		不因年龄而从宽	
16周岁	对8种行为负刑事责任	犯罪应当从轻减轻	恤幼
14周岁			
12周岁	对2种行为负刑事责任		
0岁	不负刑事责任		

（二）12~14周岁的人：2种行为+2种结果+情节严重（杀人、伤害+致死、严重残疾手段残忍+情节恶劣）

第17条第3款【12~14周岁承担刑事责任的范围】已满十二周岁不满十四周岁的人，犯故意杀人、故意伤害罪，致人死亡或者以特别残忍手段致人重伤造成严重残疾，情节恶劣，经最高人民检察院核准追诉的，应当负刑事责任。

行为	实际结果		手段	情节	12~14周岁	14~16周岁	已满16周岁
故意杀人、故意伤害	致死		不论	恶劣	负责	负责	负责
				不恶劣	不负责		
	重伤	+严重残疾	特别残忍	恶劣	负责		
			不特别残忍	不论	不负责		
		+中低残疾	不论				
		+无残疾					
	轻伤		不论			伤害轻伤以下不负责	
	轻微伤、无伤						

(1) 2种行为：故意杀人、故意伤害。 指故意杀人、故意伤害不法行为，不包括过失致死行为。包括在抢劫、绑架、劫持航空器、放火、爆炸、以危险方法危害公共安全的过程中，以杀人、伤害为手段，或者实施杀人、伤害行为。

(2) 结果：致人死亡；或者以特别残忍手段+致人重伤+造成严重残疾。

① "致人死亡"，指造成实际死亡结果。

② "以特别残忍手段致人重伤造成严重残疾"，必须同时具备三个要素：特别残忍手段+致人重伤+造成严重残疾（一级、二级）。

③对于杀人、伤害致轻伤；致重伤但未造成残疾；造成残疾但程度为三级（中度）、四级（轻度）；以及虽造成严重残疾、但手段不属特别残忍，不负刑事责任。

(3) 情节恶劣。

(4) 程序条件：经最高人民检察院核准。

(三) 14~16周岁的人：对8种行为负责（其中伤害+致死、重伤）

第17条第2款【14~16周岁承担刑事责任的范围】已满十四周岁不满十六周岁的人，犯故意杀人、故意伤害致人重伤或者死亡、强奸、抢劫、贩卖毒品、放火、爆炸、投放危险物质罪的，应当负刑事责任。

8种行为	包括	不包括
故意杀人 故意伤害致人重伤、死亡	转化犯	故意伤害致人轻伤 过失致人死亡、过失致人重伤
强奸	强奸妇女 奸淫幼女（包括嫖宿幼女）	两小无猜（责任阻却）

续表

8 种行为	包括	不包括
抢劫	普通抢劫 携带凶器抢夺 聚众打砸抢的首要分子 （抢劫枪支等特别法）	转化型抢劫行为 （不定抢劫罪，可以暴力定故意杀人、故意伤害重伤、致死）
放火、爆炸、投放危险物质		决水、以危险方法危害公共安全破坏交通工具、劫持航空器等
贩卖毒品		制造、运输、走私毒品
		绑架

（四）刑事责任年龄的特殊问题

1. "已满"与"不满"：生日当天（24时之前）是"不满"，生日第二天（24时之后）才是"已满"。

2. 隔时犯：根据行为与责任同时性原则认定（并不要求结果与责任同时）。以达到责任年龄之时（生日当天24点）一刀两切：（1）之前有客观行为，但主观无责任；（2）看之后客观上有无实施其它行为（特别是可否构成不作为犯，或其它作为犯），主观上有责任。

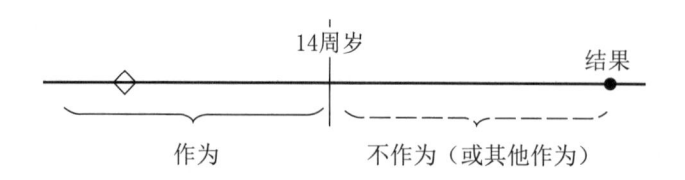

二、刑事责任能力（精神状况）

第18条【原发性精神病人的刑事责任能力】精神病人在不能辨认或者不能控制自己行为的时候造成危害结果，经法定程序鉴定确认的，不负刑事责任，但是应当责令他的家属或者监护人严加看管和医疗；在必要的时候，由政府强制医疗。

间歇性的精神病人在精神正常的时候犯罪，应当负刑事责任。

尚未完全丧失辨认或者控制自己行为能力的精神病人犯罪的，应当负刑事责任，但是可以从轻或者减轻处罚。

【自陷醉酒的人的刑事责任能力】醉酒的人犯罪，应当负刑事责任。

第19条【又聋又哑的人或盲人犯罪从宽规定】又聋又哑的人或者盲人犯罪，可以从轻、减轻或者免除处罚。

（一）原发性精神病人：行为与责任能力同时性原则

行为与责任能力同时性原则：要求行为人在实施不法行为时具有责任能力，如行为人在实施不法行为时没有责任能力，则不能承担刑事责任。

（二）原因自由行为（自陷无责任能力状态、自陷醉态、自陷精神病等）：以清醒时认定责任（责任能力、对结果的罪过）

```
        原因行为（吸毒、醉酒等）    结果行为（杀人等）
        ├─────────────────────────┼─────────────────────────┤
                     丧失辨认、控制能力状态

              主观责任                  客观责任
            （故意、过失）                （结果）
```

原因自由行为处理经验规则（表面上"错位规则"）

以行为时认定客观行为+以清醒时认定主观责任（责任能力、对结果的罪过）=重合处认定罪名

【方鹏刑法主观题练习7：无恶不作的甲某、乙某】

【案情】2021年9月1日上午，甲某（当天14周岁生日）与乙某（17周岁）一起，对被害幼女V某轮番奸淫，不慎致V某死亡；但不知是谁导致死亡。丙某（13周岁）在一旁为二人放风。

等乙某走后，甲某还拿走了V某的手机（价值6千元），告诉丁某（已满16周岁）来源交给丁某帮忙保管。戊某（已满18周岁）明知丙某实施前述案件，还窝藏丙某。

当天晚上，甲某又勾结乙某一起去抢劫被害人D某。乙某为了壮胆而吸毒（甲某对乙某吸毒并不知情），结果使自己陷入丧失认识能力的状态。在此状态下乙某捆绑拘禁了D某。甲某将被捆绑的D某打成重伤（未达残疾程度），拿走了D某的钱包。见D某重伤也不予救助，带着乙某径直离开。第二天，D某被他人发现送往医院救助后死亡，事后查明，由于伤势严重，即使当时及时救助D某也不会存活。案发后，二人犯罪情节被认为极其恶劣。

【问题】甲某、乙某、丙某、丁某、戊某如何定性？说明理由。

【简要答案】

1. 甲某：故意伤害罪（致人死亡）。

2. 乙某：强奸罪（轮奸、致人死亡）；抢劫罪（致人死亡）。

3. 丙某：不追究刑责。

4. 丁某：掩饰、隐瞒犯罪所得罪。

5. 戊某：窝藏罪。

第八章 事实认识错误（主观故意、过失的认定问题）

故意、过失（罪过形式）；以及具体罪名故意的必要认识因素。

第14条【故意犯罪】明知自己的行为会发生危害社会的结果，并且希望或者放任这种结果发生，因而构成犯罪的，是故意犯罪。

故意犯罪，应当负刑事责任。

第15条【过失犯罪】应当预见自己的行为可能发生危害社会的结果，因为疏忽大意而没有预见，或者已经预见而轻信能够避免，以致发生这种结果的，是过失犯罪。

过失犯罪，法律有规定的才负刑事责任。

罪过形式		构成要素	认识因素		意志因素
				认识程度	意志内容
故意	直接故意（有目的的故意）	明知必然、可能+希望	明知必然、可能	必然、大概率、小概率	希望（追求）	有目的
	间接故意（无目的的故意）	明知可能（概率高）+放任（意志空缺）	明知可能	大概率	放任（意志空缺）	无目的
过失	过于自信的过失（有认识的过失）	预见+没有避免（应当避免）+过于自信（有客观依据）	预见到可能	大概率、小概率	轻信（有客观依据）能够避免	反对
	疏忽大意的过失（无认识的过失）	行为人没有预见+（公众认为）应当预见	没有预见（应当预见）	无认识		
无罪过	不可抗力				不能抗拒	反对
	意外事件		不能预见			

故意、过失的判断（心理事实对应于刑法规定）VS 认识错误（行为人心理事实）

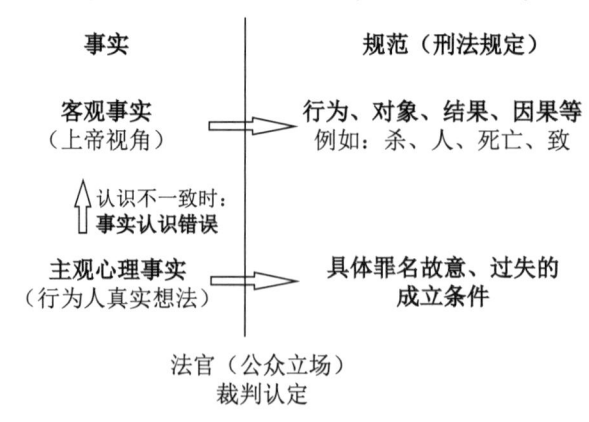

事实　　　　　　　　　规范（刑法规定）

客观事实　　　→　　行为、对象、结果、因果等
（上帝视角）　　　　例如：杀、人、死亡、致

↑ 认识不一致时：
　事实认识错误

主观心理事实　　→　具体罪名故意、过失的
（行为人真实想法）　　成立条件

法官（公众立场）
裁判认定

第八章 事实认识错误（主观故意、过失的认定问题）

一、事实认识错误的第一种分类方法（不法要素）：对象错误、打击错误、因果关系错误、手段错误（本部分按"法定符合说"讲解，也不考虑违法阻却事由）

分类（按不法要素）		类型及事例	一般处理方法（法定符合说）
事实认识错误	对象错误	同类错误：欲杀张三，误将李四认作张三杀害	对李四：故意犯罪
		异类错误：欲杀熊猫，误将人认作熊猫而杀死	对人：过失；对熊猫：故意；想象竞合，择一重处
	打击错误（方法错误）	同类错误：欲射杀张三，不料子弹走偏打死李四	对李四：故意犯罪
		异类错误：欲开枪杀宠物狗，误射中张三致死	想象竞合，择一重处
	因果关系错误	具体因果流程偏离：欲使仇人溺水而亡实际撞岩死	犯罪既遂
		结果提前实现：欲勒昏后再杀死，实际上提前勒死	犯罪既遂
		事前故意（韦伯故意、结果延后发生）：误认已将仇人打死，即抛尸，实因抛尸溺死	犯罪既遂
	手段错误	具有客观危险性的行为：误将不足量砒霜当成足量砒霜给他人饮用	犯罪未遂
		不具客观危险性的行为（包括迷信犯）：用"法水杀人"	是不可罚的不能犯，不以犯罪论处
	正当化事由认识错误	假想防卫、假想避险	不成立故意，成立过失或属意外事件

区分对象错误与打击错误（方法错误）

看行为人（实行行为时）主观上有没有认错客观对象

第一步，从行为人主观认识出发，先看行为人主观认为的对象是什么？
第二步，再看客观，该对象实际是什么？
第三步，判断主观认为的、客观实际对象是否相符（有无认错对象）。
认错对象的，是对象错误；没有认错对象、仅结果错误的，是打击错误。

【事例8-1：打错误电话案】

【案情】甲本欲电话诈骗乙，但拨错了号码，对接听电话的丙实施了诈骗，骗取丙大量财物。

【答案】
1. 甲对乙的财物：诈骗罪未遂。
2. 甲对丙的财物：对象错误、具体错误（注意：以实行行为当时判断），仍有诈骗故意；诈骗罪既遂。

3. 想象竞合，择一重处。

【事例 8-2：设置路障案】

【案情】 甲在乙骑摩托车必经的偏僻路段精心设置路障，欲让乙摔死。丙得知甲的杀人计划后，诱骗仇人丁骑车经过该路段，丁果真摔死。

【答案】

（一）甲的行为

1. 客观上，甲设置路障致丁摔死，甲的行为和丁死亡之间具有因果关系，实施了杀人致死的行为。

2. 主观上，甲想杀乙，但客观上导致了丁死亡，存在认识错误。在认识错误形式上，甲实施实行行为之时即丁掉下摔死之时，甲主观上认为对象为乙，而实际对象是丁，认错了对象，系对象错误、具体错误。按法定符合说（具体符合说结论一致）对丁具有杀人故意。根据《刑法》第232条，构成故意杀人罪既遂。

3. 甲与丙没有共同故意，不构成共同犯罪，系单独正犯。

（二）丙的行为

1. 丙利用甲的行为造成丁死亡，因主观上没有帮助甲杀乙的共同故意，只有利用甲来杀丙的支配意思，没有共同故意，只有间接正犯故意，不构成共同犯罪（也不是片面共犯）。丙成立间接正犯，系（直接）正犯之后的（间接）正犯。

2. 主观上，丙想杀丁，而实际杀死了丁，无认识错误，构成故意杀人罪既遂。

二、事实认识错误的第二种分类方法（构成要件）：具体错误、抽象错误

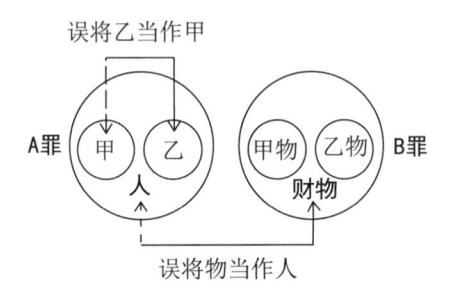

```
         误将乙当作甲
         ↓      ↓
A罪    ( 甲    乙 )      ( 甲物   乙物 )   B罪
           人                 财物
           ↑                   ↑
           └─── 误将物当作人 ───┘
```

区分具体错误与抽象错误的标准和方法：看客观事实有无超出行为人主观罪名故意范围

第一步，从行为人主观认识出发，先看行为人主观上是何种罪名故意？
第二步，再看客观，客观事实（对象、结果）实际是什么？
第三步，判断客观事实，是否在主观罪名故意范围之内？
在范围之内，是具体错误，对实际对象有故意；在范围之外，是抽象错误，一般系过失。

【事例 8-3：受贿收到假币案】

【案情】 甲（为了谋取不正当利益）向乙（国家工作人员）行贿5万元，乙收下

后顺手藏于自家沙发垫下，匆忙外出办事。当晚，丙潜入乙家盗走该5万元。事后查明，该现金全部为假币。

【答案】（一）对于乙

1. 客观上国家工作人员乙收受甲给予的假币5万元，为其谋取利益，实施了受贿行为。

2. 主观上乙误将假币认为是真币而收受，系对象错误；但因假币也属于财物，可成为贿赂的目的物，误将假币当作真币收受，是同一构成要件内的具体错误，对假币仍有受贿罪故意。根据《刑法》第385条，构成受贿罪。

3. 关于以违禁品为对象的财产犯罪的既遂标准，以情节计。本案中甲收受假币面额为5万元，应当认为是既遂。

（二）对于甲

1. 为了谋取不正当利益，给予国家工作人员财物，根据《刑法》第389条，构成行贿罪。已将财物送出，系犯罪既遂。

2. 使用假币行贿，根据《刑法》第172条，构成使用假币罪。

3. 行贿者明知是假币，故意以假币冒充真币送与国家工作人员，虽实施了欺骗行为，但被害人无损失，不构成诈骗罪。

4. 一行为触犯两罪，系想象竞合犯，应择一重处。

（三）对于丙

1. 客观上潜入乙家盗走假币，因假币也属于财物，赃物也属盗窃罪对象，系入户盗窃。

2. 主观上误将假币认为是真币而盗窃，系对象错误、具体错误，对假币仍有盗窃罪故意，根据《刑法》第264条，构成盗窃罪。

3. 控制取得了财物，系盗窃罪既遂。

【事例8-4：打狗误打死狗主人案】

【案情】 张三瞄着宠物狗开枪，结果子弹走偏，打死了狗主人李四。

【答案】

1. 张三打死李四：客观上致人死亡；主观上打击错误、抽象错误，系过失；构成过失致人死亡罪。

2. 张三打狗：构成故意毁坏财物罪未遂。

3. 想象竞合，择一重处。

三、法定符合说与具体符合说（仅打击错误+具体错误时：结果有区别）

【打击错误+具体错误】 甲想杀乙，而朝乙举枪射击，因为没有瞄准，而不小心击中稍远处的丙，致丙死亡。

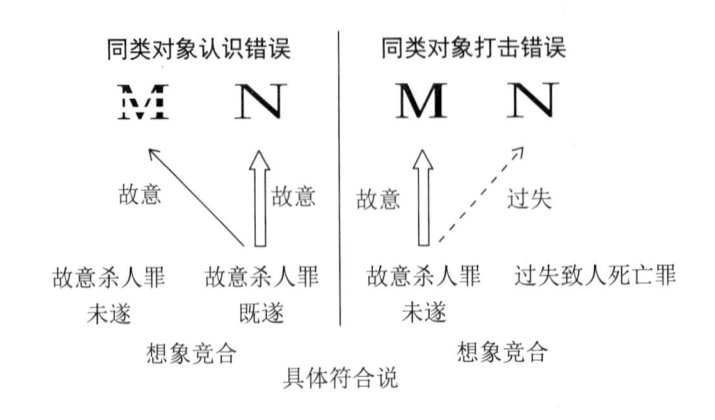

	法定符合说		具体符合说	
含义	罪名故意	实际事实	行为人具体预想（射程范围内）	实际事实

同类对象认识错误　　同类对象打击错误

M　　N　　　　M　　N

故意↗　↑故意　　故意↑　　过失⤏

故意杀人罪　故意杀人罪　　故意杀人罪　过失致人死亡罪
未遂　　　　既遂　　　　　未遂

想象竞合　　　　　　　　想象竞合
具体符合说

错误类别	打击错误中的具体错误（右图）		对象错误中的具体错误（左图）	
对象人	对 M	对 N	对 M	对 N
法定符合说	故意杀人罪未遂	故意杀人罪既遂	故意杀人罪未遂	故意杀人罪既遂
具体符合说	故意杀人罪未遂	过失致人死亡罪	故意杀人罪未遂	故意杀人罪既遂
结论	结论不同		结论相同	

【事例 8-5：一枪打死两个案】

【案情】 甲欲杀乙，便向乙开枪，开枪的结果是将乙打死；子弹穿过乙后又走偏，把乙旁边丙也不小心打死了。

【答案】

（1）甲对乙：构成故意杀人罪（既遂）。

（2）甲对丙：客观上实施了杀人致死的行为；主观上系打击错误、具体错误。

观点一：按照法定符合说，对丙也具有杀人故意。根据《刑法》第 232 条，构成故意杀人罪（既遂）。

观点一：按照具体符合说，系疏忽大意的过失。根据《刑法》第 233 条，构成过失致人死亡罪。

（3）罪数：一行为触犯两罪，是想象竞合犯。

【事例 8-6：抢劫开枪打偏案】

【案情】 丁抢夺张某财物后逃跑，为阻止张某追赶，出于杀害故意向张某开枪射击。子弹未击中张某，但击中路人汪某，致其死亡。

【答案】

（一）丁对张某

1. 抢夺后为抗拒抓捕而实施暴力，根据《刑法》第269条，构成抢劫罪，系转化型抢劫。

2. 抢劫致人死亡，结果加重犯未遂。

（二）丁对汪某

1. 客观上，转化型抢劫致人死亡。

2. 主观上，打击错误、具体错误。

（1）观点一：按法定符合说，有抢劫故意，构成抢劫致人死亡，结果加重犯既遂。

（2）观点二：按具体符合说，过失，构成过失致人死亡罪。

3. 想象竞合，择一重处。

四、因果关系错误（客观+主观）

因果关系错误图示

具体因果流程偏离	（图示A/B）	欲图实行经由A流程既遂（有杀人故意）	实际实行经由B流程既遂（致死+杀人故意）	故意犯罪既遂
结果提前实现	（图示1 2 3 实行 A/B）	第一个动作（想迷晕，实致死）	第二个动作（想绞死）	
	通说	杀人实行（致死）+杀人故意（致死故意）	未实施	故意杀人罪既遂
	少数	杀人实行（致死）+杀人故意（致死过失）	未实施	故意杀人罪未遂、过失致人死亡罪，想象竞合
		杀人预备（致死）+杀人故意（致死过失）	未实施	故意杀人罪预备、过失致人死亡罪，想象竞合
事前故意	（图示A 杀人 抛尸 B）	第一个动作（想杀死）	第二个动作（想抛尸，实致死）	
	通说	杀人实行（未死）+杀人故意	致死行为，不中断因果	故意杀人罪既遂
	少数	杀人实行（未死）+杀人故意	致死行为+致死过失	故意杀人罪未遂、过失致人死亡罪

【事例8-7：误将保姆认作女主人案】

【案情】甲冒充家电厂家工作人员，想骗取王某家电视。甲敲王某家门时，王某家保姆乙开门，甲以为乙是王某进行了欺骗。乙也误以为甲是和雇主王某商量好的，来拿电视。故将电视给了甲。

【答案】
1. 客观上，甲诈骗了具有处分权的财物代管人保姆乙，骗得王某的电视，实施了三角诈骗行为。
2. 主观上，甲想诈骗王某的财物、实施直接诈骗；客观上却实施了三角诈骗行为；系因果关系错误中的具体流程偏离、具体错误，仍具有诈骗罪的故意。
3. 客观主观统一，根据《刑法》第266条，构成诈骗罪的既遂。

【事例8-8："死早了"案】

【案情】甲想杀害身材高大的乙，打算先用安眠药使乙昏迷，然后勒乙的脖子，致其窒息死亡。由于甲投放的安眠药较多，乙吞服安眠药后死亡。

【答案】系因果关系错误中结果提前实现（构成要件提前实现）。

观点一：客观上，投放安眠药也是杀人实行行为，死亡结果仍为杀人实行行为导致。主观上，对死亡结果有故意，根据《刑法》第232条，构成故意杀人罪既遂。

观点二：客观上，投放安眠药也是杀人实行行为，死亡结果仍为杀人实行行为导致。主观上，对实行行为有故意，对死亡结果仅有过失。触犯故意杀人罪未遂、过失致人死亡罪，系想象竞合。

观点三：客观上，投放安眠药是杀人预备行为。主观上，对预备行为有故意，对死亡结果仅有过失。触犯故意杀人罪预备、过失致人死亡罪，系想象竞合。

【事例8-9："死晚了"案】

【案情】刘某基于杀害潘某的意思将潘某勒昏，误以为其已死亡，为毁灭证据而将潘某扔下悬崖。事后查明，潘某不是被勒死而是从悬崖坠落致死。

【答案】系因果关系错误中的事前故意。

观点一：杀人后大概率后抛尸，第二个动作（抛尸）并不中断第一个动作（杀人）与死亡之间的因果关系，认定为故意杀人罪既遂一罪。之后的抛尸系过失行为，但因与死亡结果无因果关系，不能触犯过失致人死亡罪。

观点二：第二个动作（抛尸），中断第一个动作（杀人）与死亡之间的因果关系，故而将第一个动作（杀人）、第二个动作（抛尸）视为两个行为分别评价，分别触犯了故意杀人罪未遂、过失致人死亡罪，数罪并罚。

【事例8-10：打死父亲案】

【案情】甲为杀害仇人林某在偏僻处埋伏，见一黑影过来，以为是林某，便开枪射击。黑影倒地后，甲发现死者竟然是自己的父亲。事后查明，甲的子弹并未击中父亲，其父亲患有严重心脏病，因听到枪声后过度惊吓死亡。

【答案】（一）甲对林某

1. 客观上实施了杀人行为，主观上具有杀人故意，根据《刑法》第232条，构成故意杀人罪。

2. 因偶然因素导致未能杀死，客观上具有危险，构成犯罪未遂。

（二）甲对父亲

1. 客观上实施了杀人行为；因开枪引发被害人心脏病发作死亡，被害人特异体质不中断因果关系，应认定死亡结果与开枪行为之间有因果关系，系杀人致死。

2. 主观上误将自己的父亲认为是仇人林某，系对象错误、具体错误，对于父亲死亡结果具有杀人罪故意（法定符合说、具体符合说结论一致）。

3. 主观预设的射击杀死的因果流程，客观具体因果流程不同，但认识到了杀人致死的因果流程，系因果关系错误中的具体流程偏离（狭义的因果关系错误），仍具有杀人故意。

4. 客观主观相统一，根据《刑法》第232条，构成故意杀人罪（既遂）。

（三）罪数：想象竞合，择一重处以故意杀人罪（既遂）论处。

【方鹏刑法主观题练习8：杀手杀错人案】

【案情】甲教唆杀手乙杀害仇人A某，把A某的照片给了乙。乙将体貌特征相仿的B某误认为是A某，遂举枪瞄准射击。但乙枪法不准，只擦伤B某致其轻微伤（后因B某患有血友病，流血不止而死亡）。子弹飞过B某后，打穿了B某名贵的柯基犬致其死亡；后又打中了站在B某身边的C某，致C某重伤。子弹穿透C某后，又击中墙面"跳弹"打中了碰巧从此经过的A某的头部，致A某重伤昏迷；乙误认为A某死亡，将其抛"尸"河中，导致其溺亡。

【问题】甲、乙是何种认识错误？按法定符合说、具体符合说，本案如何处理？

【简要答案】
一、对A某的死亡
（一）乙：事前故意。故意杀人罪既遂。
（二）甲：教唆犯，没有错误。
二、对B某的死亡
（一）乙：对象错误、具体错误。故意杀人罪既遂。
（二）甲：打击错误、具体错误。法定符合说：故意杀人罪既遂；具体符合说：过失致人死亡罪。

三、对柯基犬，乙、甲：打击错误、抽象错误，不构成犯罪。

四、对C某的重伤，乙、甲：打击错误、具体错误。法定符合说：故意杀人罪未遂；具体符合说：过失致人重伤罪。

五、综上：想象竞合，择一重处。

第九章 正当防卫、紧急避险

一、正当防卫

第20条【一般正当防卫】为了使国家、公共利益、本人或者他人的人身、财产和其他权利免受正在进行的不法侵害，而采取的制止不法侵害的行为，对不法侵害人造成损害的，属于正当防卫，不负刑事责任。

【防卫过当】正当防卫明显超过必要限度造成重大损害的，应当负刑事责任，但是应当减轻或者免除处罚。

【特殊正当防卫】对正在进行行凶、杀人、抢劫、强奸、绑架以及其他严重危及人身安全的暴力犯罪，采取防卫行为，造成不法侵害人伤亡的，不属于防卫过当，不负刑事责任。

（一）正当防卫的条件

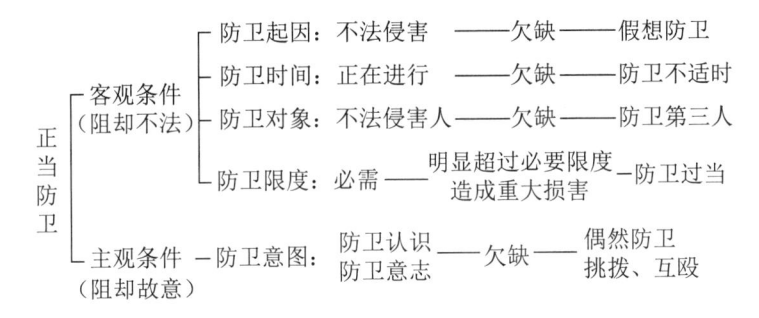

```
         ┌ 客观条件  ┌ 防卫起因：不法侵害 ——欠缺——假想防卫
         │ （阻却不法）│ 防卫时间：正在进行 ——欠缺——防卫不适时
正当防卫 ┤          │ 防卫对象：不法侵害人——欠缺——防卫第三人
         │          └ 防卫限度：必需——明显超过必要限度造成重大损害—防卫过当
         │
         └ 主观条件 ——防卫意图：防卫认识——欠缺——偶然防卫
           （阻却故意）        防卫意志        挑拨、互殴
```

		一般正当防卫的条件		
起因	不法侵害	不法侵害：（1）不法性：人的侵害。既包括犯罪行为，也包括其他违法行为。但不包括合法行为。（2）客观性。 1. 未达到刑事责任年龄、不具有辨认控制能力的人的侵害行为，可以防卫； 2. 过失行为、不作为行为、预备行为，也可防卫； 3. 对于"黑吃黑"也可正当防卫。	阻却不法	假想防卫（实际并无现实侵害，行为人主观臆想有侵害）：一般是过失犯罪。
时间	（危险）正在进行	1. 开始时间：已经形成现实、紧迫危险；实行、预备开始均可。 2. 结束时间：不再具有侵害危险。 3. 包括：不法侵害虽然暂时中断或者被暂时制止，但不法侵害人仍有继续实施侵害的现实可能性的。 4. 在财产犯罪中，不法侵害人虽已取得财物，但通过追赶、阻击等措施能够追回财物的，可以视为不法侵害仍在进行。 5. 预先设立防卫装置、准备防卫工具：符合时间条件。		防卫不适时。包括事前防卫、事后防卫。一般是故意犯罪。

续表

一般正当防卫的条件				
对象	不法侵害人	不法侵害人本人（包括共同犯罪人）的人身或财产（系不法侵害工具时）。		防卫第三者。假想防卫、紧急避险、故意犯罪。
限度	未超过必要限度造成重大损害	1. 先看是否造成重大损害（重伤、死亡）。 2. 再看有无明显超过必要限度（必需说）：当时场景之下制止不法侵害所需要的手段（当时采用其他较低程度的手段无法明显地、确实无疑地制止不法侵害）。 3. 即使重大损害，但防卫手段与侵害手段相当，也不过当。		防卫过当在主观上一般是过失。
主观	防卫意图	1. 防卫认识：认识到不法侵害的存在。 2. 防卫意志：目的是为了制止不法侵害。 3. 琐事争执中的"后动手规则"（先动手者为不法，后动手者可防卫）。 4. 有防卫意图，就没有犯罪故意（可能有犯罪过失）。	阻却故意	防卫挑拨、相互斗殴。偶然防卫（客观上没有造成法益侵害的结果）。

【事例9-1：抢劫出租车案】

【案情】 陈某抢劫出租车司机甲，用匕首刺甲一刀，强行抢走财物后下车逃跑。为了夺回财物，甲发动汽车追赶，在陈某往前跑了40米处将其撞死，并夺回财物。

【答案】

1. 杀人致死行为。
2. 通过追赶、阻击等措施能够追回财物的，符合防卫时间条件；针对正在进行的抢劫，特殊防卫。

【事例9-2：于某案】

【案情】 于某的母亲苏某经营源大公司，于某系该公司员工。苏某未经批准，通过源大公司在济南收购的山东正典投资有限责任公司，向50余人吸收公众存款2508.85万元。其中向吴某、赵某累计借款135万元（系非法集资）。吴某在当地组织、领导黑社会性质组织，赵某积极参加，杜某等人参加。因还款纠纷，赵某纠集杜某等11人到达源大公司。赵某等人先后在办公楼前呼喊，在财务室内、餐厅外盯守，在办公楼门厅外烧烤、饮酒，催促苏某还款。杜某等人进入接待室讨债，将苏某、于某的手机收走放在办公桌上。杜某用污秽语言辱骂苏某、于某及其家人，将烟头弹到苏某胸前衣服上，将裤子褪至大腿处裸露下体，朝坐在沙发上的苏某等人左右转动身体。在他人劝阻下，杜某穿好裤子，又脱下于某的鞋让苏某闻，被苏某打掉。杜某还用手拍打于某面颊，其他讨债人员实施了揪抓于某头发或按压于某肩部不准其起身等行为。公司员工刘某打电话报警,民警到达源大公司接待室了解情况,警告双方不能打架,然后离开。于某、苏某欲随民警离开接待室,杜某等人阻拦,并强迫于某坐下,于某拒绝。杜某等人卡于某颈部,将于某推拉至接待室东南角。于某持刃长15.3厘米的单刃尖刀,警告杜某等人不要靠近。杜某出言挑衅并逼近于某,于某遂捅刺杜某腹部一刀,又捅刺围逼在其身边的程某胸部、严某腹部、郭某背部各一刀。杜某经抢救无效,因腹部损伤造成肝固有动脉裂伤及肝右叶创伤导致失血性休克死亡。严某、郭某的损伤均构成重伤二级,程某的损伤构成轻伤二级。

【问题】请分析苏某、于某、吴某、赵某、杜某的刑事责任(包括犯罪性质即罪名、犯罪形态、共同犯罪、数罪并罚等),须说明理由。

【简要答案】

(一)苏某:非法吸收公众存款罪。

(二)吴某、赵某、杜某:组织、领导黑社会性质组织罪,非法拘禁罪。

(三)于某:防卫过当,故意伤害罪(致人死亡、重伤)。

(二)特殊防卫(对防卫限度的提示规定)

一般正当防卫 VS 特殊正当防卫(无过当防卫)		
	起因条件	防卫限度
一般正当防卫	一般的<u>不法侵害</u>	有限度限制:没有明显超过必要限度造成重大损害,必需说
无过当防卫	正在进行<u>行凶、杀人、抢劫、强奸、绑架以及其他严重危及人身安全的暴力犯罪</u>	无限度限制:可以造成不法侵害人伤、亡

【事例9-3:于某反杀龙哥案】

【事实】刘某驾驶宝马轿车在昆山市震川路西行至顺帆路路口,与同向骑自行车的于某发生争执。刘某返回宝马轿车取出一把砍刀(管制刀具),连续用刀击打于某颈部、腰部、腿部。期间砍刀甩脱,于某抢到砍刀,并在争夺中捅刺刘某腹部、臀部、砍击右胸、左肩、左肘,持续7秒。刘某受伤后跑向宝马轿车,于某继续追砍2刀均未砍中,其中1刀砍中汽车(经勘查,汽车左后窗下沿有7厘米长刀痕)。刘某身受重伤,经抢救无效死亡。

【答案】

1. 在防卫时间条件,刘某的不法侵害是一个持续的过程;刘某被致伤后,仍没有放弃侵害的迹象;不法侵害仍在进行。

2. 在防卫限度上,刘某持凶器管制刀具伤人,属于行凶,对此可特殊防卫。

(三)防卫中的认识错误问题:假想防卫、偶然防卫

1. 假想防卫:客观上不具备防卫客观条件(不法)+主观上具备防卫意图条件

（无犯罪故意）＝一般过失犯罪

【事例9-4：补扁担案】

【案情】 甲、乙双方系菜场摊贩，双方摊位相邻，一日甲、乙双方因琐事发生纠纷，甲拿起摊位上的菜刀向乙砍去，将乙的手砍伤（轻微伤）。乙顺手抄起一个扁担打在甲的右腿上，甲倒在地上。乙担心甲爬起来会继续伤害自己，又拿起扁担朝甲的头部猛击数下，导致甲重伤抢救无效死亡。现查明甲在倒地时已经昏迷不醒，丧失行凶能力。

【答案】

1. 前段行为：在防卫起因上，甲拿菜刀砍人，有造成重伤、死亡的危险，可认定为"行凶"。可以主张特殊防卫。

2. 后段行为：（1）客观上，在防卫时间上，甲已倒地昏迷，丧失侵害能力；应当认为是事后防卫。（2）但主观上防卫人误认为不法侵害正在进行，系假想防卫。具有防卫故意，阻却犯罪故意，不能构成故意杀人罪。一般认为是过失。

2. 偶然防卫：客观上具备防卫客观条件（合法）＋主观上不具备防卫意图条件（有犯罪故意）＝通说无罪

观点辨析：偶然防卫的性质		
偶然防卫：客观上起到了制止不法侵害效果（客观上是合法行为）；主观上行为人没有认识到不法侵害事实，有实施危害行为的故意（主观上有犯罪故意）。	观点一：客观上没有造成法益侵害结果（对不法侵害人）	★合法行为（不法层面上）
	观点二	不法未遂
	观点三	不法既遂

【猪队友事件】 甲、乙共谋杀害丙，甲开枪打丙（未遂），子弹走偏打死同伙乙（偶然防卫+打击错误）

甲的行为	不法积极层面（事实层面）	不法消极层面（价值层面）	不法与否	主观故意（打击错误）	罪名	罪数
甲对丙（好人）	杀人未遂行为	无	不法	杀人故意	故意杀人罪未遂	想象竞合
甲对乙（坏人）	杀人行为＋死亡结果＝杀人致死行为	偶然防卫	①通说：合法 ②少数：杀人未遂 ③极少数：杀人既遂	①法定符合说：杀人故意 ②具体符合说：过失	①无罪；②无罪；③故意杀人罪未遂；④过失致死未遂，无罪；⑤故意杀人罪既遂；⑥过失致人死亡罪	

第九章 正当防卫、紧急避险

【答案】

（一）甲对丙：故意杀人罪未遂。

（二）甲对乙的死亡：

1. 客观上（杀人致死），是**偶然防卫**，有（1）合法、（2）未遂、（3）既遂三种观点。

2. 主观上，是**打击错误、具体错误**，（1）法定符合说是故意，（2）具体符合说是过失。

3. 客观主观相统一，有以下结论：无罪、故意杀人罪未遂、故意杀人罪既遂、过失致人死亡罪。

（三）想象竞合，择一重处。

【事例9-5：反杀打死暗藏者案】

【案情】 甲、乙合谋杀害丙，计划由甲对丙实施砍杀，乙持枪埋伏于远方暗处，若丙逃跑则伺机射杀。案发时，丙不知道乙的存在。为防止甲的不法侵害，丙开枪射杀甲，子弹与甲擦肩而过，击中远处的乙，致乙死亡。

丙的行为	不法积极层面（事实层面）	不法消极层面（价值层面）	不法与否	主观故意	罪名	罪数
丙对甲（坏人）	杀人未遂行为	正当防卫	合法	防卫故意	正当防卫	想象竞合
丙对乙（坏人）	杀人行为+打击错误=杀人致死行为	偶然防卫	①通说：合法；②少数：杀人未遂；③极少数：杀人既遂	①法定符合说：防卫故意；②具体符合说：过失	①正当防卫；②正当防卫；③无罪；④过失致死未遂，无罪；⑤正当防卫；⑥过失致人死亡罪	

示例：2020年刑法主观题《洪某重出江湖偷沉香》第五段

【案情】 2018年8月，洪某向林业主管部门举报了有人在国有森林中种植沉香的事实。林业主管部门工作人员赵某与郑某上山检查时，刘某与任某为了抗拒抓捕，对赵某与郑某实施暴力，赵某与郑某反击，形成互殴状态。赵某被打成轻伤，该轻伤由刘某、任某造成，但不能查明是刘某的行为所致，还是任某的行为所致。刘某被打成重伤、任某被打成轻伤，其中，刘某的重伤由赵某与郑某共同造成，任某的轻伤则是由刘某的打击错误所造成（刘某在攻击郑某时，郑某及时躲闪，导致刘某击中了同伙任某）。

【答案】在第五段事实中

（一）刘某：妨害公务罪（致一人轻伤、一人伤害未遂，或者致二人轻伤）。

1. 对于将赵某打成轻伤的行为：

刘某、任某二人以暴力方法阻碍国家机关工作人员赵某、郑某依法执行职务，根据《刑法》第277条，构成**妨害公务罪**，系共同犯罪。

二人在伤害行为的范围内构成共同犯罪，对共同伤害导致的轻伤结果负责，根据《刑法》第234条，构成**故意伤害罪（轻伤）**。

想象竞合，择一重处，**以妨害公务罪（轻伤）论处**。

2. 对于攻击郑某的行为：同样构成妨害公务罪、故意伤害罪（未遂）。想象竞合，择一重处，以妨害公务罪论处。

3. 对于造成任某轻伤的行为：

（1）**客观上系偶然防卫**（制止了任某正在进行的妨害公务、伤害的不法侵害），存在以下几种观点：

观点一，认为客观上制止了正在进行的不法侵害，符合防卫的客观条件，**系正当防卫**；

观点二，认为具有侵害合法权利的可能，**系妨害公务、伤害未遂**；

观点三，认为造成了轻伤结果，**系轻伤既遂**。

（2）**主观上系打击错误、具体认识错误**，存在以下几种观点：

观点一，根据法定符合说，认为具有妨害公务罪、故意伤害罪的**犯罪故意**；

观点二，根据具体符合说，认为没有故意，具有**犯罪过失**。

（3）客观主观相统一，有不构成犯罪、妨害公务罪（伤害未遂）、妨害公务罪（轻伤既遂）三种观点。

4. 罪数上，对于郑某构成的妨害公务罪（轻伤），与对于郑某的行为，系想象竞合犯，择一重处，应以妨害公务罪（伤害未遂）、妨害公务罪（轻伤既遂）论处。

5. 暴力伤害赵某之后，又暴力伤害郑某、任某，**系连续犯**，应以妨害公务罪（致一人轻伤、一人伤害未遂，或者致二人轻伤）论处。

（二）**任某**：妨害公务罪（致一人轻伤、一人伤害未遂）。

1. 对于妨害公务、伤害赵某致其轻伤，并攻击郑某的行为，刘某、任某二人构成共同犯罪，根据《刑法》第234条，构成妨害公务罪、故意伤害罪（致一人轻伤、一人伤害未遂）。想象竞合，择一重处，**以妨害公务罪（致一人轻伤、一人伤害未遂）论处**。

2. 对于自己受轻伤的结果，系与刘某构成的共同伤害导致，属偶然自损，不构成犯罪。

（三）**赵某、郑某：成立正当防卫。**

1. 在反击行为的性质上，刘某、任某先动手实施暴力伤害行为，赵某、郑某进行反击，应认定为**防卫行为**。主观上具有防卫意图，没有犯罪故意。

2. 在重伤结果的归责上，赵某、郑某二人行为系防卫行为（即使过当，也是过失不法行为），而不属故意不法行为。

观点一：**按（不法）行为共同说，二人不属共同犯罪**。如果不能查明重伤结果具体由何人行为所致，则根据"存疑有利于被告人"规则，二人对重伤结果均不负责。

观点二：**按犯罪共同说，二人也不属共同犯罪**，如不能查明具体何人致重伤，对重伤结果也不负责。

观点三：**按构成要件共同说，二人属共同犯罪**，客观上均对共同防卫行为造成的重伤结果负责。

3. 在防卫限度上，即使造成重大损害结果，但防卫行为与不法侵害相差并不悬殊、也未明显过激的，<u>不属防卫过当</u>。

4. 根据《刑法》第 20 条，构成<u>正当防卫</u>。

二、紧急避险

第 21 条【紧急避险】为了使国家、公共利益、本人或者他人的人身、财产和其他权利免受正在发生的危险，不得已采取的紧急避险行为，造成损害的，不负刑事责任。

【避险过当】紧急避险超过必要限度造成不应有的损害的，应当负刑事责任，但是应当减轻或者免除处罚。

第 1 款中关于避免本人危险的规定，不适用于职务上、业务上负有特定责任的人。

		一般正当防卫	紧急避险
本质		以正对不正	以正对正
客观条件 (阻却不法)	起因	<u>不法侵害</u>（人的行为；不法）	现实的<u>危险</u>（人的行为、自然原因、动物侵袭、疫病等）
	时间	正在进行（危险可能）	正在发生
	对象	不法侵害者	<u>合法权益</u>（通常是第三人的）
	不得已	无	<u>不得已</u>（避险是唯一方法）
	限度	未超过必要限度造成重大损害 （损害可以大于保护利益）	未超过必要限度造成不应有损害 （所保护利益>所损害利益）
	主体	无限制	避免本人危险不适用于职务上、业务上负有特定责任的人
主观条件 (阻却故意)	主观	防卫认识、防卫意志	避险认识、避险意志

【方鹏刑法主观题练习 9】

【案情】方某乘坐公交车，看见旁边的肖某口袋中露出手机，遂趁公交车停靠站台之际，当面将肖某的手机拿走后就赶紧下车逃跑。肖某下车追赶方某。此时路人陈某也看到，为阻止方某逃走，伸腿将方某绊倒致方某轻伤，遂上前拽住方某的衣领。

此时方某的朋友马某经过，方某欺骗马某说："仇家寻仇要打我，快帮我！打他"。马某信以为真，朝着陈某头部一拳打过去。第一拳，陈某一躲闪没打着陈某，倒把方某头部击中，使方某再次受轻伤。第二拳，才击中陈某，将陈某打倒摔成重伤，诱发陈某高血压导致其死亡。

此时，方某拿着的手机掉落在地。受伤的方某也顾不上捡手机，趁机逃走，跑到了马路对面。

肖某再去追方某时，被高某超速驾驶的汽车撞成重伤。高某谎称要送医，想将肖某装车带到偏僻处扔掉后逃走。

在扔的时候，被农民张某看见，遂逼迫高某救肖某。高某不干，张某遂暴力强迫高某，致高某轻伤，但高某仍逃走。

张某也没有救肖某，离去。五个小时后，肖某被人发现送往医院抢救，因错过抢救时机流血过多身亡。

问题：

方某、陈某、马某、高某、张某如何定性？说明理由。

【简要答案】

一、方某：抢劫罪致人死亡

1. 抢夺罪。

2. 转化型抢劫，间接正犯。

3. 抢劫罪致人死亡。

二、陈某：正当防卫

三、马某

1. 对陈某：过失致人死亡罪。

2. 对方某：客观上偶然防卫+主观上打击错误、具体错误。

四、高某

1. 交通肇事罪。

2. 故意杀人罪。

五、张某：正当防卫

第十章 犯罪形态（既遂；中止；预备、未遂）

规范标准			犯罪形态	
既遂结果+实行行为+因果关系			犯罪既遂	完成形态
停顿原因	停顿阶段			
自动放弃（主观自认为无既遂障碍）	预备行为之后		既遂之前	犯罪中止	未完成形态
意志以外原因（客观障碍、主观自认为有既遂障碍）	预备行为之后	实行行为之前		犯罪预备	
	实行行为之后		既遂之前	犯罪未遂	

一、犯罪既遂（既遂结果+实行行为+因果关系）

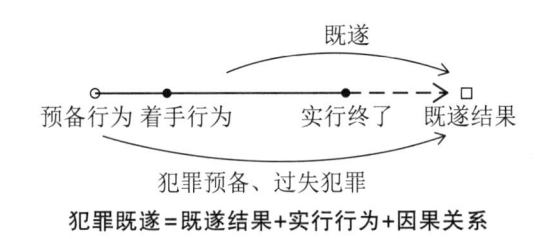

犯罪既遂＝既遂结果+实行行为+因果关系

（一）既遂结果：结果犯、危险犯、行为犯的既遂结果（分则具体罪名规定）

类别	事例：分则具体罪名的既遂标准	既遂标准
结果犯	故意杀人罪：死亡；抢劫罪：取财或轻伤；盗窃罪：控制说；绑架罪：人质被控制或杀害	实害结果
危险犯	破坏交通工具罪：足以使交通工具发生倾覆、毁坏危险；生产、销售不符合安全标准的食品罪：足以造成严重食物中毒事故或者其他严重食源性疾患	具体危险
行为犯	诬告陷害罪：告发行为完成	行为完成（抽象危险）
（举动犯）	参加恐怖组织罪、煽动分裂国家罪、伪证罪	

（二）实行行为

预备行为危害导致结果，也不认为是既遂。

【事例】甲欲杀乙而买枪，买回枪支后在家擦枪，不慎走火而打死路边的行人，事后查明行人碰巧为乙。乙死亡的结果并非甲的杀人实行行为导致，而是预备行为导致，甲构成故意杀人罪预备与过失致人死亡罪的想象竞合。

（三）因果关系

实行行为与既遂结果之间存在因果关系，才能认定为既遂。

（四）部分既遂、部分未遂的处理

部分既遂	部分未遂	分属不同量刑幅度	择一重处	情节：未计入部分
诈骗1万既遂	诈骗100万未遂	较大；特别巨大	诈骗100万未遂	1万既遂
部分既遂	**部分未遂**	**属于同一量刑幅度**	**既遂**	**情节：未计入部分**
诈骗1万既遂	诈骗2万未遂	较大；较大	诈骗1万既遂	2万未遂

盗窃罪、诈骗罪等涉及到财产的**数额犯**中经常出现一部分数额既遂、一部分数额未遂，**连续犯**中也经常出现部分行为既遂、部分行为未遂的情况。对此情况如何处理？比照《最高人民法院、最高人民检察院关于办理盗窃刑事案件适用法律若干问题的解释》第12条、《最高人民法院、最高人民检察院关于办理诈骗刑事案件具体应用法律若干问题的解释》第6条，既有既遂，又有未遂，分别达到不同量刑幅度的，依照处罚较重的规定处罚；达到同一量刑幅度的，以既遂处罚。未被计入的部分可作为量刑情节考虑。

但是，当前司法实务在处理受贿罪、贪污罪部分既遂、部分未遂的情况时，惯常做法是将数额一并计算，注明未遂部分。例如，赖某受贿共计折合人民币17.88亿余元；其中1.04亿余元尚未实际取得，属于犯罪未遂。赵正永受贿共计折合人民币7.17亿余元；其中2.9亿余元尚未实际取得，属于犯罪未遂。

【事例10-1：骗保被识破案】

【案情】甲将自己的汽车藏匿，以汽车被盗为由向保险公司索赔。保险公司认为该案存有疑点，随即报警。在掌握充分证据后，侦查机关安排保险公司向甲"理赔"。甲到保险公司二楼财务室领取20万元赔偿金后，刚走到一楼即被守候的多名侦查人员抓获。

【答案】

1. 投保人编造未曾发生的保险事故骗取保险金的，根据《刑法》第198条，构成保险诈骗罪。

2. 甲虽已取得财物。但取财结果与保险诈骗行为之间没有因果关系，不认为既遂。已控制住财物系不当得利所获。

3. 甲申请理赔实施了保险诈骗实行行为，因为意志以外的原因导致未犯罪得逞，系犯罪未遂。

二、犯罪中止（自动放弃+有效防止既遂结果发生）

第24条【犯罪中止】在犯罪过程中，自动放弃犯罪或者自动有效地防止犯罪结果发生的，是犯罪中止。对于中止犯，没有造成损害的，应当免除处罚；造成损害的，应当减轻处罚。

时间性	停顿原因	中止行为	有效性	
犯罪过程中	自动	停止犯罪	有效地防止犯罪结果（本罪既遂结果）发生	
预备行为至结局之间	自认为无既遂障碍而放弃（主观说）	有时需救	有损害（他罪既遂结果）	无损害

（一）中止的时间性：犯罪过程中

1. **犯罪既遂之后无中止**。"犯罪过程中"条件，要求中止行为（停止、救助）应当接续在之前的犯罪行为之后实施，而不能与之有明显的时空间隔。犯罪呈现结局（既遂、未遂等停顿）之前均可中止。

2. **自动放弃重复侵害行为（多举犯），应认定为中止**。

（二）中止的自动性：主观上认为无既遂障碍而放弃

犯罪形态	行为人主观（意志）	不能既遂或放弃原因	俗称
中止	"自动放弃"	主观上认为无既遂障碍	能达目的而不欲
预备、未遂	被迫停顿："意志以外的原因"	有客观障碍。使其不能继续犯罪，或不能既遂，或不能通过犯罪而既遂	欲达目的而不能
		主观上认为有障碍	

1. 判断自动性，应当以"**主观说**"为核心标准：自认为无障碍而放弃。
在行为人主观上认为当时不存在客观障碍（或者认为客观障碍不足以阻止既遂），**要继续实施犯罪可以既遂，而自愿放弃，即为中止**。

（1）行为人主观上认为不存在客观障碍而放弃，不论客观上是否存在障碍。

（2）行为人主观上认为当场继续实施既遂没有障碍，只是担心日后会发生不利于自己的后果。

（3）行为人主观上认为客观上存在着一些障碍，但认为该障碍并不足以阻止继续实施既遂。

2. 行为人中止犯罪的动机可能是多样的，只要符合前述"**自认为无障碍而放弃**"**的标准**，均可构成中止。

（三）中止的客观性：停止犯罪

1. 一般情况下停止犯罪即可。指行为人放弃犯罪结果就不会发生的情况。

2. 在实行行为终了、不采取有效措施就会发生犯罪结果的情况下，需采取积极有效措施防止犯罪结果发生。

（四）中止的有效性：有效地防止犯罪结果发生

1. "犯罪结果"应理解为作为本罪罪名既遂标准的结果（实害、具体危险、抽象危险）；而不是说没有造成任何实害损失结果。

2. 犯罪中止与因果关系。

（1）一般情况下，犯罪结果（本罪的既遂结果）未发生，是因行为人停止犯罪导致，或者是因行为人救助导致，这是典型的中止。

（2）修正规则之一：在行为人尽了真诚的、最大的救助努力的情况下：结果没有发生，尽管非因救助行为导致，也认为是中止。

（3）修正规则之二：在行为人尽了真诚的、最大的救助努力的情况下：结果发生了，但系其他原因导致（其他因素中断因果关系），而非实行行为导致，也认为是中止。

3. 中止不成（既遂）。实行行为与结果有因果关系。虽出现介入因素，但并不能中断实行行为与结果之间的因果关系的，也仍为既遂。

（五）中止犯的处罚：造成**损害**的中止犯（应减）与没有造成损害的中止犯（应免）

有效防止"犯罪结果"：本罪既遂结果	"损害"：他罪的既遂结果
本罪中止	造成他罪既遂结果：有损害中止（应当减轻）
	未造成他罪既遂结果：无损害中止（应当免除）

【事例10-2：杀人后又救人摔死人案】

【案情】甲以杀人故意殴打乙致其重伤昏迷生命垂危，奄奄一息。此时甲良心发现，觉得乙可怜，便想救助乙，将乙搬上车送往医院救治。结果在抬起乙准备上车的时候，甲脚下一滑，两人一同摔倒在地，乙当场被摔死。

【答案】

（1）第一段行为，甲杀害乙，根据《刑法》第232条，构成故意杀人罪。

（2）第二段行为，救乙时过失致乙死亡，根据《刑法》第233条，构成过失致人死亡罪。

（3）在因果关系方面，第二段过失行为，中断了之前杀人行为与死亡结果之间的因果关系，甲不构成故意杀人罪既遂。甲的杀人行为只与重伤有因果关系。

（4）在故意杀人罪的犯罪形态方面，甲尽了真诚的救助努力，因过失行为中断因果，视为有效阻止既遂结果发生，根据《刑法》第24条，构成犯罪中止；造成重伤结果，为有损害的中止，应当减轻处罚。

（5）综上，甲构成故意杀人罪（有损害的中止）、过失致人死亡罪，两罪并罚。

三、犯罪未遂（被迫停顿+着手实行后）

第23条【犯罪未遂】<u>已经着手实行犯罪</u>，由于犯罪分子<u>意志以外的原因而未得逞</u>的，是犯罪未遂。

对于未遂犯，可以比照既遂犯从轻或者减轻处罚。

犯罪未遂：起于实行后，止于既遂前，停顿因不能。

1. 停顿原因：犯罪未得逞是由于犯罪分子意志以外的原因（被迫停顿）。

2. 起点：已经着手实行犯罪。

形式上	实行刑法分则规定的具体犯罪的**构成要件行为**。实行行为包含多个环节或多种形式的，开始实施其中任一环节、形式。
实质上	直接侵害法益的危险达到紧迫程度。

3. 停顿点：犯罪未得逞（未既遂）。

四、犯罪预备（被迫停顿+着手实行前）

第 22 条【犯罪预备行为】为了犯罪，准备工具、制造条件的，是犯罪预备。

对于预备犯，可以比照既遂犯从轻、减轻处罚或者免除处罚。

犯罪预备：起于预备后，止于实行前，停顿因不能。

1. 停顿原因：犯罪未得逞是由于犯罪分子意志以外的原因（被迫停顿）。

2. 起点：客观上实施了犯罪预备行为。为了实行犯罪而准备工具、制造条件的行为。

3. 停顿点：在着手实行犯罪之前停顿。

五、共同犯罪中的犯罪形态

先正犯，再共犯，分别判断；先既遂，再中止，最后未遂、预备。停顿原因以个人主观为准，停顿阶段以正犯客观为准。详见下章共同犯罪。

【事例 10-3：偷渔网案】

【案情】甲、乙共同盗窃丙的渔网，乙提供汽车以便深夜盗窃渔网。（1）案情一：结果甲误将自己的渔网当作丙的渔网盗走，随后乙将渔网出卖。（2）案情二：如果案情变为：甲提供汽车，乙去偷丙的渔网，而实际偷到甲的渔网。

【答案】

一、案情一

（一）正犯甲：

1. 对于偷到自己渔网的结果，客观上可谓是"偶然自损"，没有造成他人财物被盗得的实害结果；主观上系对象错误、具体错误，有盗窃故意，不构成盗窃既遂。

2. 对于丙的渔网，客观上存在被偷走的具体危险，主观上有盗窃故意，故构成盗窃罪未遂。

（二）帮助犯乙，客观不法的定性从属于正犯甲。

1. 对于甲偷到自己渔网的行为，由于正犯客观上是自损，帮助犯乙客观上也系帮助自损；主观上系对象错误、具体错误，有帮助盗窃的故意，不构成盗窃既遂。

2. 对甲可能偷到丙的渔网的盗窃未遂行为，帮助犯乙客观上是对盗窃未遂进行帮助，主观上有帮助盗窃的故意，构成盗窃罪未遂。

二、案情二

（一）正犯乙：

1. 对于甲的渔网，相对于乙而言，系他人的财物，造成了实害结果，系盗窃罪既遂。

2. 对于丙的渔网，构成盗窃罪未遂。

（二）帮助犯甲：

1. 帮助乙偷到自己的渔网，构成"偶然自损"。

2. 帮助乙可能偷到丙的渔网，构成盗窃罪未遂的帮助犯。

六、多观点题：通说+胡说

（一）中止"自动性"的标准

【事例】丈夫甲在砍杀妻子乙时，不想让年幼的女儿丙看到，于是放弃砍杀。

【答案】

观点一："主观说"，主观上认为有外部障碍而放弃犯罪是未遂、预备，其他原因放弃是中止。中止。

观点二："限定主观说（悔过动机说）"，只有出于悔悟、同情等感情、动机而停止犯罪，才构成中止。客观上能够犯罪，但伦理上不能犯罪，不构成中止。未遂。

观点三："客观说"，客观上有能力继续犯罪但不继续实施，即一般人在此情况下不会放弃犯罪，但行为人放弃的，才构成中止。中止。

观点四："犯罪人理性说"，犯罪人不理性、不合情理的任意放弃，才构成中止；经理性思考后停止犯罪，不构成中止。中止。

（二）实行行为的标准

【事例】甲为了毒杀外地的乙，将毒药通过邮局寄给乙，甲已经寄出但乙尚未收到。

【答案】

观点一："实质的结果说（结果无价值）"，着手实行是指行为发生了作为未遂犯的结果的危险性（危险结果），即侵害法益的危险达到紧迫程度。故意杀人罪预备。

观点二："主观说（犯意说）"，着手实行是指开始实施表现出行为者的犯罪意思确定性的行为。故意杀人罪未遂。

观点三："形式的客观说（构成要件行为说）"，着手实行是指开始实施了符合构成要件的行为。故意杀人罪未遂。

观点四:"实质的行为说(行为无价值)",着手实行是指开始实施具有现实危险性的行为。故意杀人罪未遂。

【方鹏刑法主观题练习10:投鼠药案】

【案情】张某因与邵女恋爱不成而对邵家心存不满,把报复邵女的想法告诉陈某,让陈某帮忙购得"三步倒"鼠药一包,并趁邵家没人之机翻墙入院,将鼠药投入邵家水缸后即离去(后经鉴定,"三步倒"鼠药一包不足以致死,两包才可以致死)。刚出邵女家门,张某就遇到了邵女,邵女随口骂张某:"你到我家来干甚,该不是想害我吧!"张某支吾着未答话离开。

【问题】(1)如果张某未理睬此事,后邵家用水缸中的水淘米做饭,只造成中毒事故,未发生死亡结果,张某如何定性?(2)如果回家后,张某误认为邵女可能已经觉察,就让其姐夫王某潜入邵家去把水缸里的水倒掉。王某按张某所述行动,后未发生死亡结果,张某如何定性?(3)如果没想到王某早与邵家有仇,口头上虽答应张某,但心里想一箭双雕。王某潜入邵家后,不仅没有倒掉水缸里的水,而且又加了一包鼠药。邵家用水缸中的水淘米做饭,导致5人死亡。张某、王某的行为如何定性?

【简要答案】

1.(1)张某:故意杀人罪,未遂;(2)陈某:故意杀人罪,帮助犯,未遂。

2.(1)张某:故意杀人罪,有损害的中止;(2)陈某:故意杀人罪,帮助犯,未遂;(3)王某:帮助毁灭证据罪。

3.(1)张某:故意杀人罪,既遂;(2)陈某:故意杀人罪,帮助犯,既遂;(3)王某:故意杀人罪,既遂。

第十一章 共同犯罪

第一节 认定共同犯罪的作用

认定共同犯罪的作用（结果+因果关系）：对共同不法行为导致结果，客观上负责。

第25条【共同犯罪概念】共同犯罪是指二人以上共同故意犯罪。

【共同过失犯罪】二人以上共同过失犯罪，不以共同犯罪论处；应当负刑事责任的，按照他们所犯的罪分别处罚。

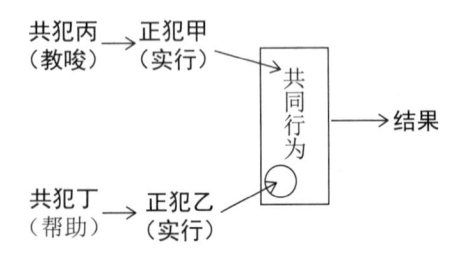

```
共犯丙 ──→ 正犯甲
（教唆）   （实行）  ┐
                    │共同行为 ──→ 结果
共犯丁 ──→ 正犯乙  ┘
（帮助）   （实行）
```

对共同行为导致的结果，客观上承担连带责任

一、客观共同犯罪与因果关系：共同行为导致的结果，客观上承担连带责任

共同犯罪中的"犯罪"是不法的含义。也就是说只需数人实施了共同的客观不法行为（犯罪行为），即符合犯罪客观方面、不具备正当化事由的违法行为；行为人对该不法行为具有共同故意，即可认为成立共同犯罪。客观上即对该共同行为导致的结果，客观上承担责任。亦即，核心在于客观不法层面上具有共同性；而无需主观责任要素（责任年龄、精神状况、目的等）具有共同性。<u>亦即"不法是共同的，责任是分别的"</u>。

【方鹏刑法主观题练习11-1：甲、乙盗窃案】

【案情】甲（20周岁）、乙（15周岁）共谋盗窃丙家。甲进入左边屋子偷了3万元，为抗拒抓捕打死了男事主丙男。乙进入右边屋子偷了一张信用卡；之后又对熟睡的女事主丁女实施了强奸。出门后，二人都谎称什么也没偷到，但甲告知乙其打死了丙男。后乙偷偷在提款机上，用偷来的信用卡提走2万元。

【问题】甲、乙、丙三人如何定性？说明理由。

【解析】

（一）甲：抢劫罪（致人死亡）

1. 客观上实施盗窃行为；与乙构成共同正犯，对共同盗窃的5万元（3万+2万）负责；主观上20周岁，构成盗窃罪。

2. 为抗拒抓捕打死了丙男，根据《刑法》第269条，构成抢劫罪，系转化型抢劫。

数额为 5 万元。系结果加重犯,抢劫致人死亡。

3. 对乙实施的强奸行为,不构成共同犯罪,不负责。

(二)乙:强奸罪

1. 客观上实施盗窃行为;与甲构成共同正犯,对共同盗窃的 5 万元(3 万+2 万)负责;主观上 15 周岁,不构成盗窃罪。

2. 对甲实施的杀人行为,不构成共同犯罪,不负责。

3. 强奸丁女,根据《刑法》第 236 条,构成强奸罪。

二、共同犯罪(一个整体行为导致结果)与同时犯(数个行为)

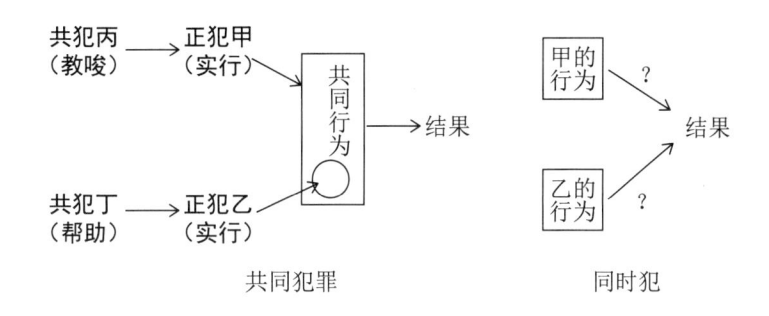

【事例 1:共同正犯】 甲、乙共谋杀丙,同时朝丙开枪。(1)甲命中丙致丙死亡,乙未命中。(2)丙被命中一弹致死,不知谁打中。

【答案】(1)(2)均是:甲、乙,故意杀人罪的共同正犯,对共同行为导致的结果负责;故意杀人罪既遂。

【事例 2:同时犯】 甲、乙没有意思联络,均以杀人故意,同时朝丙开枪。丙身上只有一个洞,不知谁打中。

【答案】 甲、乙:同时犯。存疑有利于被告人,故意杀人罪未遂。

【事例 3:停车场案】 王大某日和李四到饭店吃饭,遇上了王大的仇人张三,两人发生口角,李四劝阻不成,晚上 10 点,王大用饭店的板凳打张三的头部致其昏迷(不知是轻微伤、轻伤、重伤)。晚上 10 点 20 分,李四将张三送往医院,但李四到达医院停车场后并未立即将张三送往就医,而是将车停在停车场,离开时间为晚上 10 点 50 分。第二天凌晨 5 点才将张三送往医院时,张三已经死亡。现有证据无法查明张三的具体死亡时间,以及延误对死亡的作用大小。(2018 年刑诉真题)

【问题】 分析王大、李四的刑事责任。说明理由。

【简要答案】 1. 无法查明具体由谁造成,存疑有利被告,二人均对死亡结果不负刑事责任。2. 李四不构成犯罪,王大故意伤害罪(未遂)。

【方鹏刑法主观题练习 11-2:甲、乙、丙杀人案】

【案情】 甲、乙二人共谋伤害戊,丙、丁二人共谋杀戊;四人遂共谋一起"教训"(伤害)戊。甲用铁棒打、乙徒手,丙用木棒打、丁拿着刀在一边助威呐喊。殴打过程中造成戊死亡，但事后查明只有一处头部钝器殴击致命伤，无法查明是甲、丙谁导致；但绝对不是乙导致。

【问题】分析甲、乙、丙、丁的刑事责任。并说明理由。

一、丙

1. 客观上实施了杀人实行行为。
2. 丙与甲、乙在伤害行为的范围内是共同犯罪，对共同伤害行为导致的死亡结果负责。
3. 主观上具有杀人故意，故意杀人罪的既遂。

二、甲、乙

1. 实施了伤害行为。
2. 对共同伤害行为导致的死亡结果负责。
3. 主观上伤害故意，构成故意伤害罪（致人死亡）。

三、丁

1. 帮助甲、乙伤害致死，帮助丙杀人致死。
2. 主观上具有杀人的帮助故意。
3. 故意杀人罪既遂的帮助犯。

三、客观"共同行为"的范围：公因数行为

情形	各行为人涉嫌罪名（行为）关系	共同行为范围
法条竞合罪名（行为）之间	高度行为与低度行为之间	**低度行为**
	整体法与部分法	**部分法**(行为)
	一般法与特别法	**一般法**(行为)
想象竞合	A罪、B罪；A罪	**共同行为**
转化犯	非法拘禁；非法拘禁暴力致死（故杀）	非法拘禁
两罪名重叠于某不法行为	强奸罪与抢劫罪；绑架罪与抢劫罪	暴力行为（或伤害行为）；非法拘禁

【事例4】甲、乙共谋对丙实施伤害，乙却自作主张对丙进行杀害致丙死亡。

【答案】

（一）乙：故意杀人罪既遂。

（二）甲：

1. 客观上伤害行为。
2. 甲与乙在伤害行为的范围内成立共同犯罪，对共同伤害导致的死亡结果负责。
3. 主观上伤害故意，对死亡结果系过失。
4. 根据《刑法》第234条，构成故意伤害罪（致人死亡）。

【方鹏刑法主观题练习11-3：甲、乙、丙三人各怀鬼胎案】

【案情】 甲（17岁）、乙（15周岁）、丙（13周岁）共同商量要报复丙女将其"打昏"。其实三人各怀鬼胎。甲是打昏后想拿走其手机；乙、丙二人之前暗通，是想奸淫丙女。三人遂合力共同打昏了丙女。

甲趁丙昏迷偷偷拿走其手机，先行离开。乙丙二人之后共同轮流奸淫了丙女，亦离开。

丙女被救后发现身受重伤。但无法查明是甲、乙、丙何人导致重伤；也无法查明是之前打昏时致重伤，还是之后的奸淫行为致重伤。

【问题】 甲、乙、丙三人如何定性？说明理由。

【简要答案】 甲：抢劫罪（基本犯）。乙：强奸罪（致人重伤）。丙：不负刑责。

四、共同行为与"实行过限"

（一）客观过限：客观上无因果关系

危害结果与共同行为没有因果关系，客观上即不能归因于共同行为，则其他共同犯罪人当然不需负责（客观上无责）。

（二）主观过限：客观上有因果，主观上无故意

危害结果虽是过限行为造成，但如过限行为与共同行为重合于共同行为，危害结果与共同行为有因果关系，客观上能归因于共同行为，则其他共同犯罪人对此危害结果也应承担客观上的责任（客观上有责），只不过主观上不承担共同故意责任，但有可能承担过失责任（理论上构成共同过失犯罪）。

【事例5：2019年"罄竹难书的洪某"第一段：抢劫后抛尸】 1995年7月，甲市的洪某与蓝某共谋抢劫，蓝某打探了被害人赵某的行踪。二人事前进行了商议，进行了详细规划，决定于同年7月13日晚20:00作案。到了两人约定之日，洪某于19:55到达了现场，但蓝某迟迟未出现。洪某遂决定独自抢劫赵某，使用事先准备的凶器，朝赵某的后脑勺猛烈一击，导致赵某倒地昏迷。此时蓝某来到现场，与洪某共同取走了赵某身上价值2万余元的财物。随后，蓝某离开了现场，洪某误以为赵某已经死亡，便将赵某的"尸体"扔到附近的水库，导致赵某溺死（经鉴定赵某死前头部受重伤）。后洪某逃至乙市，使用化名在某保险公司做保险代理。

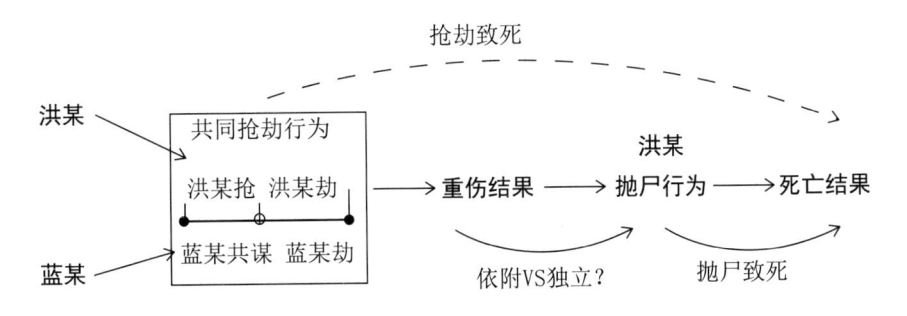

【答案】

(一) 洪某：**构成抢劫罪（致人死亡），或者抢劫罪、过失致人死亡罪。**

1. 洪某猛击赵某头部，暴力劫夺赵某 2 万元，根据《刑法》第 263 条，构成**抢劫罪**。

2. 洪某以杀人为手段抢劫之后，误认赵某死亡而"抛尸"致其淹死，系因果关系错误中的**事前故意**，对此如何认定，涉及**因果关系是否中断**的问题。

(1) 观点一：如认为"抛尸"行为不中断因果关系，死亡结果与抢劫行为有因果关系，则洪某构成**抢劫罪（致人死亡）**，系结果加重犯。

(2) 观点二：如认为"抛尸"行为中断因果关系，死亡结果与抢劫行为没有因果关系，则洪某构成**抢劫罪、过失致人死亡罪，数罪并罚**。

对于其中的抢劫罪：①观点一：认为是抢劫罪（致人死亡）结果加重犯的未遂；②观点二：认为是抢劫罪（致人重伤）结果加重犯的既遂。

3. 洪某与蓝某构成抢劫罪的共同犯罪。

(二) 蓝某：**构成抢劫罪（致人死亡），或者抢劫罪（致人死亡）结果加重犯的未遂。**

1. 蓝某与洪某共谋抢劫，并共同实施了劫财行为，根据《刑法》第 263 条、第 25 条第 1 款，构成抢劫罪的共同犯罪。对于共同抢劫行为导致的结果负责。

2. 对于赵某死亡的结果，蓝某是否负责，同上，也存在不同观点。

(1) 按前述观点一，赵某死亡与共同抢劫行为有因果关系，蓝某系**抢劫罪（致人死亡）**。

(2) 如前述观点二，赵某死亡与共同抢劫行为没有因果关系，系洪某过失致死造成，则蓝某构成**抢劫罪（致人死亡）结果加重犯的未遂**；或者抢劫罪（致人重伤）结果加重犯的既遂。

【事例 6】甲邀乙一起伤害 A 某。乙却另怀鬼胎想杀 A 某，甲对此不知情。作案时，甲对 A 某实施伤害行为，乙却杀人。A 某死亡，只有一处轻伤，死因系轻伤引发心脏病死亡，轻伤不知具体由谁导致。后查明：甲是受丙教唆杀害 A 某。而丁并不知道乙的杀人企图，误以为乙要实施伤害而为其提供了凶器。

【问题】分析甲、乙、丙、丁的刑事责任，并说明理由。

【简要答案】

一、乙：故意杀人罪（既遂）

1. 杀人行为。

2. （因果关系）乙与甲在伤害行为范围内是共同犯罪；对共同犯罪导致的轻伤结果负责。

3. 特殊体质不中断因果，对死亡结果负责。

4. 第 232 条，故意杀人罪（既遂）。

二、甲：故意伤害罪（致人死亡）

1. 伤害行为。
2. 对共同伤害导致轻伤负责，也对死亡负责，理由同上。
3. 主观上伤害故意，第234条，故意伤害罪（致人死亡），结果加重犯。

三、丁：故意伤害罪（致人死亡）的帮助犯

1. 客观上，帮助乙杀人既遂。
2. 主观帮助伤害的故意。
3. 故意伤害罪（致人死亡）的帮助犯。

四、丙：故意伤害罪（致人死亡）的教唆犯

1. 客观教唆甲伤害致死的行为。
2. 主观是教唆杀人的故意。
3. 故意伤害罪（致人死亡）的教唆犯。

五、共同犯罪人的罪名＝客观上各自行为＋共同行为导致的结果＋主观上各自故意

母题：陈某、高某各怀鬼胎向赵某要钱案（2007年真题）

【案情】陈某见熟人赵某做生意赚了不少钱便产生歹意，勾结高某，谎称赵某欠自己10万元货款未还，请高某协助索要，并承诺要回款项后给高某1万元作为酬谢。高某同意。

某日，陈某和高某以谈生意为名把赵某诱骗到稻香楼宾馆某房间，共同将赵某扣押，并由高某对赵某进行看管。次日，陈某和高某对赵某拳打脚踢，强迫赵某拿钱。赵某迫于无奈给其公司出纳李某打电话，以谈成一笔生意急需10万元现金为由，让李某将现金送到宾馆附近一公园交给陈某。陈某指派高某到公园取钱。

李某来到约定地点，见来人不认识，就不肯把钱交给高某。高某威胁李某说："赵某已被我们扣押，不把钱给我，我们就把赵某给杀了"。李某不得已将10万元现金交给高某。

高某回到宾馆房间，发现陈某不在，赵某倒在窗前已经断气。见此情形，高某到公安机关投案，并协助司法机关将陈某抓获归案。

事后查明，赵某因爬窗逃跑被陈某用木棒猛击脑部，致赵某身亡。

【问题】（先客观，后主观，客观主观相统一）

1. 陈某将赵某扣押向其索要10万元的行为构成何种犯罪？为什么？
2. 高某将赵某扣押向其索要10万元的行为构成何种犯罪？为什么？

☆3. 陈某与高某是否构成共同犯罪？为什么？

4. 高某在公园取得李某10万元的行为是否另行构成敲诈勒索罪？为什么？
5. 陈某对赵某的死亡，应当如何承担刑事责任？为什么？

★6. 高某对赵某的死亡后果是否承担刑事责任？为什么？

7. 高某的投案行为是否成立自首与立功？为什么？

满分答案（每个下划线一分）

一、在第一段事实中：

（一）陈某将赵某扣押向其索要 10 万元的行为，构成抢劫罪。

1. 陈某对赵某实施扣押、殴打的人身暴力手段；根据题意陈某"强迫赵某拿钱"，意图直接向赵某索取财物，主观上具有抢劫故意，根据《刑法》第 263 条规定，构成抢劫罪。

2. 陈某并非意图向第三人勒索财物，主观上没有勒索财物目的和绑架故意，不符合《刑法》第 239 条绑架罪规定的"以勒索财物目的"，不构成绑架罪。

（二）高某将赵某扣押向其索要 10 万元的行为，构成非法拘禁罪。

1. 高某主观上没有勒索财物目的和绑架故意，不构成绑架罪。

2. 客观上尽管有抢劫行为，但主观上没有非法占有目的，也不构成抢劫罪。

3. 高某主观上误以为是索要债务，而扣押赵某，根据《刑法》第 238 条第 3 款的规定，构成非法拘禁罪，系索债型非法拘禁。

（三）陈某与高某在非法拘禁罪的范围内构成共同犯罪。

1. 根据"行为共同说"，高某实施非法拘禁行为，陈某以非法拘禁为手段抢劫，二人在非法拘禁罪行为的范围内有共同行为，对于非法拘禁行为具有共同行为、共同故意，根据《刑法》第 25 条第 1 款，在非法拘禁罪的范围内成立共同犯罪。

2. 二人系非法拘禁罪的共同正犯。

3. 陈某触犯抢劫罪、非法拘禁罪，系整体法与部分法的法条竞合，以抢劫罪论处。

二、在第二段事实中：

（四）高某在公园取得李某 10 万元的行为，不构成敲诈勒索罪。

1. 高某客观上虽实施有敲诈勒索行为、抢劫行为，但主观上意图索取债务，不具非法占有的目的，不符合《刑法》第 274 条规定的敲诈勒索罪的主观目的要件，不构成敲诈勒索罪。

2. 即使威胁杀害，因主观上不具非法占有的目的和勒索财物目的，也不构成绑架罪。

三、在第三段事实中：

（五）陈某对赵某的死亡，属抢劫罪致人死亡（抢劫罪的结果加重犯）。

1. 陈某用木棒猛击脑部，致赵某身亡，实施了杀害行为，主观上具有杀人故意，根据《刑法》第 232 条，触犯了故意杀人罪。

2. 在罪数上，以杀人为手段抢劫，故意杀人行为是抢劫罪的暴力手段行为之一，致人死亡的，构成抢劫罪的结果加重犯，属《刑法》第 263 条第 1 款第 5 项规定的抢劫罪致人死亡。

（六）高某对赵某的死亡后果不承担故意责任，但要承担过失责任，系非法拘禁罪

（致人死亡）。

1. 客观上，高某与陈某在非法拘禁罪的范围内成立共同犯罪，陈某在抢劫拘禁赵某的过程中杀害赵某，赵某死亡后果是共同拘禁行为导致，二人均需对此死亡结果在客观上承担连带责任。

2. 主观上，高某主观上没有杀人故意，高某对于赵某的死亡不负故意责任，不能构成故意杀人罪。

3. 高某对基本犯非法拘禁行为具有故意，应当预见加重结果即死亡结果，应当认为高某对死亡后果具有过失，应当承担过失责任。

4. 非法拘禁中过失致人死亡，系结果加重犯，认定为非法拘禁罪（致人死亡）。

四、在第四段事实中：

（七）高某构成自首、重大立功。

1. 高某自动投案，如实供述，根据《刑法》第67条第1款，构成自首（一般自首）。

2. 高某协助抓捕同案犯陈某，根据《刑法》第68条，构成立功。因陈某属抢劫罪致人死亡，可能被判处无期徒刑以上的刑罚，故高某成立重大立功。

第二节 共同犯罪的成立条件

一、共同犯罪的成立条件（每个人分别判断）：客观上共同行为+主观上共同故意

【事例7：潘金莲案新编】潘金莲为给丈夫武大郎治病而去药店买药，药店店主西门庆见潘金莲举止鬼鬼祟祟，误认为潘金莲要谋害亲夫。出于帮助潘金莲杀夫的意愿，西门庆将一包毒药交给潘金莲，潘金莲不知情是毒药，给丈夫武大郎服用后致武大郎死亡。

【问题】潘金莲、西门庆如何定性？

二人以上	自然人，单位	达到"不法"年龄，具有规范认识能力即可
共同行为	实行（组织）；教唆、帮助（共谋）	共同正犯；教唆犯、帮助犯
共同故意	双向意思联络：共同正犯故意、教唆故意	明知实行行为、危害结果、共同关联（共同故意：我有故意，我认为你也有故意，我想和你一起犯罪）
	单向意思联络：片面帮助故意	
终了之前	后行为人在前行为人行为终了之前加入	即成犯、状态犯既遂之前；继续犯继续行为结束前；复行为犯数行为实施完毕前

每个人各自分别判断：共同行为+共同故意

1. 客观（共同行为）：实行、帮助（+正犯实行行为）、教唆（+正犯实行行为）。
2. 主观（共同故意）：实行故意、帮助故意、教唆故意。

二、客观共同行为的特殊情况：承继的共同犯罪

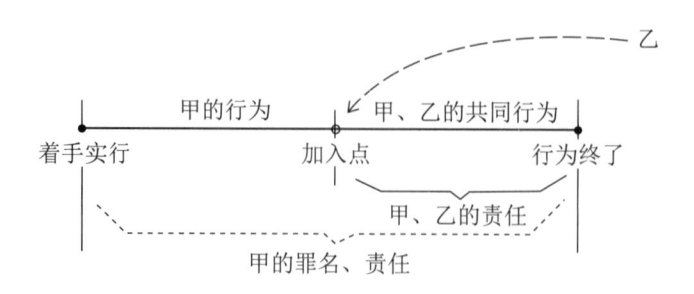

```
                              ┌──── 乙
                    ┌─── 甲、乙的共同行为 ──┐
        ├── 甲的行为 ──┤                 │
       着手实行      加入点              行为终了
                              └── 甲、乙的责任 ──┘
        └─────── 甲的罪名、责任 ───────┘
```

1. 加入时点：行为终了之前。指构成要件实行行为终了，与"犯罪既遂"时点有所不同。即成犯（如故意杀人罪）、状态犯（如盗窃罪）犯罪既遂，行为才终了；继续犯（如非法拘禁罪、绑架罪）行为结束才终了；复行为犯（如抢劫罪）数行为实施完毕才终了。

2. 共同行为、共同故意。

3. 法律后果。 共同犯罪：前后行为人只在"后半截"的范围内成立共同犯罪（但罪名认定，如是复行为犯，明知而加入，整体认定）。责任：后行为人只对加入之后共同行为导致的结果负责。

4. 承继的共同犯罪与事后犯（如掩饰、隐瞒犯罪所得、犯罪所得收益罪，帮助毁灭、伪造证据罪，窝藏、包庇罪，洗钱罪等）的区别：后行为人在<u>行为终了之前加入，构成承继的共同犯罪；在行为终了之后加入，构成事后犯</u>。当然，事前有通谋，事后实施这些行为的，也构成共同犯罪。

【事例8：中途加入案】 甲手持匕首寻找抢劫目标，见到丁后便实施暴力，用匕首将其刺成重伤，使之丧失反抗能力，此时甲的朋友乙驾车正好经过此地，见状后下车和甲一起取走丁的财物（约2万元），然后逃跑，丁因伤势过重不治身亡。

【问题】 分析甲、乙的刑事责任，并说明理由。

【简要答案】

（一）先行为人甲

1. 实施了抢劫罪的暴力行为、取财行为，根据《刑法》第263条，成立抢劫罪的正犯。

2. 对于劫财结果，甲需负责。丁重伤、死亡的结果是由甲的暴力行为造成的，甲需负责。甲构成抢劫罪既遂，系抢劫致人死亡，属结果加重犯。

（二）后行为人乙

1. 在抢劫行为终了之前，后行为人乙加入，帮助甲实施劫财行为；具有共同故意。根据《刑法》第263条、第27条，构成抢劫罪的承继的共同犯罪。

2. 二人在后半截的范围内构成抢劫罪的共同犯罪。后行为人只对与其加入之后共同行为有因果关系的结果负责，不对前行为人之前实施的单独行为造成的结果负责。

3. 对于劫财结果，二人承担共同责任。乙构成抢劫罪既遂。

4. 而丁的重伤结果发生在乙加入之前，是由甲之前的暴力行为造成的，乙不承担刑事责任；丁的死亡是由重伤导致的，而重伤是由甲之前的暴力造成，与乙加入之后的行为没有因果关系，故乙对丁的死亡结果也不承担刑事责任。

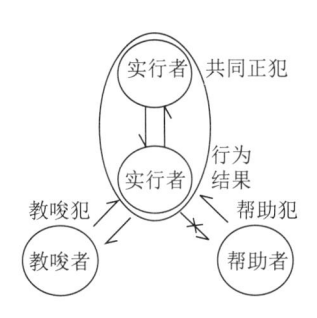

三、主观共同故意的特殊情况：片面共犯（片面共同故意可否成立共同故意）

观点辨析：片面共犯是否成立帮助犯、教唆犯、共同正犯？	
观点一：帮助故意可以是单向意思联络；共同实行故意、教唆故意需双向意思联络	观点二：帮助故意、教唆故意、共同实行故意，均可是单向意思联络
1. 片面帮助。**片面帮助故意**，可以成立帮助意，才可成立帮助犯。 2. 片面教唆。**片面教唆故意**不能成立教唆意，不构成教唆犯；成立间接正犯。 3. 片面实行。**片面实行故意**，不能成立共同正犯故意，不构成共同正犯；可成立帮助故意，成立帮助犯。	片面帮助、片面教唆、片面实行，可构成帮助犯、教唆犯、共同正犯

【事例9：片面实行案】 甲明知乙将要入户抢劫A的财物，在乙不知情的情况下，暗中提前将A殴打致昏造成重伤；而丙基于帮助抢劫的故意，暗中帮助乙放风。乙进入A家后发现A昏迷，便窃取了财物。

【答案】

（一）正犯乙：盗窃罪的单独正犯

1. 乙客观上趁人昏迷拿走财物，是盗窃行为；在实施盗窃行为当时主观上具有盗窃故意，根据《刑法》第264条，构成盗窃罪。

2. 乙不知甲在帮助其，主观上没有共同故意，不与甲构成共同犯罪。是盗窃罪的单独犯，只对盗窃5万元负责，不对甲暴力导致的重伤结果负责。

（二）甲

暗中帮助乙对丙实施暴力，具有片面的共同犯罪故意，系片面的共同犯罪行为。对其定性，涉及片面的共同犯罪行为如何处理的问题？

1. 观点一：只承认片面的帮助犯，只有片面帮助才可构成帮助犯；片面教唆、片面实行不可构成教唆犯、共同正犯,但有可能构成片面帮助犯。

（1）则本案中甲不构成共同正犯,但可构成片面帮助犯。按共犯从属说,正犯乙实施的是盗窃行为,甲为乙的盗窃提供帮助,具有片面帮助故意,根据《刑法》第264条、27条,构成盗窃罪的片面帮助犯。

（2）同时,甲本人实施的伤害行为,具有伤害罪故意,根据《刑法》第234条,构成故意伤害罪（致人重伤）的正犯,是单独犯。

（3）罪数上,系想象竞合,应当以两罪择一重罪论处。

2. 观点二：承认所有的片面的共同犯罪,认为片面帮助、片面教唆、片面实行可构成帮助犯、教唆犯、共同正犯。

（1）甲欲图帮助乙抢劫,客观上实施了抢劫的实行行为（暴力即伤害行为）,主观上具有片面共同实行故意,根据《刑法》第263条,构成抢劫罪的片面正犯。系结果加重犯抢劫罪（致人重伤）。

（2）甲不仅要对自己抢劫致人重伤负责,而且为乙得财5万元负责,成立抢劫罪既遂。

（三）丙：盗窃罪帮助犯

帮助盗窃行为（从属于正犯乙）+抢劫罪的片面帮助故意=盗窃罪帮助犯。

第三节 共同犯罪的推理方法：先正犯后共犯（帮助犯、教唆犯）

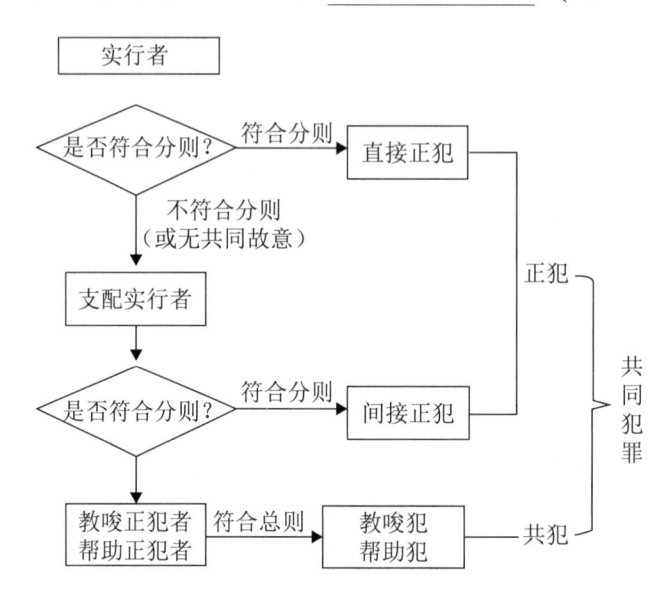

一、先找实行者,先正犯、后共犯（帮助犯、教唆犯）

两个层次：（1）正犯（单独正犯、间接正犯、共同正犯）；（2）共犯（帮助犯、教唆犯）

1. 单独实行者：客观本人行为+结果+主观本人故意。

2. 共同实行者：客观本人行为+（"公因数"共同行为导致的）结果+主观本人故意。

3. 帮助者、教唆者：客观帮助、帮助（正犯行为）的行为+（正犯行为导致的）结果+主观本人故意。

【事例10：2019年"罄竹难书的洪某"第五段"雇凶杀妻"】 黄某雇用程某，让程某去伤害黄某的前妻周某。程某问到什么程度，黄某说伤她一条手臂即可。先付你10万元，事成之后付你20万元。程某在小巷拦截周某，想着不如再敲诈一笔，大喊"有人雇我来伤你，给我40万，不然我真的照做"。周某说"我才不相信你"，程某持水果刀朝周某胳膊上捅了一刀，致周某轻伤。因周某患有白血病，流血过多而死亡。事后查明，程某对此并不知情周某患有白血病，而黄某却一清二楚。事后程某找黄某索要剩余的20万元，黄某称"只叫你伤害，没叫你杀人，没钱给你"，拒绝支付。程某气急败坏，遂将黄某打成重伤。

```
         教唆        伤害
黄某 ──────→ 程某 ──────→ 周某+特殊体质 ──────→ 死亡
  │          不明知
  │ ─────────────────────────────────────↑
  明知
```

【答案】

（一）程某：构成抢劫罪（未遂）、故意伤害罪（致一人死亡、一人重伤）

1. 对周某当场暴力威胁劫夺财物，根据《刑法》第263条，构成**抢劫罪**。[注意：不构成敲诈勒索罪。]未轻伤、得财，系犯罪未遂。

2. 抢劫不成另起犯意，对周某实施了伤害行为，具有伤害故意，根据《刑法》第234条，构成故意伤害罪。<u>特殊体质不中断死亡结果与伤害行为之间的因果关系</u>，系结果加重犯，<u>故意伤害罪（致人死亡）</u>。

3. 与黄某在故意伤害罪的范围内成立共同犯罪。

4. 对黄某的重伤：程某将黄某打成重伤，主观上是为报复，没有非法占有目的，不构成抢劫罪，构成<u>故意伤害罪（致人重伤）</u>。

5. 系连续犯，以故意伤害罪（致一人死亡、一人重伤）论处。

（二）黄某：故意杀人罪（间接正犯）

1. 黄某利用没有杀人故意的程某致周某死亡；主观上，黄某知情周某有白血病、明知伤害后会死亡的结果，<u>具有杀人故意</u>，根据《刑法》第232条，构成故意杀人罪，<u>系间接正犯</u>。

2. 构成程某故意伤害罪（致人死亡）的教唆犯。以故意杀人罪一罪论处。

【方鹏刑法主观题练习11-4：报仇认错人案】

【案情】 2008川延/2/61、甲、乙、丙共谋要"狠狠教训一下"他们共同的仇人丁。到丁家后，甲在门外望风，乙、丙进屋打丁。但当时只有丁的好友田某在家，乙、丙误把体貌特征和丁极为相似的田某当作是丁进行殴打，遭到田某强烈抵抗和辱骂，二人分别举起板凳和花瓶向田某头部猛击，将其当场打死。

【问题】甲、乙、丙三人如何定性？说明理由。

【答案】

（一）对于正犯乙、丙

1. 客观上实施了"向田某头部猛击"的杀人行为，致田某死亡，系杀人致死行为。

2. 主观上具有杀人故意（"向田某头部猛击"）。误将田某认作丁，系对象错误、具体错误，对田某具有杀人故意，构成故意杀人罪既遂。

3. 当然，之前的行为为伤害，后来发生犯意转化，以重行为故意杀人罪论处。

（二）对于帮助犯甲

1. 客观行为从属于正犯实行行为，致死行为的帮助行为。

2. 甲与乙、丙在故意伤害罪的范围内构成共同犯罪，对共同伤害导致的致死结果负责。

3. 主观上具有伤害故意（"狠狠教训一下"）；也是对象错误、具体错误。对死亡结果系过失，构成故意伤害罪（致人死亡）。

二、正犯：直接正犯、间接正犯、共同正犯

在形式上，正犯是依照刑法分则（规定"一人实行既遂"即单独正犯的基本构成要件）来定罪的人；共犯（教唆犯、帮助犯）是依照刑法总则（规定修正构成要件）来定罪的人。

1. **直接正犯（实行犯）**：直接支配犯罪结果者
2. **间接正犯**：支配他人（犯意支配）将他人作为犯罪工具实现犯罪的人

成立条件	表现形式
客观条件：（1）行为人对实行者支配、操纵（教唆、欺骗、强迫等）。（2）实行者对支配者所犯罪名不承担正犯责任（因未达不法年龄等而缺乏独立认知能力、缺乏责任、此罪故意、身份、目的等原因）；或者没有共同故意。（3）行为人符合正犯的其他条件（达到不法年龄、故意、目的、身份等）。	1. 利用无责任能力者
	2. 利用他人无（此罪）故意的行为：利用合法行为、过失行为、自害行为、犯他罪的故意
主观条件：间接正犯故意（支配他人的意思）	3. 利用有故意的工具：利用有故意但无目的者、利用有故意但无身份者
	4. 直接正犯之后的间接正犯：利用有故意但没有共同故意的实行者。
间接正犯与教唆犯的一般区别：实行者（被教唆者）可否承担正犯的责任（"不法"的第一位责任）	

【事例11】甲欺骗乙让乙携带淫秽物品入境以走私淫秽物品牟利,却偷偷将淫秽物品替换为毒品。乙误认为是淫秽物品则走私入境。

【问题】甲、乙如何定性?

【答案】

(一)乙:

1. 客观上走私毒品的行为,主观上走私淫秽物品罪故意。

2. 因主观上无走私毒品罪故意,不构成走私毒品罪的直接正犯。

3. 构成走私国家禁止进出口的货物、物品罪的直接正犯。

(二)甲:

1. 利用没有走私毒品故意的乙走私毒品,构成走私毒品罪的间接正犯。

2. 构成走私国家禁止进出口的货物、物品罪的教唆犯。

3. 法条竞合,以走私毒品罪的间接正犯论处。

三、共犯(帮助犯、教唆犯)从属性以及罪名=客观上正犯行为+本人主观故意

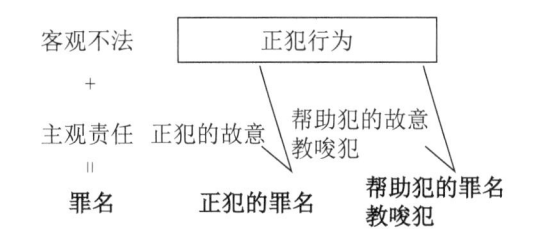

```
客观不法         正犯行为
   +                    帮助犯的故意
主观责任   正犯的故意   教唆犯
   =
 罪名       正犯的罪名   帮助犯的罪名
                        教唆犯
```

(一)共犯(帮助犯、教唆犯)从属性说

基本含义是:认定共犯(教唆犯、帮助犯)的客观危害行为(最终指向的实行行为)性质时,必须依附于正犯行为(通常是实行行为)。

【事例12:欺骗放风案】陈某、张某欺骗方某说要去曲某(女)家教训曲某,让方某帮忙放风。方某信以为真,在外放风。事实上,陈某、张某也各怀鬼胎,陈某想抢劫、张某想强奸,二人合谋把曲某打昏,但不知是谁不小心致曲某死亡。陈某趁张某不知情,拿走了曲某的手机,先出门去了;而张某不知曲某死亡,对其实施了奸淫。

【问题】陈某、张某、方某如何定性?说明理由。

【简要答案】陈某:抢劫罪致人死亡。张某:强奸罪、侮辱尸体罪。方某:故意伤害罪致人死亡,帮助犯。

【事例13】甲欲杀丙,假意与乙商议去丙家"盗窃",由乙在室外望风,乙照办。甲进入丙家将丙杀害,出来后骗乙说未窃得财物。乙信以为真,悻然离去。(2017/2/7)

【简要答案】甲:故意杀人罪。乙:非法侵入住宅罪的帮助犯。

（二）教唆犯的成立条件：故意制造正犯的犯意

教唆行为：制造他人实施故意危害行为（实行行为、正犯行为）的犯意；提高原犯意（使犯意升级）	没有制造新犯意，或降低原犯意（使犯意降级），不是教唆行为
教唆故意：需教唆者对危害结果有故意，明知实行者会产生实行犯意实行行为，认为实行者对危害结果有故意	欺诈教唆（未遂的教唆）：教唆者对结果无故意的，实行者也未造成结果的，不构成教唆犯
被教唆者：正犯	支配不构成正犯的实行者，可成立间接正犯

（三）帮助犯的成立条件：故意帮助正犯

帮助行为：对正犯行为有促进作用	对**实行行为**具有实质**促进作用**的帮助（物理、心理帮助）；不是对日常生活的帮助。中立帮助：对具有紧迫性的正犯行为（可即刻侵害法益）帮助的，系帮助行为
帮助故意	可以是双向联络，也可以是片面故意
被帮助者：正犯	帮助帮助犯、教唆犯的，不成立帮助犯

【事例14】 A误认为路边的皮包是别人遗忘的，而B则知道该皮包是旁边的C某的；B骗A说皮包是他人遗忘的，教唆A将C某的皮包拿走。

【解析】

（一）A：

1. 盗窃行为+无盗窃故意=不构成盗窃罪。

2. 盗窃行为+侵占故意=侵占罪。

（二）B：

1. 盗窃行为（间接正犯行为）+盗窃故意=盗窃罪（间接正犯）。

2. 侵占罪的教唆犯。

3. 触犯两罪，法条竞合，以盗窃罪（间接正犯）一罪论处。

第四节　共同犯罪的其它问题

一、共同犯罪与身份

身份犯（此处指定罪身份，即真正身份犯）：有特定身份才能成立正犯；没有特定身份不能成立正犯，但可成立共犯（帮助犯、教唆犯）。

第一步，先看**实行者**是否实际**利用了**特殊身份(本人的身份、他人的身份)。利用了身份构成有身份之罪（其中利用本人身份的可构成此身份罪的正犯，利用他人身份的可构成彼身份罪的共犯）；没有利用身份不构成有身份之罪。

> 实行者利用了数人的不同身份时，看谁的身份作用大。
> 第二步，**再找正犯**。看实行者是否构成直接正犯；实行者不构成直接正犯时，看有无实行支配行为（教唆、欺骗、强迫）的间接正犯。
> 第三步，**确定正犯、共犯关系**。

【事例15】强制戒毒所的监管人员甲，为了报复被监管的吸毒人员丙，而教唆另一被监管的吸毒人员乙对丙进行殴打虐待，导致丙受轻微伤后自杀身亡。

【问题】甲、乙如何定性？

【简要答案】甲：虐待被监管人员罪的间接正犯。乙：虐待被监管人员罪的帮助犯。

二、共同犯罪与不作为（可视为身份犯）

共同犯罪人甲	+共同犯罪人乙	=乙成立共同犯罪情形
不作为的正犯	不作为的正犯	不作为的共同正犯
作为的正犯	不作为的正犯	共同正犯
不作为的正犯	教唆甲实施不作为	教唆犯
不作为的正犯	帮助甲实施不作为	帮助犯
作为的正犯	不作为形式的帮助	帮助犯（通常是片面帮助犯）

【事例16】母亲甲生下女婴丙后不想扶养，让自己的妹妹乙拿去扔掉，乙遂将女婴丙扔到某菜市场。未料当天忽然降温将丙冻死。

【问题】甲、乙如何定性？

【简要答案】

（一）甲：遗弃罪（间接正犯）、过失致人死亡罪。择一重处。

（二）乙：遗弃罪（帮助犯）、过失致人死亡罪。择一重处。

三、共同犯罪中的认识错误

1. 共同犯罪中认识错误的类别：从**各共同犯罪人（参与犯）主观出发**、对比客观，各自认定

2. 罪名认定：罪名=正犯行为+各自故意

3. 间接正犯错误：**教唆行为+间接正犯故意=教唆犯，间接正犯行为+教唆故意=教唆犯**

【事例17："毒咖啡案"】咖啡店店主乙某日突生杀害丙之念，并将有毒饮料交给店员甲保管，对甲说："如果丙下次来店时，你就将此有毒饮料递给我。"时隔多日，丙来到咖啡店，甲以帮助的故意将有毒饮料递给乙，但乙此时完全忘了饮料有毒的事

情，在缺乏杀人故意的情况下将有毒饮料递给丙喝，导致丙死亡。

【问题】甲、乙如何定性？

【简要答案】

（一）乙：过失致人死亡罪。

（二）甲：故意杀人罪，帮助犯。

四、共同犯罪与犯罪形态（既遂、未遂、预备、中止）

先正犯后共犯；先既遂，后中止，最后未遂、预备。各参与犯犯罪形态＝各自主观停顿原因＋正犯客观停顿阶段。

（一）既遂：与实行行为、结果有因果关系者既遂（共同犯罪的范围内）

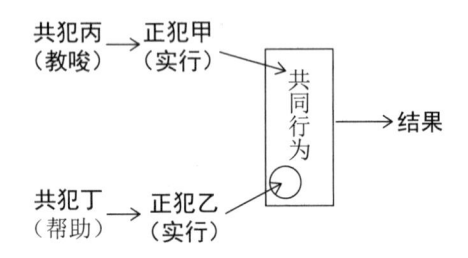

```
共犯丙 ──→ 正犯甲
（教唆）    （实行）    ┐
                      │共同
                      │行为 ──→ 结果
                      │
共犯丁 ──→ 正犯乙    ┘
（帮助）    （实行）
```

1. 共同正犯：一人既遂、全体既遂；一部实行，全部责任。
2. 共犯（帮助、教唆犯）：有因果关系才既遂。

（二）中止：自动放弃、有效阻止结果，仅及于中止者本人

自动停止犯罪	自动放弃者甲	其他共同犯罪人乙	犯罪形态
	阻止其他共同犯罪人实行犯罪得逞或防止结果发生	自动放弃，防卫结果发生	甲中止，乙中止
		意志以外原因未得逞	甲中止（**部分中止**） 乙未遂（实行后）或预备（实行前）
	未能阻止既遂结果发生	得逞	甲既遂，乙既遂

（三）共犯（教唆犯、帮助犯）的未完成形态的判断：各自停顿原因＋正犯停顿阶段

犯罪阶段		（共犯从属说，通说）√ 实行犯与帮助犯、教唆犯		（共犯独立说，少数说）× 实行犯与教唆犯	
		实行犯	帮助犯、教唆犯	实行犯	【我国】教唆犯
预备阶段		预备	预备（被迫）	预备	"教唆未遂"
		中止		中止	

续表

犯罪阶段	（共犯从属说，通说）√ 实行犯与帮助犯、教唆犯		（共犯独立说，少数说）× 实行犯与教唆犯	
	实行犯	帮助犯、教唆犯	实行犯	【我国】教唆犯
着手后	未遂	未遂（被迫）	未遂	
	中止		中止	
实行完毕后中止	中止		中止	
既遂	既遂	既遂（有因果）	既遂	既遂

（四）共犯关系（帮助犯、次要共谋犯）的脱离：有脱离意思（自动性），切断因果（有效性），成立中止

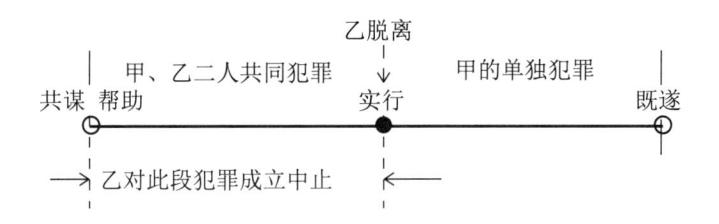

```
                        乙脱离
                          ↓
     |  甲、乙二人共同犯罪    |    甲的单独犯罪    |
   共谋 帮助               实行                    既遂
     ○─────────────────────●──────────────────────○
     ──→ 乙对此段犯罪成立中止 ←──
```

1. 自动性：有脱离意思	脱离者有脱离意思，并向对方表示（明示或默示）；脱离意思为对方接受（或对方知道）
2. 有效性：切断因果关系	脱离者须切断本人之前行为（帮助、共谋行为）与危害结果之间的因果关系，即从物理、心理上彻底消除自己之前行为对之后结果的加功效果，才不对之后对方结果承担共同责任
3. 次要共犯、实行之前	脱离者为帮助犯、**次要共谋犯**；脱离阶段为**实行之前**
共犯关系脱离成功的法律后果：脱离者对于脱离之前参与的行为成立共同犯罪（一般是预备犯），**理论上系预备阶段的犯罪中止**(实务中因未造成损害而免除处罚)。脱离者对于脱离后的实行犯单独实施的行为不再承担共同责任，不承担既遂责任	

【事例18】张三和李四商量一起去盗窃，张三入户，李四在外放风。后李四因慌张，就跟张三说"要不我们算了"，尽管张三没同意，但李四还是偷偷走掉了，张三对此不知情。之后张三进入被害人家中后，看到这家人过于贫困，突发同情心，放弃盗窃离开。

【问题】张三、李四如何定性？

【简要答案】

（一）张三：盗窃罪，中止；

（二）李四：盗窃罪，未遂。

五、共同犯罪人的量刑：主犯与从犯

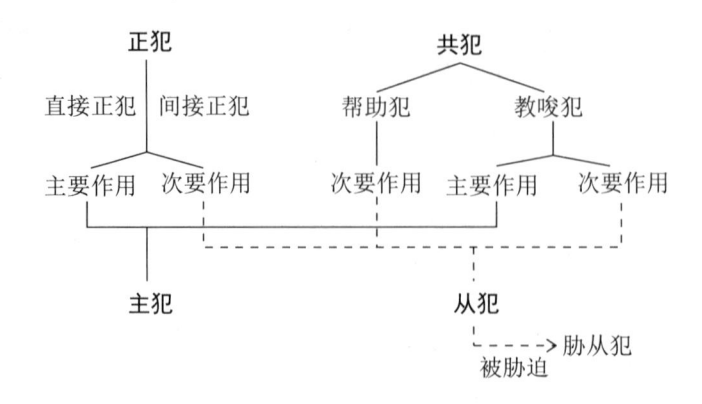

```
                    正犯                      共犯
              ┌──────┴──────┐          ┌──────┴──────┐
           直接正犯      间接正犯      帮助犯         教唆犯
           ┌──┴──┐                    ┌──┴──┐       ┌──┴──┐
        主要作用 次要作用           次要作用 主要作用   次要作用
           │      ╎                    ╎      │       ╎
          主犯                                从犯
                                              ╎---→ 胁从犯
                                           被胁迫
```

主犯：主要作用	犯罪集团中的**首要分子**（组织犯、间接正犯）	按照集团所犯全部罪行处罚（无论其是否组织、指挥、参与、知情）
	成立共同犯罪的聚众犯罪中的首要分子	按照其所参与或组织、指挥的全部犯罪处罚
	主要的实行犯	
	主要的教唆犯	
从犯（胁从犯）：次要、辅助作用	次要的实行犯	应当从轻、减轻或免除
	次要的教唆犯	胁从犯：按照犯罪情节减轻或免除
	帮助犯	

六、多观点题：通说+胡说

（一）共同犯罪：不法行为共同说、构成要件共同说、犯罪共同说

【事例19】林业主管部门工作人员赵某与郑某上山检查时，罪犯刘某与任某为了抗拒抓捕，对赵某与郑某实施暴力，赵某与郑某反击，形成互殴状态。结果罪犯刘某被打成重伤，由赵某与郑某共同造成，但不知具体由谁造成。

观点一：**按（不法）行为共同说，二人不属共同犯罪**。如果不能查明重伤结果具体由何人行为所致，则根据"存疑有利于被告人"规则，二人对重伤结果均不负责。

观点二：**按犯罪共同说，二人也不属共同犯罪**，如不能查明具体何人致重伤，对重伤结果也不负责。

观点三：**按构成要件共同说，二人属共同犯罪**，客观上均对共同防卫行为造成的重伤结果负责。在防卫限度上，即使造成重伤重大损害结果，但防卫行为与不法侵害相差并不悬殊、也未明显过激的，<u>不属防卫过当</u>。根据《刑法》第20条，构成<u>正当防卫</u>。

（二）教唆犯：从属说 VS 独立说

第29条【教唆犯】教唆他人犯罪的，应当按照他在共同犯罪中所起的作用处罚。

教唆不满十八周岁的人犯罪的，应当从重处罚。

【"教唆未遂"现象】如果被教唆的人没有犯被教唆的罪，对于教唆犯，可以从轻或者减轻处罚。

【事例20】甲教唆乙杀害丙，结果乙仅伤害丙致丙重伤。

观点一：按共犯从属说，甲构成故意伤害罪（重伤）的教唆犯。

观点二：按共犯独立说，甲构成故意杀人罪的教唆犯，系犯罪未遂。

(三) 片面共犯行为能否成立帮助犯、教唆犯、共同正犯？

观点辨析：片面共犯是否成立帮助犯、教唆犯、共同正犯？	
观点一：帮助故意可以是单向意思联络；共同实行故意、教唆故意需双向意思联络	观点二：帮助故意、教唆故意、共同实行故意，均可是单向意思联络
1、片面帮助。**片面帮助故意**，可以成立帮助意，才可成立帮助犯。 2.片面教唆。**片面教唆故意**不能成立教唆故意，不构成教唆犯；成立间接正犯。 3.片面实行。**片面实行故意**，不能成立共同正犯故意，不构成共同正犯；可成立帮助故意，成立帮助犯。	片面帮助、片面教唆、片面实行，可构成帮助犯、教唆犯、共同正犯

(四) 共同犯罪与身份

【事例21】A公司为自己的汽车（购买价格10万元），向C保险公司投保了盗抢险，投保人、受益人、被保险人均为A公司。A公司的司机李某作业时，将汽车偷偷卖掉。又向A公司谎称汽车被盗，让A公司向C保险公司申请盗抢险理赔。A公司信以为真，向C保险公司申请理赔，获得保险金10万元。

【答案】李某除构成职务侵占罪以外。

观点一：构成诈骗罪的间接正犯。因李某不具投保人、被保险人、受益人的身份，故而不能构成保险诈骗罪的间接正犯，可构成诈骗罪的间接正犯。

观点二：李某虽无身份，但可构成保险诈骗罪的教唆犯。

(五) 集团犯罪首要分子的地位：组织犯（间接正犯）VS教唆犯（共犯）

【事例22】抢劫、杀人集团首要分子甲，某次与丙产生纠纷，遂教唆集团成员乙去伤害丙，乙自作主张，认为打伤不如打死，而将丙打死。

【问题】分析甲的刑事责任（要求注重说明理由，并可以同时答出不同观点和理由）。

【分析】乙构成故意杀人罪。甲如何承担刑事责任，涉及<u>集团犯罪首要分子承担责任范围</u>的问题。

观点一：构成**故意杀人罪（既遂）**。因甲系抢劫、杀人集团的首要分子（组织犯，可认为是间接正犯）。如认为乙实施的故意杀人罪是该集团范围内的犯罪。根据《刑法》第232条、第26条第3款，甲应对乙实施的故意杀人罪（既遂）负责。

观点二：构成<u>故意伤害罪（致人死亡）</u>，系教唆犯。如认为<u>乙实施的故意杀人罪是集团之外的个人行为</u>。只考虑甲实施的本案具体行为，并因其基于伤害罪故意教唆乙，根据《刑法》第234条、第29条，构成故意伤害罪（致人死亡）的教唆犯。

范例：《黑帮老大被骗记》（2018年法考主观题回忆版）

【案情】王某组织某黑社会性质组织，刘某、林某、丁某积极参加。一日，王某、刘某在某酒店就餐，消费3000元。在王某用信用卡结账时，收银员吴某偷偷调整了POS机上的数额，故意将3000元餐费改成30 000元，交给王某结账。王某果然认错，输入密码，支付了30 000元。

王某发现多付了钱以后，与刘某去找吴某还钱，吴某拒不返还。王某、刘某恼羞成怒，准备劫持吴某让其还钱。在捆绑吴某过程中，不慎将吴某摔成重伤，因为担心酒店其他人员报警，故放弃挟持，离开酒店。

在王某和刘某走出酒店时，在门口被武某等四名保安拦截。王某遂让刘某打电话叫人过来帮忙，刘某给林某、丁某打电话，并私下叫二人带枪过来，林某二人将枪支藏在衣服里，护送王某上了私家车。

武某等人见状遂让四人离开。王某上车以后气不过，让刘某"好好教训这个保安"，随即开车离开。刘某随即让林某、丁某二人开枪。林某、丁某二人一人朝武某腿部开枪、一人朝腹部开枪。只有一枪击中武某腹部，导致其死亡，现无法查明是谁击中。

【问题】

1. 关于吴某的行为定性，有几种处理意见？须说明理由。
2. 王某、刘某对吴某构成何罪？须说明理由。
3. 王某、刘某、林某、丁某对武某的死亡构成何罪？（其中王某的行为有几种处理意见）？须说明理由。

【满分答案】（答对一个下划线给一分）

（一）对于吴某的行为，有盗窃罪、诈骗罪、信用卡诈骗罪三种处理意见。

吴某基于非法占有目的，修改刷卡数额，对王某实施了欺骗行为，是否构成诈骗罪，涉及<u>被骗人处分意识的必要认识内容的理解（是否需对财物的数量有认识）</u>。

观点一：构成盗窃罪。

理由是：如认为作为诈骗罪构成要素的被骗人的处分意识，不仅要求认识到转移占有的财物的性质，<u>也需认识到财物的数量</u>。则本案中被骗人王某未认识到多支付的钱款数额及其转移占有的事实，对该数额（27 000元）的钱款，系在被害人不知情的情况下转移占有。吴某系盗窃行为，根据《刑法》第264条，构成盗窃罪。

观点二：构成诈骗罪。

理由是：如认为作为诈骗罪构成要素的被骗人的处分意识，只需认识到转移占有的财物的性质，无需认识到财物的数量。则本案中被骗人王某已认识钱款转移占有的事实，有处分财物的行为。吴某利用虚构数字的方式骗取王某实施处分行为，对该数额（27 000 元）的钱款，依照《刑法》第 266 条，构成诈骗罪。

另可答观点三：信用卡诈骗罪。

理由是：如欺骗王某结账时在 POS 机上刷用信用卡，可被认为是利用被害人错误的间接正犯行为，系冒用他人信用卡的间接正犯行为，根据《刑法》第 196 条第 1 款第 3 项，构成信用卡诈骗罪。

(二) 王某、刘某对吴某构成非法拘禁罪（致人重伤）。

1. 王某、刘某对于多付出的钱款，客观上具有合法的求偿权；主观上不具非法占有目的。劫持捆绑吴某的行为，不能构成抢劫罪或绑架罪。

2. 二人劫持吴某让其归还应还钱款，非法剥夺他人自由的非法拘禁行为，根据《刑法》第 238 条第 3 款的规定，构成非法拘禁罪。

3. 在拘禁过程中过失致人重伤，触犯过失致人重伤罪，根据第 238 条第 2 款的规定，系结果加重犯，构成非法拘禁罪（致人重伤）。

(三) 关于王某、刘某、林某、丁某对武某的死亡的行为定性

1. 对于正犯林某，构成**故意伤害罪（致人死亡）**。与丁某在故意伤害罪的范围内构成共同犯罪。

（1）林某、丁某一人基于伤害故意、一人基于杀人故意，共同实施了致死行为，根据行为共同说（或部分犯罪共同说），依照《刑法》第 25 条第 1 款，二人在故意伤害罪的范围内构成共同正犯。

（2）虽无法查明何人致死，但系共同正犯行为导致，故二人对于死亡结果，均需共同承担刑事责任。

（3）林某欲射击武某腿部，主观上具有伤害故意，客观主观统一，根据《刑法》第 234 条，构成故意伤害罪（致人死亡）。

2. 对于正犯丁某，构成**故意杀人罪（既遂）**。与林某在故意伤害罪的范围内构成共同犯罪。

（1）丁某与林某系共同犯罪，客观上共同对死亡结果负责，系致死行为。

（2）主观上欲射击武某腹部，主观上具有杀人故意，客观主观统一，根据《刑法》第 232 条，构成故意杀人罪。

3. 对于教唆者刘某，构成**故意伤害罪（致人死亡）**，系教唆犯。

（1）客观上，正犯林某实施了伤害行为，丁某实施了杀人行为；系刘某教唆引起，实施了教唆行为。

（2）主观上，刘某基于"教训"意图教唆二人，系故意伤害罪的教唆故意，客观

主观统一于故意伤害罪（致人死亡），根据《刑法》第234条、29条，构成故意伤害罪（致人死亡）的教唆犯。

4. 对于王某，可能被认定为故意伤害罪（致人死亡），或故意杀人罪（既遂），涉及<u>集团犯罪首要分子承担责任范围</u>的问题。

观点一：构成**故意杀人罪（既遂）**。因王某系黑社会性质组织的领导者，属于集团犯罪首要分子（组织犯，可认为是<u>间接正犯</u>）。如认为丁某实施的故意杀人罪是黑社会集团范围内的犯罪。根据<u>《刑法》第232条、第26条第3款</u>，需按照黑社会性质组织这种特定犯罪集团所犯全部罪行处罚。故其应对丁某实施的故意杀人罪（既遂）负责。

观点二：构成**故意伤害罪（致人死亡）**，系<u>教唆犯</u>。理由同上述刘某。如只考虑其实施的本案具体行为，并认为<u>丁某实施的故意杀人罪是黑社会集团之外的个人行为</u>。因其基于"教训"意图教唆他人，根据《刑法》第234条、第29条，构成故意伤害罪（致人死亡）的教唆犯。

（四）此外：

1. 王某组织黑社会性质组织，刘某、林某、丁某积极参加，根据《刑法》第294条第1款的规定，王某构成组织黑社会性质组织罪。

2. 刘某、林某、丁某构成参加黑社会性质组织罪。

3. 林某、丁某还犯有非法持有枪支罪。应当与前述罪名，数罪并罚。

【方鹏刑法主观题练习11-5：赵某、钱某、李某教训冯某案】

【案情】（1）赵某与冯某因口角产生仇恨，赵某遂出资2万元雇请钱某去"教训一下"冯某。（事实一）

（2）钱某同意，回家后将此事告诉其妻孙某，并让孙某为自己放风。孙某说"我才不去呢，你自己去吧"，但提示钱某说"把人打伤就行了，别把人打死了"。钱某答应，为此，钱某准备了一根用软实的厚胶布缠好的硬木棒。钱某又找到外甥李某（15周岁）帮忙，商量好一起去伤害冯某，答应事成之后分给李某5000元。（事实二）

（3）为了保险起见，钱某找到以前的同伙陈某，骗陈某说"我要去冯某家抢劫，你帮我去放风吧"。陈某起初不答应，钱某就恐吓陈某说"抢劫的事也告诉你了，你要不去的话，我明儿灭你的口"，陈某被迫同意。（事实三）

（4）第二天晚上，钱某与李某一起进入冯某家，陈某在门外放风。钱某见床上有一人睡觉，认为是冯某，遂持硬木棒朝该人身上一顿乱击，将其打得不能动弹。李某暗想"不如砸死算了"，遂操起一个板凳，朝该人头上猛砸几下。钱某先行离开，临走时，发现床头有一部手机（价值8000元），遂临时起意拿走。李某看见了没有制止。（事实四）

（5）李某在钱某走后，为了破坏现场，将房间内的一个电炉插上，并在上面扔了一个纸箱，想引火烧毁冯某家。李某出门后，钱某问李某："你在后面磨蹭什么"？李

某答:"我把屋里的电炉插上了,隔一会儿起火烧他个精光,免得留下证据"。钱某听到后也没说什么。(事实五)

(6) 二人发现门外没有陈某的踪影。原来,陈某见钱某、李某入户之后,越想越害怕,不一会儿就逃回家中。(事实六)

(7) 当晚,冯某家发生火灾,引起相邻数间房屋被烧毁。事后查明,当天冯某因事出差,睡在床上的是冯某患有心脏病的妻子张某,张某因遭受殴击(尸检证明身体伤情为轻伤、头部伤情为重伤),引发心脏病当场身亡,并未死于火灾。但不能查明是何处伤情引发心脏病。(事实七)

(8) 案发之后,钱某感到罪行严重,到公安机关投案,如实供述犯罪事实,但隐瞒了找李某、陈某帮忙的情况。后带领公安人员去抓获赵某,在半路上将赵某抓获,查明赵某此时正想前往公安机关投案。(事实八)

【问题】

1. 对于事实一、事实四、事实七分析:关于致张某死亡的事实,赵某、钱某、李某三人构成何罪?说明理由。

2. 对于事实二分析:孙某与钱某是否构成共同犯罪?说明理由。

3. 对于事实三、事实六分析:陈某与钱某、李某是否构成共同犯罪?如构成犯罪,构成何罪?犯罪形态如何?说明理由。

4. 对于事实四分析:钱某拿走手机的行为如何定性,李某是否需对此行为负责?说明理由。

5. 对于事实五分析:李某引发火灾的行为如何定性,钱某是否需对此行为负责?说明理由。

6. 对于事实八分析:钱某是否构成自首、立功?

7. 对于全案分析:赵某、钱某、孙某、李某、陈某在共同犯罪中属于何种共犯人,应当如何承担责任?

【简要答案】

1. 关于致张某死亡的事实,钱某构成故意伤害罪(致人死亡),李某构成故意杀人罪(既遂),赵某构成故意伤害罪(致人死亡)。

2. 孙某与钱某不构成共同犯罪。

3. 周某与钱某在盗窃罪(入户盗窃)、故意伤害罪的范围内构成共同犯罪;周某与李某在故意杀人罪的范围内构成共同犯罪。

4. 钱某拿走手机的行为构成盗窃罪。李某没有制止的义务,不需对此行为负责,不构成共同犯罪。

5. 李某引发火灾的行为构成放火罪。

6. 钱某未交代同案犯,不构成自首,可构成坦白。协助抓捕同案犯,可以构成立功。

7.（1）对于故意伤害罪（致人死亡），钱某系实行犯，是主犯。陈某系帮助犯，系胁从犯，按照犯罪情节可以从轻、减轻、免除。赵某是教唆犯，系主犯。（2）对于盗窃罪，钱某系实行犯，是主犯。陈某系帮助犯，系胁从犯。（3）对于故意杀人罪，李某系实行犯，是主犯。陈某系帮助犯，系胁从犯。

第十二章 罪数规则（总论理论+分则规定）

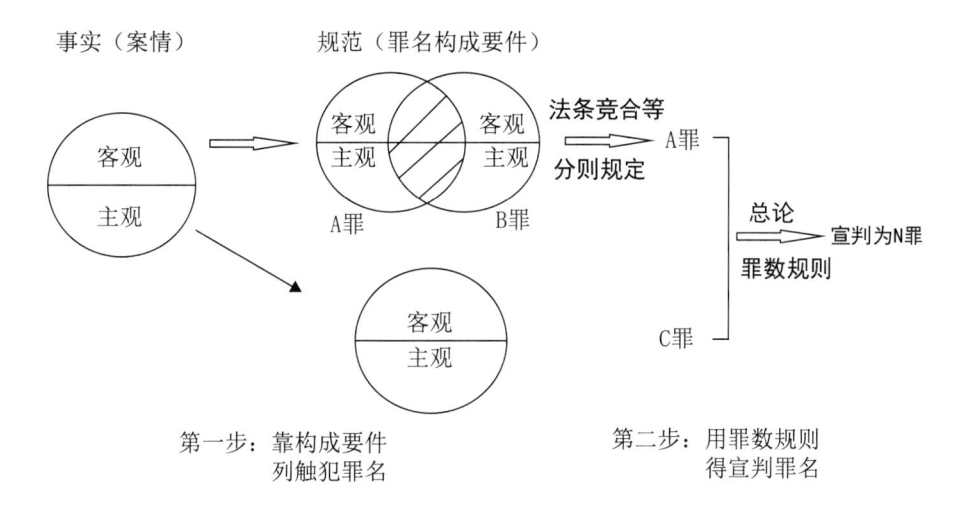

第一步，先靠构成要件，列出触犯（"构成"）罪名
第二步，运用罪数规则（包括法条竞合），得出宣判（"认定为""论处"）罪名
罪数规则：先分则规定，再总论理论

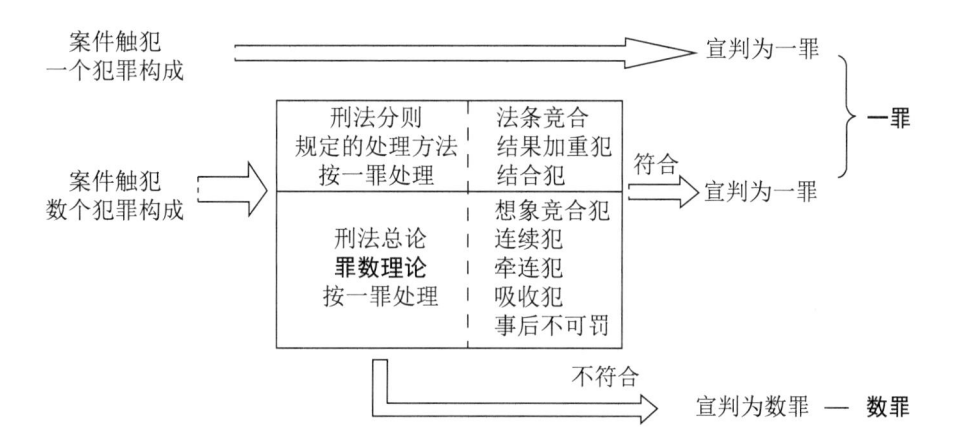

【事例1】投保人甲虚构事实，骗取保险公司保险金2000万元。第266条规定的诈骗罪的法定最高刑为无期徒刑，而第198条规定保险诈骗罪的法定最高刑为15年有期徒刑。

【答案】触犯保险诈骗罪、诈骗罪。法条竞合，以特别法保险诈骗罪论处。

分则、总论中的罪数规则		
一个行为	继续犯（行为）	线状行为是一个行为
		①非法拘禁罪、绑架罪、拐卖罪、重婚罪；②持有型犯罪：非法持有毒品罪，非法持有假币罪。窝藏罪、窝赃类犯罪；③一些纯正不作为犯，如遗弃罪
	集合犯（行为）	刑法规定反复多次实施才是一个行为
		以赌博为业行为；非法行医行为；虐待罪的虐待行为
分则罪数（法定的一罪）	法条竞合	特别法优于一般法：合同诈骗罪、诈骗罪（生产、销售伪劣产品罪一节择重）
		整体法优于部分法：交通肇事罪、过失致人死亡罪
		交叉竞合（择一重）：诈骗罪、招摇撞骗罪
		基本法优于补充法：拐卖儿童罪、拐骗儿童罪
	结果加重犯	刑法分则明文规定，与基本犯行为有因果关系
		故意伤害罪（致人重伤、死亡）；强奸罪（致人重伤、死亡），非法拘禁罪（致人重伤、死亡）；抢劫罪（致人重伤、死亡）；绑架罪杀害、伤害（致死、重伤）被绑架人等
	结合犯	刑法强行规定将两罪合并为一罪。常考杀人、强奸、妨害公务、非法拘禁
		绑架罪+杀人罪（或故意伤害罪重伤、致死）=绑架罪；拐卖+强奸=拐卖罪；收买罪+拐卖罪=拐卖罪
总论罪数：一行为（实质的一罪）	★想象竞合犯	一个行为，造成数结果，同时触犯数个罪名
		①盗窃公共设施（如盗割正在通电使用中的公用电线）、易燃易爆设备等，同时触犯盗窃、危害公共安全类犯罪的；②以毁坏为盗窃手段，同时触犯故意毁坏财物罪、盗窃罪的；③生产、销售伪劣商品，同时触犯非法经营罪、假冒注册商标罪的；④抽象（异类）认识错误：误将他人当作是熊猫猎杀
总论罪数：数行为（处断的一罪）	★连续犯	连续实施同性质数个行为
		连续盗窃、连续诈骗、连续抢劫、连续杀人等
	★牵连犯	两个实行行为触犯两罪：伪造后诈骗；关联行为后伪造
		（1）伪造（印章、单据、文书、身份证等）后诈骗（普通诈骗、金融诈骗、合同诈骗；招摇撞骗、冒充军人招摇撞骗等）； （2）实施关联行为（如窃取信息）之后再伪造； （3）其它类似情况，如骗领的信用卡（妨害信用卡管理罪）后使用（信用卡诈骗）等
	★吸收犯	两个实行行为触犯两罪，违禁品后持有，入户犯罪
		（1）违禁品犯罪后又持该违禁品； （2）入户犯罪
	★事后不可罚	两个实行行为触犯两罪，同一对象、同一类法益，前行为已作评价(禁止重复评价)。犯罪后对赃物的处置、兑现，两行为触犯两罪，会重复评价的
		（1）实施财产犯罪之后，针对赃物的持有、处分、毁坏行为； （2）非法取得财产凭证、单据、票据之后，为实现价值而实施兑现行为； （3）违禁品犯罪后对违禁品持有； （4）其他数行为可能会引起重复评价的情况，例如先盗窃到赃物，之后又对失主敲诈让其出钱赎回赃物等

【事例2】丙先后三次侵入军人家中盗窃军人制服,后身穿军人制服招摇撞骗。

【答案】

1. 丙先后实施的三实行行为分别触犯了非法侵入住宅罪、盗窃罪、招摇撞骗罪。

2. "三次"实施性质相同的行为,是连续犯,以一个非法侵入住宅罪、盗窃罪论处。

3. 入户+盗窃,是吸收犯,以盗窃罪论处。

4. 在牵连犯方面,不能认为所有的手段行为和目的行为都认定为牵连犯,牵连犯中的牵连关系仅限于"伪造后诈骗"这样的通常的手段和目的("类型说")。不属"伪造后诈骗"的模型,不构成牵连犯,而应数罪并罚。

【真题:2005年丁某骗取贷款案(难度系数110%)】

【案情】丁某系某市东郊电器厂(私营企业,不具有法人资格)厂长,2003年因厂里资金紧缺,多次向银行贷款未果。为此,丁某仿照银行存单上的印章模式,伪造了甲银行的储蓄章和行政章,以及银行工作人员的人名章,伪造了户名分别为黄某和唐某在甲银行存款额均为50万元的存单两张。(事实一)

随后,丁某约请乙银行办事处(系国有金融机构)副主任朱某吃饭,并将东郊电器厂欲在乙银行办事处申请存单抵押贷款的打算告诉了朱某,承诺事后必有重谢。朱某见有利可图,就让丁某第二天到办事处找信贷科科长张某办理,并答应向张某打招呼。次日,丁某来到乙银行办事处。朱某将其介绍给张某,让其多加关照。(事实二)

张某在审查丁某提交的贷款材料时,对甲银行的两张存单有所怀疑,遂发函给甲银行查询。此时,丁某通过朱某催促张某,张某遂打电话询问查询事宜。甲银行储蓄科长答应抓紧办理,但张某未等回函,就为丁某办理了抵押贷款手续,并报朱某审批。后甲银行未就查询事宜回函。(事实三)

朱某审批时发现材料有问题,就把丁某找来询问。丁某见瞒不过朱某,就将假存单之事全盘托出,并欺骗朱某说有一笔大生意保证挣钱,贷款将如期归还,并当场给朱某10万元好处费。朱某见丁某信誓旦旦,便收受了好处费,同意批给丁某100万元贷款。丁某获得贷款后,以感谢为名送给张某5万元,张某予以收受。丁某将贷款全部投入违法业务(原题为"投入电器厂经营"),结果亏损殆尽,致使银行贷款不能归还。检察机关将本案起诉至法院。(事实四)

【问题】简析丁某、朱某和张某涉嫌犯罪行为触犯的罪名,然后根据有关的刑法理论和法律规定确定三人分别应如何定罪处罚。

【答案】参见本书第二十八章(历年真题)。

【方鹏刑法主观题练习12:招摇撞骗案】

【案情】甲在路边摊上购买了一套军官制服,伪造了一枚某部队印章、一幅军车车牌,以非法占有为目的,从租车公司租来一部奥迪车(价值60万元)。谎称自己是某部队大校，到处招摇撞骗。先后 5 次以谈恋爱、解决参军为名骗取 5 名女青年与之发生性关系，接受他人请吃喝。三次以帮人进军校为名骗取 3 人钱财 20 万元。案发之后，甲将奥迪车推入水库毁坏。

【问题】 甲的行为触犯几罪？是何关系？应当宣告为几罪？

【简要答案】

（一）触犯：

1. 非法买卖武装部队制式服装罪

2. 伪造武装部队印章罪

3. 伪造、非法使用武装部队专用标志罪

4. 合同诈骗罪

5. 冒充军人招摇撞骗罪

6. 诈骗罪

7. 故意毁坏财物罪

（二）罪数

以非法买卖武装部队制式服装罪，合同诈骗罪，冒充军人招摇撞骗罪，诈骗罪论处。

第三编 分则重点罪名考点

第十三章 人身犯罪（刑法分则第四章）

第一节 故意杀人罪、过失致人死亡罪、故意伤害罪

一、故意杀人罪

第232条【故意杀人罪】故意杀人的，处死刑、无期徒刑或者十年以上有期徒刑；情节较轻的，处三年以上十年以下有期徒刑。

（一）构成要件

客观不法	客体（法益）	他人的生命权	
	客观方面	1. 行为：杀（杀人）	（1）杀人行为的本质：非自然地提前结束他人生命；支配他人生命（大概率导致死亡） （2）行为方式和手段： ①作为，间接正犯 ②不作为故意杀人：作为义务、能力、因果；与作为行为价值相当（等值性）
		2. 行为对象：人（他人）	（1）人：生命的起始（出生）和终止（死亡）。婴儿、胎儿问题 （2）他人。自杀不属不法。
		3.（既遂）结果：死亡	基本构成要件的结果要素，即既遂标准
		4. 行为与死亡结果之间具有因果关系	死亡结果与杀人行为无因果关系，可能构成未遂
主观责任	主体要件	5. 责任年龄：14周岁（12周岁） 6. 具有责任能力	已满14周岁（所有）；已满12周岁（致死、严重残疾手段残忍+情节恶劣） 精神正常
	主观方面	7. 杀人故意	故意内容：杀、人、死亡、因果。与故意伤害的区分；与过失的区分。

（二）不作为故意杀人（不作为行为+杀人）

	客观：不作为+杀人	主观：杀人故意
不作为故意杀人罪的构成要件	符合总论不作为的成立条件：有作为义务、有履行能力、因果关系	对死亡结果有故意
	符合分则"杀"的行为：支配他人生命（大概率会死）	
不作为故意杀人罪（过失致人死亡罪）与遗弃罪的区分	支配生命（大概率会死）：杀人行为	不支配生命（大概率会活）：遗弃行为
	对死亡结果是故意：故意杀人罪	对死亡结果过失：过失致人死亡罪	遗弃罪（对遗弃行为是故意；对死亡结果故意、过失均可）

（三）引起他人自杀的问题

对于行为人引起、促成（教唆、帮助）他人自杀行为的定性：<u>只有在构成间接正犯（意思支配）的情况下，才能认定其为"杀人"行为</u>。

符合总论间接正犯的构成条件，构成故意杀人罪间接正犯	不符合间接正犯
（1）教唆者利用对于<u>生死没有认知能力</u>的人自杀。 （2）欺骗他人自杀（比照重大错误的被害人承诺，使自杀者对行为性质、结果、意义产生错误）。 （3）强迫<u>不具有意志自由</u>的人自杀。 例如，教唆未成年人、精神病人自杀；组织、策划、煽动、教唆、帮助邪教组织人员自杀	自杀者能够认知自杀的真实意义，具有心理意志自由，教唆者、迫使者、引起者不构成故意杀人罪

（四）罪数

法条竞合（整体法优于部分法）	（1）以杀人为手段的**绑架、抢劫、劫持航空器**，认定为绑架罪（故意杀害被绑架人）、抢劫罪（致人死亡）、劫持航空器罪（致人死亡） （2）<u>故意危害公共安全类犯罪</u>(放火罪、爆炸罪、投放危险物质罪、决水、以危险方法危害公共安全、破坏交通工具等）中，可包容了故意杀人的结果（系公共安全的死亡结果），系故意危害公共安全类犯罪的实害犯
结合犯	**绑架后为灭口而杀人**，认定为绑架罪（绑架过程中故意杀害被绑架人）
5种转化犯	非法拘禁使用暴力、刑讯逼供、暴力取证、虐待被监管人、聚众斗殴致人死亡
数罪并罚（常态）	（1）犯组织、领导、参加恐怖组织罪，组织、领导、参加黑社会性质组织罪，并故意杀人；（2）为实施保险诈骗罪而故意杀人；（3）犯罪（抢劫罪、强奸罪、盗窃罪等，不包括绑架）之后为灭口再杀人

【方鹏刑法主观题练习13-1：刘某故意杀人案】

【案情】被告人刘某系被害人秦某（男，殁年49岁）之妻。秦某因患重病长年卧床，一直由刘某扶养和照料。2010年11月8日3时许，刘某在其暂住地北京市朝阳区十八里店乡西直河孔家井村1869号院出租房内，不满秦某病痛叫喊，影响他人休息，与秦某发生争吵。秦某遂想自杀。后刘某将存放在暂住地的敌敌畏倒入杯中提供给秦某，由秦某自行服下。秦某服毒后，痛苦挣扎，刘某未予以救助，两小时后死亡。

【问题】刘某的行为如何认定？须说明理由。

【简要答案】故意杀人罪，不作为犯。

【方鹏刑法主观题练习13-2：梁某故意杀人案】

【案情】梁某将被害人王某（中学学生，时年14岁）骗至建水县曲江大桥西侧泵房处后，与王某发生争执。梁某遂猛勒王某的颈部、捂王某的嘴。梁某以为王某死亡，将王某藏匿于附近的水沟中。次日凌晨，梁某又临时起意，将写好的恐吓信放置于王某家门口，称王某被绑架，让王某的母亲拿2.5万元到曲江大桥处赎人。三日后，王某的尸体在曲江河内被发现。经鉴定，王某系溺水死亡。

【问题】请分析梁某的刑事责任（包括犯罪性质即罪名、犯罪形态等），可陈述不同观点，须说明理由。

【简要答案】故意杀人罪既遂（或故意杀人罪未遂、过失致人死亡罪）；诈骗罪、敲诈勒索罪，择一重处。

二、过失致人死亡罪

第233条【过失致人死亡罪】过失致人死亡的，处三年以上七年以下有期徒刑；情节较轻的，处三年以下有期徒刑。本法另有规定的，依照规定。

客观不法	客观要件	1. 过失实行行为（违反生活、业务规范的行为）
		2. 行为对象：他人
		3. 结果：死亡
		4. 过失行为与死亡结果之间具有刑法上的因果关系（负主要责任的条件）
主观责任	主体要件	责任年龄：已满16周岁 具有责任能力
	主观要件	过失（对死亡结果）。与间接故意、意外事件区分
整体法与部分法的法条竞合。（1）所有过失犯罪，例如失火罪、过失投放危险物质罪、过失爆炸罪、重大责任事故、交通肇事罪等，都包含过失致人死亡的结果，形成整体法与部分法的法条竞合，应以整体法定罪。（2）很多犯罪的结果加重犯（或情节加重犯）中也可容纳过失致人死亡的结果，例如故意伤害罪、抢劫罪、抢夺罪。应以上述这些犯罪的结果加重犯论处。		

三、故意伤害罪

第234条【故意伤害罪】故意伤害他人身体的，处三年以下有期徒刑、拘役或者管制。

犯前款罪，致人重伤的，处三年以上十年以下有期徒刑；致人死亡或者以特别残忍手段致人重伤造成严重残疾的，处十年以上有期徒刑、无期徒刑或者死刑。本法另有规定的，依照规定。

第235条【过失致人重伤罪】过失伤害他人致人重伤的，处三年以下有期徒刑或者拘役。本法另有规定的，依照规定。

（一）构成要件要点

1. 伤害行为：可能造成轻伤结果以上的行为。
2. 结果（既遂的结果）：轻伤（基本犯结果）、重伤（加重结果之一）、伤害致人死亡（加重结果之二）三种情形。
3. 罪过形式：**伤害故意**。要求**对伤害结果（轻伤、重伤）具有认识**。

（二）结果加重犯：故意伤害致人死亡（重伤）

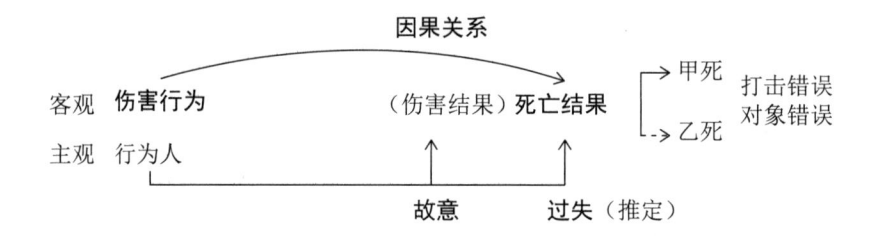

	因果关系		
客观	伤害行为 → （伤害结果）死亡结果	→ 甲死 → 乙死	打击错误 对象错误
主观	行为人　　　　　　↑　　　　　↑ 　　　　　　　　　故意　　　过失（推定）		

（三）罪数：6个转化犯（实为想象竞合的提示）、想象竞合

本罪罪名	另触犯罪名	择一重处结论
转化犯：非法拘禁使用暴力；刑讯逼供；暴力取证；虐待被监管人；聚众斗殴；非法组织卖血罪，强迫卖血罪	致人伤残（重伤）、死亡（推定故意）	**故意伤害罪（重伤）、故意杀人罪**
想象竞合：妨害公务；强迫交易等	（故意）致人轻伤	**本罪**

（四）故意伤害罪、故意杀人罪共同犯罪认定

二人共谋伤害，一人杀人、一人伤害，二人在伤害行为的范围内是共同犯罪。无论死亡结果谁造成，二人均需客观负责。一人定故意杀人罪既遂，一人定故意伤害罪（致人死亡）。

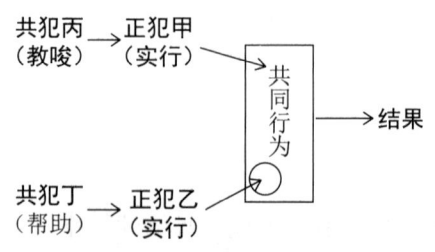

共犯丙（教唆）→ 正犯甲（实行）　┐
　　　　　　　　　　　　　　　　├ 共同行为 → 结果
共犯丁（帮助）→ 正犯乙（实行）　┘

【方鹏刑法主观题练习 13-3：洪某案】

【案情】洪某因同居女友与被害人陈某发生争执、扭打，闻讯赶到现场后，挥拳连击陈某的胸部和头部，陈某被打后追撵洪某，追出二三步后倒地死亡。经鉴定，陈某系在原有冠心病的基础上因吵架时情绪激动、胸部被打、剧烈运动及饮酒等多种因素影响，诱发冠心病发作，管状动脉痉挛致心跳骤停而猝死。论打击力度，洪某仅能造成轻伤。

【问题】洪某是否对陈某的死亡结果负责，其行为如何定性？须说明理由。

【简要答案】故意伤害罪（致人死亡）。

【方鹏刑法主观题练习 13-4：赵某、钱某、孙某教训他人案】

【案情】赵某、钱某、孙某共谋要"狠狠教训一下"他们共同的仇人李某。到李某家后，赵某在院外望风，钱某、孙某进屋打李某。

但当时只有李某的好友周某在家，钱某、孙某误把体貌特征和李某极为相似的周某当作是李某进行殴打，遭到周某强烈抵抗和辱骂。钱某拿出尖刀捅"李某"的胳膊，孙某用刀捅"李某"的心脏。

钱某、孙某误认为周某死亡，偷偷把周某的"尸体"扔进院里的水井中。

案发后，尸检表明，周某被扎后只受一处重伤，实系溺死。周某该处重伤不知钱某、孙某谁刺中。

【问题】请分析赵某、钱某、孙某的刑事责任（包括犯罪性质即罪名、犯罪形态、共同犯罪、数罪并罚等），须说明理由。

【简要答案】
1. 孙：故意杀人罪既遂。
2. 钱：故意伤害罪（致人重伤）、过失致人死亡罪，数罪并罚。
3. 赵：故意伤害罪，帮助犯。

第二节　非法拘禁罪（催收非法债务罪）、绑架罪

一、非法拘禁罪

第238条【非法拘禁罪】非法拘禁他人或者以其他方法非法剥夺他人人身自由的，处三年以下有期徒刑、拘役、管制或者剥夺政治权利。具有殴打、侮辱情节的，从重处罚。

【结果加重犯，转化犯】犯前款罪，致人重伤的，处三年以上十年以下有期徒刑；致人死亡的，处十年以上有期徒刑。使用暴力致人伤残、死亡的，依照本法第二百三十四条、第二百三十二条的规定定罪处罚。

【索债型非法拘禁】为索取债务非法扣押、拘禁他人的，依照前两款的规定处罚。
国家机关工作人员利用职权犯前三款罪的，依照前三款的规定从重处罚。

《最高人民法院关于对为索取法律不予保护的债务非法拘禁他人行为如何定罪问题的解释》

行为人为索取高利贷、赌债等法律不予保护的债务，非法扣押、拘禁他人的，依照刑法第二百三十八条的规定定罪处罚。

（一）索债型非法拘禁：主观上不具非法占有目的

为索取债务非法扣押、拘禁他人的，依照非法拘禁罪（故意伤害罪、杀人罪）定罪处罚	
原理：主观上不具有非法占有的目的	
为索取"债务"（主观目的）	为了索取合法债务；为了索取高利贷、赌债等法律不予保护的债务
他人	债务人本人，其近亲属、其它具有关联的人，任何人
行为人	债权人，帮债权人索债的人

（二）非法拘禁罪的结果加重犯与转化犯的区分：主观上对于结果是过失、还是故意

	结果加重犯（非法拘禁致……）	转化犯（故意杀人罪、故意伤害罪）
法条	致人重伤的，致人死亡的	使用暴力致人伤残、死亡的
原理：罪过	过失： 过失致人重伤， 过失致人死亡	故意： 故意伤害罪（致人重伤）， 故意伤害罪（致人死亡）， 故意杀人罪。 实为想象竞合犯的提示规定
实务（推定）	未使用超过拘禁行为本身范围的暴力（轻伤以下），推定为过失	使用了超出轻伤及以上暴力，推定为故意。但允许反证。
不属结果加重犯也不属转化犯（想象竞合）的情况		
(1) 基本犯：死亡与拘禁行为没有因果关系(如自杀)。 (2) 想象竞合：在非法拘禁的过程中，因拘禁使用暴力致人轻伤的，触犯非法拘禁罪、故意伤害罪（轻伤），择一重罪处断，一般以非法拘禁罪论处 (3) 争议问题：在非法拘禁过程中，另起杀人、伤害犯意而实施杀人、伤害（暴力与拘禁无关）的。 ①观点一：数罪并罚。非法拘禁罪、故意最杀人罪（故意伤害罪），数罪并罚。 ②观点二：仍定一罪。仍认定为故意杀人罪，或故意伤害罪（重伤、死亡）。		

【事例1】甲为要回30万元赌债，将乙扣押，但2天后乙仍无还款意思。甲等5人将乙押到一处山崖上，对乙说："3天内让你家人送钱来，如今天不答应，就摔死你。"

乙勉强说只有能力还 5 万元。甲刚说完"一分都不能少",乙便跳崖。众人慌忙下山找乙,发现乙已坠亡。

【答案】1. 甲等人为要回 30 万元赌债将乙扣押,根据《刑法》第 238 条第 3 款,构成非法拘禁罪。

2. 甲主观上仅有索债目的,而无勒赎目的,不构成绑架罪。因无非法占有目的,也不构成抢劫罪。

3. 对于乙死亡的结果,系其跳崖自杀,应归因于乙的跳崖自杀行为。与甲等人的非法拘禁行为之间没有因果关系,不属非法拘禁罪"致人死亡"。

4. 还触犯第 293 条之一规定的催收非法债务罪。与非法拘禁罪的基本犯,择一重处,应以催收非法债务罪论处。

(三) 罪数

一罪	法条竞合(整体法优于部分法)	实施绑架、抢劫、拐卖等犯罪,以拘禁作为"暴力"手段的,应当以整体法绑架、抢劫、拐卖定罪,不再单独认定构成非法拘禁罪
	结合犯	犯<u>组织他人偷越国(边)境罪</u>,剥夺或者限制被组织人人身自由的,以组织他人偷越国(边)境罪一罪论处(情节加重犯)
数罪并罚		犯<u>收买被拐卖的妇女、儿童罪</u>,又非法拘禁,应当数罪并罚
		非法拘禁罪是继续犯,在继续状态中又<u>另起犯意犯它罪</u>,例如先非法拘禁,在拘禁过程中又临时起意实施绑架、抢劫、拐卖、强奸等犯罪,应当数罪并罚

(四) 多观点题:通说+胡说

1. 为索取非法债务而绑架(严重威胁人身安全)他人

【事例】方某为了向张某索要 100 万赌债,而绑架了张某,打电话威胁张某的妻子陈某,不还赌债就收尸。

(1) **观点一**:主观上不具非法占有目的,构成非法拘禁罪。同时触犯催收非法债务罪,择一重处,以催收非法债务罪论处。

(2) **观点二**:绑架罪。同时触犯催收非法债务罪,择一重处,以绑架罪论处。

2. 非法拘禁罪的结果加重犯与转化犯的区分

【事例】方某扣押张某一天后,为了防卫张某逃走,用木棍猛击张某的小腿,想打断张某的腿,不料失手击中张某脑袋致其死亡。

(1) **观点一**:主观上对伤害有故意、对死亡系过失,根据《刑法》第 238 条第 2 款后半句,构成故意伤害罪(致人死亡)。

(2) **观点二**:本款系"拟制规定",构成故意杀人罪。

3. 非法拘禁罪中另起犯意杀人、伤害的罪数

【事例】方某扣押张某一天后,为了报复张某,用木棍猛击张某,将张某打死。

(1) **观点一**:杀人行为与非法拘禁无因果关系,以非法拘禁罪、故意杀人罪,数

罪并罚。

(2) 观点二：系转化犯，根据《刑法》第 238 条第 2 款后半句，以故意杀人罪论处。

【方鹏刑法主观题练习 13-5：罗某等非法拘禁案】

【案情】罗某因怀疑王某在管理其经营的石渣厂生意期间，在账目上造假，侵吞石渣厂款项 3 万元，遂指使蒋某将王某绑来，向王某索债。

蒋某遂将王某绑来，罗某强行搜王某身，从王某身上搜走 1 万元。

在扣押王某期间，罗某外出买东西，蒋某逼迫王某向家人打电话拿钱还债。王某不服从，蒋某为了逼王某，遂使用铁棍暴力对王某进行殴打，致王某身受一处重伤，王某见状翻窗逃走，不慎摔死。

案发后，无法查清王某是否存在侵吞账款的情况。

【问题】请分析罗某、蒋某的刑事责任（包括犯罪性质即罪名、犯罪形态、共同犯罪、数罪并罚等），须说明理由。

【简要答案】

（一）罗某：非法拘禁罪（致人死亡）。

（二）蒋某：故意伤害罪（致人死亡）。

二、索债型非法拘禁与催收非法债务罪的关系

第 293 条之一【催收非法债务罪】有下列情形之一，催收高利放贷等产生的非法债务，情节严重的，处三年以下有期徒刑、拘役或者管制，并处或者单处罚金：

（一）使用暴力、胁迫方法的；

（二）限制他人人身自由或者侵入他人住宅的；

（三）恐吓、跟踪、骚扰他人的。

三种非法催收方法	1. 暴力、胁迫； 2. 限制他人人身自由，侵入他人住宅； 3. 恐吓、跟踪、骚扰。
非法债务（客观）	1. 高利贷、赌债、嫖资、因违法犯罪而许诺的酬金等； 2. 事实上存在债务（所谓债务）。
主观故意	为了催收非法债务
交叉竞合关系	与非法拘禁罪、非法侵入住宅罪、寻衅滋事罪、故意伤害罪等犯罪之间的关系。择一重处。

索债型非法拘禁（<u>主观</u>为了合法、非法债务+客观上无论有无债务）
VS 催收非法债务罪（客观有非法债务+主观上为了非法债务）

	行为：非法扣押、拘禁他人	
客观	主观	罪名
存在非法债务	想索取非法债务	非法拘禁罪、催收非法债务罪，择一重处
	想索取合法债务	非法拘禁罪
存在合法债务	想索取债务（合法、非法）	非法拘禁罪
不存在合法债务、非法债务		

口诀（三步走）
1. 非法拘禁：只看主观，有无索债（合法、非法债务均可）意图
2. 催收非法债务罪：先客观（有非法债务），后主观（想索非法债务）
3. 都符合，就择一重处：拘禁是基本犯，催收重；拘禁是加重犯，拘禁重。

【方鹏刑法主观题练习13-6：甲、乙、丙绑架案】

【案情】 丙欠甲高利贷的非法利息10万元未还，甲遂对乙谎称丙因买房借了自己合法债务本金10万元未还，请乙帮忙将丙绑来，向丙的家人索债。乙误信为真，遂将丙绑来。甲趁乙不在，强行搜丙身，从丙身上搜出1万元。之后，在扣押丙期间，甲外出买东西，乙逼迫丙向家人打电话索债。丙不服从，乙为了逼丙，遂用铁棍欲打断丙的腿，丙慌忙跳窗逃走时不慎摔死。

【问题】 甲、乙、丙如何定性？说明理由。

【简要答案】 乙：故意伤害罪（致人死亡）。甲：非法拘禁罪（致人死亡）。

三、绑架罪

第239条【绑架罪】以<u>勒索财物为目的绑架他人</u>的，或者<u>绑架他人作为人质</u>的，处十年以上有期徒刑或者无期徒刑，并处罚金或者没收财产；情节较轻的，处五年以上十年以下有期徒刑，并处罚金。

犯前款罪，<u>杀害被绑架人</u>的，或者<u>故意伤害被绑架人，致人重伤、死亡</u>的，处无期徒刑或者死刑，并处没收财产。

以<u>勒索财物为目的偷盗婴幼儿</u>的，依照前两款的规定处罚。

（一）构成要件要点（单行为犯）

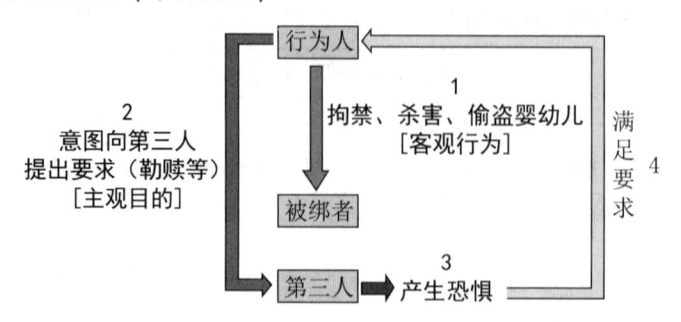

客观行为（单行为犯）	绑架（拘禁）他人；杀害伤害；偷盗婴幼儿
主观目的	以勒索财物为目的；作为人质的目的
加重犯	杀害被绑架人
	故意伤害被绑架人，致人重伤、死亡

1. 绑架行为：拘禁，杀害，偷盗婴幼儿（法条竞合）。
（1）需要实际扣押、控制他人（真绑架）。
（2）没有实际扣押、控制而谎称扣押、控制（"假绑架"），以此向他人勒索财物，不构成绑架罪，可构成敲诈勒索罪与诈骗罪想象竞合。

2. 目的犯：行为人主观上具有勒索财物目的（"勒赎目的"），或扣为人质的目的。
（1）是主观目的要素，而不是客观行为要素。
（2）"想"的内容：
①意图向第三人（被绑架人的近亲属或者其他负有保护责任的人）要钱。
绑架罪：想向第三方要钱，勒赎目的。
抢劫罪：想向被控制者本人要钱，抢劫故意。
②意图使第三人知情人质被绑架的事实，想利用第三人担心人质安危来换钱。
③不管第三人客观现实上，是否知情人质被绑架的事实（客观）。

3. 主观目的与客观行为需同时存在。要求行为人在实施扣押、控制他人，或者对他人实施暴力（包括杀害）的当时，在主观上就有之后向第三人勒赎或提出请求（人质）的目的。

如果目的与行为不同时，即为其它目的而实施杀害行为之后，而后才产生勒索意图，因行为当时没有勒索目的，不能构成绑架罪。一般后一行为认定为敲诈勒索罪（与诈骗罪想象竞合），与前行为（故意杀人罪等）数罪并罚。例如，甲以报仇为目的杀害乙，杀死乙之后临时起意谎称绑架向乙妻勒索，则甲构成故意杀人罪、敲诈勒索罪（与诈骗罪想象竞合）数罪并罚；而不构成绑架罪。

（二）既遂标准：控制人质使之逃脱显著困难，或杀害人质（结果犯）。行为人是否有勒索行为，是否勒索到赎金，不影响绑架罪的既遂（通说）。

(三) 绑架罪的结果加重犯

第239条第2款【绑架罪的结果加重犯】犯前款罪，杀害被绑架人的，或者故意伤害被绑架人，致人重伤、死亡的，处无期徒刑或者死刑，并处没收财产。

结果加重犯的既遂

	行为	现行刑法
犯绑架罪	杀害被绑架人	加重犯，处无期或死刑
	故意伤害被绑架人，致人死亡	
	故意伤害被绑架人，致人重伤	
	故意伤害被绑架人，致人轻伤	想象竞合（同一行为），绑架罪基本犯
	过失致人死亡	想象竞合（同一行为），绑架罪基本犯
	强奸、侮辱等它罪	数罪并罚

结果加重犯的未遂

"绑架中杀害被绑架人的" =绑架罪+故意杀人既遂（"结果加重犯的既遂"的情形）		
杀死：绑架罪+故意杀人既遂	结果加重犯的既遂	处无期或死刑（基准刑）
杀而未死：绑架罪+故意杀人未遂（基本犯既遂、加重结果未遂类型）	结果加重犯的未遂	以上栏为基准刑，适用关于未遂犯"可以从轻、减轻"。情节恶劣，也可不从轻、减轻

【事例：王某绑架中杀而未死案（《刑事审判参考》第299号）】王某挟持其表弟之子高某（10岁），用事先准备好的手机亲自胁迫高某多次向高家打电话索要现金5万元。在索要未果的情况下，王某将高某挟持到一火车隧道内，乘高不备，用石头砸击其头部，将高某击昏后将其放到下水道内，并用水泥板盖住后逃离现场。后高某被铁路工人发现，抢救后脱险。经法医鉴定，高某颅骨多发性骨折，属轻伤。

【全国人大法工委刑法室答复】《刑法》第239条第2款规定的"杀害被绑架人的"，在一般情况下主要是指对绑架罪的<u>结果</u>和<u>主犯</u>处罚的规定。根据这一规定，一般应对造成被绑架人死亡后果的行为人处死刑；对于实施了杀人行为，由于行为人主观意志以外的原因而未能造成被绑架人死亡的情形，如果情节恶劣的，也可以判处死刑。

【结论】本案王某构成绑架罪，犯罪既遂；在量刑时，以绑架故意杀害被绑架人为基准刑（死刑）；再结合未遂的规定"可以从轻、减轻"。情节恶劣，则不从轻、减轻。最后，法院没有从轻、减刑，判处王某死刑。

(四) 共同犯罪以及承继共犯的问题（中途参加者的定性）

绑架罪是<u>继续犯</u>，其"既遂"标准与"行为终了"标准不一样，既遂之后行为可能还未终了。(1) 既遂标准：控制住（或杀死）；(2) "行为终了"节点：人质控制的状态消灭、或被杀死。中途参加者绑架罪既遂、但行为未终了之前加入，可成立共同犯罪。

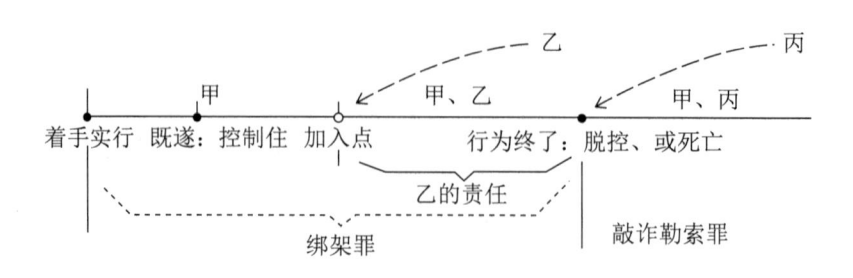

```
                    乙                丙
         甲    ←       甲、乙    ←    甲、丙
    ●────────○─────────────●────────────→
    着手实行  既遂：控制住 加入点    行为终了：脱控、或死亡
              └─────────┬──────────┘
                      乙的责任
         └─────────┬─────────┘ └────────┬────────┘
               绑架罪                敲诈勒索罪
```

前行为人以勒赎目的（或扣为人质目的）实行绑架（构成绑架罪），后行为人中途加入

加入阶段（人质控制状态）	后行为人故意、目的	后行为人行为	后行为人、前行为人关系
控制状态消失之前加入	绑架故意和勒赎目的（或扣为人质目的）	绑架行为（实行）勒赎行为（帮助）	**绑架罪**的共同犯罪
	杀人故意（无绑架故意）	杀人行为	**故意杀人罪**的共同犯罪
控制状态消失之后加入（如前行为人已杀死被绑架人，或被绑架人已逃离）	勒索目的	勒索行为	后行为人仅构成**敲诈勒索罪**（有时与诈骗罪想象竞合）；二人在敲诈勒索罪的范围内成立共同犯罪

（五）罪数

1. 与杀人的关系：（1）在绑架之时、之中（法条竞合），以及之后（结合犯）杀人的（故意伤害致人重伤、死亡），只认定为绑架罪一罪。仍要求与绑架有关。（2）为其它目的杀人（伤害）后，再勒索财物的，定故意杀人罪（故意伤害罪）及敲诈勒索罪（与诈骗罪想象竞合）两罪。

2. 数罪并罚：（1）绑架过程中实施了其他犯罪行为，如强奸，应数罪并罚。（2）绑架过程中实施拐卖妇女、儿童罪，应数罪并罚。

3. 绑架过程中当场抢劫被害人随身携带财物的（亦即绑架暴力与抢劫暴力为同一暴力行为），按绑架罪、抢劫罪从一重罪处断（需符合想象竞合犯条件）。如绑架暴力与抢劫暴力可明显区分为两个暴力行为的，数罪并罚。

（六）绑架罪与非法拘禁罪，可在非法拘禁罪的范围内成立共同犯罪。对共同拘禁行为导致的结果客观上负责（主观责任可能不同）。

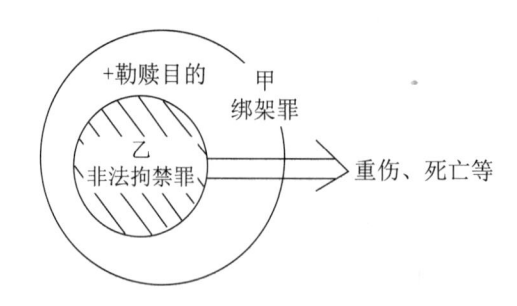

```
              +勒赎目的    甲
                         绑架罪
         ╱▓▓▓▓▓╲
        ▓▓▓ 乙 ▓▓▓ ──────→ 重伤、死亡等
        ▓非法拘禁罪▓
         ╲▓▓▓▓▓╱
```

【方鹏刑法主观题练习13-7：章某浩、王某、章某娟绑架案】

【案情】 章某浩承租大酒店，因经营不善而严重亏损，遂产生了勒索财物的犯意。经考查，章某浩选定了个体户吴某光之子吴某为对象。章某浩向在自己承包的大酒店做服务员工作的王某提出：有人欠债不还，去把其子带来，逼其还债。王某表示同意。

当日上午，章某浩骑摩托车载着王某，将去学校上学的被害人吴某指认给王某。中午，王某即跟随"吴某"（实为与吴某相貌相似的朱某，本案被害人，7岁）至教室，将其骗出。带至一酒店，用胶带将"吴某"（朱某）反绑置于酒店贮藏室内关押。16时许，章某浩电话寻呼被告人章某娟（系章某浩外甥女），告诉章某娟自己绑架了一个小孩，要求章某娟帮助自己打电话给被害人吴某光家勒索财物。章某娟表示同意。章某娟共3次打电话给吴某光家，提出了勒索50万元人民币和一部手机等条件，被吴某光拒绝。次日，章某浩再次要求章某娟继续向被害人家打电话勒索，章某娟予以拒绝。

三天后，章某浩见吴某光不给钱，遂让王某将"吴某"（朱某）释放。王某却将正在逃跑的"吴某"（朱某）打死，向章某浩谎称已放走吴某，但其在回家路上溺水身亡了。章某浩知情后，再次亲自给吴某光打电话，声称次日中午12点将10万元现金放在某一废弃大桥下，否则杀害吴某。这时吴某光才报警，章某浩、王某、章某娟被抓获，后查明被害人实为朱某。

【问题】 请分析章某浩、王某、章某娟的刑事责任（包括犯罪性质即罪名、犯罪形态、共同犯罪、数罪并罚等），须说明理由。

【简要答案】

1. 章某浩：绑架罪（既遂）、过失致人死亡罪，择一重处；诈骗罪、敲诈勒索罪，想象竞合。

2. 王某：故意杀人罪（既遂）。

3. 章某娟：绑架罪（既遂）、过失致人死亡罪，择一重处。

（七）多观点题：通说+胡说

1. 绑架罪的既遂标准

【事例】方某欲图扣押张某，以向张某的妻子李某勒索财物，结果误将陈某当作张某扣押；后方某给李某打电话时，李某根本不怕。

（1）观点一：客观上绑架了陈某，主观上系对象错误、具体错误，仍有绑架故意和勒赎目的，根据《刑法》第239条，构成绑架罪。已控制人身，系犯罪既遂。

（2）观点二：对于陈某，构成非法拘禁罪既遂；对于张某，因未造成第三人即李某的恐惧，构成绑架罪未遂。

2. 绑架罪与抢劫罪的关系

【事例】方某在银行营业厅里用刀挟劫了客户张某，强迫银行工作人员陈某交出10万元，否则杀死张某。

（1）观点一：对张某构成非法拘禁罪，对陈某构成敲诈勒索罪，数罪并罚。

(2) 观点二：触犯绑架罪、抢劫罪，择一重处。

3. 绑架（或抢劫）中杀人而未死受重伤

【事例】甲以勒索财物为目的，砍杀乙之后，给乙的妻子丙打电话要钱，未料乙未死只受重伤。

【答案】甲以勒索财物为目的砍杀乙，根据《刑法》第239条，构成绑架罪。如何量刑，有以下两种观点：

(1) 观点一：认定为绑架中杀害被绑架人的"结果加重犯的未遂"，亦即，在量刑时，以绑架故意杀害被绑架人为基准刑（无期至死刑）；再结合未遂的规定"可以从轻、减轻"。

(2) 观点二：直接按照绑架罪故意伤害致人重伤、抢劫罪致人重伤，即"结果加重犯的既遂"处罚，适用结果加重犯的基准刑（无期至死刑）。

观点辨析：绑架罪、抢劫罪中杀而未死受重伤如何处理？	
通说观点：杀害、致人死亡结果加重犯的未遂	少数观点：致人重伤结果加重犯的既遂
比照绑架罪杀害被绑架人、抢劫罪致死的结果加重犯的既遂，可以从轻、减轻	直接按照绑架罪故意伤害致人重伤、抢劫罪致人重伤的结果加重犯的既遂处罚

【方鹏刑法主观题练习13-8：赵某、钱某、孙某、李某各怀鬼胎案】

【案情】赵某以勒索财物为目的、钱某为抢劫为目的、孙某以追讨高利贷为目的，各怀鬼胎，商量共同将出租车司机顾某控制、拘押，关在郊外一地下室。（事实一）

赵某、钱某趁孙某外出之时，用刀砍顾某的脖子，用尼龙绳捆绑顾某双手和双脚，然后将顾某活埋于农田的渣土坑中，并用石头压着顾某的身体。在挟持顾某期间，钱某趁赵某不注意拿走了顾某身上的手机一部（价值500元）。将顾某埋下后，又在渣土坑旁捡到顾某的邮政储蓄银行卡一张。事后钱某将手机卖掉，猜试银行卡密码为顾某手机号后六位，用银行卡在ATM上提款2万元。（事实二）

后赵某、钱某二人对孙某谎称顾某逃走；孙某仍打电话给顾某的家人，声称不还高利贷就杀人。顾某被埋一夜后，于次日清晨被过路人救出，受重伤。（事实三）

赵某、钱某、孙某不知道顾某被解救。次日，赵某邀请李某加入，称自己绑架了一个出租车司机关起来了，让李某向顾某家打电话勒索财物，李某照办。（事实四）

顾某家属由于接到两个不同电话，感觉有问题，立即报案，赵某、钱某、孙某、李某被抓获。

【问题】请分析赵某、钱某、孙某、李某的刑事责任（包括犯罪性质即罪名、犯罪形态、共同犯罪、数罪并罚等），须说明理由。

【简要答案】

1. 赵：绑架罪（既遂），杀害结果加重犯的未遂（或重伤，结果加重犯的既遂）。

2. 钱：抢劫罪（既遂），致人死亡，结果加重犯的未遂（或致人重伤结果加重犯的既遂）。

3. 孙：非法拘禁罪（既遂），致人重伤。

4. 李：敲诈勒索罪（未遂）。

第三节　性犯罪

一、强奸罪（修正）

第236条【强奸罪】以<u>暴力、胁迫或者其他手段</u>强奸妇女的，处三年以上十年以下有期徒刑。

<u>奸淫不满十四周岁的幼女</u>的，以强奸论，从重处罚。

强奸妇女、奸淫幼女，有下列情形之一的，处十年以上有期徒刑、无期徒刑或者死刑：

（一）强奸妇女、奸淫幼女情节恶劣的；

（二）强奸妇女、奸淫幼女多人的；

（三）在公共场所当众强奸妇女、奸淫幼女的；

（四）二人以上轮奸的；

（五）奸淫<u>不满十周岁的幼女</u>或者造成幼女伤害的；

（六）致使被害人<u>重伤、死亡</u>或者造成其他严重后果的。

（一）构成特征

主体身份（男、女）	(1)"奸"的实行者为男性；"强"的实行者可以是女性。 (2) 妇女可以成为强奸罪的教唆犯、帮助犯；共同正犯、间接正犯。		
	行为	对象	故意
强奸妇女	"强"（违背真实意志）、"奸"	妇女（女性）	明知对象是女性
奸淫幼女	"奸"；无需"强"	幼女	<u>明知对象是不满14周岁的幼女</u>
特殊责任阻却事由	"白俊峰案""王卫明案"：婚内强奸（条件有二：婚姻正常存续，明知是妻子），一般不以强奸罪论处；符合虐待罪等罪，可定它罪		

（二）加重犯

1.（过失）<u>致使被害人重伤、死亡</u>。

（1）要求重伤、死亡与强奸行为之间具有因果关系。被害人事后自杀身亡的（无因果关系），不属强奸致使被害人死亡，而属造成其他严重后果。

（2）不包括故意杀人。先强奸后杀人的，构成强奸罪、故意杀人罪，数罪并罚；先杀害后奸尸的，构成故意杀人罪、侮辱尸体罪，数罪并罚；以杀人为目的故意采用强奸手段致死的，系强奸罪、故意杀人罪的想象竞合，择一重罪处断。

2. 二人以上**轮奸**的。共同正犯类型的强奸，要求<u>二男以上均强奸（奸的实行）得逞</u>。

（1）需二人以上共同（事实层面上共同）强奸均得逞（二男以上得逞）。

（2）不考虑奸的实行者的刑事责任年龄。

（3）轮奸也有帮助、教唆。

3. 奸淫不满十周岁的幼女［无需伤害］；或者造成幼女［指不满14周岁的幼女］伤害。

（三）罪数

定一罪（非常态）：结合犯（加重犯）	拐卖妇女、儿童中强奸被拐卖的妇女、幼女，系拐卖妇女、儿童罪加重犯
数罪并罚（常态）	收买拐卖妇女、儿童（幼女）；**强迫卖淫、组织卖淫**；组织、运送他人偷越国（边）境；绑架、非法拘禁中

（四）多观点题：通说+胡说

1. 强奸罪加重犯"轮奸"的含义

【事例】冯某纠集张某、施某及"新新"（绰号）共四人，共谋强奸被害人曹某（女，21岁）。张某奸淫得逞；冯某因喝酒过多，不能进行；施某见曹某有月经在身，未实施奸淫。新新只在一旁为三人放风。

【答案】冯某、张某、施某、"新新"四人构成强奸罪；前三人为共同正犯，新新系帮助犯。四人均构成强奸罪既遂。

（1）观点一：仅有一男得逞，不属轮奸。

（2）观点二：前三人为轮奸的共同正犯，"新新"系轮奸的帮助犯。张某系轮奸既遂，冯某系轮奸未遂，施某系轮奸中止。

2. 罪数：强奸罪中故意致使被害人重伤、死亡

【事例】杨某在树林中拦截张女（殁年10周岁），用匕首刺穿其气管使其丧失反抗能力，之后对其实施奸淫。后将重伤昏迷的张女扔至偏僻山林，张女被人发现时因流血过多而死亡。

【答案】杨某触犯强奸罪、故意杀人罪。

（1）观点一：应当两罪并罚。

（2）观点二：以强奸罪致人死亡论处。

【方鹏刑法主观题练习13-9：施某等强奸案】

【案情】冯某纠集张某、施某及"新新"（绰号）共四人，强行将被害人曹某（女，21岁）带至某宾馆，进入以施某名义租用的客房。冯某、张某、施某等人使用暴力、威胁等手段，强迫曹某脱光衣服站在床铺上，并令其当众小便和洗澡。嗣后，

被告人张某对曹某实施了奸淫行为（得逞），在发现曹某有月经后停止奸淫；被告人施某见曹某有月经在身，未实施奸淫，而强迫曹某采用其他方式使其发泄性欲。之后，冯某接到一电话即带被告人施某及"新新"外出，由张某继续看管曹某。约一小时后，冯某及施某返回客房，张某和施某等人又对曹某进行猥亵，直至发泄完性欲。后施某在父母的规劝下到公安机关投案。

【问题】请分析冯某、张某、施某、"新新"四人的刑事责任（包括犯罪性质即罪名、犯罪形态等），可陈述不同观点，须说明理由。

【简要答案】强奸罪，既遂；不属轮奸。

二、负有照护职责人员性侵罪（增设）

第236条之一【负有照护职责人员性侵罪】对已满十四周岁不满十六周岁的未成年女性负有监护、收养、看护、教育、医疗等特殊职责的人员，与该未成年女性发生性关系的，处三年以下有期徒刑；情节恶劣的，处三年以上十年以下有期徒刑。

【同时触犯强奸择一重处】有前款行为，同时又构成本法第二百三十六条规定之罪（强奸罪）的，依照处罚较重的规定定罪处罚。

行为人身份	负有监护、收养、看护、教育、医疗等特殊职责的人员
被害人身份	少女。（1）已满14周岁不满16周岁的未成年人。（2）女性。
同意与否	无论被害人同意与否，无论有无性认知能力、性承诺能力
与强奸罪关系	同时触犯强奸罪的，择一重处

经不同年龄阶段女性同意，与之发生性行为的行为定性		
主体	对象	罪名
任何人	"幼女"：0~14周岁，性交	奸淫幼女型强奸罪
	"儿童"（男童女童）：0~14周岁，非性交的性行为	猥亵儿童罪
特殊职责人员	少女：14~16周岁	负有照护职责人员性侵罪
一般人		无罪
任何人	已满16周岁的女性	无罪

三、强制猥亵、侮辱罪；猥亵儿童罪

第237条【强制猥亵、侮辱罪】以暴力、胁迫或者其他方法强制猥亵他人或者侮辱妇女的，处五年以下有期徒刑或者拘役。

聚众或者在公共场所当众犯前款罪的，或者有其他恶劣情节的，处五年以上有期徒刑。

法益	涉及性尊严的身体权
主体	男、女均可
对象	妇女、男子(已满14周岁)。猥亵不满14周岁的女童、男童,构成猥亵儿童罪
行为	强制+猥亵、侮辱。针对女性非性交的性行为(不包括性交);针对男性可包括性交
责任	故意。注意:**本罪的成立不需要行为人出于刺激或者满足性欲的内心倾向(动机)**。
罪数	强制猥亵他人、侮辱妇女侵害他人的性尊严,同时通过该行为贬损他人名誉的,同时触犯强制猥亵、强制猥亵与侮辱罪,系想象竞合,应当择一重罪处断。

【方鹏刑法主观题练习13-10:谭某强迫他人对妇女实施奸淫案】

【案情】谭某在某水库边,持刀对威胁在此谈恋爱的蒙某(男)、瞿某(女),强迫蒙某交钱230元、瞿某60元。

之后,谭某用皮带反绑蒙某双手,用黏胶粘住蒙的手腕,将蒙的上衣脱至手腕处,然后威逼瞿某脱光衣服、脱去蒙的内裤,强迫二人进行性交给其观看。蒙某、瞿某不愿意。谭某用刀顶着蒙某,蒙某为保命被迫实施。

之后,谭某又令瞿某用口含住蒙的生殖器进行口交。在口交过程中,蒙某、瞿某趁谭某等人不备,挣脱皮带跳进水库游走,方才逃脱。

谭某见二人逃走后,现场留有蒙某骑来的一辆摩托车(价值1万元),遂临时起意将其骑走卖掉。

【问题】谭某、蒙某的行为如何定性?说明理由。

【简要答案】谭某:抢劫罪、强奸罪、强制猥亵罪、盗窃罪。蒙某:不构成犯罪。

第四节 拐卖收买犯罪

一、拐卖妇女、儿童罪;收买……罪;拐骗儿童罪

第240条【拐卖妇女、儿童罪】拐卖妇女、儿童的,处五年以上十年以下有期徒刑,并处罚金;有下列情形之一的,处十年以上有期徒刑或者无期徒刑,并处罚金或者没收财产;情节特别严重的,处死刑,并处没收财产:

(一)拐卖妇女、儿童集团的首要分子;

(二)拐卖妇女、儿童三人以上的;

(三)奸淫被拐卖的妇女的;

(四)诱骗、强迫被拐卖的妇女卖淫或者将被拐卖的妇女卖给他人迫使其卖淫的;

(五)以出卖为目的,使用暴力、胁迫或者麻醉方法绑架妇女、儿童的;

(六)以出卖为目的,偷盗婴幼儿的;

(七)造成被拐卖的妇女、儿童或者其亲属重伤、死亡或者其他严重后果的;

(八)将妇女、儿童卖往境外的。

拐卖妇女、儿童是指以出卖为目的，有拐骗、绑架、收买、贩卖、接送、中转妇女、儿童的行为之一的。

实行行为	"拐"的行为	拐骗（拐+骗【包括抢夺、抢劫、盗窃】）、绑架、收买、贩卖、接送、中转
主观目的	"卖"的目的	只需"换钱"，无需"挣钱"
行为对象	妇女、儿童	包括亲生子女、收养看护的儿童

第241条【收买被拐卖的妇女、儿童罪】收买被拐卖的妇女、儿童的，处三年以下有期徒刑、拘役或者管制。

【强奸罪】收买被拐卖的妇女，强行与其发生性关系的，依照本法第二百三十六条的规定定罪处罚。

【非法拘禁罪；故意伤害罪；侮辱罪】收买被拐卖的妇女、儿童，非法剥夺、限制其人身自由或者有伤害、侮辱等犯罪行为的，依照本法的有关规定定罪处罚。

收买被拐卖的妇女、儿童，并有第二款、第三款规定的犯罪行为的，依照数罪并罚的规定处罚。

【拐卖妇女、儿童罪】收买被拐卖的妇女、儿童又出卖的，依照本法第二百四十条的规定（拐卖妇女、儿童罪）定罪处罚。

【从轻、减轻条款】收买被拐卖的妇女、儿童，对被买儿童没有虐待行为，不阻碍对其进行解救的，可以从轻处罚；按照被买妇女的意愿，不阻碍其返回原居住地的，可以从轻或者减轻处罚。

第262条【拐骗儿童罪】拐骗不满十四周岁的未成年人，脱离家庭或者监护人的，处五年以下有期徒刑或者拘役。

罪数：拐卖、收买罪

情节	拐卖妇女、儿童罪+	收买被拐卖的妇女、儿童罪+
非法拘禁罪；强奸罪；（过失）致人重伤、死亡罪；引诱卖淫罪、强迫卖淫罪	拐卖一罪	数罪
故意伤害、杀害；绑架罪；侮辱；强制猥亵；组织乞讨、进行违反治安管理活动、妨害公务罪、聚众阻碍解救被收买的妇女、儿童	数罪	数罪
结合犯	收买+拐卖=拐卖	

真题：《张某、郭某讨打工报酬案》（2003年卷四第一题）

【案情】赵某拖欠张某和郭某6000多元的打工报酬一直不付。张某与郭某商定后，将赵某15岁的女儿甲骗到外地扣留，以迫使赵某支付报酬。在此期间（共21天），

张、郭多次打电话让赵某支付报酬，但赵某仍以种种理由拒不支付。（事实一）

张、郭遂决定将甲卖给他人。在张某外出寻找买主期间，郭某奸淫了甲。张某找到了买主陈某后，张、郭二人以6000元将甲卖给了陈某。（事实二）

陈某欲与甲结为夫妇，遭到甲的拒绝。陈某为防甲逃走，便将甲反锁在房间里一月余。陈某后来觉得甲年纪小、太可怜，便放甲返回家乡。（事实三）

陈某找到张某要求退回6000元钱。张某拒绝退还，陈某便于深夜将张某的一辆价值4000元的摩托车骑走。（事实四）

【问题】请根据上述案情，分析张某、郭某、陈某的刑事责任。

【答案范本】

（一）张某构成非法拘禁罪、拐卖妇女罪（基本犯）。

1. 张某、郭某为索取打工报酬非法剥夺甲的人身自由，根据《刑法》第238条第3款的规定，构成非法拘禁罪。系索取债务型的非法拘禁。

2. 张某、郭某另起犯意，以出卖为目的，绑架、贩卖15岁的妇女甲，根据《刑法》第240条第2款的规定，构成拐卖妇女罪。

3. 张某对郭某强奸妇女甲并不知情，没有强奸的共同行为，也无强奸的共同故意，对此行为不负责，不属拐卖中强奸，应以拐卖妇女罪的基本犯论处。

（二）郭某构成非法拘禁罪、拐卖妇女罪（奸淫被拐卖的妇女）。

1. 郭某构成非法拘禁罪、拐卖妇女罪的理由同上，与张某系共同犯罪。

2. 在张某外出寻找买主期间，郭某单独奸淫了甲，触犯强奸罪。根据《刑法》第240条第1款第3项规定，奸淫被拐卖的妇女的，是拐卖妇女罪的加重犯。

（三）陈某构成收买被拐卖的妇女罪、非法拘禁罪、盗窃罪。

1. 陈某不以出卖为目的收买甲，根据《刑法》第241条，构成收买被拐卖的妇女罪。

2. 在从宽事由上，陈某自愿将甲放回家，根据《刑法》第241条第6款的规定，按照被买妇女的意愿，不阻碍其返回原居住地的，对于其所犯收买被拐卖的妇女罪可以从轻或者减轻处罚。（当年考试需答"可以不追究刑事责任"，2015年以后答"可以从轻或者减轻处罚"）。

3. 陈某将甲反锁在房间里一个多月，根据《刑法》第238条的规定，构成非法拘禁罪。

4. 在罪数上，依据《刑法》第241条的规定，应当以收买被拐卖的妇女罪、非法拘禁罪数罪并罚。

5. 对于陈某将张某摩托车骑走的行为，客观上秘密窃取他人财物，系盗窃行为。问题在于陈某主观上以要求退回6000元钱为由盗窃，是否具有非法占有目的？因盗窃罪是针对个别财产之罪，而不是针对整体财产之罪，故而陈某主观上对于摩托车该个别财产具有非法占有目的，根据《刑法》第264条，构成盗窃罪。

二、聚众阻碍解救被收买的妇女、儿童罪；不解救……

第 242 条【妨害公务罪】以暴力、威胁方法阻碍国家机关工作人员解救被收买的妇女、儿童的，依照本法第二百七十七条的规定定罪处罚。

【聚众阻碍解救被收买的妇女、儿童罪】聚众阻碍国家机关工作人员解救被收买的妇女、儿童的首要分子，处五年以下有期徒刑或者拘役；其他参与者使用暴力、威胁方法的，依照前款的规定处罚。

第 416 条【不解救被拐卖、绑架妇女、儿童罪】对被拐卖、绑架的妇女、儿童负有解救职责的国家机关工作人员，接到被拐卖、绑架的妇女、儿童及其家属的解救要求或者接到其他人的举报，而对被拐卖、绑架的妇女、儿童不进行解救，造成严重后果的，处五年以下有期徒刑或者拘役。

【阻碍解救被拐卖、绑架妇女、儿童罪】负有解救职责的国家机关工作人员利用职务阻碍解救的，处二年以上七年以下有期徒刑；情节较轻的，处二年以下有期徒刑或者拘役。

首要分子	行为：聚众阻碍解救；对象：收买的妇女、儿童罪（不包括被拐卖、还未被收买的；此行为定为拐卖罪的共犯）	聚众阻碍解救被收买的妇女、儿童罪
其他参加者	使用暴力、威胁方法	妨害公务罪（第 277 条）
	未使用暴力、威胁方法；也不构成共犯的	无罪
负有解救职责的国家机关工作人员	利用职权，不解救	不解救被拐卖、绑架妇女、儿童罪（第 416 条第 1 款）
	利用职权，阻碍解救	阻碍解救被拐卖、绑架妇女、儿童罪（第 416 条第 2 款）

【方鹏刑法主观长训班练习 13-11：F 县拐卖案】

【案情】F 县人贩子甲某，与当地公安局局长乙某事先通谋。甲某误将身材瘦小的 A 女（实际年龄为 18 岁，精神病人）认为是 13 岁，从老家拐走到 F 县，卖给当地农民丙某为妻；中途还曾强奸 A 女。丙某也误认为 A 女是 13 岁，将其关押；经 A 某同意与之发生性关系。

网民知情此事后，向 F 县公安局报案，要求解救 A 女。但因乙某之前与甲某有通谋，且为了"当地形象"，拒不对被 A 女予以解救。并且，乙某还曾为甲某实施拐卖行为提供过交通工具。

后经群众多次要求，上级指派公安人员前往该村解救 A 女。丙某遂聚集数十人对公安人员进行围攻，村民丁某亦参与其中并将一公安人员打成轻伤。

【问题】甲某、乙某、丙某、丁某如何定性？说明理由。

【简要答案】

1. 甲某：拐卖妇女罪（中奸淫，加重犯）。

2. 乙某：拐卖妇女罪、不解救被拐卖的妇女罪，数罪并罚。

3. 丙某：收买被拐卖的妇女罪、强奸罪、非法拘禁罪、聚众阻碍解救被收买的妇女罪，数罪并罚。

4. 丁某：袭警罪。

第十四章 财产犯罪(刑法分则第五章)

第一节 推理财产犯罪的步骤

一、财产犯罪的关系:6个转移占有的财产犯罪+侵占罪

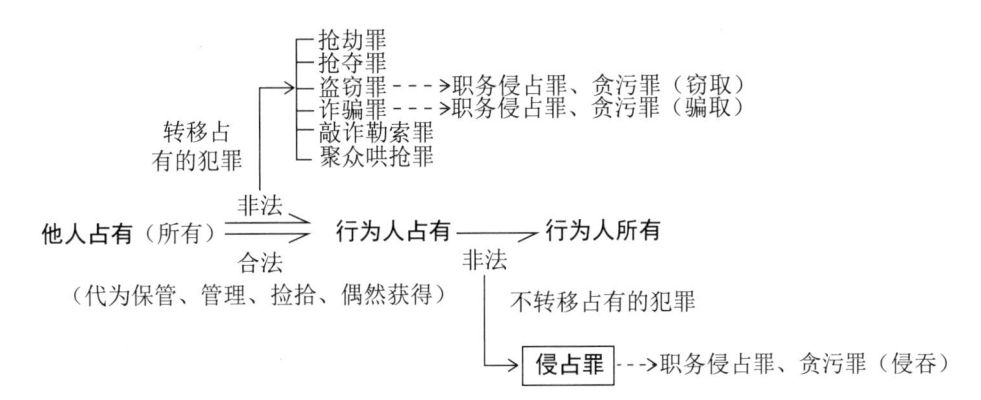

```
                    ┌─ 抢劫罪
                    ├─ 抢夺罪
                    ├─ 盗窃罪 ----→ 职务侵占罪、贪污罪(窃取)
转移占有的犯罪 ─────┤
                    ├─ 诈骗罪 ----→ 职务侵占罪、贪污罪(骗取)
                    ├─ 敲诈勒索罪
                    └─ 聚众哄抢罪

他人占有(所有) ══非法══> 行为人占有 ─────→ 行为人所有
              合法                    非法
(代为保管、管理、捡拾、偶然获得)           不转移占有的犯罪
                        │
                        └─→ 侵占罪 ---> 职务侵占罪、贪污罪(侵吞)
```

二、侵犯财产罪的法益

第五章　侵犯财产罪(13)					
第270条	侵占罪	所有权	第263条	抢劫罪	效力更高的事实占有(6个转移占有的犯罪)
第271条	职务侵占罪		第267条	抢夺罪	
第272条	挪用资金罪	占有、使用权	第268条	聚众哄抢罪	
第273条	挪用特定款物罪	特定款物专用权	第274条	敲诈勒索罪	
第275条	故意毁坏财物罪	财物本身效能	第266条	诈骗罪	
第276条	破坏生产经营罪	正常生产权	第264条	盗窃罪	
第276条之一	拒不支付劳动报酬罪	劳动报酬求偿权			

三、推理财产犯罪的基本步骤("财产犯罪四步推理法")

> **财产犯罪四步推理法(适用于侵犯民法所有权的财产犯罪)**
>
> 第一步,确定被害人[结合民法:行为之后谁受损、谁得利?]
> 第二步,确定犯罪对象[损失的是什么?]
> 第三步,确定行为前犯罪对象(财物)的占有状态[他人占有 VS 脱离他人占有?]
> 第四步,确定转移占有的手段[非法 VS 合法;何种非法转移占有的手段?]

《最高人民法院关于刑事裁判涉财产部分执行的若干规定》(自2014年11月6日

起施行）第 11 条第 2 款："第三人善意取得涉案财物的，执行程序中不予追缴。作为原所有人的被害人对该涉案财物主张权利的，人民法院应当告知其通过诉讼程序处理。"

【事例1】甲是民营快递公司快递员，每单可以提成运费20%。甲遂让好友乙冒充高校领导，与快递公司签了快递协议，费用年结，一年30万元，甲由此获得奖金6万元。年底，公司催甲收快递费，甲无奈透支本人信用卡中10万元，付给公司，尚欠20万元。透支到期后，银行两次有效催收，超过3个月后，甲仍无法归还。甲的行为如何定性？

【答案】

（一）1. 被害人和犯罪对象：（1）对于30万元快递费，因快递协议系无效协议，没有取得快递费的权利。甲支付给快递公司的10万元，系不当得利，应当归还给甲；也无继续索要剩余20万元的权利。此30万元（或20万元），不能认为是快递公司的损失。（2）对于奖金6万元，系快递公司损失的财物和对象。

2. 罪名：（1）甲与乙勾结，通过签订虚假的快递协议，骗取快递公司6万元奖金，根据《刑法》第266条，构成诈骗罪。（2）甲不是该快递合同的当事人一方，且其犯罪对象即奖金并非该快递合同的货款或标的等。奖金的取得是根据公司奖励制度取得，而非通过签订、履行合同而直接获得。不符合合同诈骗罪的行为人、对象要求，不构成合同诈骗罪。（3）甲的职务是快递员，没有主管、管理、经营、经手的职权，其获得奖金没有利用快递员的职务便利，不构成职务侵占罪。

（二）对于甲实施的第二段行为即透支信用卡10万元的行为，构成恶意透支型的信用卡诈骗罪。

（三）综上所述，对甲应以诈骗罪（6万元）、信用卡诈骗罪（10万元）两罪并罚。

【事例2】甲经预谋后，从淘宝店购买了某品牌的最新款手机30部，收到手机后拆下手机主板，换上废旧主板，然后利用7天无条件退货规则，将手机退货，从店主处获得全额退款8万元。甲的行为如何定性？

【答案】（1）被害人是店主。（2）犯罪对象。在第一阶段，甲等人从淘宝店购买后，店主交付了手机、甲等人交付的货款，系合法交易。7天无条件退货，只是商店售出之后的服务承诺，不能理解为店主保留手机所有权。手机的所有权转归甲等人，货款的所有权转归店主。店主不可能损失手机。在第二阶段，店主损失的是退货款。（3）占有状态。在甲等人退货之前，退货款归店主占有。（4）转移占有的手段。甲等人用换上废旧主板的手机，假冒全新手机，骗取店主退货款。根据《刑法》第266条，构成诈骗罪，对象为退货款8万元。

【事例3】甲网购了一部手机，趁快递点不注意在快递点直接拿走手机后，联系商家谎称未收到货。商家向甲全额退款，要求快递公司赔偿所有损失。甲的行为如何定性？

【答案】被害人（所有权人）是商家；行为对象是手机；原占有人是快递点；甲对快递点占有的手机，构成盗窃罪。

四、他人占有的财物

直接支配、支配领域、存在状态、临时占有人、封缄物、辅助占有、存款占有、死者遗物		
事实占有，观念上占有	他人**直接支配**下的财物	物主、管理人（原占有人）近在咫尺，或他人短暂离开，归其占有
	他人事实**支配领域**内的财物	房子、家、办公室、宿舍
	据存在状态可以**推知由他人事实支配**	路边汽车、自行车，归车主占有
	原占有者丧失了占有，但有**临时占有者**	该财物被置于相对隔离的处于归临时占有人事实支配领域内，归临时占有人占有
	委托人委托受托人管理的封缄物，未授权受托人占有**封缄物内财物**	受托人占有整体；封缄物内财物仍归委托人（原管理人）占有
	辅助占有人非独立性的占有管理财物，财物仍归**上位占有人**占有	数人均占有，上位人占有效力更高
	存款的占有归银行，返还请求权归名义存款人	存款归银行，返还请求权归名义存款人
	死者的遗物；坟墓上祭葬品，坟墓里陪葬品	社会观念认为占有

五、财产犯罪的对象："财物"（与民法"财产"相比）

货币	流通货币（本币、外币无可）。国家发行的国库券、债券，也是财物
物品	有价值、可控制。可包括无形物：电力、煤气、天然气等；**违禁品**（毒品、假币、淫秽物品等）；也是财物，以情节计
虚拟财物	符合"有价值、可控制"的是财物（无形财物），如 Q 币、比特币、游戏装备等
有价票证（财产凭证）：刑法有明文规定时才是财物	不记名、不挂失的有价票证（如**现金支票**）：是财物。数额按票面数额（及可得收益）计
	记名、可挂失的有价票证（如**存折**、**存单**）：在盗窃、抢劫时是财物。数额按实际兑现数额计（兑现行为触犯它罪的系事后不可罚）。在捡到时不是财物
	信用卡：在盗窃、抢劫时是财物；在捡到、诈骗、抢夺时不是财物
	欠条：通常不认为是财物，在可消灭债权债务时是财产性利益
发票	增值税专用发票，可用于骗取出口退税、抵扣税款的其他发票，在抢劫、盗窃、诈骗时是财物
财产性利益	通说认为：<u>可立即转移交付、使一方得利、一方受损</u>的财产性利益，例如免除债务，是转移占有型犯罪的对象财物。仅仅只是延缓债权、侵犯返还权、请求权等，不构成转移占有型犯罪；但之后获取财物的行为可涉嫌犯罪
价值极其低廉微薄的物品，例如一两张白纸、一小滴墨水等，不认为是我国刑法值得保护的财物	

六、多观点题：通说+胡说

1. 财产犯罪中"财产损失"（被害人）认定的标准：整体财产说 VS 具体财产说

观点辨析：财产犯罪中"财产损失"（被害人）认定的标准	
通说观点：整体财产说	少数观点：具体财产说
以被害人全部财产有无减损为标准，来判断损失与否	以具体的特定的财物对象为标准，来判断该具体财物有无损失

【事例4】甲潜入乙的办公室，偷走了乙的一件工艺品（价值1万元）；临走时在桌子上放了1万元作为购买费用。

【答案范式】甲是否构成盗窃罪，涉及乙是否有财产损失的认定。

观点一：按整体财产说，乙没有财产损失（特别是乙追认时），甲不构成盗窃罪。

观点二：按具体财产说，乙损失了工艺品（特别是乙不追认时），甲对工艺品构成盗窃罪；乙获得的1万元，系不当得利。

观点三：乙是否有财产损失，取决于乙是否追认。

观点四：乙是否有财产损失，取决于该财物是种类物还是特定物。

2. 第三人可否对赃物主张善意取得：可以 VS 不可以

观点辨析：第三人可否对赃物主张善意取得	
通说观点：可以，**善意第三人不是被害人**	少数观点：不可以，**善意第三人是被害人**
因善意第三人无财产损失，行为人对第三人可能不构成犯罪	因善意第三人有财产损失，行为人对第三人也可构成犯罪

【事例5】甲盗窃乙的汽车（价值20万元）后，谎称所盗汽车为自己的汽车，以市场价值20万元出卖给丙。

【答案范式】（1）甲对乙的汽车，构成盗窃罪。

（2）关于甲对丙的20万元的定性，涉及第三人可否对赃物主张善意取得的问题。

①观点一：如认为第三人能对赃物主张善意取得，则购买者丙没有财产损失。甲对丙实施了诈骗行为，但被骗者丙没有财物损失，甲对丙不构成诈骗罪。

②观点二：如认为第三人不能对赃物主张善意取得，则购买者丙有财产损失。甲对丙实施了诈骗行为，被骗者丙有财物损失，根据《刑法》第266条，甲对丙触犯诈骗罪，犯罪对象是20万元钱。甲两行为触犯盗窃罪、诈骗罪两罪，应当数罪并罚。

3. 债权等财产权利是否可以成为转移占有型财产犯罪的对象

观点辨析：债权等财产权利是否可以成为转移占有型财产犯罪的对象	
通说观点：可转移占有的债权可以	少数观点：所有财产权利均可以

	续表
可立即转移交付、使一方得利、一方受损的财产性利益，例如免除债务，是转移占有型犯罪的对象财物。 仅仅只是延缓债权、侵犯返还权、请求权等，通说认为不构成转移占有型犯罪；但之后获取财物的行为可涉嫌犯罪。	不仅是债权，返还权、请求权、担保物权等财产权利也能成为转移占有型财产犯罪的对象。

【事例6】甲曾向乙借款9000元，后不想归还借款，便预谋毒死乙。甲遂又乘去乙家串门之机，将"毒鼠强"投放到乙家米袋内。后乙和其妻子、女儿喝过米汤中毒，乙死亡，其他人经抢救脱险。(2008/2/60)

【答案范式】涉及债权能否成为抢劫罪的对象问题。

观点一：因甲杀害乙之后，债权债务不会消灭，不能成为抢劫罪的对象，故甲不构成抢劫罪。构成故意杀人罪。

观点二：债权能成为抢劫罪的对象，甲构成抢劫罪。对乙系抢劫罪致人死亡，结果加重犯；对乙的家人触犯故意杀人罪（未遂）。想象竞合，择一重处。

4. 死者的财物、祭葬品、陪葬品占有状态的认定：他人占有物 VS 脱离占有物

观点辨析：拿走死者遗物	
通说观点：盗窃罪	少数观点：侵占罪
刑法认为死者遗物是他人占有的财物（归死者继承人占有）	认为死者遗物是无人占有的继承人所有物

【事例7】甲见乙将丙杀害，等乙走后，拿走丙身上的信用卡一张、手机一部，在商场刷卡使用消费2万元。

【答案范式】
甲拿走信用卡、手段的行为性质，涉及如何认定死者遗物的占有状态。

（1）观点一：构成盗窃罪。如认为死者遗物是他人占有的财物。拿走手机，根据《刑法》第264条，构成盗窃罪；甲系盗窃信用卡并使用的行为，根据《刑法》第196条第3款的规定，认定为盗窃罪。

（2）观点二：构成侵占罪、信用卡诈骗罪。如认为死者遗物是脱离他人占有的财物。拿走手机，根据《刑法》第270条，构成侵占罪。甲不是盗窃信用卡，而是拾到（侵占）信用卡，利用拾得的他人信用卡取款的，属于冒用他人信用卡，根据《刑法》第196条第1款第3项的规定，构成信用卡诈骗罪。

5. 存款等银行账户中资金的权属、占有：银行占有 VS 名义存款人 VS 账户使用人占有

从"实然"（现实状态）层面上讲，如果把存款（储蓄）合同（《民法典》没有明文规定）理解为种类物借贷合同或借用合同，则存款人一旦将现金存入银行，就与银行形成了债权债务关系，存款人是债权人，银行是债务人。存折是债权凭证，而不是

现金本身。债权所指向的现金，实然状态归银行占有，而不是归存款人占有；但名义存款人享有相应数额的债权。亦即：现金归银行占有，存款人占有财产凭证、债权。

从"应然"层面上讲，银行账户资金的归属，根据《民事审判指导与参考》总第51辑"丙公司与乙公司案外人执行异议纠纷上诉案"（借用账户内的资金应认定为归属于名义存款人）；最高院（2018）最高法民再220号《民事判决书》（对于银行账户中的货币，原则上应以账户名称为权属判断的基本标准），认为银行账户内的货币资金归属于名义存款人。这里所说的"资金归属"，也可以理解为资金给付的请求权。亦即：存款资金的支付请求权，归于名义存款人。

当然，少数观点将存款（储蓄）合同理解为保管合同，或者消费寄托（保管）合同，则应当认为存款（或对应数量资金）的所有权归名义存款人，而银行作为保管人仍对现金直接占有。

还有少数观点观点认为：如果名义存款人将银行账户借给第三人使用的，或者第三人获取账户后使用的，银行账户中的资金，归账户的实际使用人占有。

【《刑事审判参考》第938号"曹成洋侵占案"[1]】曹成洋的邻居王玉申与曹成洋商定，用曹成洋及其家人的身份证办理四张招商银行卡供王玉申的亲戚张聪转账使用，并许诺每张卡给曹成洋200元的"好处费"。办理好银行卡后，张聪将银行卡拿走并设定了密码。后曹成洋将其中一张其母亲杨春梅名下的银行卡挂失并冻结了账户内资金，得知该账户内有人民币50万元资金。后通过银行转账方式将该银行卡账户内的资金转入另一张新银行卡账户内。

通说观点认为：被害人是张聪，对象是50万；款项原在杨春梅的银行卡账户中，原归银行占有。杨春梅作为名义存款人具有支付请求权，从银行占有转归自己占有，该转移占有的行为不构成犯罪。但之后将本人占有的张聪所有的钱款侵吞，构成侵占罪。

【事例8："掐卡"案】甲将自己的银行卡租给乙使用，乙用该卡收到丙的100万元之后；甲到银行，谎称银行卡丢失，将该卡挂失后，取走100万元后挥霍一空。

【答案范式】

（1）观点一：被害人是乙，对象是100万元；款项原在甲的银行卡账户中，原归银行占有。甲作为名义存款人具有支付请求权，从银行占有转归自己占有，该转移占有的行为不构成犯罪。但之后将自己占有的乙的钱款侵吞，构成侵占罪。

（2）观点二：银行卡中的款项归银行占有，甲欺骗银行转移占有，构成诈骗罪。

（3）观点三：银行卡中的款项归账户实际使用人乙占有，甲在乙不知情的情况下，秘密窃取该款项，构成盗窃罪。

6. 盗窃罪、诈骗罪、敲诈勒索罪、抢夺罪等犯罪的既遂标准

【事例9】甲诈骗乙，让乙汇款200万元给自己，乙慌乱中将200万元汇错至丙的

---

[1] "曹成洋侵占案——将银行卡借给他人使用后，通过挂失方式将银行卡内的他人资金取走的行为，如何定性"，载最高人民法院刑事审判第一、二、三、四、五庭：《刑事审判参考》，法律出版社2013年版，第36页。

账户。

【答案】甲构成诈骗罪。

1. 观点一：按"控制说"，甲构成犯罪未遂。
2. 观点二：按"失控说"，甲构成犯罪既遂。

7. 同一罪名（特别是数额犯）部分未遂、部分既遂的处理：择一重处 VS 以加重犯的未遂论处

部分既遂	部分未遂	分属不同量刑幅度	择一重处	情节：未计入部分
诈骗1万元既遂	诈骗100万元未遂	较大；特别巨大	诈骗100万元未遂	1万元既遂
部分既遂	部分未遂	属于同一量刑幅度	既遂	情节：未计入部分
诈骗1万元既遂	诈骗2万元未遂	较大；较大	诈骗1万元既遂	2万元未遂

【事例10】甲冒充警察，谎称乙在出售时房屋以"阴阳合同"手段逃税200万元，涉嫌逃税罪，让乙将全部售房款3000万元打入甲指的"安全账户"，以供司法机关查验。乙信以为真，向"安全账户"打入100万元，其它2900万元还未打入时，被公安人员发现并劝止。

【答案范式】甲冒充警察，骗取对方当事人财物，依据《刑法》第266条，构成诈骗罪。关于数额犯中部分既遂部分未遂的处理，有以下几种观点。

（1）观点一：100万元既遂，2900万元未遂，择一重处。

（2）观点二：3000万元未遂论处。

（3）观点三：100万元既遂，2900万元未遂，数罪并罚。

【方鹏刑法主观题练习14-1：给口罩贩卖机贴假收款码赚差价案】

【案情】陈某发现医院门口有自助口罩贩卖机，出售N95口罩，原扫码标价6元一个，便动了歪心思。遂在网上专门定制了2张支付宝收款码（假收款码），实际收款账户为其本人账户。标明买一个口罩14元。为了以假乱真，陈某还设置了首单减一元的优惠，购买两个29元。均是明码标价。

3月24日上午10点30分许，趁无人之时，撕除医院收款码（真收款码），粘贴上自己的收款码（假收款码）。并事先在手机相册里保存了贩卖机上原本的收款码（真收款码）。

只要有群众扫码（假收款码），陈某就能在支付宝收到转账，再根据金额判断需要购买的口罩数量，用自己手机扫事先拍好的贩卖机二维码照片，给真收款码付款，完成购买。

这样虽有个时间差，但顾客也能拿到口罩，自己又轻松赚到了差价。

群众发现6元的口罩突然涨成14元，向医院反映。维修员发现机器被贴了2张假收款码后报警，民警很快抓获陈某。

【问题】陈某构成何罪？说明理由。

【简要答案】诈骗罪。

【方鹏刑法主观题练习 14-2：二维码掉包案】

【案情】商家乙某出售商品，用二维码（账号名称为"乙某"）收取货款。甲某见状遂偷偷将贴在商家柜台上的二维码换成自己二维码，将二维码名称改为"乙某"。顾客丙某等人到乙某店里买东西时，都扫贴在柜台上的二维码付款，结果被支付至甲某账户上据为己有，案发时累计数额 37 万余元。

【问题】甲某行为如何定性？可陈述不同观点，须说明理由。

【简要答案】盗窃罪（或诈骗罪）。

第二节 抢劫罪、抢夺罪

一、抢劫罪

第 263 条【普通抢劫】以暴力、胁迫或者其他方法抢劫公私财物的，处三年以上十年以下有期徒刑，并处罚金；有下列情形之一的，处十年以上有期徒刑、无期徒刑或者死刑，并处罚金或者没收财产：

（一）入户抢劫的；（二）在公共交通工具上抢劫的；（三）抢劫银行或者其他金融机构的；（四）多次抢劫或者抢劫数额巨大的；（五）抢劫致人重伤、死亡的；（六）冒充军警人员抢劫的；（七）持枪抢劫的；（八）抢劫军用物资或者抢险、救灾、救济物资的。

第 267 条第 2 款【携带凶器抢夺定抢劫罪】携带凶器抢夺的，依照本法第二百六十三条的规定（抢劫罪）定罪处罚。

第 269 条【转化型抢劫】犯盗窃、诈骗、抢夺罪，为窝藏赃物、抗拒抓捕或者毁灭罪证而当场使用暴力或者以暴力相威胁的，依照本法第二百六十三条的规定（抢劫罪）定罪处罚。

第 289 条【聚众打砸抢的首要分子】聚众"打砸抢"，致人伤残、死亡的，依照本法第二百三十四条、第二百三十二条的规定定罪处罚。毁坏或者抢走公私财物的，除判令退赔外，对首要分子，依照本法第二百六十三条的规定定罪处罚。

（一）普通抢劫罪的构成：利用对人暴力（威胁）劫夺财物

客观：抢劫行为	(1) 手段行为：抢（人身暴力或威胁+原占有人+当场）	(1) 从生命到自由（杀害、伤害、殴打、捆绑、伤害、禁闭、麻醉、灌醉等使他人失去意识等）。(2) 对象人：原占有人或共管人。(3) 当场，可以立即兑现。
	(2) 结果行为：劫（强取财物+原占有人+当场）	(1) 当场强取；(2) 对象人：原占有人或共管人

续表

主观：抢劫故意；非法占有目的	利用对人暴力或人身威胁，压制反抗而当场取财的意图
同时性原则	实施暴力行为当时即有劫财的故意

【事例11】 甲欲进王某家盗窃，正撬门时，路人李某经过。甲误以为李某是王某，就想先将李某打成了轻伤，再从王某家窃走财物。

【问题】 甲如何定性？

【答案】

1. 对李某：客观上伤害，不是财产原占有人，不属抢劫行为；主观上有抢劫故意；根据《刑法》第234条，构成故意伤害罪（轻伤）。

2. 对财物：客观上秘密窃取的盗窃行为，主观上有抢劫故意，根据《刑法》第264条，构成盗窃罪。

3. 数罪并罚。

（二）转化型抢劫（事后抢劫）：<u>盗窃罪、诈骗罪、抢夺罪+暴力=抢劫罪</u>

1. 构成条件

	盗窃、诈骗、抢夺罪+暴力、威胁+三种目的=抢劫罪	
前提：犯盗窃、诈骗、抢夺罪	盗窃、诈骗、抢夺实行行为	未遂、既遂皆可，预备不可
	包括特别法	例如盗伐林木、合同诈骗、抢夺枪支等，信用卡诈骗，都可转化为抢劫罪。但不包括不针对财物的盗、骗、抢行为，例如盗窃、抢夺印章、国有档案的行为。
	不一定要求达数额较大	使用暴力严重情节即可
	已满16周岁	已满十四周岁不满十六周岁的人盗窃、诈骗、抢夺他人财物，为窝藏赃物、抗拒抓捕或者毁灭罪证，<u>当场使用暴力</u>，故意伤害致人重伤或者死亡，或者故意杀人的，应当分别以<u>故意伤害罪</u>或者<u>故意杀人罪</u>定罪处罚
实行行为：当场使用暴力或者以暴力相威胁	当场	当场兑现；在盗窃、诈骗、抢夺的现场，以及行为人刚离开现场即被他人发现并抓捕的情形
	暴力、威胁	与普通抢劫中的暴力、威胁相同
	对象是他人（与普通抢劫不同）	（1）包括财产原占有人、管理人、警察、路人等抓捕行为人的人，阻碍其实施犯罪的人等。（2）**任何人**，有三种目的。
三种目的		为窝藏赃物、抗拒抓捕或者毁灭罪证。如果以劫财为目的，系普通抢劫

2. 转化型抢劫的共同犯罪

（1）部分转化与否：<u>对暴力、威胁要有无共同行为、共同故意</u>？

（2）继承的共同犯罪：在暴力终了前加入，有共同行为、共同故意。

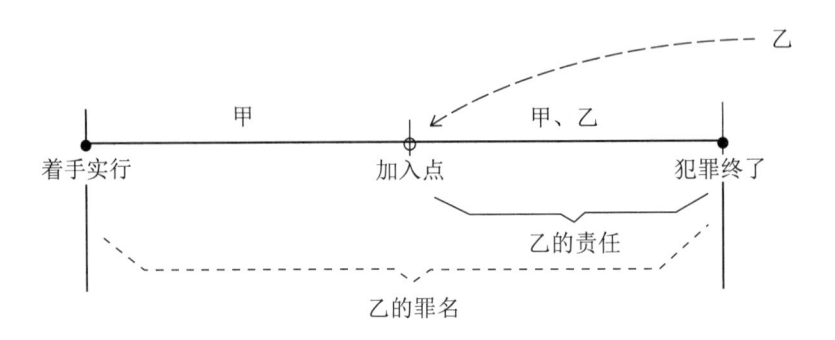

【事例12】 甲和乙共谋一起去丙家盗窃，甲入户盗窃，乙负责在门口放风。期间，主人丙回家。放风的乙给甲打电话、发短信，甲都不回。乙遂把丙打成重伤，甲对此并不知情，继续盗窃。偷到4000块钱后出门，看见倒在门口的丙，也没有说什么，跟乙一起离开。

【答案】

（一）对于甲

1. 仅实施了盗窃行为，系入户盗窃，根据《刑法》第264条，构成盗窃罪。

2. 对于之后乙实施的暴力行为，客观上没有参与，没有共同行为；主观上也是暴力行为终了之后才事后知情，没有共同故意，对此暴力行为不与乙构成共同犯罪。

3. 并且，暴力由乙实施，重伤结果与乙的行为有因果关系，甲也没有先前行为引起的救助义务。

4. 刑法中的共同故意必须在正犯行为终了之前形成，不存在事后追认。故而，甲仅构成盗窃罪，已控制财物，系犯罪既遂。

（二）对于乙

1. 其实施的第一段行为，对于甲的入户盗窃进行帮助，具有帮助盗窃的故意，构成盗窃罪的帮助犯。与甲构成共同犯罪。

2. 第二段行为，为了抗拒抓捕而实施暴力致丙重伤，根据《刑法》第269条，构成抢劫罪，系转化型抢劫。

3. 暴力造成重伤结果，系抢劫致人重伤。

4. 乙其所帮助的甲的盗窃行为虽发生在户内，但乙实施的暴力行为并未发生在户内，不属入户抢劫。

（三）携带凶器抢夺定抢劫：<u>抢夺行为+携带凶器＝抢劫行为</u>

抢夺行为+携带凶器＝抢劫行为	
凶器	1. 枪支、爆炸物、管制刀具等国家禁<u>止个人携带</u>的器械
	2. <u>为了实施犯罪</u>（杀伤人员）而携带其他器械（**通常具有杀伤机能**）
抢夺	公然夺取
携带	随身**携带**，具有使用可能。但不能有意加以显示、能为被害人察觉到，否则以263条定直接抢劫
故意	认识到携带凶器
共同犯罪	一人携带凶器另一人未携带，如携带凶器者有随时使用的可能性：（1）未携带者也知情，二人都成立抢劫罪；（2）不知情的，该人构成抢夺

（四）聚众打砸抢毁坏或者抢走财物，首要分子定抢劫罪

聚众"打砸抢"行为的定性	
甲聚众（首要分子），参加者乙致伤残、丙致死	乙：故意伤害罪；丙：故意杀人罪；甲：故意杀人罪（吸收故意伤害罪）
甲聚众（首要分子），参加者乙毁坏财物、丙抢夺走财物	乙：故意毁坏财物罪，丙：抢夺罪；甲：抢劫罪

（五）抢劫罪的既遂标准：<u>具备劫取财物</u>（控制说），**或者**造成他人<u>轻伤</u>以上后果两者之一

【事例13】甲持西瓜刀冲入某银行储蓄所，将刀架在储蓄所保安乙的脖子上，喝令储蓄所职员丙交出现金1万元。见丙故意拖延时间，甲便在乙的脖子上划了一刀（致轻伤）。刚取出5万元现金的储户丁看见乙血流不止，于心不忍，就拿出1万元扔给甲，甲得款后迅速逃离。

【答案】

1. 主观上没有向第三人勒赎目的，不构成绑架罪。

2. 根据《刑法》第263条，构成抢劫罪。

3. 导致轻伤结果，犯罪既遂。

4. 取得1万元，与抢劫行为没有因果关系，属不当得利。

5. 抢劫金融机构，加重犯的未遂。

（六）处罚：八种加重犯

入户抢劫	①户（家庭住所，他人生活的与外界相对隔离的住所）；②入户的犯罪目的性（为了违法犯罪而入户、非法侵入住宅）；③暴力发生在户内；④主观上认识到是"户"。
抢劫致人重伤、死亡	①包括故意、过失；②抢劫组成行为导致；③具有因果关系；④打击错误亦可构成。
冒充军警人员抢劫	①即假冒；②军警人员利用自身的真实身份实施抢劫的，不认定为"冒充军警人员抢劫"，但应依法在基本犯幅度内从重处罚。
持枪抢劫	①枪支：真枪（不是假枪）；②持：使用枪支或者向被害人显示持有、佩带的枪支。

（七）罪数：抢劫与杀人

法条竞合	为劫取财物而预谋故意杀人（以杀人为抢劫手段）；或者在劫取财物过程中，为制服被害人反抗而故意杀人的，以抢劫罪定罪（致人死亡）处罚。
数罪并罚	实施抢劫后，为灭口而故意杀人的，以抢劫罪、故意杀人罪定罪，数罪并罚。

【事例14】甲乘坐公交车，看见旁边的A某口袋中漏出手机，遂趁公交车停靠站台之际，当面将A某的手机拿走后就赶紧下车逃跑；不小心把A某拉倒致重伤。乘客乙下车追甲，此时民警丙也看到，共同追甲，甲反打乙、丙，三人在马路边扭打成一团，手机掉落在地。甲顾不上捡手机，跑到马路对面。丙去追甲时，不小心被一辆汽车撞死。

【简要答案】

甲：抢劫罪（未遂）基本犯，过失致人重伤罪，两罪并罚

1. 公然夺取手机，构成抢夺罪。

2. 过失致A某重伤，第233条，过失致人重伤罪。

3. 为了抗拒抓捕实施暴力，根据第269条，转化型抢劫罪。

4. 取得手机、A某重伤、丙的死亡与抢劫暴力没有因果关系，不属既遂，系未遂。

5. A某重伤、丙的死亡与抢劫暴力没有因果关系，不是抢劫致人重伤、死亡。

6. 暴力没有发生公交车上，也不属在公交上抢劫。不属加重犯，基本犯。

7. 抢劫罪（未遂）基本犯，过失致人重伤罪，两罪并罚。

（八）多观点题：通说+胡说

1. 财产性权利（如债权、返还权等），可否成为抢劫罪对象？

【事例15：为逃债而杀人案】被害人刘某以10万元将速递公司的经营权转包给

李某。因刘某多次向李某催要转包费，李某无钱支付，不想支付，为免除支付义务，遂起意杀死刘某。遂趁刘某熟睡之机，持斧头猛砍刘某的头部和颈部，将刘某的颈右侧动脉及静脉切断，以为将刘某杀死（实际重伤未死）。后将刘某的"尸体"埋入土坑中，致其窒息身亡。

【问题】李某如何定性？说明理由（可以说明不同观点）。

【答案】

（1）观点一：如认为债务不能成为抢劫罪的对象，则刘某案构成故意杀人罪；系因果关系错误中的事前故意。

①观点一：因果关系不中断，故意杀人罪既遂。

②观点二：因果关系中断，故意杀人罪未遂、过失致人死亡罪。

（2）观点二：如认为债务不能成为抢劫罪的对象，则刘某案构成抢劫罪；系因果关系错误中的事前故意。

①观点一：因果关系不中断，抢劫罪（致人死亡），结果加重犯的既遂。

②观点二：因果关系中断。

<1>观点一：抢劫罪（致人死亡），结果加重犯的未遂；过失致人死亡罪；数罪并罚。

<2>观点二：抢劫罪（致人重伤），结果加重犯的既遂；过失致人死亡罪；数罪并罚。

2. 转化型抢劫罪的对象人

【事例16】甲在公交车上扒窃乙的手机一部，跳车逃走。丙也从公交车跳下，因迟到紧急跑向单位。甲误认为丙要抓捕自己，为抗拒抓捕将丙打成轻伤。

【答案】

（1）观点一：如认为"为了窝藏赃物、抗拒抓捕或者毁灭罪证"纯属主观目的要素。根据《刑法》第269条的规定，构成事后抢劫（转化型抢劫）。

（2）观点二：盗窃罪（既遂）、故意伤害罪（轻伤），数罪并罚。

①如认为"为了窝藏赃物、抗拒抓捕或者毁灭罪证"既系客观行为要素，也系主观目的要素。

②客观上暴力对象人李某并非原占有人、抓捕人，不构成事后抢劫（转化型抢劫）。

③赵某侵入王某家盗窃其电脑，根据《刑法》第264条规定，系入户盗窃，构成盗窃罪（既遂）。

④赵某故意伤害王某致其轻伤，根据《刑法》第234条规定，构成故意伤害罪（轻伤）。

⑤应以盗窃罪（既遂）、故意伤害罪（轻伤），数罪并罚。

3. <u>普通抢劫罪的承继共犯</u>：前行为人抢的行为实施终了，后行为人加入实施劫的行为的定性

【事例17】甲为了劫财而杀死丙，乙路过时帮甲放风，二人一起拿走财物分赃。

【答案】

（1）前行为人甲：实施了抢劫罪的暴力行为、取财行为，根据《刑法》第263条，成立抢劫罪的正犯。

（2）后行为人乙。

观点一：构成抢劫罪的承继的共同犯罪。二人在后半截的范围内构成抢劫罪的共同犯罪。

观点二：只实施了劫财行为，没有实施暴力行为，构成盗窃罪；二人在盗窃罪的范围内构成共同犯罪。

4. 转化型抢劫罪的承继共犯：后行为人未参与盗窃、诈骗、抢夺，只实施了暴力或暴力威胁，能否构成转化型抢劫？

【事例18】甲抢夺丙的手机后被发现，见义勇为的路人丁追捕甲。一旁的乙看到甲抢夺后，为了帮助甲抗拒抓捕、帮其逃走，而将丁打死。

【分析】

观点一：转化型抢劫的真正实行行为是暴力、威胁，乙为了甲盗窃而抗拒抓捕，对丙实施暴力，符合《刑法》第269条的规定，构成抢劫罪，系转化型抢劫。系抢劫罪致人死亡，结果加重犯。

观点二：转化型抢劫是复合行为犯，乙与甲在盗窃罪范围内不是共同犯罪，不构成转化型抢劫。触犯窝藏罪、故意杀人罪，择一重处。

5. 抢劫罪中暴力的对象人：是否需要具有处分能力

【事例19】小流氓周某在校园外拦截7岁小学生吴某，威胁不给保护费就打人，强迫吴某交出智能手表一块（价值1万元。）

【问题】如果认定周某构成抢劫罪，理由是什么？如果认为周某构成盗窃罪，理由是什么？

【答案】

（1）观点一：如认为抢劫罪中，暴力的对象人无需要具有处分能力，只需是原占有人（包括辅助占有人）即可。本案中7岁孩子虽无处分财物的能力，但其系原占有人。周某对孩子可构成抢劫罪。

（2）如认为抢劫罪中，暴力的对象人需要具有处分能力。本案中7岁孩子无处分财物的能力，真正具有处分能力的原占有人是其父母。周某对孩子的父母的财物可构成盗窃罪。

【方鹏刑法主观题练习14-3：王某、邵某为害出租车司机案】

【案情】王某、邵某经共谋，携带事先准备好的橡胶锤、绳子等作案工具，骗租杨某（女，29岁）驾驶的小型客车。当车行至偏僻路段时，经王某示意，邵某用橡胶锤猛击杨某头部数下，王某用手猛掐杨的颈部，致杨昏迷。二人抢得杨某驾驶的汽车、手机 1 部，共计价值 8 万元。

王某与邵某见被害人杨某昏迷不醒，遂谋划用挖坑掩埋的方法将杨某杀死灭口。

杨某佯装昏迷，趁王某寻找作案工具、挖坑，不在现场之机，从客车脚踏垫下拿出一张信用卡，称其中有 2 万元钱，告诉邵某密码，哀求邵某放其逃走。邵某同意掩埋杨时挖浅坑、少埋土，并告知掩埋时将杨某的脸朝下。

王某返回后，邵某未将杨某已清醒的情况告诉王。邵某向王某称其一人埋即可，便按与杨某的事先约定将杨掩埋。王某、邵某离开后，杨某爬出土坑获救。

后邵某在 ATM 机查询信用卡发现其中果有 2 万元，遂取走；后又到商场刷卡透支消费 1 万元，将卡抛弃。经鉴定，杨某所受损伤为重伤，系埋土导致。

【问题】请分析王某、邵某的刑事责任（包括犯罪性质即罪名、犯罪形态、共同犯罪、数罪并罚等），须说明理由。

【简要答案】
1. 邵某：抢劫罪（既遂）、故意杀人罪（中止）、信用卡诈骗，数罪并罚。
2. 王某：抢劫罪（既遂）、故意杀人罪（未遂），数罪并罚。

二、抢夺罪：公然夺取

第 267 条【抢夺罪】抢夺公私财物，数额较大的，或者多次抢夺的，处三年以下有期徒刑、拘役或者管制，并处或者单处罚金；数额巨大或者有其他严重情节的，处三年以上十年以下有期徒刑，并处罚金；数额特别巨大或者有其他特别严重情节的，处十年以上有期徒刑或者无期徒刑，并处罚金或者没收财产。

1. **抢夺行为**：主要特点是<u>公然夺取</u>。利用被害人来不及反抗而取财。

抢夺罪：公然夺取	
行为：抢夺	公然夺取。利用被害人来不及反抗而取财；乘人不备不是必要要素
对象：公私财物	他人占有的财物
罪量	数额较大，或者多次
情节加重犯	包括（过失）致人重伤、死亡，自杀等

2. 抢夺罪与抢劫罪的区分。

客观行为+对象	主观故意	罪名
对物+夺取	抢夺故意：利用来不及反抗	抢夺罪
对人+暴力	抢劫故意：利用压制反抗	抢劫罪

3. "飞车抢夺"（现象）的定性：符合抢劫罪要件定抢劫，符合抢夺罪要件定抢夺。

"飞车抢夺"（现象）的定性		
①夺取他人财物时因被害人不放手而强行夺取的；②驾驶车辆逼挤、撞击或者强行逼倒他人夺取财物的；③明知会致人伤亡仍然强行夺取并放任造成财物持有人轻伤以上后果的	普通抢劫的提示性解释	抢劫罪
携带凶器飞车抢夺	携带凶器抢夺	
飞车抢夺中，为窝藏赃物、抗拒抓捕、毁灭罪证，而使用暴力或暴力威胁	转化型抢劫	
其它"飞车抢夺"		抢夺罪

4. 抢夺行为造成被害人重伤、死亡的定性。

造成被害人重伤、死亡			
客观（结果）	对伤亡的主观罪过	罪名	加重犯
重伤、死亡	故意	抢劫罪	结果加重犯
	过失	抢夺罪	情节加重犯
被害人自残、自杀	意外事件		

（1）故意致他人重伤、死亡的，构成抢劫罪（结果加重犯）。明知行为可能造成被害人重伤、死亡仍暴力夺取，是抢劫罪。

（2）过失导致他人重伤、死亡的，导致他人自杀的，属抢夺罪的情节加重犯。注意：旧的司法解释（认为是想象竞合）已废止。

【方鹏刑法主观题练习14-4：亢某抢夺案】

【案情】亢某与同在某建筑工地打工的朱某、杜某三人酒后回工地时，见王某、胡某二人在前边行走。朱某即提出一起殴打该人取乐，其他人表示同意。几人即上去从背后将王某、胡某打翻在地（致二人轻微伤）。

亢某走上前来正准备用脚踢倒地的王某时恰巧绊倒，无意间碰到王某腰间的手机。亢某乘机当面从王某腰间夺下手机（价值5000元），起身走掉。

后王某、胡某追亢某，朱某知亢某拿手机事，为帮助亢某逃走，将王某再次打倒，致其轻伤。后二人逃走。

【问题】请分析亢某、朱某的刑事责任（包括犯罪性质即罪名、犯罪形态、共同犯罪、数罪并罚等），须说明理由。

【简要答案】

1. 亢某：寻衅滋事罪、抢夺罪。
2. 朱某：寻衅滋事罪、抢劫罪（或窝藏罪、故意伤害罪）。
3. 杜某：寻衅滋事罪。

第三节　敲诈勒索罪

第274条【敲诈勒索罪】敲诈勒索公私财物，数额较大或者多次敲诈勒索的，处三年以下有期徒刑、拘役或者管制，并处或者单处罚金；数额巨大或者有其他严重情节的，处三年以上十年以下有期徒刑，并处罚金；数额特别巨大或者有其他特别严重情节的，处十年以上有期徒刑，并处罚金。

一、敲诈勒索行为：敲诈手段+勒索行为

敲诈手段：暴力或威胁、非暴力要挟手段	①暴力或暴力威胁（对人身）。非暴力要挟，以毁财、毁人名誉、揭发犯罪或隐私为内容，恐吓被害人
	②暴力或威胁、非暴力要挟的加害内容需由行为人实施
	③敲诈手段具有非法性（不能以此方式取财）
	④以揭发犯罪、揭发隐私相要挟，索要财物的，也可构成敲诈勒索罪
勒索行为	利用被害人的恐惧心理（或为难心理），强行索取公私财物

【事例20：2020年刑法主观题回忆版《洪某重出江湖偷沉香》】 2017年3月，王某购买一套房屋后，让刘某负责装修，并将50万元的装修费转交给刘某，同时对装修提出了需要花100万元才能完成的要求。刘某请甲装修公司装修完工后，装修公司应收取120万元的费用，但刘某只给了装修公司100万元。装修公司负责人张某执意要求刘某再付20万元，刘某对张某说："房主是在黑社会混的，你再要20万元，小心他捣毁你的装修公司。"张某听后就没有再要求刘某支付20万元，后来，刘某对王某说，装修总共花了120万元。王某说："太贵了，我再出10万元吧。"刘某收下了该10万元。

【解析】

1. 刘某虚构房主是黑社会的虚假事实，骗取装修公司负责人张某免除装修款20万元，根据《刑法》第266条，构成诈骗罪。犯罪数额为20万元。

2. 刘某虽以虚假事实欺骗张某，但恐吓内容是"小心他捣毁你的装修公司"，而并非由其本人实施加害，不属威胁、要挟行为，不构成敲诈勒索罪。

二、敲诈勒索罪与抢劫罪的区分

行为手段	转移占有方式		罪名
暴力或威胁（从生命到自由）	当场	当场	抢劫罪
		不当场	敲诈勒索罪
	不当场	当场、不当场	
非暴力要挟行为（如毁财、名誉、揭发隐私、揭发犯罪等）	当场、不当场	当场、不当场	

【事例21：可乐兑水案】 饭店老板乙以可乐兑水冒充洋酒销售，向实际消费数十元的李某索要数千元。李某不从，乙召集店员对其进行殴打，致其被迫将钱交给乙。

【答案】（1）用可乐兑水冒充洋酒销售，属销售伪劣产品或诈骗行为，被人识破后转而使用暴力当场劫取财物，系抢劫罪。

（2）敲诈勒索罪的构成只能"单当场性"，本案当场实施暴力并当场取财，具有"双当场性"，不再以敲诈勒索罪论罪。

三、敲诈勒索与权利行使（民事纠纷）的区别

非法占有目的	敲诈否？（手段是否非法）	罪名
存在真实的民事纠纷（合法部分无目的、非法部分有目的）	以实施合法的问题解决途径（如向法院告诉、投诉、留置质押物等）为要挟内容，强迫交财	不能认定为敲诈勒索，系民事纠纷
	未超过合法求偿范围，以非法手段要挟交财	以非法手段行为定罪
	超过合法求偿范围，以非法手段要挟交财	可构成敲诈勒索罪
不存在真实的民事纠纷（有目的）	以非法加害（暴力威胁、非暴力要挟）为手段，强迫交财	可构成敲诈勒索罪
	表面上实施合法的问题解决途径，实质上是非法手段（如报案、告发）为要挟内容	可构成敲诈勒索罪或其他财产犯罪

四、假绑架：敲诈勒索罪与诈骗罪的关系

行为人行为	被害人反应	罪名
欺骗、威胁要挟（如"假绑架"）	认识错误→恐惧心理	诈骗罪与敲诈勒索罪的想象竞合犯

【事例22：假绑架案】 甲、乙为劫取财物将在河边散步的丙杀死，当场取得丙随身携带的现金2000余元。甲、乙随后从丙携带的名片上得知丙是某公司总经理。两人经谋划后，按名片上的电话给丙的妻子丁打电话，声称丙已被绑架，丁必须于次日中午12点将10万元现金放在某处，否则杀害丙。丁立即报警，甲、乙被抓获。

【答案】（1）第一段行为，行为人甲、乙杀害被害人丙。①在实施杀害行为当时的目的是直接取财，而不是向第三人勒赎，因无勒赎目的，不构成绑架罪。②具有抢劫故意，根据《刑法》第263条，构成抢劫罪。③以杀人为手段抢劫，致丙死亡，属抢劫罪致人死亡，系结果加重犯。

（2）第二段行为，在杀害丙之后，才另起犯意向丙妻勒索。①主观上虽有勒索目的，但由于被害人已经死亡，行为人没有实施拘禁、杀害、偷窃婴幼儿的绑架行为，没有真实地绑架被害人，不构成绑架罪。②虚构绑架的虚假事实恐吓丙妻勒索财物，根据《刑法》第274条，触犯敲诈勒索罪。③虚构事实骗取丁转移占有，根据《刑法》第266条，触犯诈骗罪。④一行为触犯两罪，系想象竞合，应当择一重处。

（3）行为人的前后两部分行为分别构成抢劫罪和敲诈勒索罪（与诈骗罪想象竞合），应当数罪并罚。

五、多观点题：婚恋纠纷与敲诈勒索罪

【事例23：明星女朋友案】 程某是某明星吴某（已婚）的"地下女朋友"，由于吴某要与其"分手"。程某遂向吴某索要分手费3000万元，称不给钱就将地下恋情公之于众。程某是否构成敲诈勒索罪？

【答案】

（1）观点一：如认为二人之间存在婚恋纠纷，程某有合法诉权，没有非法占有目的，则不构成犯罪。

（2）观点二：即使认为二人之间存在婚恋纠纷，但程某要价太高，对超出合法诉权的部分具有非法占有目的。并且乙女以与此纠纷无关的事实要挟，系非法手段，构成敲诈勒索罪。

【方鹏刑法主观题练习14-5：吴某凡-刘某迢案】

【案情】 吴某凡（30岁），在都某竹（18岁）醉酒后，与之发生性关系；事后给钱3.2万元。都某竹事后未控告强奸，还加微信。（事实一：吴某凡睡粉）

网络写手徐某（31岁），受都某竹与好友刘某文炒红自己之托，为年利写作热文10余篇，通过都某竹微博发布。（事实二：笔杆子徐某写雄文炒作）

先是，刘某迢（23岁）冒用都某竹的名义，以达成和解为名，向吴某凡律师勒索300万元，称如不给钱就揭露更多犯罪事实。并留下都某竹、刘某迢本人两个账户。吴妈误信，向都某竹账户转款50万元。

后是，刘某迢知钱款汇至都某竹账户后，又冒充吴某凡的律师，联系都某竹，商定不签和解协议就退款。都某竹信以为真，"退给"刘某迢18万元。（事实三：刘某迢"两头骗"）

【问题】 分析前述各人的刑事责任，并说明理由。

【简要答案】 吴某凡：强奸罪。徐某：不构成犯罪。刘某迢：诈骗罪、敲诈勒索

罪，择一重处。

第四节 盗窃罪、诈骗罪

一、盗窃罪：秘密窃取（少数：平和转移占有）

第264条【盗窃罪】盗窃公私财物，数额较大的，或者多次盗窃、入户盗窃、携带凶器盗窃、扒窃的，处三年以下有期徒刑、拘役或者管制，并处或者单处罚金；数额巨大或者有其他严重情节的，处三年以上十年以下有期徒刑，并处罚金；数额特别巨大或者有其他特别严重情节的，处十年以上有期徒刑或者无期徒刑，并处罚金或者没收财产。

第265条【盗窃罪提示条款】以牟利为目的，盗接他人通信线路、复制他人电信码号或者明知是盗接、复制的电信设备、设施而使用的，依照本法第二百六十四条的规定定罪处罚。

（一）盗窃罪的构成要件

1. 盗窃行为：（1）通常界定为秘密窃取：原占有人不知情（没有处分【转移占有】意识）。参照原《最高人民法院关于审理盗窃案件具体应用法律若干问题的解释》第1条："根据《刑法》第264条的规定，以非法占有为目的，**秘密窃取**公私财物数额较大或者多次盗窃公私财物的行为，构成盗窃罪。"[注：在法考主观题中，对盗窃行为的界定，直接援引本解释；勿以学理上的少数观点"平和"，作为观点陈列。]（2）"公然盗窃"：抢夺行为+盗窃故意=盗窃罪。

2. 盗窃对象：他人占有的财物（原占有人的占有效力高于行为人）。法条上措辞为"公私财物"，具体解释为他人占有的财物，占有分为事实上占有、观念上占有。

效力更高的事实占有：被害人（原占有人）的占有效力，要高于行为人的占有	
1. 事实占有	包括合法占有（如所有权人合法占有），非法占有（如非法占有赃物）有时也受保护
2. 效力更高	占有者的占有相对于行为人的占有而言**效力更高**，则受保护
3. 所有权人的占有并不一定效力更高	例如一般按民法，借用人的占有要高于所有权人

（1）所有权人偷回被他人合法占有、控制下的本人所有财物

事例：物主甲偷走出借给、质押给乙、法院政府部门合法扣押的财产			
要素	事实	规范	结论
对象	他人基于借用、善意取得、扣押，而合法占有的财物	他人占有的财物=他人事实占有效力更高的财物	盗窃罪对象

续表

事例：物主甲偷走出借给、质押给乙、法院政府部门合法扣押的财产			
要素	事实	规范	结论
行为	在原占人不知情的情况下偷走	盗窃行为＝秘密窃取	**盗窃行为**
目的	事后索赔、或使原占有人受损	推定具有非法占有目的	**非法占有目的**
	未索赔、或未使原占有人受损	推定不具有非法占有目的	**不具非法占有目的**
数额	他人合法占有财物的价值	犯罪对象的价值	**盗窃罪数额**
罪数	后续隐瞒真相求偿骗钱	触犯诈骗罪	**事后不可罚**

根据最高人民法院一系列判例的判决要旨：<u>这种情形符合盗窃对象（他人占有的财物＝他人事实占有效力更高的财物）的要求。但是否构成盗窃罪，还需看行为人主观上有无非法占有目的。当前，最高人民法院发布的一系列判例，对有无非法占有目的的推定规则是：如果事后索赔或欲图索赔，或者盗窃行为会必然使被害人受到损失，就推定行为人有非法占有目的，可构成盗窃罪。</u>如果行为人没有事后索赔或无索赔欲图，就推定行为人不具有非法占有目的，不构成盗窃罪；但可能以手段行为定罪（如盗窃被司法机关合法扣押的本人所有财物，可触犯非法处置查封、扣押、冻结的财产罪）。

【事例24：主人偷车案】 李某花5000元购得摩托车一辆。半年后，其友王某提出借用摩托车，李同意。王某借用数周不还，李某碍于情面，一直未讨还。某晚，李某乘王某家无人，将摩托车推回。次日，王某将摩托车丢失之事告诉李某，并提出用4000元予以赔偿。李某故意隐瞒真情，称："你要赔就赔吧。"王某于是给付李某摩托车款4000元。后李某恐事情败露，又将摩托车偷偷卖给丁某，获得款项3500元。李某的行为构成何罪？

【问题】 请分析李某的刑事责任（包括犯罪性质即罪名、犯罪形态、共同犯罪、数罪并罚等），须说明理由。

【答案】

（1）客观上，借用人王某基于借用关系合法占有摩托车，属于他人占有的财物，系盗窃罪的对象。李某在原占有人王某不知情的情况下转移占有，系秘密窃取的盗窃行为。

（2）主观上，李某具有盗窃罪故意，盗走本人的财物后又要求索赔，具有非法占有的目的，根据《刑法》第264条，构成盗窃罪。

（3）盗窃后隐瞒真相骗取王某4000元赔偿，根据《刑法》第266条规定，构成诈骗罪。

（4）关于本犯销售赃物的行为，因欠缺期待可能，不能构成掩饰、隐瞒犯罪所得罪。

（5）在罪数上，由于前行为盗窃罪的对象是摩托车，后行为诈骗行为是进一步实现盗得财产价值的行为，系对盗窃所得的兑现，应认定为事后不可罚行为，不再单独认定为诈骗罪。故而，李某只以盗窃罪一罪论处。

(2) 死者的财物、祭葬品、陪葬品

多观点题：拿走死者遗物	
通说观点：盗窃罪	少数观点：侵占罪
认为死者遗物是他人（继承人）占有的财物	认为死者遗物是无人占有的财物（死者不能占有）

【事例25：2011年"陈某绑架案"第三段改】陈某为求职，要求制作假证的李某为其定制一份本科文凭。双方因价格发生争执，陈某不想给钱，遂恼羞成怒，长时间勒住李某脖子，欲致李窒息身亡（实致昏迷）。（事实二）

后陈某将李某"尸体"拖入树林，准备逃跑时忽然想到李某身有财物，遂拿走李某手机、现金等物，价值6万余元。后挖坑掩埋。后查明李某实系窒息身亡。（事实三）

【问题】分析本案，可以陈述不同观点。

【答案】（一）对事实二，陈某应认定为故意杀人罪。

客观上，陈某长时间勒住被害人的脖子致其死亡，实施有杀人行为；主观上表明行为人具有杀人故意，根据《刑法》第232条，构成故意杀人罪（既遂）。

（二）对事实三，陈某临时起意拿走死者的财物，主要存在盗窃罪、侵占罪两种处理意见，涉及如何认定死者遗物的占有状态。

1. 观点一：陈某构成盗窃罪。理由是死者遗物是他人占有的财物（例如认为归继承人占有）。陈某的行为属于将他人占有财产转移给自己占有，符合盗窃罪的对象要求；实施了秘密窃取的盗窃行为，根据《刑法》第264条的规定，构成盗窃罪。

2. 观点二：陈某构成侵占罪。理由是死者遗物是不属他人占有的财物（死者不能占有）。故死者的手机、现金等物属于脱离他人占有的遗忘物。陈某将遗忘物非法占为己有，根据《刑法》第270条第2款的规定，构成侵占罪。

(3) 有价票证：信用卡；存折、存单；支票

对象	行为	并冒用、冒领	罪数/结论
信用卡	盗窃：盗窃罪	信用卡诈骗罪	事后不可罚；盗窃罪
	捡到：无罪		信用卡诈骗罪
存折、存单	盗窃：盗窃罪	诈骗罪	事后不可罚；盗窃罪
	捡到：无罪		诈骗罪
现金支票	盗窃：盗窃罪（既遂）	票据诈骗罪	事后不可罚；盗窃罪
	捡到：无罪		票据诈骗罪

3. 5种盗窃形式：

(1) 数额较大。

（2）多次盗窃。

（3）入户盗窃。

（4）携带凶器盗窃。

（5）扒窃（公共场所，触手可及）：①发生在公共场所。②他人随身携带的财物（触手可及）。

4. 责任：盗窃故意（明知他人占有的财物），以及非法占有的目的。

（二）盗窃罪的既遂标准

1. 理论上：通说是<u>控制说</u>（以失控说作为补充）。一般以行为人控制住财物为既遂，控制即持有力度更高。注意：作为既遂标准的"控制"（实际更接近民法的"持有"），与作为对象的他人"占有"，含义不相同。

2. <u>具体标准：（1）小宗物品，行为人将该财物握在手里、放入口袋、藏入怀中、夹在腋下，即为既遂。（2）大宗物品，移出特定控制范围即为既遂</u>，如搬出商店、带出工厂、挪到门外等。

3. 五种形式的盗窃罪的既遂，都需控制住财物（均为结果犯）。"数额较大"的盗窃，需要控制住数额较大的财物。

（三）多观点题：通说+胡说

1. 盗窃行为 VS 抢夺行为

【事例26】乙女在路上被铁丝绊倒，受伤不能动，手中钱包（内有现金5000元）摔出七八米外。路过的甲捡起钱包时，乙大喊"我的钱包不要拿"，甲说"你不要喊，我拿给你"，乙信以为真没有再喊。甲捡起钱包后立即逃走。

（1）观点一：盗窃与抢夺的区分是"秘密窃取 VS 公然夺取"，则据此甲可构成抢夺罪。

（2）观点二：盗窃与抢夺的区分是"平和转移占有 VS 迅猛夺取（可能危害人身）"，则据此甲可构成盗窃罪。

2. 拿走死者遗物（多观点题）：观点一认为<u>死者遗物是他人占有的财物，系盗窃对象</u>

观点辨析：盗走死者遗物、祭葬品、陪葬品	
通说观点：盗窃罪	少数观点：侵占罪
认为死者遗物是他人（继承人）占有的财物	认为死者遗物是脱离他人占有的财物（死者不能占有）

【事例27：拿走死者遗物案】张男强奸赵女不小心致其死亡，又临时起意拿走了赵女的手机（价值1万元），以及信用卡。骗陈女说是捡来的，把手机给陈女，叫陈女用该信用卡在ATM机上提现4万元。

问题：张男、陈女如何定性？请说明理由（<u>可陈述不同观点</u>）。

【答案】

（一）张男

1. 强奸罪

2. 对手机、信用卡

观点一：如认为死者遗物系他人占有的财物。则

（1）对手机：盗窃罪。

（2）对信用卡：盗窃信用卡并使用，盗窃罪。

观点二：如认为死者遗物系无人占有的财物。则

（1）对手机：侵占罪。

（2）对信用卡：信用卡诈骗罪。

（二）陈女

1. 对手机：掩饰隐瞒犯罪所得罪。

2. 对信用卡：信用卡诈骗罪。

【方鹏刑法主观题练习14-6：梁某三人将质押车辆盗回案】

【案情】2010年4月26日，被告人孙某与梁某、刘某三人经预谋，由梁某向其亲戚弓某借来一辆本田牌小汽车（价值10万元），并伪造了弓某的身份证、机动车辆登记证书后，由刘某冒充弓某，与孙某一起将该车以7.2万元质押给被害人薛某，并向薛某作出还款赎回的书面承诺。得款7.2万元后，孙某与梁某、刘某共同分掉。同年5月8日，梁某等人用事先另配的钥匙从薛某处将车盗走并归还给弓某。

【问题】请分析梁某三人的刑事责任（包括犯罪性质即罪名、犯罪形态、共同犯罪、数罪并罚等），须说明理由。

【简要答案】盗窃罪。

二、诈骗罪：行为人诈骗+原占有人处分（转移占有）

第266条【诈骗罪】诈骗公私财物，数额较大的，处三年以下有期徒刑、拘役或者管制，并处或者单处罚金；数额巨大或者有其他严重情节的，处三年以上十年以下有期徒刑，并处罚金；数额特别巨大或者有其他特别严重情节的，处十年以上有期徒刑或者无期徒刑，并处罚金或者没收财产。本法另有规定的，依照规定。

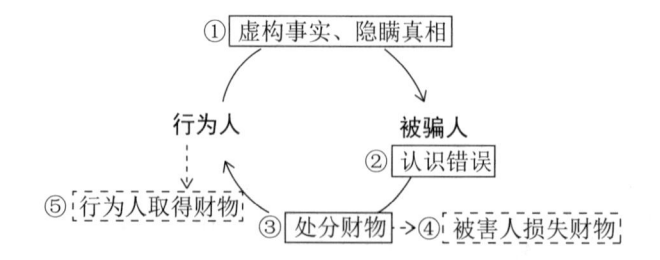

（一）构成要件要点：<u>骗取他人处分行为</u>（行为人欺骗+被骗人处分）

客观不法	法益：财产权	他人效力更高的事实占有
	1. 行为：诈骗行为（骗人）	骗取**有处分权限、能力的人**处分（转移占有）财物： （1）行为人虚构事实、隐瞒真相 （2）<u>被骗人（处分权限、能力的人）</u>认识错误 （3）<u>被骗人处分（转移占有）</u>财产
	2. 行为对象："公私财物"	他人占有的财物（事实占有，观念占有）
	3. （既遂）结果：**控制财物**	（4）被害人财物损失 （5）行为人取得（控制住）财物。相当于民法中的"持有"
	4. 因果关系	取得财物与诈骗行为之间有因果关系

1. 行为人实施欺骗行为：虚构事实、隐瞒真相。

2. 被骗人（有处分权限、能力的人）因行为人的欺骗，而产生认识错误，或者被强化、维持原有认识错误。

（1）被骗人是人（针对原占有人）。

所谓"机器不能被骗"。原理实系：根据机器记录，判断设置机器的人（原占有人）是否被骗，是否知情转移占有的事实。①如果设置机器的人（原占有人）被骗、知情转移占有的事实，则行为人或对其构成诈骗犯罪。例如，司法解释规定：冒用信用卡在 ATM 机上提款可构成信用卡诈骗罪。[《最高人民检察院关于拾得他人信用卡并在自动柜员机（ATM 机）上使用的行为如何定性问题的批复》：拾得他人信用卡并在自动柜员机（ATM 机）上使用的行为，属于《刑法》第一百九十六条第一款第（三）项规定的"冒用他人信用卡"的情形，构成犯罪的，以信用卡诈骗罪追究刑事责任]。②如果不知情转移占有的事实，则认为设置机器的人（原占有人）没有处分意识，对原占有人构成盗窃罪。

（2）被骗人是具有财物处分（转移占有）权限和能力的人［即原占有人和具有转移占有权限的人］。"骗取"幼儿、严重精神病患者等没有财物处分能力人的财物的，成立盗窃罪等犯罪（注意：抢劫罪、抢夺罪、盗窃罪中的原占有人不需要有处分能力）。

（3）被骗人只要具有财物处分权限［即原占有人已存在占有事实］即可，可与受害人是同一人（一般诈骗），<u>也可能是不同的人</u>（三角诈骗）。

<u>三角诈骗与盗窃罪间接正犯的区分</u>：甲骗乙而取得丙的财物	
乙有处分丙的财物的权限	乙没有处分丙的财物的权限
甲构成诈骗罪（即"<u>三角诈骗</u>"）	甲构成<u>盗窃罪（间接正犯）</u>

【事例 28】甲潜入乙家，搬走乙家 1 台价值 2000 元的彩电，还没出门，就被乙 5 岁的女儿丙看到。丙问甲为什么搬我家的彩电，甲谎称是其父亲让他来搬的。丙信以

为真,让甲将彩电搬走。甲的行为如何认定?

【答案】

(一)第一阶段行为,入户盗窃。

(二)第二阶段行为:

1. 受骗人只有5岁,没有财物处分能力;由于诈骗罪的实质是骗取他人处分财产,因此,骗取没有财物处分能力的人交付财产的,不能认定为骗取处分,对象不符合,不构成诈骗罪。

2. 财产的真正占有人为父亲乙,甲在其不知情的情况下转移占有,系秘密窃取的盗窃行为,根据《刑法》第264条,构成盗窃罪。

【事例29】乙全家外出数月,邻居甲主动帮乙照看房屋。某日,甲谎称乙家门口的一对石狮(价值1万元)为自家所有,将石狮卖给外地人丙,得款1万元据为己有。

【答案】

(一)对于乙的石狮

1. 财物损失者为乙,犯罪对象是一对石狮。

2. 尽管甲受乙委托帮照看房屋,但就财物的占有认定来看,乙家门口的石狮在乙的控制领域内,属于乙占有的财物,系盗窃罪的对象。甲因受委托对石狮也有占有,但系辅助占有人,不是独立占有。石狮不属脱离乙占有的委托保管物,不属侵占罪的对象,甲不构成侵占罪。

3. 丙客观上实施了秘密窃取乙家石狮的盗窃行为,因无盗窃故意,不构成盗窃罪。

4. 甲骗丙,而取得了乙的石狮,甲虽有欺骗行为,但丙对乙的石狮没有处分(转移占有)权限,甲不构成三角诈骗。

5. 甲利用没有盗窃故意的丙来盗窃乙的石狮,构成盗窃罪的间接正犯。

(二)对于丙的1万元

观点一:如认为第三人善意取得,则购买者无财产损失。甲虽对购买者实施了诈骗行为,但因被骗者无财物损失,甲不能触犯诈骗罪。

观点二:如第三人不能主张善意取得,则购买者有财产损失。对于1万元钱,甲对购买者实施了诈骗行为,被骗者基于认识错误转移占有,有财物损失,甲对外地人触犯诈骗罪。二行为对象不同,有两个受害人,不属事后不可罚,应当数罪并罚。

3. 被骗人基于认识错误,而处分(转移占有)财物。

(1) **处分:转移占有**。原占有人有放弃占有的意思。

(2) 被骗人有处分财物的意识(意识处分行为说)。

对转移占有的情况有认识
①对被处分的特定物品的性质有认识;②对被处分的特定物品的数量有认识。
并不要求被骗人对于特定物品的真实价值有认识。

【事例30】郑某冒充银行客服发送短信，称张某手机银行即将失效，需重新验证。张某信以为真，按短信提示输入银行卡号、密码等信息后，又将收到的编号为135423的"验证码"输入手机页面。后张某发现，其实是将135423元汇入了郑某账户。

【答案】

（1）行为人实施了欺骗行为，但被害人受骗后，并不知晓"135423"是转账钱款数额，不知其实施了转移占有的行为。没有处分意识，不能构成诈骗罪。

（2）行为人在原占有人不知情的情况下，将钱款转移占有的，系秘密窃取的盗窃行为，根据《刑法》第264条，构成盗窃罪。

（二）刑法对于诈骗罪的提示性规定(特殊对象、特殊行为形式)

1. <u>电信资费诈骗</u>。
2. <u>骗免规费型诈骗</u>。
3. <u>诉讼诈骗</u>(三角诈骗)。
4. "食宿诈骗（吃霸王餐）"的三种不同情形。
5. <u>套路贷</u>。

（三）盗窃罪与诈骗罪的区分：有骗不一定构成诈骗罪，被骗人（有处分权限的人）有处分（转移占有的行为和意识）才构成诈骗罪

欺骗	对象人（被骗人）		处分（转移占有）行为和处分意识	
情况	有处分权限	无处分权限	有处分行为和意识	无处分行为和意识
罪名	（三角）诈骗罪	盗窃罪间接正犯	诈骗罪	盗窃罪

【事例31】张三把贵重的茅台放入便宜的二锅头的包装盒，在柜台上谎称买二锅头，支付了二锅头的价款，拿走了茅台。

【答案】

（一）张三有诈骗行为，被骗人没有处分意识，不构成诈骗罪。

（二）在被骗人不知道情况下拿走了茅台，张三系秘密窃取的盗窃行为，根据《刑法》第264条，构成盗窃罪。

（四）多观点题：诈骗罪的处分意识是否需<u>认识到财物数量</u>?

观点辨析：诈骗罪中处分意识是否需认识到财物数量	
通说观点：对于转移占有事实，财物的性质、<u>数量</u>均要有认识	少数观点：对于转移占有事实，只需对财物性质有认识，<u>无需对财物数量有认识</u>
对性质、数量没有认识的，不构成诈骗罪，涉嫌盗窃罪	对性质有认识，对数量没有认识的，可构成诈骗罪

【事例32：仙人跳案】陈男假装自己是卖淫女，诱骗欲嫖娼的张男加其微信，发送给张男一个"服务费3000元"的支付小程序虚假链接，欺骗张男点击付款。实际为手机木马程序，将张男微信零钱账户中的10万元转走。

【答案】

（一）对3000元：有诈骗行为，有处分意识，根据《刑法》第266条，构成诈骗罪。

（二）对97000元：诈骗行为，被骗人对数额没有认识。

观点一：处分意识需要对数额有认识，没有处分意识，不构成诈骗罪，根据《刑法》第264条，构成盗窃罪。数罪并罚。

观点二：处分意识不需要对数额有认识，有处分意识，构成诈骗罪。

【方鹏刑法主观题练习14-7：臧某等盗窃、诈骗案】

【案情】臧某在网络上注册了一家淘宝网店铺，获悉被害人金某的建设银行网银账户内有305 000余元存款且无每日支付限额，以尚未看到金某付款成功的记录为由，发送给金某一个交易金额标注为1元而实际植入了支付305 000元的计算机程序的虚假链接，谎称金某点击该1元支付链接后，其即可查看到付款成功的记录。金某在诱导下点击了该虚假链接，其建设银行网银账户中的305 000元随即通过臧某预设的计算机程序，支付到臧某的账户中。被害人金某误认为只支付了1元。（事实一）

臧某又以虚假身份开设无货可供的淘宝网店铺，并以低价吸引买家。与买家商谈好商品价格后，以方便买家购物为由，将该虚假淘宝网链接通过阿里旺旺聊天工具发送给买家。买家误以为是淘宝网链接而点击该链接进行购物、付款，并认为所付货款会汇入支付宝公司为担保交易而设立的公用账户，但该货款实际通过预设程序转入网游网站在支付宝公司的私人账户，再转入臧某的工商银行卡中。臧某用上述手段作案，获取22 000元，未发货而携款潜逃。（事实二）

【问题】事实一、事实二，臧某构成何罪？说明理由。可以陈述不同观点（如不计数额）。

【简要答案】

（一）事实一

臧某多转走金某账户304 999元的行为性质，涉及如何界定诈骗罪中处分意识<u>是否需对财物的数量有认识的问题</u>。

1. 观点一：构成盗窃罪。

理由是：如认为作为诈骗罪构成要素的被骗人的处分意识，不仅要求认识到转移占有的财物的性质，<u>也需认识到财物的数量</u>。则本案中被人未认识到多支付的钱款数额及其转移占有的事实，对该钱款，系在被害人不知情的情况下转移占有。臧某系秘密窃取的盗窃行为，根据《刑法》第264条，构成盗窃罪。

2. 观点二：构成诈骗罪。

理由是：如认为作为诈骗罪构成要素的被骗人的处分意识，只需认识到转移占有的财物的性质，无需认识到财物的数量。则本案中被骗人已认识钱款转移占有的事实，有处分财物的行为。臧某骗取金某实施处分行为，依照《刑法》第 266 条，构成诈骗罪。

（二）事实二：对 22 000 元，构成诈骗罪。

第五节　侵占罪

第 270 条【侵占罪】将代为保管的他人财物非法占为己有，数额较大，拒不退还的，处二年以下有期徒刑、拘役或者罚金；数额巨大或者有其他严重情节的，处二年以上五年以下有期徒刑，并处罚金。

将他人的遗忘物或者埋藏物非法占为己有，数额较大，拒不交出的，依照前款的规定处罚。

本条罪，告诉的才处理。

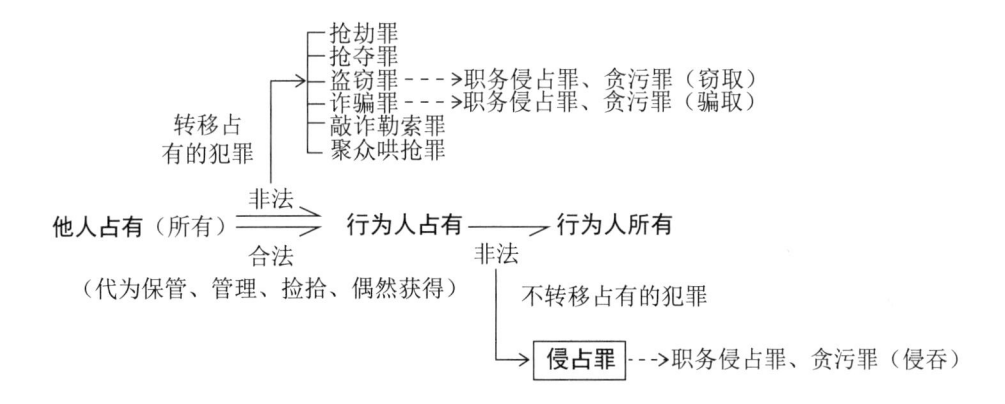

```
                      ┌─ 抢劫罪
                      ├─ 抢夺罪
                      ├─ 盗窃罪 ----→ 职务侵占罪、贪污罪（窃取）
         转移占        ├─ 诈骗罪 ----→ 职务侵占罪、贪污罪（骗取）
         有的犯罪      ├─ 敲诈勒索罪
                      └─ 聚众哄抢罪

                      非法
         他人占有（所有）══════⟹ 行为人占有 ──── 行为人所有
                      合法                 │非法
         （代为保管、管理、捡拾、偶然获得）   │
                                          │  不转移占有的犯罪
                                          └→ 侵占罪 --→ 职务侵占罪、贪污罪（侵吞）
```

侵占罪与转移占有型犯罪的区分：财物由原占有人转归行为人占有，转移占有是否非法（抢劫、抢夺、聚众哄抢；敲诈、诈骗；盗窃）？

【事例 33】甲购买了乙公司的一批车辆，支付购车首付款；双方约定，在甲支付完全款之后，才能获得车辆所有权。乙公司为保障其权利，在车辆上安装了定位系统。

甲获取车辆之后，不想继续支付余款，欲变卖该批车辆，遂将计划告知好友丙，请其利用信息网络干扰 GPS 定位系统，致使车辆定位系统崩溃。之后，甲顺利将车辆变卖。

【答案】

（一）干扰系统而使车辆定位系统崩溃的行为，根据《刑法》第 286 条，触犯破坏计算机信息系统罪。

（二）关于财产犯罪：1. 被害人。从所有权方面分析，汽车所有权仍归卖方乙公司所有；乙公司是被害人。2. 对象是该批车辆。3. 占有状态。汽车脱离卖方乙公司占有，归甲独立占有，可认为是受委托保管物，系侵占罪对象。4. 甲将独立占有的他人所有财物非法所有，构成侵占罪。

（三）罪数上：甲触犯破坏计算机信息系统罪教唆犯、侵占罪的正犯；丙触犯破坏计算机信息系统罪、侵占罪的帮助犯。根据《刑法》第287条的规定，以目的行为侵占罪论处。

一、构成特征要点：脱离他人占有物+非法所有行为

1. 侵占罪的对象：系脱离他人占有、归行为人独立占有、他人所有的财物。

（1）已脱离他人占有。财物已脱离原占有人（物主人、管理人、委托人）的占有、控制。

（2）行为人独立占有。行为人独立于原占有人的占有。基于受委托、租赁、借用、加工承揽、运输等一切民法上具有占有内容的合同，以及无因管理、不当得利的原因而占有，以及基于不法原因而占有保管物。

观点辨析：基于不法原因而占有的保管物是否属于侵占罪的对象	
通说观点：属于，构成侵占罪	少数观点：不属于，不构成侵占罪
刑法侵占罪对象"代为保管的他人财物"包括基于不法原因而取得的保管物；作为侵占罪对象的"合法的占有"财物，不是对占有行为本身法律性质的评价，而是指之前转移占有行为不构成犯罪	民法上基于不法原因而委托给付的财物，不属于"合法占有"，财物不受民法保护，也当然不受刑法保护，委托人没有返还请求权，对象不能成为侵占罪的对象

（3）表现为代为保管物：遗忘物、埋藏物，均系行为人合法占有的、他人所有的财物（有主物、脱离占有物）。

2. 侵占行为：非法所有。包括谎称被盗、被抢，自盗、自抢，用假冒品归还，等等。

3. 责任：侵占故意，要求行为人明知对象物已脱离他人占有；非法所有的目的。

【事例34】甲路过某自行车修理店，见有一辆名牌电动自行车（价值1万元）停在门口，欲据为己有。甲见店内货架上无自行车锁便谎称要购买，催促店主去50米之外的库房拿货。店主临走时对甲说："我去拿锁，你帮我看一下店。"店主离店后，甲骑走电动自行车。

【答案】盗窃罪。

【事例35】某国有公司的司机乙拉该公司出纳B去银行存款，B下车去银行时忘拿皮包（内有20万元），乙趁机将其藏在电瓶盒中，B回来发现皮包不见问乙是否知情，乙假装不知，并帮B沿路寻找，之后将皮包拿回家中。

【答案】盗窃罪。

二、盗窃罪与侵占罪的区分：客观上财物是归他人占有还是归行为人占有，主观上是盗窃故意还是侵占故意

	盗窃罪	侵占罪
犯罪对象	他人占有的财物（8种），包括事实上占有、观念占有	脱离他人占有、独立占有、他人所有的财物
行为	非法转移占有	非法所有
责任内容	认为系他人占有的财物，非法所有目的	认为财物脱离他人占有，非法所有目的

【事例36：罗某盗窃案】罗某进入海口市金夜娱乐广场851包厢陪伴客人唱"卡拉OK"。当晚10时许，在此消费的客人陈某将装有现金等物的黑色手提包置于电视机上，到包厢外打电话。嗣后，包厢内其他客人结账后离开娱乐广场。罗某送客人走后返回851包厢，认为客人已走。将陈某的手提包拿进包厢的卫生间，取走包内现金12 000元。陈某打完电话回到851包厢欲取包时，发现手提包不见。

【问题】陈某的手提包归谁占有？罗某构成盗窃罪，还是侵占罪？说明理由。

【简要答案】归陈某占有，盗窃罪。

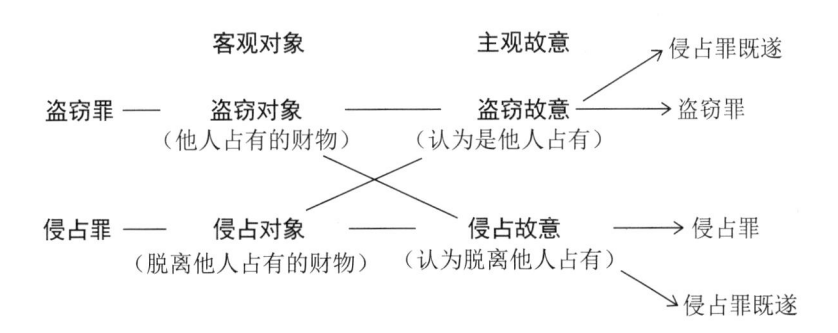

```
              客观对象              主观故意
                                              ┌→ 侵占罪既遂
盗窃罪 ── 盗窃对象 ────── 盗窃故意 ─┼→ 盗窃罪
         （他人占有的财物）（认为是他人占有）│
                      ╲  ╱                  
                       ╲╱                    
                       ╱╲                    
                      ╱  ╲                   
侵占罪 ── 侵占对象 ────── 侵占故意 ──→ 侵占罪
         （脱离他人占有的财物）（认为脱离他人占有）
                                              └→ 侵占罪既遂
```

【事例37】甲潜入乙的住宅盗窃，将乙的皮箱（内有现金3万元）扔到院墙外，准备一会儿翻墙出去再捡。偶尔经过此处的丙发现皮箱无人看管，误认为是别人遗忘在路边的，遂将其拿走，据为己有。15分钟后，甲来到院墙外，发现皮箱已无踪影。甲、丙行为如何定性？

【答案】甲：盗窃罪，既遂。丙：侵占罪。

三、多观点题

基于不法原因而取得的保管物是否属于侵占罪的对象：侵占罪 VS 不构成侵占罪

观点辨析：基于不法原因而取得的保管物是否属于侵占罪的对象	
通说观点：属于，构成侵占罪	少数观点：不属于，不构成侵占罪

续表

观点辨析：基于不法原因而取得的保管物是否属于侵占罪的对象	
刑法侵占罪对象"代为保管的他人财物"包括基于不法原因而取得的保管物；作为侵占罪对象的"合法的占有"财物，不是对占有行为本身法律性质的评价，而是指之前转移占有行为不构成犯罪	民法上基于不法原因而委托给付的财物，不属"合法占有"，财物不受民法保护，也当然不受刑法保护，委托人没有返还请求权，对象不能成为侵占罪的对象

【事例38】 甲为了谋取不正当利益，将100万元行贿款交给乙，委托乙帮助送给县委书记丙。乙截留了60万元据为己有，只送给丙40万元。

【答案】 关于乙"截贿"行为的定性，涉及<u>基于不法原因而取得的保管物是否属于侵占罪的对象</u>的问题。

（1）观点一：如认为侵占罪的对象"代为保管的他人财物"，包括基于不法原因而取得的保管物。侵占罪对象的"合法的占有"财物，是指之前转移占有行为不构成犯罪。本案中甲托乙将贿赂款送与丙，该款项属于侵占罪的对象，乙非法占有其中60万元，触犯侵占罪。乙另行触犯行贿罪的帮助犯。应当两罪并罚。

（2）观点二：如认为侵占罪的对象"代为保管的他人财物"，应是民法上"合法的占有"财物。本案中甲托乙将贿赂款送与丙，该款项属于乙帮甲保管的赃款，占有本身非法，不属于侵占罪的对象，乙非法占有其中60万元，不能触犯侵占罪。乙仅构成行贿罪的帮助犯一罪。

【方鹏刑法主观题练习14-8：梁某捡金不还案】

【案情】 2008年12月9日8时许，一家珠宝公司的员工王某在深圳机场办理行李托运手续时中途离开，将一个装有14555.37克黄金首饰的小纸箱放在行李手推车上方的篮子内，并单独停放在柜台前1米的黄线处。现场监控视频显示，王某离开33秒后，机场清洁工梁某出现在手推车旁。大约半分钟后，梁某将纸箱搬进机场一间厕所。王某约4分钟后返回，发现纸箱不见了，随即向公安机关报警。民警于当天下午前往梁某家中，将这只纸箱追回，尚有136.49克黄金首饰去向不明。经鉴定，纸箱内黄金首饰价值300余万元。梁某供称以为黄金系客人遗忘的物品。

【问题】 梁某的行为如何定性？说明理由。

【简要答案】 侵占罪。

第十五章 贪污贿赂、渎职犯罪（刑法分则第八章、第九章）

分则第八章 贪污贿赂罪（14）		
第382条	贪污罪	国家工作人员；受民事委托人员
第384条	挪用公款罪	国家工作人员
第395条 第1款	巨额财产来源不明罪	国家工作人员
第2款	隐瞒境外存款罪	国家工作人员
第396条 第1款	私分国有资产罪	国家机关、国有单位
第2款	私分罚没财物罪	司法机关、行政执法机关
第385条	受贿罪	国家工作人员
第389条	行贿罪	自然人→国家工作人员
第388条之一	利用影响力受贿罪	国工、离职国工近亲属、关系密切人，离职国工
第390条之一	对有影响力的人行贿罪	自然人→国工、离职国工近亲属、关系密切人，离职国工
第392条	介绍贿赂罪	自然人→介绍自然人、单位→向国工自然人
第387条	单位受贿罪	国家机关、国有单位
第391条	对单位行贿罪	自然人、单位→国家机关、国有单位
第393条	单位行贿罪	单位→自然人

第一节 贪污罪、挪用公款罪

一、贪污罪

第382条【贪污罪】<u>国家工作人员</u>利用职务上的便利，侵吞、窃取、骗取或者以其他手段非法占有公共财物的，是贪污罪。

<u>受国家机关、国有公司、企业、事业单位、人民团体委托管理、经营国有财产的人员</u>，利用职务上的便利，侵吞、窃取、骗取或者以其他手段非法占有国有财物的，以贪污论。

与前两款所列人员勾结，伙同贪污的，以共犯论处。

第394条【贪污罪的提示条款】国家工作人员在国内公务活动或者对外交往中接受礼物，依照国家规定<u>应当交公而不交公</u>，数额较大的，依照本法第三百八十二条、第三百八十三条（贪污罪）的规定定罪处罚。

（一）构成要件

1. 主体身份（身份犯）包括两类：国家工作人员，受民事委托人员

（1）四类国家工作人员：四类单位+从事公务

国家工作人员	国家机关中从事公务的人员	（1）国家权力机关、行政机关、司法机关、军事机关中从事公务的人员	依照法律从事公务
		（2）参照公务员条例管理的党、政、机关人员	
		（3）立法解释规定的3种人： ①依照法律、法规规定行使职权的组织中从事公务的人员 ②在受国家机关委托代表国家机关行使职权的组织中从事公务的人员 ③虽未列入国家机关人员编制，但在国家机关中行使职权的人员	
	国有公司、企业、事业单位、人民团体中从事公务的人员	国有公司、企业指国有全资公司、企业；人民团体（如乡级以上工会、共青团、妇联），区别于社会团体	
	国家机关、国有公司、企业、事业单位委派到非国有公司、企业、事业单位、社会团体中从事公务的人员	行政委派	
	其他依照法律从事公务的人员	立法解释：村民委员会等村基层组织人员协助政府从事公务（7种公务）	
		人民陪审员、人大代表、政协委员等	

1. 国家工作人员（四类单位+从事公务）有四类：国家机关、国有单位、行政委派、其他公务人员（如"村官"协公）。
2. 只要从事公务，即使没有编制，也是国家工作人员。
3. 行为人有多种身份，以实际利用的身份定罪。没有利用身份，定普通犯罪。

（2）受民事委托人员（非国家工作人员）

受民事委托人员（非国家工作人员）	因承包、租赁、临时聘用（民事委托）等管理、经营国有财产的人员（系非国家工作人员）	贪污罪、挪用资金罪、非国家工作人员受贿罪

2. 利用职务（公务）上便利，非法占为所有

主体身份	利用职务与否	罪名	关系
一般主体	单纯利用熟悉作案环境（以及劳务便利）	**盗窃罪、诈骗罪、侵占罪**	部分法

续表

主体身份	利用职务与否	罪名	关系
单位人员	利用主管、管理、经营、经手单位财物的一般职务便利	**职务侵占罪**	一般法
国家工作人员 受委托管理、经营 国有财产的人员	利用主管、管理、经营、经手公共财物的职权及公务便利	**贪污罪**	特别法

3. 身份与共犯

内外勾结：不具有国家工作人员身份的人（无身份、其它身份）与国家工作人员勾结，分别利用各自的职务便利，共同将本单位财物非法占为己有的。按照<u>主犯（职权作用大者）的犯罪性质定罪</u>。

4. 贪污罪与受贿罪区分：对方给与财物的应然权属归谁

对方给与的财物应归公有或国有	**贪污罪**：对象是公共或国有财物
对方给与的财物是给与个人的（用于换取职务行为）	**受贿罪**：对象是职务行为对价

【事例1】交警甲和无业人员乙勾结，让乙告知超载司机"只交罚款一半的钱，即可优先通行"；司机交钱后，乙将交钱司机的车号报给甲，由在高速路口执勤的甲放行。二人利用此法共得32万元，乙留下10万元，余款归甲。

【问题】甲、乙如何定性？

【答案】

（一）对于收取的钱款32万元，其来源或应然权属："只交罚款一半的钱"，暗示的是让司机不交罚款，而是交钱放行。故而，取得的钱款不是罚款，而是从司机那里收来的钱，属于贿赂款。

（二）受贿罪与贪污罪的区别：超载司机给付款项是送给甲，让甲放行，是给与贿赂款；不是缴纳给国家的罚款。故甲构成受贿罪，不构成贪污罪。

（三）共同犯罪：甲、乙二人合谋，乙利用交警甲的身份和职权索要贿赂。甲构成受贿罪正犯，乙构成受贿罪的共犯。对共同犯罪数额承担责任，故二人受贿数额均为32万。

（四）对于未收取的国家罚款损失64万元：交警甲故意将行政违章应当超载处罚的司机放行，系滥用职权行为，造成国家罚款损失64万元，构成滥用职权罪。同理，无身份的乙与其合谋利用其身份和职权犯罪，可构成滥用职权罪的共犯。

（五）在罪数方面，两个行为、两个结果，分别触犯滥用职权罪和受贿罪，应当数罪并罚。

【事例2】甲送给国有收费站站长吴某3万元，与其约定：甲在高速公路另开出口帮货车司机逃费，吴某想办法让人对此不予查处，所得由二人分成。后甲组织数十人，锯断高速公路一侧隔离栏、填平隔离沟（恢复原状需3万元），形成一条出口。路过的很多货车司机知道经过收费站要收300元，而给甲100元即可绕过收费站继续前行。甲以此方式共得款30万元，但骗吴某仅得20万元，并按此数额分成。

【问题】甲、吴某如何定性？

【答案】贪污罪。

【事例3】国有化工厂车间主任甲与副厂长乙（均为国家工作人员）共谋，在车间的某贵重零件仍能使用时，利用职务之便，制造该零件报废、需向五金厂（非国有企业）购买的假象（该零件价格26万元），以便非法占有货款。甲将实情告知五金厂负责人丙，叮嘱丙接到订单后，只向化工厂寄出供货单、发票而不需要实际供货，等五金厂收到化工厂的货款后，丙再将26万元货款汇至乙的个人账户。

【问题】甲、乙、丙三人定何罪？（2014/4/2 部分）

【答案】贪污罪。

5. 共同贪污与私分国有资产罪的区分

第396条第1款【私分国有资产罪】国家机关、国有公司、企业、事业单位、人民团体，违反国家规定，以单位名义将国有资产集体私分给个人，数额较大的，对其直接负责的主管人员和其他直接责任人员，处三年以下有期徒刑或者拘役，并处或者单处罚金；数额巨大的，处三年以上七年以下有期徒刑，并处罚金。

私分国有资产罪：国有单位，以单位名义，将国有资产，集体私分给个人
私分国有资产罪与集体贪污的区分：单位行为 VS 个人行为。（1）私分的人员的多少；（2）单位集体研究与否；（3）单位内部员工知情与否。

6. 巨额财产来源不明罪

第395条第1款【巨额财产来源不明罪】国家工作人员的财产、支出明显超过合法收入，差额巨大的，可以责令该国家工作人员说明来源，不能说明来源的，差额部分以非法所得论，处五年以下有期徒刑或者拘役；差额特别巨大的，处五年以上十年以下有期徒刑。财产的差额部分予以追缴。

主体身份	国家工作人员
事实前提	财产、支出明显超过合法收入，差额巨大（以家庭计超30万）；可责令其说明来源
行为	不作为：不能说明来源（合法）
推定结论	差额部分以非法所得论

【方鹏刑法主观题练习15-1：杨某虎、王某芳等骗拆迁款案】

【案情】杨某虎在任浙江省义乌市委常委、兼任该市国际商贸城建设领导小组副组长、兼指挥部总指挥期间，得知某村将列入拆迁和旧村改造范围后，决定在该村购买旧房，在拆迁安置时骗取非法利益。遂与王某芳（杨某虎的妻妹）、郑某潮（王某芳之夫）共谋后，由王、郑二人出面，通过共和村王某某，以王某芳的名义在该村购买赵某某的3间旧房（房产证登记面积61.87平方米），编造了由王某芳等人签名的申请报告，谎称"占地90.2平方米"，要求义乌市国土资源局更正。

随后，杨某虎利用职务便利，指使其下属的国际商贸城建设指挥部工作人员以该部名义对该申请报告盖章确认，并使该申请报告得到义乌市国土资源局和义乌市政府认可，从而让王某芳、王某祥多获得补偿建设用地90平方米，实际非法所得229.392万元。事后，王某芳、王某祥送给杨某虎100万。

【问题】杨某虎、王某芳构成何罪？说明理由。

【简要答案】贪污罪。

二、挪用公款罪

第384条【挪用公款罪】<u>国家工作人员</u>利用职务上的便利，挪用公款<u>归个人使用</u>，进行非法活动的，或者挪用公款数额较大、进行营利活动的，或者挪用公款数额较大、超过三个月未还的，是挪用公款罪，处五年以下有期徒刑或者拘役；情节严重的，处五年以上有期徒刑。挪用公款数额巨大不退还的，处十年以上有期徒刑或者无期徒刑。

挪用用于救灾、抢险、防汛、优抚、扶贫、移民、救济<u>款物</u>归个人使用的，从<u>重</u>处罚。

（一）构成要件要点

1. 主体身份（身份犯）：仅为国家工作人员。受民事委托人员挪用，定挪用资金罪。
2. 利用职务（公务）上的便利
3. **"挪用公款归个人使用"**（挪作私用）[客观不法行为]："三私"。

决定者	公款去向	名义	谋取利益	三私
个人决定	供自然人（本人、亲友等）使用			去向是私人
	供其他单位（私有、国有）使用	以个人名义		去向是单位，**私人名义借**
		以单位名义	谋取个人利益	去向是单位，单位名义借，**为了谋私利**

4. 三种用途（主观欲图用于何处）及构成犯罪的条件（主观责任的量）

	用途	立法数额	时间	司法数额
挪用公款归个人使用	进行非法活动			3万
	进行营利活动	数额较大		5万
	其他活动（生活消费使用）	数额较大	3个月	5万

(二)挪用公款罪(不具非法占有目的)与贪污罪(非法占有目的)

1. 推定行为人主观上具有非法占有目的、构成贪污罪的事实依据(证据推断规则):

(1) 携带挪用的公款潜逃的。

(2) 挪用公款后采取虚假发票平账、销毁有关账目等手段,使所挪用的公款已难以反映在单位财务账目上,且没有归还行为的。

(3) 截取单位收入不入账,非法占有,使所占有的公款难以反映在单位财务账目上,且没有归还行为的。

(4) 有证据证明行为人有能力归还所挪用的公款而拒不归还,并隐瞒挪用的公款去向的。

2. 对查明有非法占有目的的数额,以贪污罪定罪。剩余数额,如符合挪用公款罪的构成要件,认定为挪用公款罪,数罪并罚。

(三)挪用公款罪的共同犯罪:各怀鬼胎,各自主观定

	甲(国工)	乙	
客观	挪作私用	教唆、帮助	共同行为
主观	想用于A用途	想用于B用途	各自主观
罪名	正犯行为+A用途	共犯行为+B用途	

【事例4】甲找到某国有事业单位的会计乙称自己公司生意困难,让乙挪出钱来一起做生意,并许诺给乙好处。乙便找机会从公司账户中拿出300万元借给甲。甲从中拿了10万元给乙。之后,甲因用此款进行违法行为被公安机关逮捕,乙害怕受牵连,携带100万元公款潜逃。

【问题】甲、乙的行为如何定性?

【答案】

(一)乙

1. 挪用,进行营利活动,构成挪用公款罪正犯,数额300万元。

2. 携带100万元公款潜逃,具有非法占有目的,构成贪污罪。

3. 收受贿赂,数额10万元,受贿罪。

4. 数罪并罚。

(二)甲

1. 教唆乙挪用,构成教唆犯,主观上是用于违法活动,数额300万元。

2. 行贿罪。

3. 数罪并罚。

(四) 挪用公款罪、挪用资金罪、挪用特定款物罪

第 272 条第 1 款【挪用资金罪】公司、企业或者其他单位的工作人员，利用职务上的便利，挪用本单位资金归个人使用或者借贷给他人，数额较大、超过三个月未还的，或者虽未超过三个月，但数额较大、进行营利活动的，或者进行非法活动的，处三年以下有期徒刑或者拘役；挪用本单位资金数额巨大的，处三年以上七年以下有期徒刑；数额特别巨大的，处七年以上有期徒刑。

第 273 条【挪用特定款物罪】挪用用于救灾、抢险、防汛、优抚、扶贫、移民、救济款物，情节严重，致使国家和人民群众利益遭受重大损害的，对直接责任人员，处三年以下有期徒刑或者拘役；情节特别严重的，处三年以上七年以下有期徒刑。

罪名	主体身份	核心构成要素				关系
挪用公款罪	国家工作人员	利用公务便利	挪作私用	本单位款项（及特定款物）	量的要素	特别法（身份特别）
挪用资金罪	单位人员	利用职务便利				一般法
挪用特定款物罪	责任人员	利用职务便利	挪作其它公用	特定款物	重大损害	挪作其他公用

(五) 罪数：一般（受贿、构成其他犯罪）数罪并罚；挪用生息公款后将利息据为己有，认定为挪用一罪

【方鹏刑法主观题练习 15-2：村官方某、马某等贪腐案】

【案情】某地政府为村民发放扶贫补贴，各村村委会主任受乡政府委托，审核本村申请材料，将材料上报给乡政府，并负责分发补贴款。某村村委会主任方某、会计林某以及村民黄某合谋，由黄某伪造申请材料，由方某、林某审核，企图每人套取 10 万元补贴款（共计 30 万元）。

方某任期届满，马某继任村委会主任后，政府才将补贴款拨到村委会。马某在分发补贴款时，发现了方某、林某和黄某的企图，便只发给三人各 7 万元（共计 21 万元），将剩余 9 万元据为己有。三人心知肚明，但不敢声张。（事实一）

后来，政府又在该村征收村集体土地，马某又想让国土局把本应打到集体账户的征收款打到自己私人账户，以私自非法获取土地征收款。欲找县国土局局长陈某帮忙，遂送给县工商局局长李某 20 万元，托其找陈某说情。李某与陈某不熟，送 8 万元给县财政局局长张某，让张某找陈某。张某找到陈某后，谎称马某这么做是为了村里分配方便、少起纠纷，陈某碍于情面，没有收钱，但答应帮忙。后陈某指令国土局把土地征收款 1000 万元打至马某私人账户，被马某侵吞其中 200 万元，其他 800 万元分配给了村民。

马某为感谢张某，从村委会账户取款 30 万元购买玉器，并指使会计林某将账做平。马某将玉器送给张某时，被张某拒绝。马某只好将玉器退还商家，将退款 30 万元

返还至村委会账户,并让林某再次平账。(事实二)

【问题】

1. 事实一中,方某、林某、黄某、马某应当如何定性?说明理由。

2. 事实二中,马某、李某、张某、陈某、林某应当如何定性?说明理由。

3. 在事实一中,如果乡政府只是委托各村村委会主任审核本村申请材料,将材料上报给乡政府,并未委托村委会主任负责分发补贴款。乡政府受理村民申请补贴材料之后,直接将补贴款打给村民,或者让村委会帮村民代领。则事实一中各行为人又如何定性?说明理由。

【简要答案】

一、事实一

(一)方某:贪污罪。

(二)林某、黄某:贪污罪的帮助犯。

(三)马某:贪污罪。

二、事实二

(一)陈某:滥用职权犯罪。

(二)张某:受贿罪,滥用职权犯罪的教唆犯,数罪并罚。

(三)李某:行贿罪,受贿罪。

(四)马某、林某:职务侵占罪。

三、第三问

(一)方某、林某、黄某:贪污罪。

(二)马某:职务侵占罪,掩饰犯罪所得罪,数罪并罚。

第二节 贿赂犯罪

收钱方(承诺)		送钱方(为了不正当利益)	
国家工作人员	受贿罪(普通;斡旋[不正当])	自然人→国工	行贿罪
		单位→国工	单位行贿罪
国工、离职国工近亲属、关系密切人;离职国工	利用影响力受贿罪[不正当]	自然人→国工、离职国工近亲属、关系密切人;离职国工	对有影响力的人行贿罪
国家机关、国有单位	单位受贿罪	自然人、单位→国家机关、国有单位	对单位行贿罪
非国家工作人员	非国家工作人员受贿罪	自然人、单位→非国工	对非国家工作人员行贿罪
自然人→介绍自然人、单位→向国工自然人:**介绍贿赂罪**			

```
收钱方              送钱方
┌────┐    受贿罪 — 行贿罪    ┌────┐
│国工│ ╲                    │自然人│
│自然人│  ╲ 受贿罪    对单位行贿罪
└────┘    ╲ ╱
           ╳
          ╱ ╲ 单位行贿罪
         ╱   ╲
┌────┐  ╱ 单位受贿罪          ┌────┐
│国字│ ╱                      │单位│
│单位│  单位受贿罪 — 对单位行贿罪 └────┘
└────┘
   利益                    不正当利益
 （客观承诺）               （主观目的）

┌────┐  非国家工作人员   对非国家工作人员   ┌────┐
│非国工│     受贿罪    ←    行贿罪        │自然人│
│自然人│                                   │单位│
└────┘                                    └────┘
```

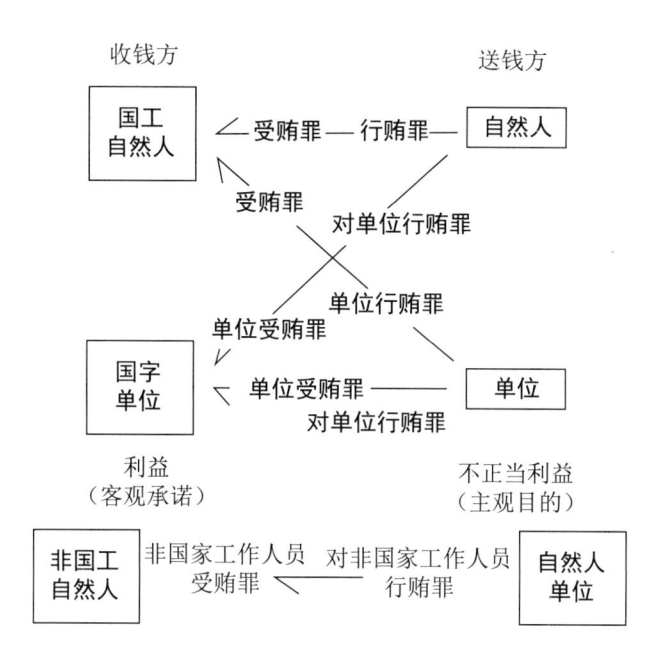

一、受贿罪：权钱交易

客观不法	身份	国家工作人员	4类国家工作人员
	行为	普通受贿（利用职权）	索贿：无需谋利要素
			收贿：谋利（**客观承诺**）
		斡旋型受贿（利用职位）	利用官位、通过其他国工、不正当利益（客观承诺）
		在任时约定，离职后受贿	以约定为实行行为
		不作为受贿	特定关系人，不退还上交
	对象	财物（贿赂）	货币、物品、财产性利益
			回扣、手续费形式的贿赂
			变相贿赂：财产性利益
	结果（既遂）	取得控制说（一般3万以上）	
	因果关系		

（一）主体身份：国家工作人员+利用职务便利

（二）受贿罪的行为形式

1. 普通受贿（索取贿赂、收受贿赂）：出卖自身职权

第385条第1款【普通受贿罪】国家工作人员利用职务上的便利，索取他人财物的，或者非法收受他人财物，为他人谋取利益的，是受贿罪。

索取贿赂（主动要）		无需"为他人谋取利益"
收受贿赂（被动收）	需要"为他人谋取利益"（正当、不正当）	客观构成要件要素（客观上承诺即可） 1. 实际或者承诺为他人谋取利益的；2. 明知他人有具体请托事项的；3. 履职时未被请托，但事后基于该履职事由收受；4. 索取、收受具有上下级关系的下属或者具有行政管理关系的被管理人员的财物，可能影响职权行使

2. 斡旋型受贿：出卖职位便利条件（打招呼）

第388条【斡旋型的受贿罪】<u>国家工作人员</u>利用本人职权或者地位形成的<u>便利条件</u>，通过<u>其他国家工作人员职务上的行为</u>，为请托人谋取<u>不正当利益</u>，索取请托人财物或者收受请托人<u>财物</u>的，以受贿论处。

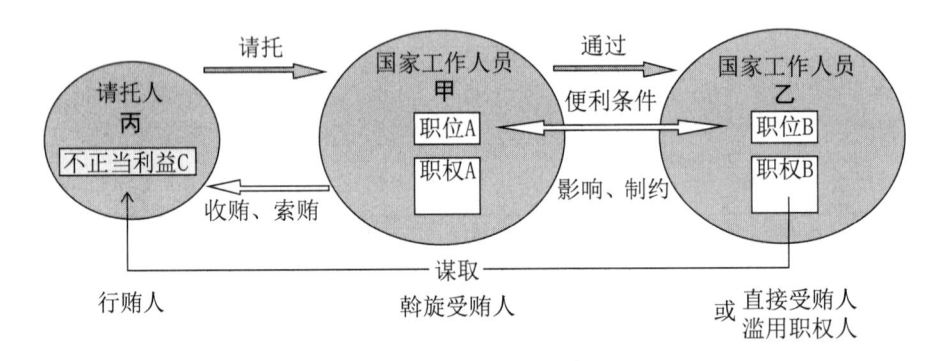

主体身份：国家工作人员	要有"官位"
利用本人职权或者地位形成的便利条件	本人利用"官位影响"，与被招呼的办事官员之间具有职位影响、<u>工作关系</u>。包括影响关系（同级同事关系、下上级关系）、制约（上下级关系），工作联系
<u>通过其他国家工作人员职务上的</u>行为	不是直接利用本人职权，而是直接利用本人"官位"、间接利用他人职权
为请托人谋取<u>不正当利益</u>	承诺即可。内容上，或程序上不正当，或谋取竞争优势
索取或收取请托人财物	利用"官位影响"收钱，也是权钱交易

3. 离职后收钱、<u>在职时有约定</u>：以约定行为作为受贿行为

《最高人民法院、最高人民检察院关于办理受贿刑事案件适用法律若干问题的意见》第10条：国家工作人员利用职务上的便利为请托人谋取利益之前或者之后，<u>约定</u>在其离职后收受请托人财物，并在离职后收受的，以受贿论处。国家工作人员利用职务上的便利为请托人谋取利益，离职前后连续收受请托人财物的，离职前后收受部分均应计入受贿数额。

离职后收钱	在职时约定：受贿罪	在职时无约定：不构成受贿罪
在职时收钱	事先约定：受贿罪	事先无约定（事后知情）：受贿罪

4. 不作为受贿：明知特定关系人收贿而不退还

《最高人民法院、最高人民检察院关于办理贪污贿赂刑事案件适用法律若干问题的解释》第16条第2款：特定关系人索取、收受他人财物，<u>国家工作人员知道后未退还或者上交</u>的，应当认定国家工作人员具有受贿故意。这是对不作为受贿行为、受贿故意的提示性解释。反义解释，如果国家工作人员知情后退还，或者对收钱一事不知情，就不能构成受贿罪。

（三）受贿罪的对象：财物（贿赂）

1. 财物（贿赂）：货币、物品、财产性利益

《最高人民法院、最高人民检察院关于办理贪污贿赂刑事案件适用法律若干问题的解释》第12条：贿赂犯罪中的"财物"，包括货币、物品和财产性利益。财产性利益包括<u>可以折算为货币的物质利益</u>如房屋装修、债务免除等，以及<u>需要支付货币的其他利益</u>如会员服务、旅游等。后者的犯罪数额，以实际支付或者应当支付的数额计算。

2. 收受回扣型受贿：回扣、手续费形式的贿赂

第385条第2款【收受回扣型的受贿罪】国家工作人员在经济往来中，违反国家规定，收受各种名义的<u>回扣、手续费</u>，归个人所有的，以受贿论处。

财物	回扣、手续费	以"回扣、手续费"为名义，实为职务行为的不正当对价
职务便利	在经济往来中	依据职务参与的经济管理活动，以及其他经济交往活动
受贿	归个人所有	对方单位给与个人的，最后归个人私有

3. 变相受贿：财产性利益

交易形式的受贿	表面上是你情我愿买卖交易，实际上明显不当获利
收受干股形式的受贿	未出资而获得干股
以开办公司等合作投资名义的受贿	表面上是合作开办公司，实际上是出卖职权
委托理财型受贿	表面上是委托理财，实际上明显不当获利
赌博型受贿	表面上是赌博，实际上是收钱
挂名领薪型受贿	表面上是领薪，实际上是收钱
名借实给（汽车、房产）型受贿	表面上借用，实际上送与

（四）既遂标准、退还贿赂、赃物处分、罪数等

1. 受贿罪的既遂标准：取得控制说（一般 3 万元以上）

关于收受银行卡型受贿案的既未遂及数额认定。原则上，依据《最高人民法院最高人民检察院关于办理商业贿赂刑事案件适用法律若干问题的意见》第 8 条"收受银行卡的，不论受贿人是否实际取出或者消费，卡内的存款数额一般应全额认定为受贿数额"。但是，该司法解释，仍需按"实际控制"标准进行具体再解释。

（1）行贿人提供了完全充分的信息，足以保证受贿人完全取出卡内存款或者消费，但由于银行方面的原因如技术故障，或者由于受贿人自身操作问题如记错密码，导致暂时不能取出存款或者消费的，仍应认定为受贿既遂。这是因为，行贿人将银行卡送给国家工作人员并告知其相关信息后，银行卡所对应的财物控制权便已转移。国家工作人员随时可以取出存款或者刷卡消费。银行出现技术故障、个人出现操作失误等原因，并不能从实质上阻碍国家工作人员对财物的控制权。当这些障碍排除后，国家工作人员便可以正常使用银行卡。

（2）行贿人送卡后抽回存款或者以挂失等方式阻碍受贿人取款或者消费的，受贿数额以受贿人已经取款或消费的数额计算。受贿人因行贿人的上述行为未能取出或消费的部分，按受贿未遂论处。这是因为，国家工作人员收受银行卡后，虽已取得财物的控制权，但由于银行卡是行贿人以自己名义办理的，其亦可变更密码、挂失或者抽回卡内钱款，导致国家工作人员丧失对卡内剩余钱款的实际控制权，因此对剩余部分应以未遂论处。

2. 及时退还、贿赂赃物的处分

及时退还或上交	指行为人主观上没有受贿故意	不是受贿
担心查处、为掩饰犯罪而退赃	行为人受贿时主观上有受贿故意	系受贿罪既遂
悔罪、事未办成而退赃		

3. 贿赂赃物的处分

国家工作人员出于贪污、受贿的故意，非法占有公共财物、收受他人财物之后，将赃款赃物用于单位公务支出或者社会捐赠的（系受贿既遂后对赃物的处分行为），不影响贪污罪、受贿罪的认定。

（五）**罪数**：受贿后又实施渎职犯罪的罪数认定（常态：数罪并罚）

择一重罪处断（非常态）	国家机关工作人员收受贿赂，并实施徇私枉法罪，民事、行政枉法裁判罪，执行判决、裁定滥用职权罪三罪之一（记忆方法：联想法院刑庭、民庭、行政庭、执行庭）
数罪并罚（常态）	国家机关工作人员收受贿赂，并实施除上述三罪之外的其它犯罪

【事例5：高考招生案】 甲的女儿2003年参加高考，没有达到某大学录取线。甲委托该高校所在市的教委副主任乙向该大学主管招生的副校长丙打招呼，甲还交付给乙6万元现金。乙向丙打了招呼，并将3万元给丙。丙收下3万元，并答应尽量帮忙，但仍然没有录取甲的女儿。1个月后，丙的妻子丁知道此事后，对丙说："你没有帮人家办事，不能收这3万元，还是退给人家吧。"丙同意后，丁将3万元退给甲。

【答案】（一）丙：构成受贿罪（普通受贿罪）。已收下贿赂款，不属"及时退还"，构成犯罪既遂，事后退还属悔罪行为。

（二）乙：构成行贿罪，数额3万元。受贿罪（斡旋型受贿罪）数额6万元，犯罪既遂。

（三）甲：其女儿不符合条件，要求录取应属"谋取不正当利益"，构成行贿罪。

（四）丁：退还财物不能认定为毁灭证据，贿赂款没有任何形式的毁灭，丁也无此犯罪故意，不能认定成立故意毁灭证据罪。

二、利用影响力受贿罪；对有影响力的人行贿罪

第388条之一【利用影响力受贿罪】国家工作人员的近亲属或者其他与该国家工作人员关系密切的人，通过该国家工作人员职务上的行为，或者利用该国家工作人员职权或者地位形成的便利条件，通过其他国家工作人员职务上的行为，为请托人谋取不正当利益，索取请托人财物或者收受请托人财物，数额较大或者有其他较重情节的，处三年以下有期徒刑或者拘役，并处罚金；数额巨大或者有其他严重情节的，处三年以上七年以下有期徒刑，并处罚金；数额特别巨大或者有其他特别严重情节的，处七年以上有期徒刑，并处罚金或者没收财产。

离职的国家工作人员或者其近亲属以及其他与其关系密切的人，利用该离职的国家工作人员原职权或者地位形成的便利条件实施前款行为的，依照前款的规定定罪处罚。

第390条之一【对有影响力的人行贿罪】为谋取不正当利益，向国家工作人员的近亲属或者其他与该国家工作人员关系密切的人，或向离职的国家工作人员或者其近亲属以及其他与其关系密切的人行贿的，处三年以下有期徒刑或者拘役，并处罚金；情节严重的，或者使国家利益遭受重大损失的，处三年以上七年以下有期徒刑，并处罚金；情节特别严重的，或者使国家利益遭受特别重大损失的，处七年以上十年以下有期徒刑，并处罚金。

单位犯前款罪的，对单位判处罚金，并对其直接负责的主管人员和其他直接责任人员，处三年以下有期徒刑或者拘役，并处罚金。

收钱者					送钱者
利用影响力受贿罪	国家工作人员的**近亲属**或者关系密切的人	利用国工职务或利用便利条件	为请托人谋取**不正当利益**	索取或收受请托人财物数额较大或有较重情节	对有影响力的人行贿罪
	离职的国家工作人员	利用原职权或利用便利条件			
	离职的国家工作人员的近亲属或者关系密切的人	利用离职国工原职权或利用便利条件			

（一）**主体身份**：（1）**近亲属**。指夫、妻、父、母、子、女、同胞兄弟姊妹。（2）**关系密切的人**。指与国家工作人员、离职的国家工作人员人身关系密切的人，或者具有其他方面的利益的人。

（二）**利用影响力受贿罪与受贿罪共犯的区分**：有通谋为受贿罪共犯，无通谋为利用影响力受贿罪。

	有无受贿通谋	国家工作人员	关系密切人
国家工作人员的近亲属或者关系密切的人	与国家工作人员对收受、索取财物的事情有通谋	受贿罪正犯	**受贿罪共犯**
	无通谋	滥用职权犯罪	**利用影响力受贿罪**

（三）**离职的国家工作人员**：利用影响力受贿罪与受贿罪（在职时谋利、离职后收钱）区别。在职时谋利、约定收钱为受贿罪，离职后谋利为利用影响力受贿罪。

	在职时谋利	在职时约定收财	离职后收财	受贿罪
离职的国家工作人员	离职后谋不当利	利用原职权		利用影响力受贿罪
	不能查明在职时有约定或未利用原职权			不能认定犯罪

（四）**中间人**：利用官位影响，还是人身影响？是否有通谋？

中间人	利用"官位影响"+收钱+不正当利益	1. 斡旋型受贿罪
	与受贿人通谋，帮受贿人收钱（行为人不一定要收钱）+利益	2. 受贿罪共犯
	利用"人身关系影响"+收钱+不正当利益	3. 利用影响力受贿罪
	与行贿人通谋，帮行贿人送钱（行为人不一定要收钱）+行贿人为谋取不正当利益	4. 行贿罪共犯
	居中提供信息（行为人不一定要收钱）	5. 介绍贿赂罪

【**事例6：罗某受贿罪**】罗某（女）原系中国铁路文工团歌舞团歌唱演员，明知广州中车铁路机车车辆销售租赁有限公司等公司法定代表人杨某给予其财物，是为讨好其情夫张某（原铁道部运输局局长），以获得张某利用职务便利提供帮助，在北京、香

港等地，多次收受杨某给予的折合人民币157.686万元的财物，收受后告知张某。为此，张某于同一期间，为杨某的公司解决蓝箭动车组租赁到期后继续使用及列车空调设备销售等问题提供了帮助。

【问题】 罗某、张某、杨某的行为如何认定？

【答案】

（一）张某：受贿罪。

（二）罗某：受贿罪，帮助犯。

（三）杨某：单位行贿罪。

三、行贿罪

第389条【行贿罪】为谋取不正当利益，给予国家工作人员以财物的，是行贿罪。

在经济往来中，违反国家规定，给予国家工作人员以财物，数额较大的，或者违反国家规定，给予国家工作人员以各种名义的回扣、手续费的，以行贿论处。

【违法阻却事由】因被勒索给予国家工作人员以财物，没有获得不正当利益的，不是行贿。

《刑法修正案（十二）》修正：第390条【对犯行贿罪的处罚规定】对犯行贿罪的，处三年以下有期徒刑或者拘役，并处罚金；因行贿谋取不正当利益，情节严重的，或者使国家利益遭受重大损失的，处三年以上十年以下有期徒刑，并处罚金；情节特别严重的，或者使国家利益遭受特别重大损失的，处十年以上有期徒刑或者无期徒刑，并处罚金或者没收财产。

有下列情形之一的，从重处罚：

（一）多次行贿或者向多人行贿的；

（二）国家工作人员行贿的；

（三）在国家重点工程、重大项目中行贿的；

（四）为谋取职务、职级晋升、调整行贿的；

（五）对监察、行政执法、司法工作人员行贿的；

（六）在生态环境、财政金融、安全生产、食品药品、防灾救灾、社会保障、教育、医疗等领域行贿，实施违法犯罪活动的；

（七）将违法所得用于行贿的。

行贿人在被追诉前主动交待行贿行为的，可以从轻或者减轻处罚。其中，犯罪较轻的，对调查突破、侦破重大案件起关键作用的，或者有重大立功表现的，可以减轻或者免除处罚。

(一) 主体及对象：自然人给自然人

送钱方（想谋取不正当利益）	收钱方（索贿；收贿［承诺谋利］）	罪名
自然人	自然人（国工）	行贿罪
	单位（国有）	对单位行贿罪
单位	自然人（国工）	单位行贿罪
	单位（国有）	对单位行贿罪

(二) 为了"谋取不正当利益"（主观目的要素：想）

内容违法	行贿者谋取的利益违反法律、法规、规章、政策规定
程序违法	行贿者要求国家工作人员违反法律、法规、规章、政策、行业规范的规定，为自己提供帮助或者方便条件
不当竞争	违背公平、公正原则，在经济、组织人事管理等活动中，谋取竞争优势（**优惠**）

(三) 违法阻却事由：因被勒索给予国家工作人员以财物，没有获得不正当利益的，不是行贿

1. 想谋不当利益：行为人<u>主观上为了谋取不正当利益</u>，<u>被动给予</u>国家工作人员财物。
2. 被索贿：国家工作人员主动向行为人勒索财物。
3. 实际没获不当利益：<u>但事实上、客观上行为人没有谋取到不正当利益</u>。
送钱人不构成行贿，但索贿的国家工作人员构成受贿罪。

送钱者				收钱者
为了（想）谋取不正当利益	主动给予	已获得不正当利益	行贿罪	国家工作人员：受贿罪
		未获得不正当利益		
	因勒索被动给予	已获得不正当利益		
		未获得不正当利益	无罪	
为了谋取正当利益	主动给、被动给	已获得、未获得正当利益		

(四) 量刑从宽事由：追诉前主动交待，可以从轻、减轻、免除

行贿人在被追诉前主动交待行贿行为	自首
一般	可以从轻或减轻

续表

行贿人在被追诉前主动交待行贿行为			自首
犯罪较轻	对侦破重大案件起关键作用	有重大立功表现	可以减轻或免除

【事例7：张某、李某、钱某案】 张某为谋取不正当利益，给李某（国家工作人员）的妻子钱某10万元，让其帮忙代为转交给李某。钱某给李某说起此事，李某拒绝，让钱某将钱退还给张某。但钱某谎称钱已退回，实际并未退钱，而是将其用于家庭生活。张某见李某没有办成事，向钱某要钱，钱某拒绝。由此张某向监察委控告李某收钱不办事，导致案发。

【问题】 张某、李某、钱某如何定性？说明理由。

【答案】 （一）对于李某，其系国家工作人员，但其认为其妻已归还钱款，主观上没有受贿故意，不构成受贿罪。

（二）对于钱某，因李某没有实施受贿行为，不能构成受贿罪的正犯，根据共犯从属说，钱某不能构成受贿罪的共犯。钱某身为国家工作人员的近亲属，承诺为请托人谋取不正当利益，收受财物（尽管其用于包括李某在内的家庭生活，但仍应认定为钱某收受，而不是李某收受），可构成利用影响力受贿罪。

（三）对于张某，客观上贿赂实际上被钱某收受，是对有影响力的人行贿行为，主观上意图将钱送给李某，是行贿罪故意。客观主观统一，关键在于，行贿罪故意是否可以包容对有影响力的人行贿的故意？是可以的。故而重合于对有影响力的人行贿罪（既遂）。同时，张某还触犯行贿罪的未遂（"代为转交"未成）。想象竞合择一重处，以对有影响力的人行贿罪（既遂）论处。

四、介绍贿赂罪

第392条【介绍贿赂罪】向<u>国家工作人员</u>介绍贿赂，情节严重的，处三年以下有期徒刑或者拘役，并处罚金。

【追诉前交待可以减免】介绍贿赂人在被追诉前主动交待介绍贿赂行为的，可以减轻处罚或者免除处罚。

罪名	行贿罪的共犯	介绍贿赂罪	受贿罪的共犯
行为	站在行贿人一方为其帮助（送钱）	居中介绍，提供信息	站在受贿人一方为其提供帮助（收钱）
追诉前交待	一般，从、减；重大，减免	可减、免	三年以下，可从、减、免；三年以上，可从轻

五、单位受贿罪（纯正单位犯罪）

第387条第1款【单位受贿罪】<u>国家机关、国有公司、企业、事业单位、人民团</u>

体，索取、非法收受他人财物，为他人谋取利益，情节严重的，对单位判处罚金，并对其直接负责的主管人员和其他直接责任人员，处五年以下有期徒刑或者拘役。

六、非国家工作人员受贿罪；对非国家工作人员行贿罪

非国家工作人员：公司、企业或者其他单位的工作人员，亦即，不具国家工作人员身份、但有职务便利的人员（不是国工，有职务人员）。

其一，常设组织中的工作人员（不从事公务，但有职务便利）。 （1）非国有单位中，有职务的人员：非国有的公司、企业、社会团体；村民委员会、居民委员会、村民小组等常设性的组织中的工作人员（职务）。 （2）国有单位中，不从事公务、但有职务的人员：①公立医疗机构人员中非国家工作人员的<u>医生</u>（不从事公务）；②公立学校中非国家工作人员的<u>教师</u>(不从事公务）。 其二，非国有的、非常设性组织中，有职务的工作人员(不从事公务，但有职务便利）。 （1）为组织体育赛事、文艺演出或者其他正当活动而成立的组委会、筹委会、工程承包队等； （2）依法组建的评标委员会； （3）竞争性谈判采购中谈判小组； （4）询价采购中询价小组的组成人员，等。
以上组织中的国家工作人员（从事公务），如果利用公务便利，构成受贿罪。

非国家工作人员受贿罪与受贿罪的区分：主体身份不同

单位	公务	身份	事例	罪名
国有单位	从事公务	国家工作人员	国有医院院长利用院长身份；公立高校教师受单位委派	受贿罪
	不从事公务；有职务	非国家工作人员	国有医院院长利用医生身份；公立高校教师利用老师身份	非国家工作人员受贿罪
非国有单位	从事公务	国家工作人员	村长受政府委托	受贿罪
	不从事公务；有职务	非国家工作人员	村长受政府管理村集体事务	非国家工作人员受贿罪

七、综合：连环贿赂倒着推

"连环贿赂"：从最后办事人（国工）开始，"**倒着推**"；根据各行为人身份+行为分别认定。

【方鹏刑法主观题练习15-3：王、陈、赵贿赂案】

【案情】某地工商局局长王某之前帮助过企业老板陈某，为其谋取过一些不正当利益。后王某被监察机关调查。王某想请该县副县长赵某帮忙"打招呼"为其开脱，赵某说要"经费"50万元。王某没钱，遂找陈某，表示以前曾帮过陈某，现在让陈某帮自己送给赵某50万元，陈某答应。赵某收钱后，找到监察委主任张某，说要给张某20万元，要张某帮忙把王某的事情搞定，被张某拒绝。

【问题】王某、陈某、赵某的行为如何定性？说明理由。

【简要答案】

（一）张某：系国家工作人员，但没有拿钱，也没有办事，不构成犯罪。

（二）赵某：受贿罪。

1. 系国家工作人员，收受50万元，承诺利用其地位形成的便利条件，通过另一国家工作人员张某，为请托人王某谋取不正当利益，根据《刑法》第388条，系斡旋型受贿，构成受贿罪。

2. 根据《最高人民法院、最高人民检察院关于办理贪污贿赂刑事案件适用法律若干问题的解释》（法释〔2016〕9号）第13条第1项的规定，受贿罪（包括斡旋型受贿）的构成要素"为他人谋取利益"（"谋取不正当利益"）只需客观承诺即可，无需实际谋得利益。本案中，赵某已向王某作出承诺，可构成斡旋型受贿。

3. 受贿罪以收受到财物为既遂标准，赵某虽实际没有为王某谋取得利益，但已收受到财物，构成受贿罪既遂。

（三）王某：行贿罪、受贿罪，数罪并罚。

1. 为了谋取不正当利益，而给予国家工作人员赵某50万元，根据《刑法》第389条，构成行贿罪。

2. 王某送给赵某的钱款来源于陈某。在为请托人陈某谋利之后，收受其给予的50万元，根据《刑法》第385条，构成受贿罪。

3. 应以行贿罪、受贿罪，数罪并罚。

（四）陈某：行贿罪。

简要过程可以简述为：陈某先送给王某50万元，王某（与陈某一起）再转送给赵某50万。

1. 陈某为了报答之前王某帮忙，谋取不正当利益，送给王某50万，根据《刑法》第389条，构成行贿罪。

2. 陈某知情王某向赵某行贿，代表王某将50万元送给赵某，帮助王某实施行贿行为，根据《刑法》第389条、27条，构成行贿罪的帮助犯。

3. 系连续犯，应以行贿罪一罪论处。

（五）王某、赵某先后分别构成受贿罪，二人对于先后两次受贿没有共同故意，不构成受贿罪的共同犯罪。

第三节 渎职犯罪

一般法	滥用职权罪(故意犯)	玩忽职守罪(过失犯)	国家机关工作人员
特别法	徇私枉法罪		司法工作人员（刑诉职责）
	帮助犯罪分子逃避处罚罪		有查禁犯罪活动职责的国家机关工作人员
	私放在押人员罪	失职致使在押人员脱逃罪	司法工作人员（看管职责）
	徇私舞弊减刑、假释、暂予监外执行罪		司法工作人员（减刑、假释、暂予监外执行职责）
	执行判决、裁定滥用职权罪	执行判决、裁定失职罪	司法工作人员（执行职责）
特别法	徇私舞弊不移交刑事案件罪		行政执法人员
	不解救被拐卖、绑架妇女、儿童罪		负有解救职责的国家机关工作人员
	徇私舞弊不征、少征税款罪		税务机关工作人员
	放纵走私罪		海关工作人员
		国家机关工作人员签订、履行合同失职被骗罪	国家机关工作人员
	故意泄露国家秘密罪	过失泄露国家秘密罪	一般主体（保密义务）

第 397 条【滥用职权罪；玩忽职守罪】<u>国家机关工作人员</u>滥用职权或者玩忽职守，致使公共财产、国家和人民利益遭受重大损失的，处三年以下有期徒刑或者拘役；情节特别严重的，处三年以上七年以下有期徒刑。本法另有规定的，依照规定。

国家机关工作人员徇私舞弊，犯前款罪的，处五年以下有期徒刑或者拘役；情节特别严重的，处五年以上十年以下有期徒刑。本法另有规定的，依照规定。

第 399 条第 1 款【徇私枉法罪】<u>司法工作人员</u>徇私枉法、徇情枉法，对明知是无罪的人而使他受追诉、对明知是有罪的人而故意包庇不使他受追诉，或者在刑事审判活动中故意违背事实和法律作枉法裁判的，处五年以下有期徒刑或者拘役；情节严重的，处五年以上十年以下有期徒刑；情节特别严重的，处十年以上有期徒刑。

第 401 条【徇私舞弊减刑、假释、暂予监外执行罪】<u>司法工作人员</u>徇私舞弊，对<u>不符合减刑、假释、暂予监外执行条件的罪犯</u>，予以减刑、假释或者暂予监外执行的，处三年以下有期徒刑或者拘役；情节严重的，处三年以上七年以下有期徒刑。

一、司法工作人员渎职犯罪（尤其是<u>徇私枉法罪</u>，<u>徇私舞弊减刑、假释、暂予监外执行罪</u>）

	罪名	典型事例
刑事诉讼（一般法）	徇私枉法罪	刑事诉讼中司法工作人员，刑警、检察官、刑庭法官、监管人员故意乱办案

续表

	罪名	典型事例
抓捕环节	帮助犯罪分子逃避处罚罪	警察给通缉犯报信
看押环节	私放在押人员罪（故意）	押解、看守所、监狱的警察、检察官让在押犯逃走
	失职致使在押人员脱逃罪（过失）	
行刑环节	徇私舞弊减刑、假释、暂予监外执行罪	狱警、法官故意乱报材料、裁定减刑、假释、监外执行
民事行政诉讼	民事、行政枉法裁判罪	民事、行政诉讼中的司法工作人员
执行环节	执行判决、裁定滥用职权罪（故意）	执行庭法官乱执行
	执行判决、裁定失职罪（过失）	

二、国家机关工作人员与对象犯罪人构成共同犯罪及罪数认定

无共谋不构成共犯，构成职务之罪	国家机关工作人员实施渎职行为，放纵他人犯罪或者帮助他人逃避刑事处罚，构成犯罪的，依照渎职罪的规定定罪处罚
有共谋仅利用职务，可构成共犯，同时与职务之罪择一重处	国家机关工作人员与他人共谋，利用其职务行为帮助他人实施其他犯罪行为，同时构成渎职犯罪和共谋实施的其他犯罪共犯的，依照处罚较重的规定定罪处罚
有共谋，既利用职务，又不利用职务，数罪并罚	国家机关工作人员与他人共谋，既利用其职务行为帮助他人实施其他犯罪，又以非职务行为与他人共同实施该其他犯罪行为，同时构成渎职犯罪和其他犯罪的共犯的，依照数罪并罚的规定定罪处罚

三、罪数：受贿后又实施渎职犯罪的罪数认定（除三罪，其它均数罪并罚）

择一重罪处断（非常态）	国家机关工作人员收受贿赂，并实施徇私枉法罪，民事、行政枉法裁判罪，执行判决、裁定滥用职权罪三罪之一（记忆方法：联想法院刑庭、民庭、行政庭、执行庭）
数罪并罚（常态）	国家机关工作人员收受贿赂，并实施除上述三罪之外的其它渎职犯罪

【方鹏刑法主观题练习15-4：孙某果"死而复生又死记"】

【案情】1994年10月16日，在武警学校上学期间，孙某果等二人，伙同4名社会无业青年，强行将两位女青年拉上汽车，将两女轮奸。1994年10月28日，孙某果被抓捕收审。1995年6月，孙某果的母亲孙某予（时任昆明市公安局官渡分局民警）找到主管本案的警察赵某，给孙某果违规办理取保候审。1995年12月20日，盘龙区人民法院判处孙某果有期徒刑3年，未被收监执刑。（事实一）

后孙某果于1997年4月，强奸宋某（15岁）；6月1日，当众强奸了张某某（17

岁）；6月4日，当众强奸蕨某（15岁）、史某（13岁）；6月17日，欲强奸幼女张某（13岁），因张某不从，暴力殴打。7月13日，殴打致邝某、王某二人轻伤。1997年7月，盘龙区拓东路派出所接到报案后，打电话给孙某果的母亲孙某予询问其下落，孙某予作假证明谎称：孩子回四川外婆家去了。（事实二）

11月7日，孙某果及其同伙在公共场所挟持两名17岁少女，进行暴力伤害和凌辱摧残，致使其中一名少女重伤。10月22日，砸打杨某致左手中指被打断、头部缝合6针（重伤）。

1997年11月12日，孙某果被刑事拘留。1998年2月18日，昆明市中级人民法院判处孙小果死刑，剥夺政治权利终身。1999年，云南省高级人民法院经二审，改判为死刑缓期两年执行。

为了操作再审改判，孙某果的继父李某，辗转托战友找到时任云南省高级人民法院立案庭庭长田某，送给其10万元；并送给审判监督庭庭长梁某10万元；二人为李某、孙某予出主意，并建议二人再找院领导。（事实三）

李某遂又通过关系找到时任云南省省长秦某的秘书袁某，送其3万元；袁某接受请托给时任云南省高院院长赵某杰打了个电话。在赵某杰的关照之下，2007年9月，云南省高级人民法院违法对孙某果案启动再审，并最终由死缓改判孙某果有期徒刑20年。（事实四）

之后，李某夫妇同时又在监狱系统活动，操作违规减刑。李某找到其时任云南省监狱管理局政委的老乡、战友罗某，送其10万元。罗某遂授意下属为孙某果编造虚假服刑记录，接连获得减刑。（事实五）

2008年10月27日，孙某予将"联动锁紧式防盗窨井盖"的设计图纸托人从外面带进孙某果服刑的监狱。之后，孙某果以申请人身份向国家知识产权局专利局申请国家实用新型专利。监狱据此认定孙某果"重大立功"，再次报请减刑。（事实六）

孙某果总共被违规减刑5次，于2010年4月出狱，实际服刑时间只有12年5个月。

2019年3月，孙某果因故意伤害案再次被捕。2019年12月23日，法院撤销之前改判，维持1998年一审的死刑判决，并和他出狱后所犯罪行判决合并，决定对孙某果执行死刑。2020年2月20日，孙某果被执行死刑。

【问题】依次分析事实一至事实六中，赵某、孙某予、李某、田某、梁某、袁某、赵某杰、罗某的行为性质。并说明理由。

【简要答案】

（一）赵某：徇私枉法罪。

（二）孙某予：徇私枉法罪教唆犯、包庇罪、徇私舞弊减刑罪教唆犯。

（三）李某：徇私枉法罪教唆犯、徇私舞弊减刑罪教唆犯、行贿罪，数罪并罚。

（四）田某、梁某：徇私枉法罪、受贿罪，择一重处。

（五）袁某：受贿罪、徇私枉法罪教唆犯，择一重处。

（六）赵某杰：徇私枉法罪。

（七）罗某：徇私舞弊减刑罪、受贿罪，数罪并罚。

【方鹏刑法主观题练习 15-5：找关系捞人记】

【案情】赵某明利用开办夜总会之机，出钱购买女性"初夜"，与一名 9 岁幼女发生性关系。还猥亵一名 13 岁的幼女，致其外阴破裂（轻伤）。并"收养"了一名 15 岁的少女萌萌，经萌萌同意多次与其发生性关系。

赵某明被某市区公安局抓获后，其母亲陈某找到该市区财政局局长张某，将其控制下的某房产公司三成"干股"（价值 100 万元）送给张某，让张某想办法"捞人"。

张某又找到该市区分管公安工作的副区长李某，约李某打麻将，故意输给李某 20 万元，求李某帮忙。李某遂滥用职权，指令侦办此案的警察赵某想办法使赵某明无罪。

为此，陈某将赵某的妻子林某安排到其控制下的某房产公司担任"副总经理"。赵某明知赵某明有罪，但为徇私情，采取毁灭证据的手段使赵某明未受追诉。

为表示感谢，陈某预先发放给林某工资 5 万元，林某知道自己一天班都未上，也知道背后的原因，仍按赵某指示领取了该笔工资。

后案发，在全国造成极其恶劣的影响。

【问题】赵某明、陈某、张某、李某、赵某、林某应当如何定性？说明理由。

【简要答案】

（一）赵某明：强奸罪，猥亵儿童罪（加重犯），负有照护职责人员性侵罪。

（二）赵某：以徇私枉法罪、受贿罪，择一重处。

（三）林某：受贿罪帮助犯。

（四）李某：徇私枉法罪教唆犯、滥用职权罪，择一重处；受贿罪。

（五）张某：受贿罪、行贿罪、滥用职权罪（教唆犯），三罪并罚。

（六）陈某：行贿罪。

第十六章 各种诈骗犯罪

	诈骗犯罪：8个金融诈骗+1个合同诈骗+2个招摇撞骗+1个诈骗罪				关联罪名
手段	第196条	★信用卡诈骗罪	自然人	无期	妨害信用卡管理罪等；盗窃罪、抢劫罪
	第194条第1款	票据诈骗罪	自然人、单位	无期	牵连犯：伪造金融票证罪
	第194条第2款	金融凭证诈骗罪	自然人、单位	无期	
	第195条	信用证诈骗罪	自然人、单位	无期	
	第197条	有价证券诈骗罪	自然人	无期	
对象	第192条	★集资诈骗罪	自然人、单位	无期（死刑已废）	非法吸收公众存款罪
	第193条	★贷款诈骗罪	自然人	无期	骗取贷款罪、高利转贷罪
	第198条	☆保险诈骗罪	自然人、单位	十五年	与普通诈骗罪区别
场景	第224条	合同诈骗罪	自然人、单位	无期	是诈骗罪特别法
撞骗	第279条	招摇撞骗罪	自然人	十年	与诈骗罪交叉竞合
	第372条	冒充军人招摇撞骗罪	自然人	十年	
普通	第266条	诈骗罪	自然人	无期	一般法
其它	第204条	骗取出口退税罪	自然人、单位	无期	特别法
	生产、销售伪劣产品罪，侵犯著作权罪、销售侵权复制品罪，使用假币罪贪污罪（骗取）、受贿罪（虚假承诺）				整体法

第一节 信用卡诈骗罪（信用卡犯罪）

一、信用卡关联犯罪：伪造、妨害、信息

第177条第1款【伪造、变造金融票证罪】有下列情形之一，伪造、变造金融票证的，处五年以下有期徒刑或者拘役，并处或者单处二万元以上二十万元以下罚金：……（四）伪造信用卡的。

第177条之一【妨害信用卡管理罪】有下列情形之一，妨害信用卡管理的，处三年以下有期徒刑或者拘役，并处或者单处一万元以上十万元以下罚金；数量巨大或者有其他严重情节的，处三年以上十年以下有期徒刑，并处二万元以上二十万元以下罚金：

（一）明知是伪造的信用卡而持有、运输的，或者明知是伪造的空白信用卡而持

有、运输，数量较大的；

（二）非法持有他人信用卡，数量较大的；

（三）使用虚假的身份证明骗领信用卡的；

（四）出售、购买、为他人提供伪造的信用卡或者以虚假的身份证明骗领的信用卡的。

【窃取、收买、非法提供信用卡信息罪】窃取、收买或者非法提供他人信用卡信息资料的，依照前款规定处罚。

银行或者其他金融机构的工作人员利用职务上的便利，犯第二款罪的，从重处罚。

偷、卖信息	非法获取、提供真卡信息	窃取、收买或者非法提供他人信用卡信息资料	窃取、收买或者非法提供信用卡信息罪
造	造假卡	伪造信用卡	伪造金融票证罪
领	骗领真卡	使用虚假的身份证明骗领信用卡	妨害信用卡管理罪
持	持假卡，非法持真卡	明知是伪造的信用卡而持有、运输的，或者明知是伪造的空白信用卡而持有、运输；非法持有他人信用卡	妨害信用卡管理罪
买卖	出售、购买、提供假卡	出售、购买、为他人提供伪造的信用卡或者以虚假的身份证明骗领的信用卡	妨害信用卡管理罪
用	用假卡，非法用真卡	使用伪造的信用卡，或者使用以虚假的身份证明骗领的信用卡的；使用作废的信用卡的	信用卡诈骗罪
		冒用他人信用卡的；恶意透支	信用卡诈骗罪
偷卡	盗窃真卡并使用	盗窃信用卡并使用	盗窃罪
抢卡	抢劫真卡	抢劫真卡不使用、使用	抢劫罪
冒用	其它冒用	诈骗、捡拾、抢夺、敲诈真卡并使用	信用卡诈骗罪
【归纳】盗窃、抢劫真的、有效的、实体的信用卡卡片并使用，构成盗窃罪、抢劫罪；其它获取（诈骗、捡拾、抢夺、敲诈等）信用卡（包括账户）并使用，以冒用定信用卡诈骗罪			

【事例1：王某案】被告人王某于2015年12月11日20时许，在北京市朝阳区平房乡世丰国际大厦华夏银行内，拾得被害人李某遗留在该行ATM取款机内的招商银行卡1张，没有取走卡而直接在该ATM取款机中从该卡内取款人民币12 000元，被被害人李某当场发现。为抗拒抓捕，王某叫来郭某，在该华夏银行门口共同对被害人李某进行殴打，致被害人李某左颞部皮肤挫伤，左右手背皮肤划伤，经刑事科学技术鉴定属轻微伤。

【问题】王某、郭某如何定何罪？说明理由。

【简要答案】抢劫罪。

二、使用假卡、冒用真卡、恶意透支（包括信用卡账户）= 信用卡诈骗罪

第196条第1、2款【信用卡诈骗罪】有下列情形之一，进行信用卡诈骗活动，数

额较大的，处五年以下有期徒刑或者拘役，并处二万元以上二十万元以下罚金；数额巨大或者有其他严重情节的，处五年以上十年以下有期徒刑，并处五万元以上五十万元以下罚金；数额特别巨大或者有其他特别严重情节的，处十年以上有期徒刑或者无期徒刑，并处五万元以上五十万元以下罚金或者没收财产：

（一）使用伪造的信用卡，或者使用以虚假的身份证明骗领的信用卡的；

（二）使用作废的信用卡的；

（三）冒用他人信用卡的；

（四）恶意透支的。

前款所称恶意透支，是指持卡人以非法占有为目的，超过规定限额或者规定期限透支，并且经发卡银行催收后仍不归还的行为。

信用卡（银行卡）：指商业银行或者其他金融机构发行的具有消费支付、信用贷款、转账结算、存取现金等全部功能或者部分支付功能的电子支付卡。		
用假卡	使用伪造的信用卡，或者使用以虚假的身份证明骗领的信用卡	
	使用作废的信用卡	
滥用真卡	冒用他人信用卡	拾得他人信用卡并使用（柜台、ATM机均可〔司法解释〕）
		骗取他人信用卡并使用
		窃取、收买、骗取或者以其他非法方式获取他人信用卡信息资料，并通过互联网、通讯终端等使用（数字信用卡）
		其他冒用他人信用卡的情形
	恶意透支：超期超额透支，经催还不归还	

（一）刑法中的"信用卡"=银行卡

《全国人民代表大会常务委员会关于〈中华人民共和国刑法〉有关信用卡规定的解释》

（2004年12月29日公布并施行）

刑法规定的"信用卡"，是指由商业银行或者其他金融机构发行的具有消费支付、信用贷款、转账结算、存取现金等全部功能或者部分功能的电子支付卡。

（二）"用"（"使用""冒用""透支使用"）：不区分人、机器

1. 不区分人（柜台）、机器（ATM机、刷卡机、POS机、互联网、通讯终端等）

《最高人民检察院关于拾得他人信用卡并在自动柜员机（ATM机）上使用的行为如何定性问题的批复》（2008年5月7日）：拾得他人信用卡并在自动柜员机（ATM机）上使用的行为，属于《刑法》第一百九十六条第一款第（三）项规定的"冒用他人信用卡"的情形，构成犯罪的，以信用卡诈骗罪追究刑事责任。

《最高人民法院、最高人民检察院关于办理妨害信用卡管理刑事案件具体应用法律

若干问题的解释》(法释〔2018〕19号)第5条第2款第3项:窃取、收买、骗取或者以其他非法方式获取他人信用卡信息资料,并<u>通过互联网、通讯终端等使用</u>的。

2. 使用:"<u>支付使用</u>"。使持卡人受损,或在支配使用中非法获取。不包括与支付无关的出售、转让、出租、用作资信证明或者质押。

3. 冒用:<u>未经持卡人真实意思的同意</u>。

4. 恶意透支:持卡人以非法占有为目的,超过规定限额或者规定期限透支,经发卡银行两次"<u>有效催收</u>"后<u>超过</u>三个月仍不归还,数额5万元以上(<u>最新解释</u>)。前三种行为5000元以上。

【事例2:2020年新疆延考题《被家暴男的毒苹果反击》第二段】妻子向公安机关报案,陈某逃往外地,由于不敢住宾馆,于是就去了一个<u>洗脚城</u>,洗完脚看见旁边赵某睡着了,便趁机拿走其手机,发现手机的<u>支付宝绑定有储蓄卡</u>,于是利用支付宝将储蓄卡中的3万元转入自己的支付宝。保安钱某发现此情况,欲控制陈某,陈某使用暴力将钱某打成重伤,期间保安辛某、李某闻讯赶来,陈某又将辛某打成轻伤。两人最终将陈某控制,扭送派出所(事实二)。

【问题】陈某的行为如何定性?

【答案】在事实二中,陈某:抢劫罪(致人重伤)

(一)在支付宝上冒用赵某的储蓄卡,根据《刑法》第196条第1款第3项,构成信用卡诈骗罪。[注:<u>此处没有观点陈列</u>]

(二)信用卡诈骗罪系诈骗罪的特别法。

(三)陈某犯信用卡诈骗罪,为了抗拒抓捕,而当场将钱某、辛某打伤,根据<u>《刑法》第269条</u>,构成抢劫罪,系<u>转化型抢劫</u>。

(四)抢劫中致人重伤,系结果加重犯。

【事例3:2019年刑法主观题《洪某罄竹难书的罪恶一生》第四段】2016年10月,洪某潜入某政府部门办公室,趁无人之际拿走办公桌上的一个信封。打开后发现里面有8000元现金和一张背后写有密码的银行卡。洪某将现金据为己有,将信用卡交给其妻子青某,谎称:"这是我捡来的信用卡,你拿去商城买点衣服吧"。青某信以为真,但并未按照嘱咐去商场买衣服,而是在自动柜员机(ATM机)上取现4万,对此洪某并不知情(事实四)。

【问题】洪某、青某的行为如何定性?

【答案】第四段事实中,洪某构成盗窃罪,青某构成信用卡诈骗罪。

(一)洪某:构成盗窃罪。

1. 盗窃信封中的现金,根据《刑法》第264条,构成<u>盗窃罪</u>。

2. <u>盗窃信用卡并教唆青某使用</u>,根据《刑法》第196条第3款,构成盗窃罪。

3. 洪某教唆青某在商场使用,青某实际在柜员机上使用信用卡,仍系冒用信用卡的信用卡诈骗行为,在构成要件范围之内,系因果关系错误中的具体流程偏离、具体错误,洪某仍具有教唆故意,构成青某所犯信用卡诈骗罪的教唆犯。以盗窃罪一罪论处。

（二）青某：构成信用卡诈骗罪。

1. 客观上实施了盗窃信用卡并使用的承继共犯行为、信用卡诈骗行为，主观上无盗窃罪的故意，仅有冒用信用卡故意，根据《刑法》第 196 条第 1 款第 3 项，构成**信用卡诈骗罪**。[注意：这里一律以司法解释为依据，不存在对人、对机器的讨论]

2. 与洪某在信用卡诈骗罪的范围内成立共同犯罪。

三、盗窃、抢劫+真的、有效的、实体信用卡并使用=盗窃罪、抢劫罪

第 196 条第 3 款【盗窃罪】盗窃信用卡并使用的，依照本法第二百六十四条的规定（盗窃罪）定罪处罚。

《最高人民法院关于审理抢劫刑事案件适用法律若干问题的指导意见》："根据《两抢意见》第六条第一款规定，**抢劫信用卡后**使用、消费的，以行为人实际使用、消费的数额为抢劫数额。"

	盗窃信用卡（盗窃行为）	冒用信用卡（兑现行为）
	盗窃罪	信用卡诈骗罪
	盗窃罪	

（一）信用卡在盗窃、抢劫时是"财物"：有价票证与"财物"

有价票证（财产凭证）：刑法有明文规定时才是财物	不记名、不挂失的有价票证（如**现金支票**）：是财物。数额按票面数额（即可得收益）计
	记名、可挂失的有价票证（如**存折**、**存单**）：在盗窃、抢劫时是财物。数额按实际兑现数额计（兑现行为触犯它罪的系事后不可罚）。在捡到时不是财物
	信用卡：在盗窃、抢劫时是财物；在捡到、诈骗、抢夺等时不是财物
	欠条：通常不认为是财物，在可消灭债权债务时是财产性利益

罪数：盗窃信用卡的行为+冒用信用卡（信用卡诈骗罪）= 盗窃罪

《最高人民法院就王平盗窃信用卡骗取物品如何定性问题的请示的答复》

"被告人盗窃信用卡后又仿冒卡主签名进行购物、消费的行为，是将信用卡本身所含有的不确定价值转化为具体财物的过程，是盗窃行为的继续，因此不另定诈骗罪，应以盗窃一罪定性。"

【考点归纳】盗窃真的、有效的、实体信用卡并使用,定盗窃罪		
盗窃真的、有效的、实体信用卡	并使用真卡	=盗窃罪
盗窃罪	信用卡诈骗罪（事后不可罚）	
盗窃假的、无效、数字信用卡	并使用假卡，或冒用数字卡	=信用卡诈骗罪
对象不是财物，不触犯盗窃罪	信用卡诈骗罪	
盗窃信用卡信息	使用"数字"信用卡（冒用）	=信用卡诈骗罪
盗窃信用卡信息罪（牵连犯）	信用卡诈骗罪（目的行为）	

【事例4：王某等信用卡诈骗案】王某至其所在的无锡市某太阳能有限公司前台翻阅邮件，查看是否有本人申领的银行信用卡时，发现有其同事被害人任某的浦发银行信用卡邮件，便趁前台工作人员不备，将邮件带走。随后，王某通过拨打银行服务电话，提供信件中银行卡卡号、初始密码及身份资料等信息将该信件内银行卡激活后，伙同被告人顾某先后冒用该卡在ATM上提取现金、刷卡消费共计11 900元。

同时，王某还以委托他人制作的被害人孙某的假身份证骗领户名为孙某的招商银行信用卡，并冒用被害人孙某的身份刷卡套现，共计1万元。

【问题】王某行为如何认定？说明理由。

【简要答案】信用卡诈骗罪。

(二) 认识错误问题

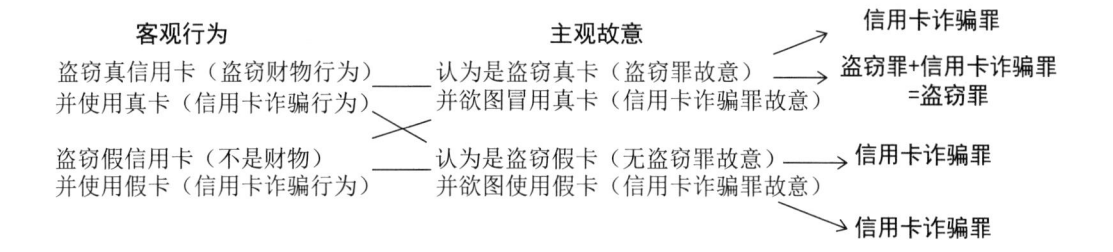

客观行为　　　　　　　　主观故意　　　　　　　　　　　　　信用卡诈骗罪
盗窃真信用卡（盗窃财物行为）——认为是盗窃真卡（盗窃罪故意）——盗窃罪+信用卡诈骗罪
并使用真卡（信用卡诈骗行为）　并欲图冒用真卡（信用卡诈骗罪故意）　=盗窃罪

盗窃假信用卡（不是财物）——认为是盗窃假卡（无盗窃罪故意）——信用卡诈骗罪
并使用假卡（信用卡诈骗行为）　并欲图使用假卡（信用卡诈骗罪故意）
　　　　　　　　　　　　　　　　　　　　　　　　　　　　　　信用卡诈骗罪

(三) 共同犯罪问题（承继的共同犯罪）

【事例5：高某、夏某、宗某杀人案（2015年主观题）】高某杀死钱某后，回到野外杀人用的野外小屋时，发现了钱某的LV手提包（价值5万元），包内有5000元现金、身份证和一张储蓄卡，高某将现金据为己有。（事实四）

三天后，高某将LV提包送给前女友尹某，尹某发现提包不是新的，也没有包装，问："是偷来的还是骗来的"，高某说："不要问包从哪里来。我这里还有一张储蓄卡和身份证，身份证上的人很像你，你拿着卡和身份证到银行柜台取钱后，钱全部归你。"尹某虽然不知道全部真相，但能猜到包与卡都可能是高某犯罪所得，但由于爱财还是收下了手提包，并冒充钱某从银行柜台取出了该储蓄卡中的2万元。（事实五）

【问题】高某和尹某的行为如何定性？可陈述不同观点。

【答案】

（一）事实五中，高某将钱某的储蓄卡与身份证交给尹某取款 2 万元的行为性质。

1. 观点一：<u>构成盗窃罪</u>。如认为死者遗物是他人占有的财物，则高某是盗窃信用卡，<u>盗窃信用卡并使用的</u>，不管是自己直接使用还是让第三者使用，根据《刑法》第 196 条第 3 款的规定，认定为盗窃罪。

2. 观点二：构成<u>信用卡诈骗罪的教唆犯</u>。如认为死者遗物是脱离他人占有的财物，则高某不是盗窃信用卡，而是拾到（侵占）信用卡，利用拾得的他人信用卡取款的，属于<u>冒用他人信用卡</u>，根据《刑法》第 196 条第 1 款第 3 项的规定，构成信用卡诈骗罪。高某唆使尹某冒用，根据《刑法》第 29 条，属于信用卡诈骗罪的教唆犯。

（二）事实五中，尹某的刑事责任

对于尹某冒充钱某取出储蓄卡中 2 万元的行为性质。涉及具体罪名故意的认定、承继的共同犯罪的问题。

1. 观点一：<u>构成盗窃罪</u>。如认为尹某主观上具有<u>盗窃罪共同犯罪故意</u>。尹某虽然没有盗窃储蓄卡，但认识到储蓄卡可能是高某盗窃所得，并且实施使用行为，属于<u>承继的共同犯罪</u>，应以盗窃罪论处。

2. 观点二：构成<u>信用卡诈骗罪</u>。尹某客观上实施了冒用他人信用卡的行为。如认为盗窃罪共同故意的成立需具体明知正犯实施有盗窃行为，尹某并不具体明知正犯盗窃，只知信用卡为他人信用卡。其主观上没有盗窃罪共同犯罪故意，<u>只有冒用信用卡故意</u>。根据《刑法》第 196 条第 1 款第 3 项的规定，构成信用卡诈骗罪。

四、以信用卡为手段的财产犯罪（盗窃罪、诈骗罪等）

（一）欺骗顾客重复刷卡、多刷货款，支付者不知情：盗窃罪。

（二）使用被止付的信用卡：如骗取货物，商家未获得货款，对商家构成诈骗罪。如商家可获得货款，银行受损的，可对银行构成盗窃罪。

（三）信用卡中没有实际对应的现金，利用 ATM 故障使其充值，或取现等，根据被骗人有无处分意识，可构成盗窃罪、诈骗罪等。

【事例 6：2018 年法考主观题《黑帮老大被骗记》】 王某组织某黑社会性质组织，刘某、林某、丁某积极参加。一日，王某、刘某在某酒店就餐，消费 3000 元。在王某用信用卡结账时，收银员吴某偷偷调整了 POS 机上的数额，故意将 3000 元餐费改成 30 000 元，交给王某结账。王某果然认错，输入密码，支付了 30 000 元。

【问题】吴某的行为如何定性？可陈述不同观点。

【答案】对于吴某的行为，有盗窃罪、诈骗罪、信用卡诈骗罪三种处理意见。

吴某基于非法占有目的，修改刷卡数额，对王某实施了欺骗行为，是否构成诈骗罪，涉及到<u>被骗人处分意识的必要认识内容的理解（是否需对财物的数量有认识）</u>。

观点一：**构成盗窃罪**。

理由是：如认为作为诈骗罪构成要素的被骗人的处分意识，不仅要求认识到转移占有的财物的性质，也需认识到财物的数量。则本案中被骗人王某未认识到多支付的钱款数额及其转移占有的事实，对该数额（27 000元）的钱款，系在被害人不知情的情况下转移占有。吴某系盗窃行为，根据《刑法》第264条，构成盗窃罪。

观点二：**构成诈骗罪**。

理由是：如认为作为诈骗罪构成要素的被骗人的处分意识，只需认识到转移占有的财物的性质，无需认识到财物的数量。则本案中被骗人王某已认识钱款转移占有的事实，有处分财物的行为。吴某利用虚构数字的方式骗取王某实施处分行为，对该数额（27 000元）的钱款，依照《刑法》第266条，构成诈骗罪。

观点三：**构成信用卡诈骗罪**

理由是：如欺骗王某结账时在POS机上刷用信用卡，可被认为是利用被害人错误的间接正犯行为，系冒用他人信用卡的间接正犯行为，根据《刑法》第196条第1款第3项，构成信用卡诈骗罪。

五、信用卡账户与网络账户、第三方支付平台（微信、支付宝等）的问题：应当区分"信用卡账户"与"网络账户"

（一）信用卡诈骗罪包括冒用信用卡账户，利用第三方平台绑定的"信用卡账户"。

（二）但是，冒用不属于信用卡账号的其它"网络账户"，例如冒用他人"蚂蚁花呗"、网络白条、网络钱包进行支付，或者转账，不属冒用信用卡，不构成信用卡诈骗罪，可能构成盗窃罪等犯罪。

【事例7】甲捡到乙的手机，并猜出了乙支付密码，发现乙开通了"蚂蚁花呗"，遂用花呗在网上向商家购买了3万元的商品。

【答案】盗窃罪。

六、多观点题：先冒用、后转钱；先转钱、后冒用

【事例8】丙盗窃李某手机（价值3千元），发现其微信账号没有余额，但绑定了信用卡，遂用李某的信用卡账户往李某的微信账户充值1万元，再将1万元用于在网上购物后将手机归还。

【问题】丙如何定罪？如果反过来呢：先将微信钱包中钱转入李某的信用卡，再用微信刷信用卡购物。又如何定性？

【答案】

（一）观点一：盗窃罪

观点二：信用卡诈骗罪。

观点三：择一重处。

（二）观点一：信用卡诈骗罪

观点二：盗窃罪。

观点三：择一重处。

【方鹏刑法主观题练习 16-1：大款 A 某信用卡里丢钱案】

【案情】大款 A 某自从在某银行办了一张信用卡后，屡次"丢钱"。

甲在提款机上装了一个"盗卡器"，并在旁边装了一个摄像头，收集到提款机上取钱的 A 某的信用卡数据、取款密码，后伪造了一张信用卡，在商城买衣服到柜台上刷了 3 万块。（事实一）

乙看见甲刷卡，误将甲伪造的信用卡当作是真的信用卡，窃走并到 ATM 机上取了 2 万块现金。（事实二）

某次，A 某到夜总会消费，花费 1 万元，刷卡的服务员丙刷了一次，让 A 某输入密码，转走了 1 万结账。丙见 A 某是大款，就骗 A 某说"信号中断，没刷上，请再刷一次"，又让 A 某再次输入密码，骗 A 向丙的账户转款 1 万。（事实三）

后来，A 某去银行取钱时，银行工作人员丁告知 A 某其老磁条信用卡要升级为芯片卡，让其填写了新卡申请单，告知其随后即将新的信用卡以邮寄方式寄至其住址，等寄到后激活。三天后，丁在寄发 A 某信用卡邮件时，偷偷记下 A 某的信用卡账号、初始密码 1234。（事实四）

尚未激活的信用卡被寄至 A 某小区物业。小区物业前台工作人员戊在管理、翻阅邮件时，发现了寄给 A 某的信用卡邮件，便趁机将邮件带回家。随后，戊通过拨打银行服务电话，提供信件中银行卡卡号、初始密码及身份资料等信息将该信件内银行卡激活后，先后冒用该卡提取现金、刷卡消费共计 5 万元。（事实五）

银行工作人员丁在网店上买东西时，尝试通过微信"让他人代付"功能，输入之前偷记下的 A 某的信用卡账号、密码结账，发现卡已激活，遂用 A 某的信用卡支付 4 万元。（事实六）

【问题】以上甲、乙、丙、丁、戊各人构成何罪？说明理由。

【简要答案】

（一）甲：信用卡诈骗罪。

（二）乙：信用卡诈骗罪。

（三）丙：盗窃罪。

（四）丁：信用卡诈骗罪。

（五）戊：信用卡诈骗罪。

第二节 金融诈骗犯罪

一、票据诈骗罪（汇票、本票、支票）

第 194 条第 1 款【票据诈骗罪】有下列情形之一，进行金融票据诈骗活动，数额较大的，处五年以下有期徒刑或者拘役，并处二万元以上二十万元以下罚金；数额巨大或者有其他严重情节的，处五年以上十年以下有期徒刑，并处五万元以上五十万元以下罚金；数额特别巨大或者有其他特别严重情节的，处十年以上有期徒刑或者无期徒刑，并处五万元以上五十万元以下罚金或者没收财产：

（一）明知是伪造、变造的汇票、本票、支票而使用的；

（二）明知是作废的汇票、本票、支票而使用的；

（三）冒用他人的汇票、本票、支票的；

（四）签发空头支票或者与其预留印鉴不符的支票，骗取财物的；

（五）汇票、本票的出票人签发无资金保证的汇票、本票或者在出票时作虚假记载，骗取财物的。

	票据诈骗罪	
票据	汇票、本票、支票	
票据欺骗手段	**使用假票、废票**：明知是伪造、变造、作废的汇票、本票、支票而使用	
	冒用：冒用他人的汇票、本票、支票	
	签发无法承兑票据：签发空头支票或者与其预留印鉴不符的支票（可扩大解释与预留签名、密码不同的支票）；签发无资金保证的汇票、本票或者在出票时作虚假记载	
	如实施了诈骗，但非利用票据欺骗手段，也不构成本罪。例如，先骗取他人货物，事后将空白支票交付给对方的，不应认定为本罪，只能认定为（合同）诈骗罪	
着手实行行为	利用虚假票据来骗人（如支付、承兑、交付等）；而不是对票据实施虚假行为	
对象	他人占有的财物	
主观	非法占有目的	
法条竞合	以票据诈骗手段，骗取银行贷款的。系两罪的交叉竞合（法条竞合），应择一重罪处断；因两罪一样重，故以目的行为贷款诈骗罪论处	

二、金融凭证诈骗罪（假存折、假存单等）：使用假证

第194条第2款【金融凭证诈骗罪】使用伪造、变造的委托收款凭证、汇款凭证、银行存单等其他银行结算凭证的，依照前款的规定处罚。

	金融凭证诈骗罪
金融凭证	银行结算凭证（委托收款凭证、汇款凭证、银行存单）
手段	**使用假证**：使用伪造、变造的
	使用真实的金融凭证进行诈骗，例如，拾捡到存折之后冒充身份取款的，不构成本罪，构成诈骗罪
法条竞合	以伪造的银行存单作抵押（质押），骗取银行贷款的，系金融凭证诈骗罪与贷款诈骗罪的交叉竞合（法条竞合），应择一重罪处断；因两罪一样重，故以目的行为贷款诈骗罪论处

三、伪造、变造金融票证罪

伪造、变造金融票证罪	伪造变造	汇票、本票、支票	票据诈骗罪
		委托收款凭证、汇款凭证、银行存单等其他银行结算凭证	金融凭证诈骗罪
		信用卡（伪造）	信用卡诈骗罪

四、非法吸收公众存款罪；集资诈骗罪（非法占有目的）

第176条【非法吸收公众存款罪】非法吸收公众存款或者变相吸收公众存款，扰乱金融秩序的，处三年以下有期徒刑或者拘役，并处或者单处罚金；数额巨大或者有其他严重情节的，处三年以上十年以下有期徒刑，并处罚金，数额特别巨大或者有其他特别严重情节的，处十年以上有期徒刑，并处罚金。

单位犯前款罪的，对单位判处罚金，并对其直接负责的主管人员和其他直接责任人员，依照前款的规定处罚。

有前两款行为，在提起公诉前积极退赃，减少损害结果发生的，可以从轻或者减轻处罚。

第192条【集资诈骗罪】以非法占有为目的，使用诈骗方法非法集资，数额较大的，处三年以上七年以下有期徒刑，并处罚金；数额巨大或者有其他严重情节的，处七年以上有期徒刑或者无期徒刑，并处罚金或者没收财产。

单位犯前款罪的，对单位判处罚金，并其直接负责的主管人员和其他直接责任人员，依照前款的规定处罚。

非法集资行为：未经许可、公开宣传、承诺返本付息、社会公众	
无非法占有目的：非法吸收公众存款罪	
有非法占有目的：集资诈骗罪	犯罪数额：以具有非法占有目的的部分款项认定

1. 符合四个条件［**未经许可**、**公开宣传**、**承诺返本付息**、**社会公众**］，是非法集资。
2. **没有非法占有目的**，定非法吸收公众存款。
3. 对具**有非法占有目的**(8种推定）的部分，成立集资诈骗。

五、骗取贷款罪（高利转贷罪）；贷款诈骗罪（非法占有目的）

第175条之一【骗取贷款、票据承兑、金融票证罪】以欺骗手段取得银行或者其他金融机构贷款、票据承兑、信用证、保函等，给银行或者其他金融机构造成重大损失的，处三年以下有期徒刑或者拘役，并处或者单处罚金；给银行或者其他金融机构造成特别重大损失或者有其他特别严重情节的，处三年以上七年以下有期徒刑，并处罚金。

第175条第1款【高利转贷罪】以转贷牟利为目的，套取金融机构信贷资金高利转贷他人，违法所得数额较大的，处三年以下有期徒刑或者拘役，并处违法所得一倍以上五倍以下罚金；数额巨大的，处三年以上七年以下有期徒刑，并处违法所得一倍以上五倍以下罚金。

第193条【贷款诈骗罪】有下列情形之一，以非法占有为目的，诈骗银行或者其他金融机构的贷款，数额较大的，处五年以下有期徒刑或者拘役，并处二万元以上二十万元以下罚金；数额巨大或者有其他严重情节的，处五年以上十年以下有期徒刑，并处五万元以上五十万元以下罚金；数额特别巨大或者有其他特别严重情节的，处十年以上有期徒刑或者无期徒刑，并处五万元以上五十万元以下罚金或者没收财产：

（一）编造引进资金、项目等虚假理由的；
（二）使用虚假的经济合同的；
（三）使用虚假的证明文件的；
（四）使用虚假的产权证明作担保或者超出抵押物价值重复担保的；
（五）以其他方法诈骗贷款的。

骗取贷款行为：贷款时弄虚作假				
无非法占有目的	造成重大损失	骗取贷款罪	自然人、单位	
	骗贷时以转贷牟利为目	高利转贷罪（骗取贷款罪的特别法）		
有非法占有目的		贷款诈骗罪（犯罪数额：以具有非法占有目的的部分款项认定）	只能由自然人构成	
欺骗金融机构贷款行为：（1）**没有非法占有目的**，**但造成重大损失**，定骗取贷款罪；**具有转贷牟利目的**，定高利转贷罪。（2）**具有非法占有目的**，构成贷款诈骗罪；只能由自然人构成。				

六、保险诈骗罪

主体身份	（1）**身份犯**：投保人、被保险人、受益人。自然人、单位均可构成 （2）无身份者不能构成保险诈骗罪的正犯（间接正犯、直接正犯），只能构成共犯（帮助犯、教唆犯）
着手实行	开始"骗人"，即申报理赔
既遂	获得保险赔偿（与诈骗有因果关系）
罪数	故意造成保险事故，骗取保险金，如手段行为构成它罪，则数罪并罚
共犯	（1）保险事故的鉴定人、证明人、财产评估人明知保险诈骗，而故意提供虚假的证明文件，为他人诈骗提供条件的，以保险诈骗罪的共犯论处 （2）如不明知诈骗而明知假证，可涉嫌提供虚假证明文件罪

第三节　合同诈骗罪

第 224 条【合同诈骗罪】有下列情形之一，以非法占有为目的，在签订、履行合同过程中，骗取对方当事人财物，数额较大的，处三年以下有期徒刑或者拘役，并处或者单处罚金；数额巨大或者有其他严重情节的，处三年以上十年以下有期徒刑，并处罚金；数额特别巨大或者有其他特别严重情节的，处十年以上有期徒刑或者无期徒刑，并处罚金或者没收财产：

（一）以虚构的单位或者冒用他人名义签订合同的；

（二）以伪造、变造、作废的票据或者其他虚假的产权证明作担保的；

（三）没有实际履行能力，以先履行小额合同或者部分履行合同的方法，诱骗对方当事人继续签订和履行合同的；

（四）收受对方当事人给付的货物、货款、预付款或者担保财产后逃匿的；

（五）以其他方法骗取对方当事人财物的。

场景	在签订、履行合同过程中
合同	经济合同，至少一方主体为市场交易主体；否则构成普通诈骗罪
行为	骗取对方当事人财物
目的	以非法占有为目的；须在获取财物之前（既遂）之前产生
法条竞合	本罪与诈骗罪是特别法和一般法的关系；贷款诈骗罪等是更特别的合同诈骗

1. 合同：经济合同，即合同的内容是通过市场行为获得利润。利用其他合同，如个人之间的非市场合同、人事合同，进行诈骗的，认定为（普通）诈骗罪。

2. 本罪发生在特定的市场交易活动中，需至少一方主体为市场交易主体，否则构成普通诈骗罪。

3. 非法占有目的。该目的既可以在签订合同之前产生，也可在签订、履行合同过程中产生。只要在获取财物之前（既遂）之前，产生非法占有目的，并且有诈骗行为，即可构成本罪。

4. 法条竞合。合同诈骗罪与普通诈骗罪是特别法与一般法的关系，应按特别法即合同诈骗罪论处；但合同诈骗罪与有些金融诈骗犯罪（利用贷款合同的贷款诈骗罪）是一般法与特别法的关系，应按特别法即金融诈骗犯罪（如贷款诈骗罪）论处。

【方鹏刑法主观题练习 16-2：大骗子马某的百骗人生】

【案情】2018 年 9 月，马某成立 A 公司，担任董事长。未经批准经营"小额贷款业务"。没有本金，遂先是声称要发展"区块链"高科技而筹资，承诺半年后还款并支付银行定期存款 3 倍的利息。初次从社会上筹得资金 3000 万元。然后以月率 4 分（4%）的利息高利贷出，赚取利息差，2018 年 9 月至 2019 年 9 月期间共向 500 人贷出

2000万元，很快赚了钱。2019年10月21日，因国家打击高利贷，导致资金不能回笼，马某资金链断裂无法归还借款。

但马某见集资者尚未闹事，觉得有回旋余地，遂高薪聘请黄某担任A公司总经理，欺骗黄某说A公司是为了发展"区块链"高科技而筹资，让黄某继续扩大宣传，又吸纳社会资金5000万元。马某偷偷以后期借款归还前期借款。后因亏空巨大，马某先是暗中将其中2000万元，通过张某（明知来源）经营的地下钱庄转移至美国，自己也准备逃往美国。

2019年10月，马某见银行放贷宽松，又打起银行贷款主意。先是谎称发展"区块链"高科技，以A公司名义向B银行（包农银行）贷款1000万元，实际被其用于向小微公司高利转贷，未想到小微公司不能归还，又亏了一大笔。

2020年1月，马某又找到某C银行（农商银行）信贷部主任汪某，说A公司发展"区块链"高科技，要贷款1200万元做生意，但无任何可抵押财产也无担保人，不符合信贷条件。马某表示若能贷出款来，就会给汪某200万元作为辛苦费。于是汪某嘱咐该合作社主管信贷的职员陈某"一定办好此事"。陈某无奈，明知不符合条件仍然放贷。马某当即给汪某200万，其余1000万元贷后用于归还向B银行贷款1000万元。经C银行多次催收，马某拒绝归还。

2020年2月，B银行见A公司如期归还贷款，遂提高了其信用等级。马某遂与B银行副总经理方某（系参股的国有银行委派至B银行担任副总经理一职）共谋勾结，仿造了面额为4000万元的C银行汇票一张，使用该伪造的银行汇票作担保，以A公司发展"区块链"高科技为名，又向B银行贷款4000万元，得款后被二人均分。马某将自己分得的2000万元，又通过张某（明知来源）经营的地下钱庄转移至美国。

2020年8月，马某在准备逃往美国之前，被人举报而被抓获。在案期间，马某还供述其在成立A公司之前，还实施过以下三宗罪行，对这些罪行，公安机关虽已立案，但不知何人所为。

2010年5月，马某三次侵入军人家中盗窃军人制服，后身穿军人制服招摇撞骗。以非法占有为目的，从租车公司租来一部二手捷达汽车（价值10万元）。谎称自己是某部队大校，先后5次以谈恋爱、解决参军为名骗取5名女青年与之发生性关系，接受他人请吃喝。三次以帮人进军校为名骗取3人钱财15万元。之后将捷达车推入水库毁坏。

2014年6月，购买意外伤害保险，制造自己意外受重伤假象，骗取保险公司保险金5万元。

2016年8月，盗窃郭某的皮包一个，回家后打开皮包，发现其中有郭某的身份证，还有空白现金支票用纸一张、信用卡一张。遂自行在空白现金支票用纸上填上10万元的数额，然后持郭某的身份证到银行，对柜台工作人员谎称受郭某委托取款，将现金支票兑现。同时，到ATM机上查询信用卡，发现信用卡无密码。遂告知其老婆朱某真相，让其将余额1万元取走，并透支提款2万元。后将信用卡抛弃。

【问题】请根据《刑法》有关规定，按顺序分析上述案件中各行为人的刑事责任（包括犯罪性质即罪名、犯罪形态、共同犯罪、数罪并罚等），须说明理由。

【简要答案】

（一）马某：非法吸收公众存款罪。

（二）马某：集资诈骗罪。黄某：非法吸收公众存款罪。

（三）张某：洗钱罪。

（四）马某：贷款诈骗罪、对非国家工作人员行贿罪，数罪并罚。汪某：违法发放贷款罪，非国家工作人员受贿罪，数罪并罚。陈某：违法发放贷款罪。

（五）方某、马某：贪污罪。张某：洗钱罪。

（六）马某：盗窃罪、冒充军人招摇撞骗罪、合同诈骗罪、诈骗罪。

（七）马某：保险诈骗罪。

（八）马某：票据诈骗罪，盗窃罪。

第十七章　汽车肇事与公共安全犯罪

第一节　交通肇事罪、危险驾驶罪

一、交通肇事罪

第133条【交通肇事罪】违反交通运输管理法规，因而发生重大事故，致人重伤、死亡或者使公私财产遭受重大损失的，处三年以下有期徒刑或者拘役；交通运输肇事后逃逸或者有其他特别恶劣情节的，处三年以上七年以下有期徒刑；因逃逸致人死亡的，处七年以上有期徒刑。

（一）交通肇事罪基本犯的构成要件

违章行为+损失结果（量的要求）+因果关系（全部、主要、同等责任）+对结果过失＝交通肇事罪

客观不法	主体：一般主体	从事交通运输的人员（如司机）和非交通运输人员（乘客、行人等）都能构成本罪
	时空环境：在公共交通管理范围内	（1）交通运输管理法规所能规范的范围，如公共道路（公路）、桥梁、广场等 （2）发生在厂矿区以及其它地方的汽车撞人事故，分别认定为重大责任事故罪、重大劳动安全事故罪、过失致人死亡罪、过失致人重伤罪
	行为：违章行为	违反公路、水上交通运输中的各种交通规则、操作规程
	结果	致人重伤、死亡或者使公私财产遭受重大损失
	因果关系	重大损失结果是由违章行为导致（规范保护目的范围内的结果）；**主要条件（全部、主要、同等责任）**
主观责任	刑事责任年龄	已满16周岁
	刑事责任能力	精神正常
	罪过形式：过失	对结果是过失：故意违章，过失结果；过失违章，过失结果
		如对造成公共安全危险的结果具有故意（直接故意、间接故意），认定为以危险方法危害公共安全罪；如对特定个人法益有故意，认定为故意杀人罪、故意伤害罪
要点：一般主体+公交范围+违章行为+损失结果+因果关系+对结果过失＝交通肇事罪		

结果量的要求（结果+情节）

行为	结果	责任程度	+情节(可能与违章行为重复)	
一般违章行为（如超速、闯红灯、逆行等）	1死或3重伤	全部、主要		
	3死	同等		
	无力赔30万	全部、主要		
违章行为（包括后栏部分恶劣违章）	1重伤	全部、主要	6种特定恶劣情节	酒后、吸毒
				无照
				明知安全装置故障
				明知无牌或报废
				严重超载
				逃逸

【口诀】一般违章，一死或三重伤；6种情节（酒后、吸毒；无照；安全故障；无牌、报废；超载；逃逸），只需一重伤。

（二）交通肇事罪的加重犯（由重到轻）：因逃逸致人死亡、肇事后逃逸

1. 要构成要加重犯，首先全案整体必须构成基本犯

（1）要成立交通肇事罪的加重犯，首先要求案件整体上具备全部要素、构成交通肇事罪（特别是结果、因果关系要素，一定要具备）。

（2）交通运输肇事后逃逸（3~7年），要求逃逸之前构成基本犯；因逃逸致人死亡（7~15年），不要求逃逸之前构成基本犯。

2. "逃逸"的含义和功用

（1）刑法中的"逃逸"：不接受交警处理

《交通肇事解释》第3条："交通运输肇事后逃逸"，是指行为人具有本解释第二条第一款规定和第二款第（一）至（五）项规定的情形之一（构成交通肇事罪的基本犯），在发生交通事故后，为逃避法律追究而逃跑的行为。

注意：刑法中的"逃逸"，与《道交法》（行政法）中的"逃逸"（离开现场、不报告、不救助）含义不同。

①行为人交通肇事，即对造成交通事故具有责任。

②逃跑：**不接受交警处罚**。

③主观（明知）：逃逸时明知自己肇事（发生了交通事故）。对逃逸行为系故意。

④主观（动机）：为了逃避法律追究而逃跑。

（2）"逃逸"作用有三

①基本犯情节；

②罪后逃逸（情节加重犯）；

③逃逸致死（结果加重犯）。

第十七章 汽车肇事与公共安全犯罪

3. 因逃逸致人死亡(7~15年)：一头有违章，一尾有死亡，死亡因逃逸（不救助）

因逃逸致人死亡＝交通肇事行为（不一定构成基本犯）+逃逸情节（因逃避法律追究而逃跑）+不作为过失致人死亡。

【口诀】看一头：一头有违章；再看一尾：一尾有死亡；再看死因：死亡因逃逸（不救助）。

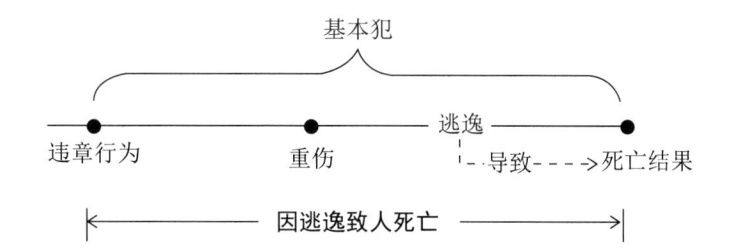

```
                    基本犯
        ┌─────────────────────────┐
                          逃逸
    ●─────────────●─────────────●
   违章行为         重伤      ┆-导致---→死亡结果
        ←──────── 因逃逸致人死亡 ────────→
```

4. 交通运输肇事后逃逸(3~7年)：交通肇事基本犯+逃逸
【口诀】逃前构成基本犯：去掉逃逸情节，仍构成基本犯。

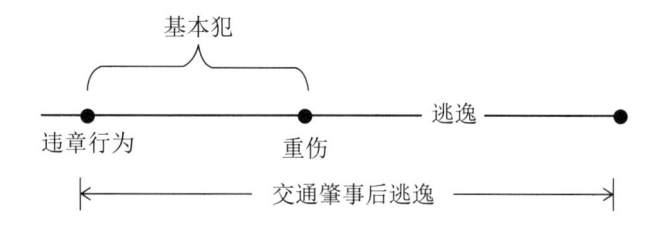

```
           基本犯
        ┌──────┐
                         逃逸
    ●──────────●───────────────●
   违章行为      重伤
        ←──────交通肇事后逃逸──────→
```

5. 区分：肇事后隐藏、遗弃致死、致伤构成故意杀人罪、故意伤害罪（作为+对死伤结果是故意）

司法解释：行为人在交通肇事后为逃避法律追究，将被害人带离事故现场后隐藏或者遗弃，致使被害人无法得到救助而死亡或者严重残疾的，应当以故意杀人罪或者故意伤害罪定罪处罚。

【口诀】对于死亡、伤害系故意，隐藏、遗弃均构成故意杀人罪（伤害罪）。
如果之前交通肇事行为符合交通肇事罪构成条件的，还应与交通肇事罪数罪并罚。

（三）指使者构成交通肇事罪：三种人指使违章、四种人指使逃逸致死

1. 三种人指使、强令他人违章造成事故构成交通肇事罪
司法解释：单位主管人员、机动车辆所有人或者机动车辆承包人指使、强令他人违章驾驶造成重大交通事故的，以交通肇事罪定罪处罚。

【口诀】三种人（主管、车主、承包人）指使违章，只需司机构成基本犯，指使者构成交通肇事罪。

2. 四种人指使逃逸致死构成交通肇事罪的"共犯"（共同过失犯罪）
司法解释：交通肇事后，单位主管人员、机动车辆所有人、承包人或者乘车人指

使肇事人逃逸，致使被害人因得不到救助而死亡的，以交通肇事罪的"共犯"（共同过失犯罪）论处。

【口诀】四种人（多出乘车人）指使逃逸，司机需逃逸致死，指使者才定逃逸致死。

汽车肇事案件的认定方法（由重到轻）

第一步看对公共安全的罪过，故意（非常严重的多项违章）是以危险方法危害公共安全；过失（一般违章）是交通肇事；

第二步看结果程度，重伤、死亡的是交通肇事，轻伤以下的是危险驾驶；

第三步看行为，危险驾驶需四种特定违章行为。

如果对特定人的重伤、死亡结果故意的，构成故意杀人、故意伤害。

认定交通肇事案的逻辑顺序

（一）故意杀人罪（伤害罪）

1. 隐藏、遗弃致死（致伤）：故意杀人罪（伤害罪）。
如果符合1，构成故意杀人（伤害）罪，则除去死亡（伤害）结果后，再认定其他结果、情节是否构成交通肇事罪。

（二）交通肇事罪：全案认定是否构成交通肇事罪

2. 一般主体+公交范围+违章行为+损失结果（量的要求）+因果关系（全部、主要、同等责任）+对结果过失＝交通肇事罪。

3. 结果量的规定：（1）一般违章，一死或三重伤；（2）6种情节（酒后、吸毒；无照；安全故障；无牌、报废；超载逃逸），只需一重伤。

（三）加重犯：构成交通肇事罪之后，由重到轻判断是否属加重犯

4. **因逃逸致人死亡**：一头有违章，一尾有死亡，死亡因逃逸（不救助）。

5. **交通肇事后逃逸**（逃前构成基本犯）=基本犯+逃逸。

6. 都不属于，系基本犯。

（四）指使者

7. 三种人（主管、车主、承包人）指使违章，只需司机构成基本犯，指使者构成交通肇事罪。

8. 四种人（多出乘车人）指使逃逸，司机需逃逸致死，指使者才定逃逸致死。

二、危险驾驶罪

第133条之一【危险驾驶罪】在道路上驾驶机动车，有下列情形之一的，处拘役，并处罚金：

（一）追逐竞驶，情节恶劣的；

（二）醉酒驾驶机动车的；

（三）从事校车业务或者旅客运输，严重超过额定乘员载客，或者严重超过规定时速行驶的；

（四）违反危险化学品安全管理规定运输危险化学品，危及公共安全的。

机动车所有人、管理人对前款第三项、第四项行为负有直接责任的，依照前款的

规定处罚。

有前两款行为，同时构成其他犯罪的，依照处罚较重的规定定罪处罚。

道路	机动车	1. 追逐竞驶（飙车），情节恶劣		故意	
公路、城市道路和虽在单位管辖范围但允许社会机动车通行的地方，包括广场、公共停车场等用于公众通行的场所	包括汽车、摩托车、拖拉机等；不包括自行车、电动自行车、马车等	多人、单人均可	抽象危险犯	明知 注意：醉酒的明知只需知饮酒状态下开车，无需认识具体酒精含量	1. 有共同犯罪 2. 本罪不是亲手犯，也不是身份犯 3. 所有人、管理人对第3.4项有直接责任，也可构成
		2. 醉酒驾驶			
		血液中的酒精含量≥80mg/100ml			
		3. 从事校车业务或者旅客运输，严重超载、超速			
		4. 违规运输危险化学品，危及公共安全	具体危险犯		

与交通肇事罪关系：基本犯 VS 结果加重犯。与以危险方法危害公共安全罪关系：轻罪（抽象危险犯）VS 重罪（具体危险犯）

1. 路是"道路"，公众通行场所。车含汽车、摩托、拖拉机。四种行为，飙车、醉酒、校车客车严重超载超速、运输化学品危及公安
2. 罪是轻罪（最高拘役）；重伤、死亡，交通肇事；严重故意、具体危险，危险方法危害公安

三、交通肇事罪、危险驾驶罪、以危险方法危害公共安全罪的关系与区分

罪名	客观不法要点	主观责任	关系	
1、以危险方法危害公共安全罪（危险犯、故意犯）	危险方法+具体危险结果（实害结果）	故意（对危险、实害结果）	故意犯 VS 过失犯	具体危险犯 VS 抽象危险犯
2. 交通肇事罪（结果犯、过失犯；过失以危险方法危害公共安全罪的特别法）	交通违规行为+实害结果	过失（对实害结果）	结果加重犯 VS 基本犯	
3. 危险驾驶罪（行为犯）	四种特定交通违规行为	故意（对行为）		

【事例1：孙某醉酒驾车连续冲撞致多人伤亡案】孙某在未取得驾驶证的情况下长期驾驶别克轿车，并多次违反交通法规。2008年12月14日中午，孙某与其父母为亲属祝寿，大量饮酒。当日17时许，孙某驾驶其别克轿车行至成都市成龙路"蓝谷地"路口时，从后面撞向与其同向行驶的一辆比亚迪轿车尾部。肇事后，孙某继续驾车以超过限定的速度（60公里/小时）行驶。行至成龙路"卓锦城"路段时，越过中心黄色双实线，先后与对面车道正常行驶的4辆轿车相撞，造成4人死亡、1人重伤，以及公私财产损失5万余元。经鉴定，孙某驾驶的车辆碰撞前瞬间的行驶速度为134-138

公里/小时；孙某案发时血液中的乙醇含量为 135.8 毫克/100 毫升。

【问题】孙某构成何罪？说明理由。

【答案】以危险方法危害公共安全罪。

【方鹏刑法主观题练习 17-1：倪某交通肇事案】

【案情】倪某酒后驾驶三轮摩托车，因避让车辆采取措施不当，将人行道上正在行走的被害人严某撞倒。倪某当即将严某抱到附近村个体卫生室请求救治。经听诊，医务人员怀疑其伴有内脏出血，认为卫生室不具备抢救条件，即催促倪某将严某速送县人民医院急救。倪某遂将严某抱上肇事三轮摩托车，向县城继续行驶。途中倪某因害怕承担法律责任，将严某抛弃在大桥河滩上。当日下午 4 时许，严某被群众发现时已死亡。经法医定，严某因外伤性脾破裂（重伤）失血性休克并左肱骨骨折疼痛性休克死亡。

倪某供述：其在送被害人去县医院抢救途中，曾 3 次停车呼喊被害人而被害人均无应答，故认为被害人已经死亡、没有救治必要才产生抛"尸"想法的。医学专业人员证实：无法查明被害人严某是在抛"尸"前死亡，还是在抛"尸"后死亡。

【问题】

1. 如果有证据证明严某在抛"尸"之前已经死亡，倪某如何定性？

2. 如果有证据证明严某在抛"尸"之后才死亡，但是倪某当时误认为被害人已经死亡，如何定性？

3. 如果有证据证明严某是在抛弃之后才死亡，且倪某当时明知被害人未死，如何定性？

4. 如果有证据证明严某是在抛弃之后才死亡，并且是倪某误认被害人已死而将其"尸体"抛弃到水中致其淹死，其行为如何认定？

5. 根据本案现有证据，对于倪某如何定性？说明理由。

【简要答案】

（一）交通肇事罪后逃逸。

（二）交通肇事罪因逃逸致人死亡。

（三）故意杀人罪、交通肇事罪后逃逸。

（四）过失致人死亡罪、交通肇事罪后逃逸。

（五）事实存疑，有利被告人。

第二节 以危险方法危害公共安全类犯罪

一、以危险方法危害公共安全类犯罪

第 114 条【放火罪、决水罪、爆炸罪、投放危险物质罪、以危险方法危害公安全罪的危险犯（基本犯）】放火、决水、爆炸以及投放毒害性、放射性、传染病病原体等物质或者以其他危险方法危害公共安全，尚未造成严重后果的，处三年以上十年以下有期徒刑。

第115条第1款【放火罪、决水罪、爆炸罪、投放危险物质罪、以危险方法危害公共安全罪的实害犯（结果加重犯）】放火、决水、爆炸以及投放毒害性、放射性、传染病病原体等物质或者以其他危险方法致人重伤、死亡或者使公私财产遭受重大损失的，处十年以上有期徒刑、无期徒刑或者死刑。

"公共安全"的含义

公共安全(本章罪名法益【结果】)：指不特定或者多数人的生命、健康安全以及公众生活的平稳与安宁	
"不特定"：侵害后果规模较大、无法预料和控制	"不特定"针对的是造成危害结果的规模，而并不是指具体侵害对象不确定
"多数人"：具有公众性与社会性	难以用具体数字表述，行为会使较多的社会公众（即使是特定的多数人）生命、健康受到威胁
具体应当考虑：（1）行为发生的场景，如发生在公共领域，可能造成规模较大的损害后果，则应认定为危害公共安全类犯罪；相反，如发生在私人领域、针对特定少数人实施，则应认定为侵犯个人法益的犯罪。（2）不特定、多数人	
是否公共安全，一看行为场景，二看损失规模	

罪名	危险方法（手段行为）	危害公共安全（危险结果）
放火罪	放火	不特定或者多数人的人身安全及安宁 造成危险结果：危险犯（基本犯）既遂 造成实害结果：实害犯（结果加重犯）
决水罪	决水	
爆炸罪	爆炸	
投放危险物质罪	投放危险物质	
以危险方法危害公共安全罪	其它危险方法：一次行为能造成大规模损害	
一次能造成大规模损害，方为"危险方法"；造成具体危险，即可构成既遂（危险犯）		

二、妨害安全驾驶罪

第133条之二【妨害安全驾驶罪】对行驶中的公共交通工具的驾驶人员使用暴力或者抢控驾驶操纵装置，干扰公共交通工具正常行驶，危及公共安全的，处一年以下有期徒刑、拘役或者管制，并处或者单处罚金。

前款规定的驾驶人员在行驶的公共交通工具上擅离职守，与他人互殴或者殴打他人，危及公共安全的，依照前款的规定处罚。

【择一重处】有前两款行为，同时构成其他犯罪的，依照处罚较重的规定定罪处罚。

场景	行驶中的公共交通工具
两种行为	对驾驶人员使用暴力或者抢控驾驶操纵装置，干扰公共交通工具正常行驶
	驾驶人员：擅离职守，与他人互殴或者殴打他人
既遂标准	具体危险犯：危及公共安全
罪数	同时触犯它罪，择一重处

本罪与以危险方法危害公共安全罪的关系（法条竞合）

行为	结果样态	触犯罪名	论处罪名
对驾驶人员使用暴力或者抢控驾驶操纵装置；驾驶人员互殴	危险：危及公共安全	妨害安全驾驶罪（既遂）；以危险方法危害公共安全罪（危险犯既遂）	特别法（轻罪）：妨害安全驾驶罪（既遂）
	实害：致人伤亡或者造成其他严重后果	妨害安全驾驶罪（既遂）；以危险方法危害公共安全罪（结果加重犯）	择一重处：以危险方法危害公共安全罪（结果加重犯）

【事例 2：重庆万州公交车坠江事故】 2018 年 10 月 28 日，乘客刘某乘坐司机冉某驾驶 22 路公交车，其目的地为壹号家居馆站。由于道路维修改道，22 路公交车不再行经壹号家居馆站。当车行至南滨公园站时，驾驶员冉某提醒到壹号家居馆的乘客在此站下车，刘某未下车。当车继续行驶途中，刘某发现车辆已过自己的目的地站，要求下车，但该处无公交车站，驾驶员冉某未停车。刘某遂从座位起身走到正在驾驶的冉某右后侧，靠在冉某旁边的扶手立柱上指责冉某，冉某多次转头与刘某解释、争吵，双方争执逐步升级，并相互有攻击性语言。10 时 8 分 49 秒，当车行驶至万州长江二桥距南桥头 348 米处时，刘某右手持手机击向冉某头部右侧，10 时 8 分 50 秒，冉某右手放开方向盘还击，侧身挥拳击中刘某颈部。随后，刘某再次用手机击打冉某肩部，冉某用右手格挡并抓住刘某右上臂。10 时 8 分 51 秒，冉某收回右手并用右手往左侧急打方向（车辆时速为 51 公里），导致车辆失控向左偏离越过中心实线，与对向正常行驶的红色小轿车（车辆时速为 58 公里）相撞后，冲上路沿、撞断护栏坠入江中。导致冉某、刘某、另外 13 名乘客在内共计 15 人死亡。

【问题】 如果冉某、刘某生还，二人行为如何定性？说明理由。

【简要答案】 以危险方法危害公共安全罪。

三、高空抛物罪（《刑法修正案（十一）》增设，第 291 条之二，扰乱公共秩序犯罪）

第 291 条之二【高空抛物罪】从建筑物或者其他高空抛掷物品，情节严重的，处一年以下有期徒刑、拘役或者管制，并处或者单处罚金。

有前款行为，同时构成其他犯罪的，依照处罚较重的规定定罪处罚。

行为场景	高空。包括建筑物、高塔、航空器等高空场所
行为	抛掷物品。包括抛掷砖头、铁块、电器、菜刀、生活用品、垃圾等。这里对所抛掷的物品没有限制，也没有要求有造成人员死伤的可能
情节严重	依照目的解释，指扰乱公共秩序情节严重

本罪与以危险方法危害公共安全罪的关系（可形成想象竞合）

行为	手段行为	对象及结果	触犯罪名	论处罪名
高空抛物，情节严重	不属危险方法	扰乱公共秩序；但没有危及人身财产、公共安全	高空抛物罪	高空抛物罪
	不属危险方法	扰乱公共秩序，也危及人身财产；但没有危及公共安全	高空抛物罪；故意杀人罪（故意伤害罪、故意毁坏财物罪、过失致人死亡罪、过失致人重伤罪）	择一重处：故意杀人罪（故意伤害罪、故意毁坏财物罪、过失致人死亡罪、过失致人重伤罪）
	属危险方法（一次造成大规模死伤）	危及公共安全（危险、实害）	高空抛物罪、以危险方法危害公共安全罪	择一重处：以危险方法危害公共安全罪

【事例3：高楼扔汽油瓶杀致仇人车毁人亡案】张三与李四有仇，某日见李四驾驶小汽车从自己居住的楼下公路上通过。遂将提前准备好的汽油点着，朝李四的小汽车扔下去。导致李四汽车着火燃烧，因汽车失控又撞上一辆公交车，引起公交车（车上载有30名乘客）着火。公交车司机王五为了紧急停车，不得已撞向路边的小商店，致商店被毁财产损失10万元。但仍导致公交车上3名乘客受撞击死亡，但李四仅受重伤。

【问题】张三、李四、王五的行为如何定性？说明理由。

【简要答案】张三：放火罪（致人死亡）。李四：无罪。王五：无罪。

【方鹏刑法主观题练习17-2：方男、范女撞人案】

【案情】方男、范女系男女朋友，方男想约范女看电影，想向叔叔肖某借用私家车。肖某知方男无驾照，仍将车借给方男使用，并鼓励方男"勇敢点"。方男、范女一起吃饭喝酒后，范女想让方男送她回家，方男因醉酒起初拒绝，但是范女坚持让方男送其回家，方男无奈醉酒驾车。不慎将行人杨某撞成重伤。范女觉得自己有错，就骗方男说"你快走，我留下打电话叫救护车，我会说是别人撞的"。方男离去，范女遂将杨某丢弃在路边水沟里。一天后，杨某被人发现，因未得到及时救治而死亡。

范女被抓获后，主动交代了六年之前其实施的另一起肇事案。其酒后驾车（酒精含量124mg/100ml），将苏大、苏晓父子撞翻，致苏大受重伤（苏晓轻伤）。并把苏晓拖挂在车下狂奔1500米，造成苏晓被拖死。群众见状阻拦，范女又开车撞向人群，将一名群众撞成轻伤。后逃走。

【问题】方男、范女、肖某的行为如何定性？说明理由。

【答案】

（一）在第一段事实中

1. 范女：故意杀人罪、危险驾驶罪的教唆犯，两罪并罚

（1）**故意将杨某丢弃导致死亡，根据《刑法》232条，构成故意杀人罪。**

（2）乘车人范女，指使方男逃逸；由于方男不属于逃逸致死，因此范女不构成交通肇事罪。

（3）指使方男醉驾，由于不属于车主、主管人、承包人三种人，因此不构成交通肇事罪。

（4）危险驾驶罪的教唆犯。

2. 方男：交通肇事后逃逸

（1）因死亡结果是由范女杀人导致，因此方男不对死亡结果负责，对重伤负责。

（2）无照、醉酒、不慎+重伤+逃逸。交通肇事罪。

（3）死亡与逃逸无因果关系，不属因逃死。

（4）之前构成交通肇事罪，后逃逸。

（5）方男醉酒，触犯危险驾驶罪。择一重处，以交通肇事后逃逸论处。

3. 肖某：交通肇事罪，基本犯

（1）车主，指使方男无照，属于三种，构交通肇事。

（2）没有指使逃逸。

（二）在第二段事实中

1. 苏大重伤、苏晓轻伤：交通肇事后逃逸。

2. 醉酒，触犯危险驾驶罪。择一重处，以交通肇事论处。

3. 苏晓被拖死：故意杀人罪。

4. 撞向人群：以危险方法危害公共安全罪（轻伤一人），基本犯既遂。

5. 三罪并罚。

6. 对交通肇事、以危险方法危害公共安全罪，系特别自首。对杀人，同种罪名，不属特别自首，坦白。

第十八章 妨害司法类犯罪

本节责任阻却事由：本犯为本人犯罪、教唆他人为本人犯罪、共同犯罪人为同案犯共同犯罪实施妨害司法行为，因欠缺期待可能而阻却责任。

一、干扰诉讼类犯罪

第305条【伪证罪】在刑事诉讼中，证人、鉴定人、记录人、翻译人对与案件有重要关系的情节，故意作虚假证明、鉴定、记录、翻译，意图陷害他人或者隐匿罪证的，处三年以下有期徒刑或者拘役；情节严重的，处三年以上七年以下有期徒刑。

第307条【妨害作证罪；帮助毁灭、伪造证据罪】以暴力、威胁、贿买等方法阻止证人作证或者指使他人作伪证的，处三年以下有期徒刑或者拘役；情节严重的，处三年以上七年以下有期徒刑。

帮助当事人毁灭、伪造证据，情节严重的，处三年以下有期徒刑或者拘役。

司法工作人员犯前两款罪的，从重处罚。

罪名	时空条件	主体	行为方式	对象
伪证罪	刑事诉讼	证人，鉴定人，记录人，翻译人	作虚假证明、鉴定、记录、翻译	证明、鉴定、记录、翻译
妨害作证罪	各类诉讼	一般主体	非法手段阻止证人作证，指使他人作伪证	言辞证据
帮助毁灭、伪造证据罪	各类诉讼	一般主体	帮助（亲自、共同、协助、教唆）毁灭、伪造证据	实体证据
1. 本犯（包括共犯）妨害司法，欠缺期待可能，不构成本节之罪； 2. 本犯指使、教唆他人为本犯罪行而妨害司法，他人成罪，本犯欠缺期待可能，也不构成本节之罪。				

二、窝藏、包庇罪（犯人）；掩饰、隐瞒犯罪所得、犯罪所得收益罪（赃物）

第310条【窝藏、包庇罪】明知是犯罪的人而为其提供隐藏处所、财物，帮助其逃匿或者作假证明包庇的，处三年以下有期徒刑、拘役或者管制；情节严重的，处三年以上十年以下有期徒刑。

犯前款罪，事前通谋的，以共同犯罪论处。

第362条【窝藏、包庇罪】旅馆业、饮食服务业、文化娱乐业、出租汽车业等单位的人员，在公安机关查处卖淫、嫖娼活动时，为违法犯罪分子通风报信，情节严重的，依照本法第三百一十条的规定定罪处罚。

第312条【掩饰、隐瞒犯罪所得、犯罪所得收益罪】明知是犯罪所得及其产生的收益而予以窝藏、转移、收购、代为销售或者以其他方法掩饰、隐瞒的，处三年以下有期徒刑、拘役或者管制，并处或者单处罚金；情节严重的，处三年以上七年以下有期徒刑，并处罚金。

单位犯前款罪的，对单位判处罚金，并对其直接负责的主管人员和其他直接责任人员，依照前款的规定处罚。

窝藏、包庇罪	针对犯人事后窝藏、包庇	明知是犯罪的人而为其提供隐藏处所、财物，帮助其逃匿或者作假证明包庇
	拟制规定	旅馆业、饮食服务业、文化娱乐业、出租汽车业等单位的人员，在公安机关查处<u>卖淫、嫖娼</u>活动时，为<u>违法犯罪分子</u>通风报信
掩饰、隐瞒犯罪所得、犯罪所得收益罪		1. 对象。犯罪所得：直接得到的赃款、赃物；收益：对犯罪所得进行处理后得到的孳息、租金等。 2. 以上游"犯罪"，即不法事实成立为前提。（1）上游犯罪尚未依法裁判，但查证属实的；（2）上游犯罪事实经查证属实，但因行为人未达到刑事责任年龄等原因依法不予追究刑事责任的，不影响本罪认定。 3. 行为：窝藏、转移、收购、代为销售，居间介绍买卖，收受，持有，使用，加工，提供资金账户，协助将财物转换为现金、金融票据、有价证券，协助将资金转移、汇往境外等。 4. 事后犯。如事前有通谋，构成共犯。 5. 本罪是一般法，窝藏毒赃物、洗钱罪是特别法，但司法解释规定择一重处（一般仍定窝藏毒赃物、洗钱罪）。

【方鹏刑法主观题练习18：俞某交通肇事后指使他人顶罪、教唆伪证案】

【案情】俞某在无机动车驾驶证且严重醉酒（血液中的乙醇含量为210毫克/100毫升）的情况下，驾驶丰田轿车（载乘周某、蒋某），违章与横过公路的邱某驾驶的三轮黄包车相撞，造成三轮车上的乘客缪某当场死亡。事故发生后，俞某逃离了现场，周某、蒋某未制止。

事发当晚，俞某因无证驾驶害怕承担法律责任，要求雷某为其顶罪，并答应支付给雷某40万元，如雷某判刑坐牢，再支付10万元。雷某便前往交警队投案并冒充交通事故的肇事者，并让自己的妻子徐某帮忙收钱。

第二天，俞某又唆使蒋某到交警大队作伪证，蒋某便前往武义县交警队，作了事发当时轿车的驾驶员是雷某的伪证。

俞某遂陆续给雷某的妻子徐某36万余元，将其中15万元交到交警大队作为交通事故预付款，5万元支付给被害人缪某的家属作为赔偿款。徐某还到武义县交警大队作了雷某发生交通事故的虚假证言。

【问题】俞某、雷某、徐某、周某、蒋某的行为如何定性？说明理由。

【简要答案】

俞某：交通肇事罪后逃逸。雷某、徐某：包庇罪。蒋某、徐某：伪证罪。

第十九章　计算机信息系统犯罪

第285条【非法侵入计算机信息系统罪】违反国家规定，侵入<u>国家事务、国防建设、尖端科学技术领域</u>的计算机信息系统的，处三年以下有期徒刑或者拘役。

【非法获取计算机信息系统数据、非法控制计算机信息系统罪】违反国家规定，侵入前款规定<u>以外</u>的计算机信息系统或者采用其他技术手段，获取该计算机信息系统中存储、处理或者传输的数据，或者对该计算机信息系统实施非法控制，情节严重的，处三年以下有期徒刑或者拘役，并处或者单处罚金；情节特别严重的，处三年以上七年以下有期徒刑，并处罚金。

【提供侵入、非法控制计算机信息系统程序、工具罪】提供专门用于侵入、非法控制计算机信息系统的<u>程序</u>、<u>工具</u>，或者明知他人实施侵入、非法控制计算机信息系统的违法犯罪行为而为其提供程序、工具，情节严重的，依照前款的规定处罚。

【单位犯罪】单位犯前三款罪的，对单位判处罚金，并对其直接负责的主管人员和其他直接责任人员，依照各该款的规定处罚。

第286条【破坏计算机信息系统罪】违反国家规定，对计算机<u>信息系统功能</u>进行删除、修改、增加、干扰，造成计算机信息系统不能正常运行，后果严重的，处五年以下有期徒刑或者拘役；后果特别严重的，处五年以上有期徒刑。

违反国家规定，对计算机信息系统中存储、处理或者传输的<u>数据和应用程序</u>进行删除、修改、增加的操作，后果严重的，依照前款的规定处罚。

故意制作、传播计算机病毒等<u>破坏性程序</u>，影响计算机系统正常运行，后果严重的，依照第一款的规定处罚。

【单位犯罪】单位犯前三款罪的，对单位判处罚金，并对其直接负责的主管人员和其他直接责任人员，依照第一款的规定处罚。

第287条【网络手段、目的行为，以目的行为论】利用计算机实施金融诈骗、盗窃、贪污、挪用公款、窃取国家秘密或者<u>其他犯罪</u>的，依照本法有关规定定罪处罚。

第287条之一【非法利用信息网络罪】利用信息网络实施下列行为之一，情节严重的，处三年以下有期徒刑或者拘役，并处或者单处罚金：

（一）<u>设立</u>用于实施诈骗、传授犯罪方法、制作或者销售违禁物品、管制物品等违法犯罪活动的网站、通讯群组的；

（二）<u>发布</u>有关制作或者销售毒品、枪支、淫秽物品等违禁物品、管制物品或者其他<u>违法犯罪信息</u>的；

（三）为实施诈骗等<u>违法犯罪活动发布信息</u>的。

单位犯前款罪的，对单位判处罚金，并对其直接负责的主管人员和其他直接责任人员，依照第一款的规定处罚。

【想象竞合择一重处】有前两款行为，同时构成其他犯罪的，依照处罚较重的规定定罪处罚。

第287条之二第1、3款【帮助信息网络犯罪活动罪】明知他人利用信息网络实施犯罪，为其犯罪提供互联网接入、服务器托管、网络存储、通讯传输等技术支持，或者提供广告推广、支付结算等帮助，情节严重的，处三年以下有期徒刑或者拘役，并处或者单处罚金。

【想象竞合择一重处】有前两款行为，同时构成其他犯罪的，依照处罚较重的规定定罪处罚。

自然人、单位均可构成		
非法侵入计算机信息系统罪	侵入三领域	侵入**国家事务、国防建设、尖端科学**技术领域的计算机信息系统
非法获取计算机信息系统数据、非法控制计算机信息系统罪	侵入其他领域	侵入**其他**计算机信息系统，或获取数据，或非法控制
提供侵入、非法控制计算机信息系统的程序、工具罪	提供程序工具	提供专门程序、工具，或者明知他人违法犯罪而提供（帮助行为正犯化）
破坏计算机信息系统罪	破坏系统、数据、病毒	对系统功能进行删除、修改、增加、干扰，或对数据和应用程序进行删除、修改、增加
拒不履行信息网络安全管理义务罪	不作为犯	经监管部门通知采取改正措施而拒绝执行
非法利用信息网络罪	设立网组、发布信息	设立用于违法犯罪活动（刑法分则规定的行为类型）的网站、通讯群组的；发布信息（包括提供链接、截屏、二维码、访问账号密码及其他指引访问服务）
帮助信息网络犯罪活动罪	提供网络服务	为信息网络犯罪提供互联网接入等技术支持，或提供广告推广、支付结算等帮助（帮助行为正犯化）
罪数：1. 网络手段（侵入、破坏……罪）、目的行为，以目的行为论。 2. 想象竞合（利用、帮助……罪），择一重处。		

【方鹏刑法主观题练习19：码农赵某案】

【案情】赵某系某影视城景区网管员。其通过 PE 光盘启动该影视城网络部开发组组长马某的电脑，盗取了公司检售票系统源程序和服务器密码。遂在其笔记本电脑上编写程序，可以秘密侵入影视城检售票系统，修改景区门票数据，将允许进入人数从一人改成多人，遂产生以此谋利的想法，遂与妻子章某商议，由章某寻找客源。

由章某找到客人8人后，先以195元的价格购买一张一人次的影视城原始电子门票卡，由赵某侵入检售票系统，根据卡号将人数修改为8人。章某向实际带入游客每人收费150元。赵某改卡40余张，以此获利42 000元。（事实一）

赵某还设置了一个"游戏装备交易网站"网页，开设无货可供的店铺，以低价吸引买家购买热门网络游戏的游戏装备。让章某假扮卖家，与买家商谈好商品价格后，以方便买家购物为由，让其将货款打入"交易网站账户"（实为赵某的私人账户）。采

用上述手段作案，获取买家货款 12 000 元，未发货而注销网页。（事实二）

赵某利用编程技术，编写了"一块钱中奖得电脑"的弹窗广告程序（实为木马程序），在公开网络上散布。一旦上网者点击该弹窗广告，木马程序即置入上网者电脑，搜索电脑中的银行网银账户。如果此时上网者银行网银账户打开，即可操作他人账户而转账。赵某以此方式转走他人账户钱款 10 万元。（事实三）

赵某、章某的罪行被马某发现后，马某扬言要举报。为报复马某，赵某偷偷潜入马某宿舍，在饮水机里投放毒药。未料此期间马某出差，马某的女友董某一直借住在马某宿舍，董某饮水后，因中毒诱发糖尿病死亡。（事实四）

【问题】请根据《刑法》相关规定与刑法原理分析赵某、章某的刑事责任。要求注重说明理由，并可作答不同观点。

【简要答案】

1. 事实一：赵某、章某：盗窃罪。
2. 事实二：赵某、章某：诈骗罪。
3. 事实三：赵某：盗窃罪。
4. 事实四：赵某：故意杀人罪。

第二十章 黑社会、黄赌毒犯罪

一、组织、领导、参加黑社会性质组织罪；包庇、纵容黑社会性质组织罪

第294条第1、3、4、5款【组织、领导、参加黑社会性质组织罪】组织、领导黑社会性质的组织的，处七年以上有期徒刑，并处没收财产；积极参加的，处三年以上七年以下有期徒刑，可以并处罚金或者没收财产；其他参加的，处三年以下有期徒刑、拘役、管制或者剥夺政治权利，可以并处罚金。

【包庇、纵容黑社会性质组织罪】国家机关工作人员包庇黑社会性质的组织，或者纵容黑社会性质的组织进行违法犯罪活动的，处五年以下有期徒刑；情节严重的，处五年以上有期徒刑。

【数罪并罚】犯前三款罪又有其他犯罪行为的，依照数罪并罚的规定处罚。

【黑社会性质的组织】黑社会性质的组织应当同时具备以下特征：

（一）形成较稳定的犯罪组织，人数较多，有明确的组织者、领导者，骨干成员基本固定；

（二）有组织地通过违法犯罪活动或者其他手段获取经济利益，具有一定的经济实力，以支持该组织的活动；

（三）以暴力、威胁或者其他手段，有组织地多次进行违法犯罪活动，为非作恶，欺压、残害群众；

（四）通过实施违法犯罪活动，或者利用国家工作人员的包庇或者纵容，称霸一方，在一定区域或者行业内，形成非法控制或者重大影响，严重破坏经济、社会生活秩序。

第26条【主犯】组织、领导犯罪集团进行犯罪活动的或者在共同犯罪中起主要作用的，是主犯。

【犯罪集团】三人以上为共同实施犯罪而组成的较为固定的犯罪组织，是犯罪集团。

【犯罪集团首要分子的责任】对组织、领导犯罪集团的首要分子，按照集团所犯的全部罪行处罚。

【一般主犯的责任】对于第三款规定以外的主犯，应当按照其所参与的或者组织、指挥的全部犯罪处罚。

《国家监察委员会、最高人民法院、最高人民检察院、公安部、司法部关于在扫黑除恶专项斗争中分工负责、互相配合、互相制约严惩公职人员涉黑涉恶违法犯罪问题的通知》

6. 国家机关工作人员包庇黑社会性质的组织，或者纵容黑社会性质的组织进行违法犯罪活动的，以包庇、纵容黑社会性质组织罪定罪处罚。

国家机关工作人员既组织、领导、参加黑社会性质组织，又对该组织进行包庇、

纵容的，应当以组织、领导、参加黑社会性质组织罪从重处罚。

国家机关工作人员包庇、纵容黑社会性质组织，该包庇、纵容行为同时还构成包庇罪、伪证罪、妨害作证罪、徇私枉法罪、滥用职权罪、帮助犯罪分子逃避处罚罪、徇私舞弊不移交刑事案件罪，以及徇私舞弊减刑、假释、暂予监外执行罪等其他犯罪的，应当择一重罪处罚。

责任主体	首要分子、积极参加者、一般参加者
行为	组织、领导、参加
黑社会性质组织	(1)"组织"。组织结构特征：形成较稳定的犯罪组织，人数较多，有明确的组织者、领导者，骨干成员基本固定。 (2)"钱"。经济实力特征：有组织地通过违法犯罪活动或者其他手段获取经济利益，具有一定的经济实力，以支持该组织的活动。 (3)"黑"。行为手段特征：以暴力、威胁或者其他手段，有组织地多次进行违法犯罪活动，为非作歹，欺压、残害群众。 (4)"社会"。非法控制特征：通过实施违法犯罪活动，或者利用国家工作人员的包庇或者纵容，称霸一方，在一定区域或者行业内，形成非法控制或者重大影响，严重破坏经济、社会生活秩序。 [注意] 保护伞不是必需特征，而只是可选择的特征。
罪数	犯本罪又有其他犯罪行为的，数罪并罚
首要分子责任	黑社会性质组织是一种特殊的犯罪集团，《刑法》第26条第2、3款的规定，适用于本条情况。故而，对组织、领导黑社会性质组织的首要分子，按照黑社会性质组织所犯的全部罪行处罚。

二、寻衅滋事罪、聚众斗殴罪

（一）寻衅滋事罪

第293条【寻衅滋事罪】有下列寻衅滋事行为之一，破坏社会秩序的，处五年以下有期徒刑、拘役或者管制：

（一）随意殴打他人，情节恶劣的；

（二）追逐、拦截、辱骂、恐吓他人，情节恶劣的；

（三）强拿硬要或者任意损毁、占用公私财物，情节严重的；

（四）在公共场所起哄闹事，造成公共场所秩序严重混乱的。

纠集他人多次实施前款行为，严重破坏社会秩序的，处五年以上十年以下有期徒刑，可以并处罚金。

主观方面 (所谓"流氓动机")	(1) 无事生非。行为人为寻求刺激、发泄情绪、逞强耍横等，无事生非，实施四种行为的，应当认定为"寻衅滋事"。 (2) 借故生非。行为人因日常生活中的偶发矛盾纠纷，借故生非，实施四种行为的，应当认定为"寻衅滋事"；但矛盾系由被害人故意引发或者被害人对矛盾激化负有主要责任的除外。

续表

	（3）虽事出有因，但不听劝止。行为人因婚恋、家庭、邻里、债务等纠纷，实施殴打、辱骂、恐吓他人或者损毁、占用他人财物等行为的，一般不认定为"寻衅滋事"；但经有关部门批评制止或者处理处罚后，继续实施前列行为，破坏社会秩序的，可认定为"寻衅滋事"。
四种寻衅滋事行为	随意殴打；追逐、拦截、辱骂、恐吓；强拿硬要、任意损毁、占用财物；在公共场所起哄闹事
罪量	情节恶劣、造成公共场所秩序严重混乱
想象竞合	实施寻衅滋事行为，同时符合寻衅滋事罪和故意杀人罪、故意伤害罪、故意毁坏财物罪、敲诈勒索罪、抢夺罪、抢劫罪等罪的构成要件的，依照处罚较重的犯罪定罪处罚

（二）聚众斗殴罪

第 292 条【聚众斗殴罪】 聚众斗殴的，对首要分子和其他积极参加的，处三年以下有期徒刑、拘役或者管制；有下列情形之一的，对首要分子和其他积极参加的，处三年以上十年以下有期徒刑：

（一）多次聚众斗殴的；

（二）聚众斗殴人数多，规模大，社会影响恶劣的；

（三）在公共场所或者交通要道聚众斗殴，造成社会秩序严重混乱的；

（四）持械聚众斗殴的。

【转化犯】 聚众斗殴，致人重伤、死亡的，依照本法第二百三十四条、第二百三十二条的规定定罪处罚。

主体	处罚首要分子和积极参加者		
聚众的形式	一方三人以上。并不要求对方三人以上。一方聚众，对该方即可定本罪（单方聚众）。		
斗殴的行为	"斗"（双方相互殴打），或者"殴"（多人一方攻击对方）		
责任	故意、"流氓动机"（无事生非、借故生非、虽事出有因但不听劝止）		
转化犯	能查明重伤、死亡具体由谁造成时	直接造成重伤、死亡的斗殴者：故意伤害罪、故意杀人罪；其他积极参加者：聚众斗殴罪	首要分子：故意伤害罪、故意杀人罪
	不能查明重伤、死亡具体由谁造成时	积极参加者：聚众斗殴罪	

三、妨害公务罪、袭警罪

第 277 条【妨害公务罪】 以暴力、威胁方法阻碍国家机关工作人员依法执行职务的，处三年以下有期徒刑、拘役、管制或者罚金。

以暴力、威胁方法阻碍全国人民代表大会和地方各级人民代表大会代表依法执行代表职务的，依照前款的规定处罚。

在自然灾害和突发事件中，以暴力、威胁方法阻碍红十字会工作人员依法履行职责的，依照第一款的规定处罚。

故意阻碍国家安全机关、公安机关依法执行国家安全工作任务，未使用暴力、威胁方法，造成严重后果的，依照第一款的规定处罚。

【袭警罪】暴力袭击正在依法执行职务的人民警察的，处三年以下有期徒刑、拘役或者管制；使用枪支、管制刀具，或者以驾驶机动车撞击等手段，严重危及其人身安全的，处三年以上七年以下有期徒刑。

妨害公务罪		
暴力、威胁方法	国家机关工作人员	阻碍依法 执行职务
	各级人民代表大会代表	
	在自然灾害和突发事件中，红十字会工作人员	
无需暴力、威胁	国家安全机关、公安机关依法执行国家安全工作任务；但需造成严重后果	
定一罪（加重犯）：组织或运送偷越国边境；走私、制造、贩卖、运输毒品又暴力抗拒缉查。数罪并罚：其他。		

袭警罪	
行为	暴力袭击：人身暴力，例如撕咬、踢打、抱摔、投掷等，进行人身攻击；以及实施打砸、毁坏、抢夺警正在使用的警用车辆、警械等警用装备，对警察人身进行攻击的
对象人	正在依法执行职务的人民警察
加重犯	使用枪支、管制刀具或者驾驶机动车撞击等手段，严重危及其人身安全
法条竞合	触犯本罪又触犯妨害公务罪的，以本罪即袭警罪论处
想象竞合	触犯本罪、致人重伤、死亡，同时触犯其他犯罪（如故意杀人罪、故意伤害罪、寻衅滋事罪等），择一重处

四、强迫交易罪、非法经营罪

（一）强迫交易罪

第 226 条【强迫交易罪】以暴力、威胁手段，实施下列行为之一，情节严重的，处三年以下有期徒刑或者拘役，并处或者单处罚金；情节特别严重的，处三年以上七年以下有期徒刑，并处罚金：

（一）强买强卖商品的；

（二）强迫他人提供或者接受服务的；

（三）强迫他人参与或者退出投标、拍卖的；

（四）强迫他人转让或者收购公司、企业的股份、债券或者其他资产的；

(五)强迫他人参与或者退出特定的经营活动的。

暴力、威胁手段	想象竞合：强迫交易致人轻伤、重伤、死亡的
强迫交易行为 (广义"交易")	(1)强买强卖商品。 (2)强迫他人提供或者接受服务。强行借贷的，属于强迫提供金融服务。 (3)强迫他人参与或者退出投标、拍卖。 (4)强迫他人转让或者收购公司、企业的股份、债券或者其他资产。 (5)强迫他人参与或者退出特定的经营活动。
强迫交易罪与抢劫罪的区别：交易是否真实、价金是否悬殊。	

(二)非法经营罪

第225条【非法经营罪】违反国家规定，有下列非法经营行为之一，扰乱市场秩序，情节严重的，处五年以下有期徒刑或者拘役，并处或者单处违法所得一倍以上五倍以下罚金；情节特别严重的，处五年以上有期徒刑，并处违法所得一倍以上五倍以下罚金或者没收财产：

(一)未经许可经营法律、行政法规规定的专营、专卖物品或者其他限制买卖的物品的；

(二)买卖进出口许可证、进出口原产地证明以及其他法律、行政法规规定的经营许可证或者批准文件的；

(三)未经国家有关主管部门批准非法经营证券、期货、保险业务的，或者非法从事资金支付结算业务的；

(四)其他严重扰乱市场秩序的非法经营行为。

"违反国家规定"，即违反全国人民代表大会及其常务委员会制定的法律和决定，国务院（包括部分符合条件的以国务院办公厅名义制发的文件）制定的行政法规、规定的行政措施、发布的决定和命令。		
1. 未经许可经营法律、行政法规规定的专营、专卖物品或者其他限制买卖的物品的。 (1)非法经营烟草制品（包括属于烟草的电子香烟）。 (2)非法经营食盐。违反国家有关盐业管理规定，非法生产、储运、销售食盐。		
2. 买卖进出口许可证、进出口原产地证明以及其他法律、行政法规规定的经营许可证或者批准文件的。		
3. 未经国家有关主管部门批准非法经营证券、期货或者保险业务的，或者非法从事资金结算业务。		
4. 其他严重扰乱市场秩序的非法经营行为。		
	金融	(1)在国家规定的交易场所以外非法买卖外汇。 (2)未经依法核准擅自发行基金份额募集基金。 (3)POS机套现。 (4)非法发放高利贷。

续表

传媒	(5) 非法经营**出版物**。 (6) 非法经营**国际电信**业务或者涉港澳台电信业务进行营利活动。 (7) 非法经营**互联网**业务。 (8) 违反国家规定，以营利为目的，通过信息**网络有偿提供删除信息服务**，或者明知是虚假信息，通过信息网络有偿提供**发布信息等服务**，扰乱市场秩序。 (9) 擅自设置**手机基站**，发布广告信息等。
食品、药品	(10) 以提供给他人生产、销售食品为目的，违反国家规定，生产、销售国家禁止用于食品生产、销售的**非食品原料**，情节严重。 (11) 违反国家规定，生产、销售国家禁止生产、销售、使用的农药、兽药（如盐酸克仑特罗即瘦肉精），饲料、饲料**添加剂**，或者饲料原料、饲料**添加剂原料**，情节严重。 (12) 违反国家规定，**私设生猪屠宰厂（场）**，从事生猪屠宰、销售等经营活动，情节严重。 (13) 违反国家药品管理法律法规，**未取得**或者使用伪造、变造的药品经营**许可证**，**非法经营药品**，情节严重。 (14) 以提供给他人生产、销售药品为目的，违反国家规定，生产、销售不符合药用要求的非**药品原料**、**辅料**，情节严重。 (15) 违反国家规定，**非法买卖人体器官**(已经摘取下来的人体器官)。 (16) 违反国家在预防、控制突发传染病疫情等灾害期间，有关市场经营、价格管理等规定，**哄抬物价**，**牟取暴利**，严重扰乱市场秩序，违法所得数额较大或者有其他严重情节的行为。
博彩	(17) 未经国家批准擅自发行、销售**彩票**。 (18) **以提供给他人开设赌场为目的**，违反国家规定，**非法生产**、**销售**具有退币、退分、退钢珠等**赌博功能的电子游戏设施设备或者其专用软件**，情节严重的。
对被告人的行为是否属于《刑法》第225条第4项规定的"其他严重扰乱市场秩序的非法经营行为"，有关司法解释未作明确规定的，应当作为法律适用问题，逐级向最高人民法院请示	
结果：扰乱市场秩序，情节严重	

五、赌博类犯罪

第303条【赌博罪】以营利为目的，聚众赌博或者以赌博为业的，处三年以下有期徒刑、拘役或者管制，并处罚金。

【开设赌场罪】开设赌场的，处五年以下有期徒刑、拘役或者管制，并处罚金；情节严重的，处五年以上十年以下有期徒刑，并处罚金。

【组织参与国（境）外赌博罪】组织中华人民共和国公民参与国（境）外赌博，数额巨大或者有其他严重情节的，依照前款的规定处罚。

赌博罪	开设赌场罪	组织参与国（境）外赌博罪（增设）
以营利为目的：（1）聚众赌博（抽头）；（2）以赌博为业（职业犯）	开设赌场，包括网络赌场（赌博网站）。设置赌博机是开设赌场，生产赌博机是非法经营。	（1）组织中国公民；（2）参与国（境）外赌博

六、毒品犯罪

第 347 条【走私、贩卖、运输、制造毒品罪】走私、贩卖、运输、制造毒品，无论数量多少，都应当追究刑事责任，予以刑事处罚。

走私、贩卖、运输、制造毒品，有下列情形之一的，处十五年有期徒刑、无期徒刑或者死刑，并处没收财产：

（一）走私、贩卖、运输、制造鸦片一千克以上、海洛因或者甲基苯丙胺五十克以上或者其他毒品数量大的；

（二）走私、贩卖、运输、制造毒品集团的首要分子；

（三）武装掩护走私、贩卖、运输、制造毒品的；

（四）以暴力抗拒检查、拘留、逮捕，情节严重的；

（五）参与有组织的国际贩毒活动的。

走私、贩卖、运输、制造鸦片二百克以上不满一千克、海洛因或者甲基苯丙胺十克以上不满五十克或者其他毒品数量较大的，处七年以上有期徒刑，并处罚金。

走私、贩卖、运输、制造鸦片不满二百克、海洛因或者甲基苯丙胺不满十克或者其他少量毒品的，处三年以下有期徒刑、拘役或者管制，并处罚金；情节严重的，处三年以上七年以下有期徒刑，并处罚金。

单位犯第二款、第三款、第四款罪的，对单位判处罚金，并对其直接负责的主管人员和其他直接责任人员，依照各该款的规定处罚。

利用、教唆未成年人走私、贩卖、运输、制造毒品，或者向未成年人出售毒品的，从重处罚。

对多次走私、贩卖、运输、制造毒品，未经处理的，毒品数量累计计算。

毒品，指鸦片、海洛因、甲基苯丙胺（冰毒）、吗啡、大麻、可卡因以及国家规定管制的其他能够使人形成瘾癖的麻醉药品和精神药品。		
走私	非法运输、携带、邮寄毒品进出国（边）境	入境型走私以到达我国领土内为既遂
贩卖	有偿转让（是"换钱"，而不是"赚钱"【营利】），包括换取其他物质利益	以毒品实际上转移给买方为既遂；是否收取到金钱在所不论
	实行行为是"出卖"，不需先购买再出卖；出于贩卖目的而收买，系贩卖毒品罪预备	

			走私、贩卖、运输、制造毒品（指本条具体罪名），无论数量多少，都应追究刑事责任。其它毒品犯罪，成罪还需数量。
运输	采用携带、邮寄、利用他人或者使用交通工具等方法在我国领域内转移毒品	使毒品离开原处或转移了存放地为既遂；而不以到达目的地为既遂（合理位移说）	
制造	包括非法用毒品原植物直接提炼和用**化学方法加工、配制**毒品；也包括以改变毒品成分和效用为目的，用混合等**物理方法加工、配制**毒品	已经制造出粗制毒品或者半成品，既遂；开始着手制造，尚未制造出粗制毒品或者半成品，未遂	
	为便于隐蔽运输、销售、使用、欺骗购买者，或者为了增重，对毒品**掺杂使假、添加或者去除其他非毒品物质**，不属于制造毒品		
故意	1. 明知是毒品。包括确实明知、应当知道（知道可能是毒品）。对毒品种类认识错误，属具体认识错误，不影响故意成立。明知不是毒品而欺骗他人，构成诈骗罪。 2. 不要求营利目的。		
主体	自然人、单位。已满14周岁，对贩卖毒品负责；其他需已满16周岁		

第348条【非法持有毒品罪】非法持有鸦片一千克以上、海洛因或者甲基苯丙胺五十克以上或者其他毒品数量大的，处七年以上有期徒刑或者无期徒刑，并处罚金；非法持有鸦片二百克以上不满一千克、海洛因或者甲基苯丙胺十克以上不满五十克或者其他毒品数量较大的，处三年以下有期徒刑、拘役或者管制，并处罚金；情节严重的，处三年以上七年以下有期徒刑，并处罚金。

非法持有	事实上的支配。包括直接占有、携有、藏匿、托管或者以其他方法支配毒品。也包括不直接握有但可以间接管理、支配
数量较大	鸦片200克以上、海洛因或者甲基苯丙胺10克以上，或者其他毒品数量较大
责任	故意，明知是毒品，无需知具体种类

七、卖淫周边犯罪

第358条【组织卖淫罪；强迫卖淫罪】组织、强迫他人卖淫的，处五年以上十年以下有期徒刑，并处罚金；情节严重的，处十年以上有期徒刑或者无期徒刑，并处罚金或者没收财产。

组织、强迫未成年人卖淫的，依照前款的规定从重处罚。

犯前两款罪，并有杀害、伤害、强奸、绑架等犯罪行为的，依照数罪并罚的规定处罚。

【协助组织卖淫罪】为组织卖淫的人招募、运送人员或者有其他协助组织他人卖淫行为的，处五年以下有期徒刑，并处罚金；情节严重的，处五年以上十年以下有期徒刑，并处罚金。

第 359 条【引诱、容留、介绍卖淫罪】引诱、容留、介绍他人卖淫的，处五年以下有期徒刑、拘役或者管制，并处罚金；情节严重的，处五年以上有期徒刑，并处罚金。

【引诱幼女卖淫罪】引诱不满十四周岁的幼女卖淫的，处五年以上有期徒刑，并处罚金。

组织卖淫	以招募、雇佣、纠集等手段，管理或者控制他人卖淫，卖淫人员在 3 人以上。是否设置固定的卖淫场所、组织卖淫者人数多少、规模大小，在所不论。
强迫卖淫	以暴力、威胁、虐待等强制方法，违背他人意志，迫使原本无卖淫意图的人从事卖淫（与不特定人）（包容强奸罪间接犯）
协助组织卖淫	为组织卖淫的人，招募、运送人员或者以其他方法协助组织他人卖淫。如为组织者充当皮条客、保镖、管账、管人、联络；防止嫖客闹事、避免干涉、抗拒检查等（帮助行为正犯化）
引诱	在他人本无卖淫意愿的情况下，使用勾引、利诱等手段，制造他人同意卖淫的意图
容留	允许他人在自己管理的场所卖淫，或为他人卖淫提供场所
介绍卖淫	在卖淫者与嫖客之间牵线搭桥，勾通撮合，使他人卖淫得以实现

罪数		
组织卖淫	在组织他人卖淫的活动中，对被组织者实施强迫、引诱、容留、介绍行为的，择一重罪处断（仍是组织卖淫重）	组织卖淫罪
	组织 A、B、C 等卖淫，又强迫 D 卖淫，引诱、容留、介绍 E 卖淫	数罪并罚
组织卖淫 强迫卖淫	中杀害、伤害、强奸、绑架等犯罪	数罪并罚
协助组织卖淫	中强迫卖淫、杀害、伤害、强奸、绑架等	数罪并罚

八、洗钱罪

第 191 条【洗钱罪】为掩饰、隐瞒毒品犯罪、黑社会性质的组织犯罪、恐怖活动犯罪、走私犯罪、贪污贿赂犯罪、破坏金融管理秩序罪、金融诈骗罪的所得及其产生的收益的来源和性质。有下列行为之一的，没收实施以上犯罪的所得及其产生的收益，处五年以下有期徒刑或者拘役，并处或单处罚金；情节严重的，处五年以上十年以下有期徒刑，并处罚金：

（一）提供资金账户的；

（二）将财产转换为现金、金融票据、有价证券的；

（三）通过转账或者其他支付结算方式转移资金的；

（四）跨境转移资产的；

（五）以其他方式掩饰、隐瞒犯罪所得及其收益的来源和性质的。

单位犯前款罪的，对单位判处罚金，并对其直接负责的主管人员和其他直接责任人员，依照前款的规定处罚。

对象："脏钱"。7种上流犯罪所得及收益	（1）7种上游犯罪：毒品犯罪、黑社会性质的组织犯罪、恐怖活动犯罪、走私犯罪、贪污贿赂犯罪、破坏金融管理秩序犯罪（如假币犯罪）、金融诈骗犯罪。 （2）指"犯罪行为"，不是指"罪名"；指"犯罪事实"，不是指诉讼结果。①上游犯罪尚未依法裁判，但查证属实的；②上游犯罪事实可以确认，因行为人死亡等原因依法<u>不予追究刑事责任的</u>；③事实可以确认，但依法<u>以其他罪名定罪处罚的</u>：不影响洗钱罪的认定
行为："洗白"。掩盖、隐瞒非法来源和性质	（1）提供资金账户的； （2）将财产转换为现金、金融票据、有价证券的； （3）通过转账或者其他支付结算方式转移资金的； （4）跨境转移资产的； （5）以其他方式掩饰、隐瞒犯罪所得及其收益的来源和性质的。
故意	（1）明知是"脏钱"（事后犯） （2）具体认识错误（同类错误）：将此种上游犯罪收益误认为彼种上游犯罪收益，不影响洗钱故意的成立
与上流犯罪共同犯罪的区分	洗钱罪属"事后犯"。如事先、事中有共谋，是共犯
法条竞合的处理（择一重处）	触犯洗钱罪，同时触犯掩饰、隐瞒犯罪所得、犯罪所得收益罪，窝藏、转移、隐瞒毒品、毒赃罪的，择一重处（实际仍定洗钱）

【方鹏刑法主观题练习20：黑帮老大约架案】

【案情】甲组织黑帮组织，自立为"帮主"，在某市开有A公司，主要业务是帮人讨债。乙、丙为一般参加者。（事实一）

A某、B某到甲的地盘上"踢馆"，为立威，甲遂聚集8人（其中乙、丙为积极参加者），与A某、B某二人，持械在某废弃厂房里"约架"相互对打，导致B某被打成重伤，治疗十天后死亡。事后证据可以证明，B某系乙打伤；甲方也有二人受轻微伤，不知是A某还是B某打的。（事实二）

【问题】甲、乙、丙，A某的行为如何定性？说明理由。

【简要答案】

1. 甲：组织黑社会性质组织罪、故意伤害罪（致人死亡）。
2. 乙：参加黑社会性质组织罪、故意伤害罪（致人死亡）。
3. 丙：参加黑社会性质组织罪、聚众斗殴罪。
4. A某：寻衅滋事罪。

第二十一章 知识产权犯罪、环境犯罪
[《刑法修正案(十一)》《刑法修正案(十二)》]

一、知识产权犯罪

第213条【假冒注册商标罪】未经注册商标所有人许可,在同一种商品、服务上使用与其注册商标相同的商标,情节严重的,处三年以下有期徒刑,并处或者单处罚金;情节特别严重的,处三年以上十年以下有期徒刑,并处罚金。

第214条【销售假冒注册商标的商品罪】销售明知是假冒注册商标的商品,违法所得数额较大或者有其他严重情节的,处三年以下有期徒刑,并处或者单处罚金;违法所得数额巨大或者有其他特别严重情节的,处三年以上十年以下有期徒刑,并处罚金。

"同一种商品、服务"	以国家有关部门颁发的商品分类为标准。名称相同的商品,以及名称不同但指同一事物的商品
"使用"	(1) 将注册商标或者假冒的注册商标用于商品、商品包装或者容器以及产品说明书、商品交易文书; (2) 将注册商标或者假冒的注册商标用于广告宣传、展览以及其他商业活动
"相同的商标"	(1) **完全相同**。(2) **极其近似**。①改变注册商标的字体、字母大小写或者文字横竖排列,与注册商标之间仅有细微差别的;②改变注册商标的文字、字母、数字等之间的间距,不影响体现注册商标显著特征的;③改变注册商标颜色的;④其他与注册商标在视觉上基本无差别、足以使公众产生误导的商标
罪数	(1) 事后不可罚:实施假冒注册商标犯罪,又销售该假冒注册商标的商品,以假冒注册商标罪一罪论处。(2) 不同宗,则数罪并罚。 想象竞合犯:生产、销售伪劣商品,同时触犯假冒注册商标罪、非法经营罪的,应择一重处断

第217条【侵犯著作权罪】以营利为目的,有下列侵犯著作权或者与著作权有关的权利的情形之一,违法所得数额较大或者有其他严重情节的,处三年以下有期徒刑,并处或者单处罚金;违法所得数额巨大或者有其他特别严重情节的,处三年以上十年以下有期徒刑,并处罚金:

(一)未经著作权人许可,复制发行、通过信息网络向公众传播其文字作品、音乐、美术、视听作品、计算机软件及法律、行政法规规定的其他作品的;

(二)出版他人享有专有出版权的图书的;

(三)未经录音录像制作者许可,复制发行、通过信息网络向公众传播其制作的录音录像的;

(四)未经表演者许可,复制发行录有其表演的录音录像制品,或者通过信息网络向公众传播其表演的;

(五)制作、出售假冒他人署名的美术作品的;

（六）未经著作权人或者与著作权有关的权利人许可，故意避开或者破坏权利人为其作品、录音录像制品等采取的保护著作权或者与著作权有关的权利的技术措施的。

第218条【销售侵权复制品罪】以营利为目的，销售明知是本法第二百一十七条规定的侵权复制品，违法所得数额巨大或者有其他严重情节的，处五年以下有期徒刑，并处或者单处罚金。

对象	著作权或者与著作权有关的权利	
行为	未经著作权人许可，复制发行、通过信息网络向公众传播其文字作品、音乐、美术、视听作品、计算机软件及法律、行政法规规定的其他作品	（1）"复制发行"，包括复制、发行（发售）或者既复制又发行的行为。 （2）通过广告、征订等方式推销侵权产品的，属"发行"。
	出版他人享有专有出版权的图书	
	未经录音录像制作者许可，复制发行、通过信息网络向公众传播其制作的录音录像	
	未经表演者许可，复制发行录有其表演的录音录像制品，或者通过信息网络向公众传播其表演	
	制作、出售假冒他人署名的美术作品	
	未经著作权人或者与著作权有关的权利人许可，故意避开或者破坏权利人为其作品、录音录像制品等采取的保护著作权或者与著作权有关的权利的技术措施	
以营利为目的	（1）以在他人作品中刊登收费广告、捆绑第三方作品等方式直接或者间接收取费用； （2）通过信息网络传播他人作品，或者利用他人上传的侵权作品，在网站或者网页上提供刊登收费广告服务，直接或者间接收取费用； （3）以会员制方式通过信息网络传播他人作品，收取会员注册费或者其他费用； （4）其他利用他人作品牟利的情形。	
罪数	（1）事后不可罚：侵犯著作权，又销售同宗侵权复制品，只定侵犯著作权罪一罪。（2）不同宗，则数罪并罚。	

第219条【侵犯商业秘密罪】有下列侵犯商业秘密行为之一，情节严重的，处三年以下有期徒刑，并处或者单处罚金；情节特别严重的，处三年以上十年以下有期徒刑，并处罚金：

（一）以盗窃、贿赂、欺诈、胁迫、电子侵入或者其他不正当手段获取权利人的商业秘密的；

（二）披露、使用或者允许他人使用以前项手段获取的权利人的商业秘密的；

（三）违反保密义务或者违反权利人有关保守商业秘密的要求，披露、使用或者允许他人使用其所掌握的商业秘密的。

明知前款所列行为，获取、披露、使用或者允许他人使用该商业秘密的，以侵犯商业秘密论。

本条所称权利人，是指商业秘密的所有人和经商业秘密所有人许可的商业秘密使用人。

第219条之一【为境外窃取、刺探、收买、非法提供商业秘密罪】为境外的机构、组织、人员窃取、刺探、收买、非法提供商业秘密的，处五年以下有期徒刑，并处或者单处罚金；情节严重的，处五年以上有期徒刑，并处罚金。

商业秘密	不为公众所知悉，能为权利人带来经济利益，具有实用性并经权利人采取保密措施的**技术信息**和**经营信息**	
侵犯行为	直接非法获取、披露者，或违约泄露者（第一手者）	（1）以盗窃、贿赂、欺诈、胁迫、电子侵入或者其他<u>不正当手段获取</u>。（2）前者披露、使用或者允许他人使用。（3）**违反保密义务**或者违反权利人有关保守商业秘密的要求，披露、使用或者允许他人使用
	明知非法获取或违约泄露，而使用者、再披露者（第二手者）	（4）明知或者应知前款所列行为，获取、披露、使用<u>或者允许他人使用该商业秘密</u>
情节	情节严重	

二、环境犯罪

第338条【污染环境罪】违反国家规定，排放、倾倒或者处置有放射性的废物、含传染病病原体的废物、有毒物质或者其他有害物质，严重污染环境的，处三年以下有期徒刑或者拘役，并处或者单处罚金；情节严重的，处三年以上七年以下有期徒刑，并处罚金；有下列情形之一的，处七年以上有期徒刑，并处罚金：

（一）在饮用水水源保护区、自然保护地核心保护区等依法确定的重点保护区域排放、倾倒、处置有放射性的废物、含传染病病原体的废物、有毒物质，情节特别严重的；

（二）向国家确定的重要江河、湖泊水域排放、倾倒、处置有放射性的废物、含传染病病原体的废物、有毒物质，情节特别严重的；

（三）致使大量永久基本农田基本功能丧失或者遭受永久性破坏的；

（四）致使多人重伤、严重疾病，或者致人严重残疾、死亡的。

有前款行为，同时构成其他犯罪的，依照处罚较重的规定定罪处罚。

"违反国家规定"	违反《环境保护法》《大气污染防治法》《固体废物污染环境防治法》《水污染防治法》《海洋环境保护法》等法律以及国务院颁布的有关实施细则
污染环境行为	"排放、倾倒或者处置有放射性的废物、含传染病病原体的废物、有毒物质或者其他有害物质"
"严重污染环境"	涉及排放地点、数量、物质毒性、情节、结果等诸多因素
责任	故意。明知排放行为违法仍然排放，不要求对造成的结果有故意
想象竞合	同时构成污染环境罪、非法处置进口的固体废物罪、投放危险物质罪等犯罪的，择一重处

第二十一章 知识产权犯罪、环境犯罪 [《刑法修正案（十一）、《刑法修正案（十二）》]

第341条【危害珍贵、濒危野生动物罪】非法猎捕、杀害国家重点保护的珍贵、濒危野生动物的，或者非法收购、运输、出售国家重点保护的珍贵、濒危野生动物及其制品的，处五年以下有期徒刑或者拘役，并处罚金；情节严重的，处五年以上十年以下有期徒刑，并处罚金；情节特别严重的，处十年以上有期徒刑，并处罚金或者没收财产。

【非法狩猎罪】违反狩猎法规，在禁猎区、禁猎期或者使用禁用的工具、方法进行狩猎，破坏野生动物资源，情节严重的，处三年以下有期徒刑、拘役、管制或者罚金。

【非法猎捕、收购、运输、出售陆生野生动物罪】违反野生动物保护管理法规，以食用为目的非法猎捕、收购、运输、出售第一款规定以外的在野外环境自然生长繁殖的陆生野生动物，情节严重的，依照前款的规定处罚。

猎捕、收购、运输、出售"三六九等"不同动物的行为性质				
对象：不种"级别"的动物				罪名
野生动物（物种）	珍贵、濒危野生动物（不管野生[野外环境自然生长繁殖]、家养[人工驯养繁殖]与否）			危害珍贵、濒危野生动物罪
	三有动物	野生的	以食用为目的	非法猎捕、收购、运输、出售陆生野生动物罪
			不以食用为目的	非法狩猎罪
		家养的		不构成犯罪，或者构成非法狩猎罪
其他普通动物（没有列入名录、即使野生）				不构成犯罪

第345条第1、2款【盗伐林木罪】盗伐森林或者其他林木，数量较大的，处三年以下有期徒刑、拘役或者管制，并处或者单处罚金；数量巨大的，处三年以上七年以下有期徒刑，并处罚金；数量特别巨大的，处七年以上有期徒刑，并处罚金。

【滥伐林木罪】违反森林法的规定，滥伐森林或者其他林木，数量较大的，处三年以下有期徒刑、拘役或者管制，并处或者单处罚金；数量巨大的，处三年以上七年以下有期徒刑，并处罚金。

对象："林木"。活的树木、成片（大面积、小面积、成规模）的树林。死树、零星的树是财物		
盗伐林木罪	盗伐（盗+伐）：擅自砍伐他人林木；"盗伐"内含"盗窃"	具有非法占有为目的
滥伐林木罪	滥伐："违反森林法的规定"，无证、违规砍伐	没有非法占有目的

三、《刑法修正案（十一）》增设、修正罪名

（自 2021 年 3 月 1 日起施行）

（增设新罪名 17 个；因罪名合并而减少 3 个罪名；修订罪名 26 个。现共计罪名 483 个）

修改刑事责任年龄：12~14 周岁，对杀人、伤害+致死、残忍手段致重伤且严重残疾+情节恶劣，负责	
增设罪名	修正罪名
第 133 条之二【妨害安全驾驶罪】	
第 134 条之一【危险作业罪】	第 134 条第 2 款【强令、组织他人违章冒险作业罪】（原罪名为：强令违章冒险作业罪）
第 142 条之一【妨害药品管理罪】	第 141 条【生产、销售、提供假药罪】（原罪名为：生产、销售假药罪）； 第 142 条【生产、销售、提供劣药罪】（原罪名为：生产、销售劣药罪）
	第 160 条【欺诈发行证券罪】（原罪名为：欺诈发行股票、债券罪）； 违规披露、不披露重要信息罪；操纵证券、期货市场罪
	非国家工作人员受贿罪；骗取贷款、票据承兑、金融票证罪；非法吸收公众存款罪；洗钱罪；集资诈骗罪
	假冒注册商标罪；销售假冒注册商标的商品罪；非法制造、销售非法制造的注册商标标识罪；侵犯著作权罪；销售侵权复制品罪
第 219 条之一【为境外的机构、组织、人员窃取、刺探、收买、非法提供商业秘密】	侵犯商业秘密罪
	提供虚假证明文件罪
第 236 条之一【负有照护职责人员性侵罪】	强奸罪；猥亵儿童罪
	职务侵占罪；挪用资金罪
第 277 条第 5 款【袭警罪】； 第 280 条之二【冒名顶替罪】； 第 291 条之二【高空抛物罪】； 第 293 条之一【催收非法债务罪】	
第 299 条之一【侵害英雄烈士名誉、荣誉罪】	第 299 条【侮辱国旗、国徽、国歌罪】（原罪名为：侮辱国旗、国徽罪+侮辱国歌罪）
第 303 条第 3 款【组织参与国（境）外赌博罪】	开设赌场罪
第 334 条之一【非法采集人类遗传资源、走私人类遗传资源材料罪】； 第 336 条之一【非法植入基因编辑、克隆胚胎罪】	妨害传染病防治罪

第二十一章　知识产权犯罪、环境犯罪 [《刑法修正案（十一）、《刑法修正案（十二）》]

续表

第341条第3款【非法猎捕、收购、运输、出售陆生野生动物罪】； 第342条之一【破坏自然保护地罪】； 第344条之一【非法引进、释放、丢弃外来入侵物种罪】	污染环境罪 第341条第1款【危害珍贵、濒危野生动物罪】（原罪名为：非法猎捕、杀害珍贵、濒危野生动物罪+非法收购、运输、出售珍贵、濒危野生动物、珍贵、濒危野生动物制品罪）； 第344条【危害国家重点保护植物罪】（原罪名为：非法采伐、毁坏国家重点保护植物罪+非法收购、运输、加工、出售国家重点保护植物、国家重点保护植物制品罪）
第355条之一【妨害兴奋剂管理罪】	第408条之一【食品、药品监管渎职罪】（原罪名为：食品监管渎职罪）
	为境外窃取、刺探、收买、非法提供军事秘密罪；军人的范围

四、《刑法修正案（十二）》修正的罪名

修正前	修正后
第一百六十五条【非法经营同类营业罪】国有公司、企业的董事、经理利用职务便利，自己经营或者为他人经营与其所任职公司、企业同类的营业，获取非法利益，数额巨大的，处三年以下有期徒刑或者拘役，并处或者单处罚金；数额特别巨大的，处三年以上七年以下有期徒刑，并处罚金。	第一百六十五条【非法经营同类营业罪】国有公司、企业的董事、监事、高级管理人员，利用职务便利，自己经营或者为他人经营与其所任职公司、企业同类的营业，获取非法利益，数额巨大的，处三年以下有期徒刑或者拘役，并处或者单处罚金；数额特别巨大的，处三年以上七年以下有期徒刑，并处罚金。 其他公司、企业的董事、监事、高级管理人员违反法律、行政法规规定，实施前款行为，致使公司、企业利益遭受重大损失的，依照前款的规定处罚。
第一百六十六条【为亲友非法牟利罪】国有公司、企业、事业单位的工作人员，利用职务便利，有下列情形之一，使国家利益遭受重大损失的，处三年以下有期徒刑或者拘役，并处或者单处罚金；致使国家利益遭受特别重大损失的，处三年以上七年以下有期徒刑，并处罚金： （一）将本单位的盈利业务交由自己的亲友进行经营的； （二）以明显高于市场的价格向自己的亲友经营管理的单位采购商品或者以明显低于市场的价格向自己的亲友经营管理的单位销售商品的； （三）向自己的亲友经营管理的单位采购不合格商品的。	第一百六十六条【为亲友非法牟利罪】国有公司、企业、事业单位的工作人员，利用职务便利，有下列情形之一，致使国家利益遭受重大损失的，处三年以下有期徒刑或者拘役，并处或者单处罚金；致使国家利益遭受特别重大损失的，处三年以上七年以下有期徒刑，并处罚金： （一）将本单位的盈利业务交由自己的亲友进行经营的； （二）以明显高于市场的价格从自己的亲友经营管理的单位采购商品、接受服务或者以明显低于市场的价格向自己的亲友经营管理的单位销售商品、提供服务的； （三）从自己的亲友经营管理的单位采购、接受不合格商品、服务的。 其他公司、企业的工作人员违反法律、行政法规规定，实施前款行为，致使公司、企业利益遭受重大损失的，依照前款的规定处罚。

续表

修正前	修正后
第一百六十九条【徇私舞弊低价折股、出售国有资产罪】国有公司、企业或者其上级主管部门直接负责的主管人员，徇私舞弊，将国有资产低价折股或者低价出售，致使国家利益遭受重大损失的，处三年以下有期徒刑或者拘役；致使国家利益遭受特别重大损失的，处三年以上七年以下有期徒刑。	第一百六十九条【徇私舞弊低价折股、出售公司、企业资产罪】国有公司、企业或者其上级主管部门直接负责的主管人员，徇私舞弊，将国有资产低价折股或者低价出售，致使国家利益遭受重大损失的，处三年以下有期徒刑或者拘役；致使国家利益遭受特别重大损失的，处三年以上七年以下有期徒刑。<u>其他公司、企业直接负责的主管人员</u>，徇私舞弊，将公司、企业资产低价折股或者低价出售，致使公司、企业利益遭受<u>重大损失</u>的，依照前款的规定处罚。
第三百八十七条【单位受贿罪】国家机关、国有公司、企业、事业单位、人民团体，索取、非法收受他人财物，为他人谋取利益，情节严重的，对单位判处罚金，并对其直接负责的主管人员和其他直接责任人员，处五年以下有期徒刑或者拘役。 前款所列单位，在经济往来中，在帐外暗中收受各种名义的回扣、手续费的，以受贿论，依照前款的规定处罚。	第三百八十七条【单位受贿罪】国家机关、国有公司、企业、事业单位、人民团体，索取、非法收受他人财物，为他人谋取利益，情节严重的，对单位判处罚金，并对其直接负责的主管人员和其他直接责任人员，处<u>三年以下有期徒刑或者拘役</u>；情节特别严重的，<u>处三年以上十年以下有期徒刑</u>。 前款所列单位，在经济往来中，在账外暗中收受各种名义的回扣、手续费的，以受贿论，依照前款的规定处罚。
第三百九十条【对犯行贿罪的处罚规定】对犯行贿罪的，处五年以下有期徒刑或者拘役，并处罚金；因行贿谋取不正当利益，情节严重的，或者使国家利益遭受重大损失的，处五年以上十年以下有期徒刑，并处罚金；情节特别严重的，或者使国家利益遭受特别重大损失的，处十年以上有期徒刑或者无期徒刑，并处罚金或者没收财产。 行贿人在被追诉前主动交待行贿行为的，可以从轻或者减轻处罚。其中，犯罪较轻的，对侦破重大案件起关键作用的，或者有其他重大立功表现的，可以减轻或者免除处罚。	第三百九十条【对犯行贿罪的处罚规定】对犯行贿罪的，处<u>三年以下</u>有期徒刑或者拘役，并处罚金；因行贿谋取不正当利益，情节严重的，或者使国家利益遭受重大损失的，处<u>三年以上十年以下</u>有期徒刑，并处罚金；情节特别严重的，或者使国家利益遭受特别重大损失的，处十年以上有期徒刑或者无期徒刑，并处罚金或者没收财产。 有下列情形之一的，从重处罚： （一）多次行贿或者向多人行贿的； （二）国家工作人员行贿的； （三）在国家重点工程、重大项目中行贿的； （四）为谋取职务、职级晋升、调整行贿的； （五）对监察、行政执法、司法工作人员行贿的； （六）在生态环境、财政金融、安全生产、食品药品、防灾救灾、社会保障、教育、医疗等领域行贿，实施违法犯罪活动的； （七）将违法所得用于行贿的。 行贿人在被追诉前主动交待行贿行为的，可以从轻或者减轻处罚。其中，犯罪较轻的，

续表

修正前	修正后
	对调查突破、侦破重大案件起关键作用的，或者有重大立功表现的，可以减轻或者免除处罚。
第三百九十一条【对单位行贿罪】为谋取不正当利益，给予国家机关、国有公司、企业、事业单位、人民团体以财物的，或者在经济往来中，违反国家规定，给予各种名义的回扣、手续费的，处三年以下有期徒刑或者拘役，并处罚金。 单位犯前款罪的，对单位判处罚金，并对其直接负责的主管人员和其他直接责任人员，依照前款的规定处罚。	第三百九十一条【对单位行贿罪】为谋取不正当利益，给予国家机关、国有公司、企业、事业单位、人民团体以财物的，或者在经济往来中，违反国家规定，给予各种名义的回扣、手续费的，处三年以下有期徒刑或者拘役，并处罚金；情节严重的，处三年以上七年以下有期徒刑，并处罚金。 单位犯前款罪的，对单位判处罚金，并对其直接负责的主管人员和其他直接责任人员，依照前款的规定处罚。
第三百九十三条【单位行贿罪】单位为谋取不正当利益而行贿，或者违反国家规定，给予国家工作人员以回扣、手续费，情节严重的，对单位判处罚金，并对其直接负责的主管人员和其他直接责任人员，处五年以下有期徒刑或者拘役，并处罚金。因行贿取得的违法所得归个人所有的，依照本法第三百八十九条、第三百九十条的规定定罪处罚。	第三百九十三条【单位行贿罪】单位为谋取不正当利益而行贿，或者违反国家规定，给予国家工作人员以回扣、手续费，情节严重的，对单位判处罚金，并对其直接负责的主管人员和其他直接责任人员，处三年以下有期徒刑或者拘役，并处罚金；情节特别严重的，处三年以上十年以下有期徒刑，并处罚金。因行贿取得的违法所得归个人所有的，依照本法第三百八十九条、第三百九十条的规定定罪处罚。

为亲友非法牟利罪的构成要素

主体	国有公司、企业、事业单位的工作人员、其他公司、企业的工作人员（利用职务便利）
行为	1. 移交盈利业务：将本单位的盈利业务交由自己的亲友进行经营
	2. 高买、低卖：以明显高于市场的价格向自己的亲友经营管理的单位采购商品、接受服务；以明显低于市场的价格向自己的亲友经营管理的单位销售商品、接受服务的
	3. 买不合格商品、服务：向自己的亲友经营管理的单位采购不合格商品、服务
结果	致使公司、企业利益遭受（特别）重大损失
与贪污罪（或职务侵占罪）的关系：本罪是利用交易行为使亲友获利、本单位受损；如直接贪利给本人（或财产共有人），构成贪污罪（或职务侵占罪）	

非法经营同类营业罪的构成要素

	行为形式一	行为形式二
主体身份	国有公司、企业的董事、监事、高级管理人员，利用职务便利	其他公司、企业的董事、监事、高级管理人员，违反法律、行政法规规定
行为	自己经营，或者为他人经营，与其所任职公司、企业同类的营业	
结果	获取非法利益，数额巨大	致使公司、企业利益遭受重大损失

第四编　刑罚论常考点

第二十二章　累犯、自首（坦白）、立功

第一节　累　犯

第 65 条第 1 款【一般累犯】被判处有期徒刑以上刑罚的犯罪分子，刑罚执行完毕或者赦免以后，在五年以内再犯应当判处有期徒刑以上刑罚之罪的，是累犯，应当从重处罚，但是过失犯罪和不满十八周岁的人犯罪的除外。

第 66 条【特别累犯】危害国家安全犯罪、恐怖活动犯罪、黑社会性质的组织犯罪的犯罪分子，在刑罚执行完毕或者赦免以后，在任何时候再犯上述任一类罪的，都以累犯论处。

	前罪		后罪
一般累犯	故意 有期以上 已满18岁	←—5年—→	故意 有期以上 已满18岁
特别累犯	国安 恐怖 黑社会 （被判过刑）	←—N年—→	国安 恐怖 黑社会

主刑执行完毕
赦免
假释期满

第二节　自首（坦白）、立功

一、自首：一般自首、特别自首

一般自首	自动投案	如实供述（掌握与否均可）A 罪，对 A 罪成立自首
特别自首	犯 A 罪被抓	如实供述还未掌握的 B 罪，对 B 罪成立自首
一般可以从轻或者减轻处罚；犯罪较轻的，可以免除处罚		

（一）一般自首：自动投案，如实供述（无论有无掌握），对供述之罪成立自首

第67条第1款【一般自首】犯罪以后<u>自动投案</u>，<u>如实供述</u>自己的罪行的，是自首。对于自首的犯罪分子，可以从轻或者减轻处罚。其中，犯罪较轻的，可以免除处罚。

犯罪以后自动投案	如实供述自己的罪行
投案时间：被动归案之前。包括：①犯罪事实或者犯罪嫌疑人未被司法机关发觉；②虽被发觉但犯罪嫌疑人尚未受到讯问、未被采取强制措施；③犯罪后逃跑，在通缉、追捕的过程中，主动投案的；④经查实犯罪嫌疑人确已准备投案，或者正在投案途中，被司法机关捕获的；⑤<u>形迹可疑型</u>：罪行未被有关部门、司法机关发觉，仅因形迹可疑被盘问、教育后，主动交代了犯罪事实的，应当视为自动投案；<u>但有关部门、司法机关在其身上、随身携带的物品、驾乘的交通工具等处发现与犯罪有关的物品的，不能认定为自动投案</u>。	如实供述基本信息：①包括姓名、年龄、职业、住址、前科等情况。②隐瞒身份：犯罪嫌疑人供述的身份等情况与真实情况虽有差别，但不影响定罪量刑的，应认定为如实供述自己的罪行。犯罪嫌疑人自动投案后隐瞒自己的真实身份等情况，影响对其定罪量刑的，不能认定为如实供述自己的罪行。
投案对象不限，但需将自己置于司法机关控制之下。犯罪嫌疑人向所在单位、城乡基层组织或者其他有关负责人员投案，愿意接受司法机关控制的，视为自动投案。	如实交代自己的<u>主要犯罪事实（包括"本人""主要""犯罪事实"三个要素）</u>：①犯有数罪：犯罪嫌疑人仅如实供述所犯数罪中部分犯罪的，只对如实供述部分犯罪的行为，认定为自首。②同种罪行：犯罪嫌疑人多次实施同种罪行的，应当综合考虑已交代的犯罪事实与未交代的犯罪事实的危害程度，决定是否认定为如实供述主要犯罪事实。虽然投案后没有交代全部犯罪事实，但如实交代的犯罪情节重于未交代的犯罪情节，或者如实交代的犯罪数额多于未交代的犯罪数额，一般应认定为如实供述自己的主要犯罪事实。无法区分已交代的与未交代的犯罪情节的严重程度，或者已交代的犯罪数额与未交代的犯罪数额相当，一般不认定为如实供述自己的主要犯罪事实。③犯罪嫌疑人自动投案时虽然没有交代自己的主要犯罪事实，但在司法机关掌握其主要犯罪事实之前主动交代的，应认定为如实供述自己的罪行。
投案方式不限。①代首、信首：犯罪嫌疑人因病、伤或者为了减轻犯罪后果，委托他人先代为投案的，或者先以信电投案的；②陪首：并非出于犯罪嫌疑人主动，而是经亲友规劝、陪同投案的；③送首：公安机关通知犯罪嫌疑人的亲友，或者亲友主动报案后，将犯罪嫌疑人送去投案的（具有"自动"性）。	在共同犯罪案件中：①作为一般共同犯罪成员的犯罪人，还应当供述所知的同案犯。②主犯，则应当供述所知其他同案犯的共同犯罪事实。③揭发共犯共同犯罪以外的犯罪事实的，成立立功。 因行贿人在被追诉前主动交待行贿行为而破获相关受贿案件的，对行贿人不适用立功的规定，依照《刑法》第390条第2款的规定，可以减轻或者免除处罚。

续表

犯罪以后自动投案	如实供述自己的罪行
自动性。下述情形虽不积极，但也认为具有自动性：①自"报"自弃型：犯罪后主动报案，虽未表明自己是作案人，但没有逃离现场，在司法机关询问时交代自己罪行的；②束手待擒型：明知他人报案而在现场等待，抓捕时无拒捕行为，供认犯罪事实的；③惊弓之鸟型：在司法机关未确定犯罪嫌疑人，尚在一般性排查询问时主动交代自己罪行的；④因特定违法行为被采取劳动教养（现已废止）、行政拘留、司法拘留、强制隔离戒毒等行政、司法强制措施期间，主动向执行机关交代尚未被掌握的犯罪行为的；⑤其他符合立法本意，应当视为自动投案的情形。 下列情形不能视为自动投案：①绑首（"不自动"）：犯罪嫌疑人被亲友采用捆绑等手段送到司法机关，或者在亲友带领侦查人员前来抓捕时无拒捕行为，并如实供认犯罪事实的，虽然不能认定为自动投案，但可以参照法律对自首的有关规定酌情从轻处罚。②犯罪嫌疑人自动投案后又逃跑的，不认为自动投案。但逃跑后又归案的，认为是自动投案。	犯罪嫌疑人自动投案并如实供述自己的罪行后又翻供的，不能认定为自首；但在一审判决前又能如实供述的，应当认定为自首。
交通肇事中的自首认定。①交通肇事后保护现场、抢救伤者，并向公安机关报告的，应认定为自动投案，构成自首；因上述行为同时系犯罪嫌疑人的法定义务，对其是否从宽、从宽幅度要适当从严掌握。②交通肇事逃逸后自动投案，如实供述自己罪行的，应认定为自首，但应依法以较重法定刑为基准，视情决定对其是否从宽处罚以及从宽处罚的幅度。	犯罪人自动投案如实供述自己的罪行后，被告人对行为性质的辩解不影响自首的成立。

（二）特别自首：犯 A 罪被抓，供述尚未掌握的 B 罪，对 B 罪成立自首

第 67 条第 2 款【特别自首】被采取强制措施的犯罪嫌疑人、被告人和正在服刑的罪犯，如实供述司法机关还未掌握的本人其他罪行的，以自首论。

主体：被采取强制措施的犯罪嫌疑人、被告人和正在服刑的罪犯（已被羁押者）。
供述内容：与司法机关掌握的或者判决确定的罪行属不同种罪行。①一般应以罪名区分。②虽然罪名不同，但如实供述的其他犯罪与司法机关已掌握的犯罪属选择性罪名的，应认定为同种罪行，不属自首。③供述罪名与已掌握的罪名、在法律、事实上密切关联，也不属自首。例如，因受贿被采取强制措施后，又交代因受贿为他人谋取利益行为，构成滥用职权罪的，对滥用职权罪不认

续表

为是自首。④如果如实供述司法机关尚未掌握的罪行，与司法机关已掌握或者判决确定的罪行属同种罪行的（坦白），可以酌情从轻处罚；如实供述的同种罪行较重的，一般应当从轻处罚。	
司法机关尚未掌握：①如果该罪行已被通缉，一般应以该司法机关是否在通缉令发布范围内作出判断，不在通缉令发布范围内的，应认定为还未掌握，在通缉令发布范围内的，应视为已掌握。②如果该罪行已录入全国公安信息网络在逃人员信息数据库，应视为已掌握。③如果该罪行未被通缉、也未录入全国公安信息网络在逃人员信息数据库，应以该司法机关是否已实际掌握该罪行为标准。	
犯罪行为人没有自动投案，而是在办案机关调查谈话、讯问、采取调查措施或者强制措施期间交代的：①犯罪分子如实交代办案机关掌握的线索所针对的事实的，不能认定为自首。②犯罪分子如实交代办案机关未掌握的罪行，与办案机关已掌握的罪行属不同种罪行的，以自首论。③办案机关所掌握线索针对的犯罪事实不成立，在此范围外犯罪分子交代同种罪行的，成立自首。	

二、坦白：如实供述

第67条第3款【坦白】犯罪嫌疑人虽不具有前两款规定的自首情节，但是如实供述自己罪行的，可以从轻处罚；因其如实供述自己罪行，避免特别严重后果发生的，可以减轻处罚。

三、立功

第68条【立功】犯罪分子有揭发他人犯罪行为，查证属实的，或者提供重要线索，从而得以侦破其他案件等立功表现的，可以从轻或者减轻处罚；有重大立功表现的，可以减轻或者免除处罚。

1. 立功的表现

阻止他人犯罪活动	与本人犯罪（包括共同犯罪）无关
揭发他人犯罪，提供破案线索	
技术革新成绩突出	
抗灾排除事故表现积极	
利国利民突出表现	
协助抓捕犯罪人（包括同案犯）	约至指定地点；当场指认、辨认；带抓；提供尚未掌握的联络方式、藏匿地址

2. 共同犯罪中立功与自首、坦白的区分

单独犯、共同犯罪		共同犯罪				无关犯罪	
本人信息	本人罪行	同案犯基本信息	同案犯共同罪行	同案犯基本信息以外的信息	同案犯共同犯罪以外的罪行	他人信息、线索	他人罪行
自首（坦白）				立功			

【事例1】甲和乙共同贪污之后，主动到检察机关交代自己的贪污事实，但未提及乙。

【事例2】甲犯杀人罪，是唯一知晓同案犯裴某手机号的人，其主动供述裴某手机号，侦查机关据此采用技术侦查手段将裴某抓获。

【事例3】甲、乙共同盗窃，甲被抓获，在讯问中主动揭发乙也参与盗窃，并提供了司法机关尚未掌握的共犯乙的相关身份信息的家庭住址，公安机关据此抓住了乙。

3. 以下情形不能认定为立功

非法手段获取	犯罪分子通过贿买、暴力、胁迫等**非法手段**；或者被羁押后与律师、亲友会见过程中**违反监管规定**，获取他人犯罪线索并检举揭发的
原查办犯罪获取	犯罪分子将本人**以往查办犯罪职务活动中掌握**的，或者**从负有查办犯罪、监管职责的国家工作人员处获取**的他人犯罪线索予以检举揭发的
亲友代为立功	犯罪分子亲友为使犯罪分子"**代为立功**"，向司法机关提供他人犯罪线索、协助抓捕犯罪嫌疑人的，不能认定为犯罪分子有立功表现

4. **重大立功**：一般是指犯罪嫌疑人、被告人可能被判处<u>无期徒刑以上</u>刑罚或者案件在<u>本省</u>、自治区、直辖市或者全国范围内有较大影响等情形。

【方鹏刑法主观题练习22：两兄弟互咬案】

【案情】朱大与朱二系两兄弟。2010年朱大潜入被害人田某家中抢劫后将其杀害；2011年朱二抢劫运钞车，以上两案均未被破获。2012年朱大、朱二参加一起聚众斗殴案时打死被害人何某，朱大当场被抓，后因故意杀人罪被A地法院判有期徒刑15年，在A地监狱服刑。朱二逃走，公安机关上网通缉。2016年，朱二在逃途中因形迹可疑在B地火车站被B地警察盘问。朱二误认为警察识破自己，遂交代自己是聚众斗殴案的在逃犯，同时交代了公安尚未破获的抢劫运钞车系其所为，并揭发了其兄朱大系抢劫杀人案的犯罪人。恰好在同时，在A地监狱服刑的朱大因在电视上看到朱二被抓，担心朱二揭发自己，遂也向监狱交代了自己实施的抢劫杀人案，并揭发抢劫运钞车系其弟朱二所为。

【问题】朱大、朱二的行为如何认定？是否构成自首、立功？说明理由。

【简要答案】
1. 朱大：抢劫罪、故意杀人罪。不成立累犯；成立自首、立功。
2. 朱二：抢劫罪、故意杀人罪。不成立累犯；成立自首、立功。

第二十三章 追诉时效

1. 不受时效限制	①司法机关立案（对事立案）、受理+行为人逃避；②被害人在追诉期内控告+应当立案而不予立案（③1997.10.1之前：强制措施+逃避）
2. 起算点	（行为人）犯罪成立之日起算；连续犯、继续犯犯罪行为终了之日起算
时效中断	前罪时效内犯后罪，前罪时效从后罪成立之日重新计算
3. 终止时点	破案之日：对人立案（侦破确定犯罪嫌疑人）
4. 时限	（1）法定最高刑"不满5年"（不包括5年）经过5年；"不满10年"（不包括10年）经过10年；"10年以上"（包括10年）15年。 （2）最高刑5年（包括5年），时限10年；最高刑10年（包括10年），时限15年；最高刑15年，时限15年。最高刑无期、死刑，时限20年
5. 超时限后果	（1）一般犯罪不再追诉。 （2）最高刑无期、死刑超20年，仍想追诉报最高检核准

一、不受追诉期限的限制的情形（无论经过多少年都能追诉，不用算时限）

第88条【不受追诉期限的限制的情形】在人民检察院、公安机关、国家安全机关立案侦查或者在人民法院受理案件以后，逃避侦查或者审判的，不受追诉期限的限制。被害人在追诉期限内提出控告，人民法院、人民检察院、公安机关应当立案而不予立案的，不受追诉期限的限制。

（一）不受追诉期限的限制：无论经过多长时间均可追诉

1. 第一种情况两个条件：（1）司法机关立案侦查（指对事立案）或者人民法院受理案件以后；（2）逃避侦查或者审判的。

2. 第二种情况两个条件：（1）被害人在追诉期限内提出控告；（2）司法机关应当立案而不予立案的。

（二）从旧兼从轻：对于1997年9月30日以前实施的犯罪行为

1979年旧刑法典第77条【不受追诉期限的限制的情形】在人民法院、人民检察院、公安机关采取强制措施以后，逃避侦查或者审判的，不受追诉期限的限制。

《最高人民法院关于适用刑法时间效力规定若干问题的解释》（法释〔1997〕5号）第1条 对于行为人1997年9月30日以前实施的犯罪行为，在人民检察院、公安机关、国家安全机关立案侦查或者在人民法院受理案件以后，行为人逃避侦查或者审判，超过追诉期限或者被害人在追诉期限内提出控告，人民法院、人民检察院、公安机关应当立案而不予立案，超过追诉期限的，是否追究行为人的刑事责任，适用修订前的《刑法》第七十七条的规定。

1. 依"旧法"。1979年刑法规定不受时效限制的条件：（1）采取强制措施以后；（2）逃避侦查或者审判的。如果1997年9月30日以前实施的犯罪行为，当时司法机关仅是对事立案，但未采取强制措施，犯罪人逃避侦查或者审判的，仍受时效限制。

2. 依"新法"。1997年10月1日以前破获案件的，依照1997年刑法规定，判断是否受时效限制。

3. 从旧兼从轻。以 1979 年旧刑法规定较轻，依其规定认定、计算。

二、追诉期限的起算点：犯罪成立之日、行为终了之日

第 89 条【追诉期限的起算点】追诉期限从犯罪之日起计算；犯罪行为有连续或者继续状态的，从犯罪行为终了之日起计算。

【追诉期限的中断】在追诉期限以内又犯罪的，前罪追诉的期限从犯后罪之日起计算。

（一）起点1（追诉期内无新罪）：犯罪之日起算

1. 一般犯罪：从犯罪之日起算。

"犯罪之日"应是犯罪成立之日，即行为符合犯罪构成之日。对不以危害结果为要件的犯罪而言，实施行为之日即是犯罪之日；对以危害结果为要件的犯罪而言，危害结果发生之日，才是犯罪之日。

2. 连续犯或继续犯：犯罪行为终了之日起算。
犯罪行为有连续或者继续状态的，从犯罪行为终了之日起计算。

（二）起点2（追诉期内有新罪，时效中断）：从新罪之日起算

追诉时效的中断，即在追诉期限以内又犯罪的，前罪的追诉时效便中断，其追诉时效从后罪成立之日，重新起算。亦即，在 A 罪追诉期间内犯 B 罪，A 罪追诉时效从 B 罪之日起算。

三、追诉期限的终点（破案[对人立案]之后，不再考虑时效）

《最高人民检察院关于贪污罪追诉时效问题的复函》（〔1982〕高检经函字第5号）：……二、检察机关在立案时未过追诉期限的贪污犯罪，在立案以后的侦查、起诉或者判处时超过追诉期限的，不得认为是超过追诉时效的犯罪，应当继续依法予以追究。（注：本复函尽管因刑法修订而废止，但仍有参考意义）。

追诉时效的终止时间，应当以司法机关立案之日为准。这里的"立案之日"，是指对人立案而不是对事立案，亦即侦破案件确定犯罪嫌疑人从而对其立案之日，自诉案件以人民法院受理案件确定被告人之日为准。

只要破案之时，未超时效即可。破案之后，就不再考虑时效问题。

四、追诉时效的期限

第 87 条【追诉时效期限】犯罪经过下列期限不再追诉：
（一）法定最高刑为不满五年有期徒刑的，经过五年；
（二）法定最高刑为五年以上不满十年有期徒刑的，经过十年；

（三）法定最高刑为十年以上有期徒刑的，经过十五年；

（四）法定最高刑为无期徒刑、死刑的，经过二十年。如果二十年以后认为必须追诉的，须报请最高人民检察院核准。

追诉时效期限以法定最高刑为标准，不是以实际应当判处的刑罚为标准。

（1）不满 5 年，经过 5 年。法定最高刑为 5 年的，经过 10 年。

（2）不满 10 年，经过 10 年；法定最高刑为 10 年的，经过 15 年。

（3）10 年以上，经过 15 年；即使法定最高刑为 15 年，也经过 15 年。

（4）无期、死刑，经过 20 年；仍想追诉，须报请最高人民检察院核准。注意：仅有无期、死刑才可超过时效后报请最高检，其他情况不可。

五、超过追诉时限的法律后果

1. 一般犯罪不再追诉。

2. 最高刑为无期、死刑的，超过 20 年，仍想追诉报最高检核准。

六、追诉期限的计算方法

追诉时效计算方法

实施多个犯罪行为（A、B、C 等行为），各个行为计算的追诉时效。

0. <u>不受追诉时限限制</u>(无论经过多长时间均可追诉) 有两种：对事立案+逃避；追诉期内+控告+应当立案不立案。

1. 第一步：确定各个行为的法定最高刑，以确定各个行为的<u>追诉时限</u>（5、10、15、20 年）。

2. 第二步：确定各个行为追诉时效<u>起算点（犯罪成立之日</u>，连续犯或继续犯终了之日），初算出各个行为的追诉期（起算点 1~追诉时限截止日 1）。

3. 第三步：看时效是否<u>中断</u>(A 罪追诉期限内是否犯 B 罪)；<u>如中断，重新确定 A 罪起算点（从 B 罪成立之日重新计算）</u>。

4. 第四步：算至追诉期限的<u>终点（破案之日）</u>，看有无超过时限。

示例：A 行为（2000 年实施犯罪，追诉时效 10 年）的追诉时效计算

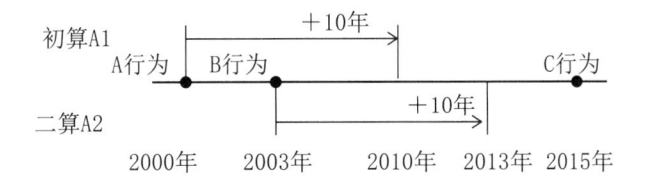

```
初算A1
         ┌────+10年────┐
A行为    B行为                       C行为
 ●────────●──────────┬──────────●
二算A2                └───+10年───┘
2000年  2003年      2010年  2013年 2015年
```

【事例 1：张某强奸杀人案】1980 年初，张某强奸某妇女并将其杀害。1996 年末，张某因酒后驾车致人重伤。两案在 2007 年初被发现。

【问题】张某的行为如何认定？对其所犯罪行是否均可追诉？说明理由。

【答案】

1. 罪数上。强奸后杀人，应认定为强奸罪（基本犯）、故意杀人罪两罪，而不是强奸致人死亡。故张某犯有强奸罪（1980年）、故意杀人罪（1980年）、交通肇事罪（1996年）三罪。

2. 各罪行为的追诉期限。①一般情节的强奸罪法定最高刑为10年，追诉时效为15年，至1995年。②故意杀人罪法定最高刑为死刑，追诉时效为20年，至2000年；由于该罪追诉时效期间又犯交通肇事罪（1996），追诉时效中断，故该罪从1996年起算，至2016年。③交通肇事罪酒后致一人重伤是基本犯，之后又逃逸，系"交通肇事后逃逸"，法定最高刑为7年，追诉时效为10年，至2006年。④案件在2007年被发现，超过了强奸罪（1995年截止）、交通肇事罪（2006年截止）的追诉期限，但未超过故意杀人罪（2016年截止）的追诉期限。故只对故意杀人罪一罪可以追诉。

【方鹏关于追诉时效的五个故事】

1. 赵某，2000年1月1日杀人，当天公安机关立案（未侦破真凶），赵某逃往外地。2023年9月1日，公安破案发现系赵某所为。【不受时效限制，应当追诉】

2. 李某，1996年1月1日杀人，当天公安机关立案（未侦破真凶），李某逃往外地。2023年9月1日，公安破案发现系李某所为。【按1979年刑法，受时效限制；时效经过了27年，超过时效；经最高检核准，可以追诉】

3. 钱某，2000年1月1日杀人，当天公安机关立案（未侦破真凶），钱某未逃往外地，仍在本地爱干啥干啥。2023年9月1日，公安破案发现系钱某所为。【经过23年，超过时效；经最高检核准，可以追诉】

4. 孙某，2000年1月1日杀人，当天公安机关立案（未侦破真凶），孙某未逃往外地，仍在本地爱干啥干啥。2015年9月1日，公安破案发现系孙某所为。孙某逃走不知所踪；2023年9月1日，新冠期间被抓获。【经过15年，没超过时效，应当追诉】

5. 周某，2000年1月1日杀人，当天公安机关立案（未侦破真凶），周某未逃往外地，仍在本地爱干啥干啥。2015年9月1日，周某又犯盗窃罪，最高刑3年。两案公安一直没破。2023年9月1日，公安破案发现系周某所为。

第五编 主观题中的多观点题

第二十四章 多观点题

近几年来,为了提高法律职业资格考试的理论层次,刑法主观题经常会对一些争议问题进行考查,此之谓"多观点题"。在 2021 年~2022 年,"多观点题"题型的命题模式,通常针对一段案情,列出不同争议观点的结论,让考生撰写不同观点的理由依据,亦即"根据结论倒写理由",并选择"你赞同的观点"。在往年,也出现"如有不同观点,可以同时答出不同观点和理由"的设问。因此,有必要对这类"多观点题"的答题方式、内容素材、套路模型进行专门讲解。

第一节 多观点题的答题方法:通说+胡说

首先应当明确的是:"多观点题"的考察宗旨,并不是说司法实务中对某一个案件的定性,真的存在不同的结论。事实上,司法实务中的法律裁判,要求法律具有明确性。因此,对于一个案情,应当只有一个"唯一正确"的结论。只不过,在学术界或理论界,或者在裁判案件的讨论过程中,会有不同的观点。"多观点题"的考察目标,是想让:(1) 考生提炼出这种争议观点的焦点问题之所在;(2) 能够识别和区分司法实务中采纳的通说观点(所谓"通说"),以及作为学术观点的少数观点(所谓"胡说");(3) 并且能够论证不同观点的理由和依据、有利和不足之处,进行比较和区分。以备未来在司法实务中遇到这些"争议问题"时,有挑选和识别的眼光,能够采纳和适用有法律依据的观点(通说),而不采纳学术观点(胡说);而并不是让考生死记硬背各种观点,想写论文一样去编造新奇的观点或"掉书袋"。

一、多观点题的答题方法:通说+胡说

(一) 题干中明文提示"可按不同观点回答"时,才需回答多种观点

不是所有问题都有"观点争议"。法律标准一般是明确的,在司法实务中,对于疑难问题,在学术研究、讨论分析时可能有不同的争议,但是,最终的结论往往是唯一的。也就是说,法律结论一般也只存在对错之分。符合法律、立法解释、司法解释、判例规定的结论,才会采纳为司法实务中的观点(通说)。而不是任何问题都"值得商榷",或者是将"观点争议"常挂嘴边,作为回避法律适用的借口,否则就会违背法律的明确性原则。

刑法中的"观点陈列",在学术层面上虽然比较"泛滥";但在法考中,一般只存在于有限、固定几个问题层面上。这些问题原本在"理论层面"或"学术层面"存在

争议（通说与胡说并存）；但是在司法实务界，司法者在研究各种观点之后，选取了较为科学合理的观点，作为了司法实务界的"通说观点"，从而使得司法界不再存在争议。法考"观点陈列"题型，是把之前理论界的讨论重提论证而已。

因此，法律职业资格考试在进行考查时：（1）一般只能设问中写明"可以同时答出不同观点和理由"；或者已经列明不同观点的结论，让考生写作理由时，才按设问去作答不同观点。（2）如设问没有明文特别提示"可以同时答出不同观点和理由"，则一律只能按通说观点（通说）作答，而不能作答少数观点（胡说），否则就会判定为错误而丢分。

例如，关于故意和认识错误的认定标准，存在"法定符合说"与"具体符合说"立场争议，"法定符合说"是通说观点（通说），"具体符合说"是少数观点（胡说）。遇到刑法考查此考点时，如无明文提示，须一律都应按通说观点即法定符合说得出结论。如果按少数观点具体符合说得出结论，就会在判卷时认定为答案错误。只有在问题中明文提示"可以按不同观点回答"或者"按具体符合如何判断"时，才在写作"法定符合说"（通说）之后，再写胡说"具体符合说"（胡说）。

需要注意的是：刑法中不是每个问题都有争议。切勿将"观点争议"的问题扩大化，不要动辄"有争议"。在平时学习时，可以通说为基础，在理论上适当扩展。

【事例1】赵某欲杀害A某，却子弹走偏导致B某死亡。

【问题1：不问多观点】赵某的打死B某的行为如何定性？

【答案范式】客观上打死了B某；主观上系打击错误、具体认识错误，按照法定符合说，仍有杀人故意，根据《刑法》第232条，构成故意杀人罪既遂。

【问题2：多观点问题】赵某的打死B某的行为如何定性？要求注重说明理由，并可以同时答出不同观点和理由。

【答案范式】系打击错误、具体认识错误。如何定性，涉及在故意认定标准上是采法定符合说还是具体符合说。

（1）观点一：按照法定符合说，仍有杀人故意，根据《刑法》第232条，构成故意杀人罪既遂。

（2）观点二：按照具体符合说，对于B某死亡的结果具有过失，根据《刑法》第233条，触犯过失致人死亡罪。

（二）"不同问法"的含义和答题要求

刑法主观题，经常会用不同的提问方法，提示考生按照不同的要求进行作答。以下介绍一下这些"不同问法"的含义，以及答题要求，以便在答题时能够准确、高分。

1. "请按照刑法分析本案中各行为人的刑事责任"＝只答通说，不答胡说。

2. "可以作答不同观点"＝只答常见重要的多观点问题（例如认识错误、偶然防卫等、死者遗物的占有状态），先通说后胡说。

3. "对X某的行为有几种处理意见"＝必须作答不同观点，先通说后胡说。

4. "有观点认为……说明理由"＝根据给定的结论写出理由，抓住争议焦点进行论证。

5. "有观点认为……说明该观点的依据和不足"＝根据给定的结论写出理由，抓住争议焦点，正反论证。

6. "X某的行为，是构成……还是构成……""有观点认为……，你是赞同还是反对""你支持哪种观点？说明理由"＝赞成通说观点＋反对胡说观点。

（三）作答格式：区分"通说"和"胡说"，先"通说"再"胡说"；写理由时抓住焦点

如果问题中说明"可以用不同观点作答"，考生就需要把通说观点、少数观点都写出来。而且，写作时，也需分清通说观点（"通说"）与少数观点（"胡说"）。所谓的"通说"，即是符合法律、立法解释、司法解释、判例规定的观点，以及理论中的主流多数观点。所谓的"胡说"，即是学术观点（往往是对实务通说观点批判和反驳），以及理论中的少数观点。

1. 描述现象（刑法术语），抓住争议焦点。

2. 按先通说（官方观点）、后胡说（学术观点）的顺序，分述不同观点和结论，并写明理由（正反论证）。

3. 将通说观点写在前面，注明"观点一"；将少数观点写在后面，注明为"观点二"。先写争议焦点和现象，分述不同观点和结论，写作理由。

【事例2】高某因为感情问题，杀死了情妇钱某；又临时起意，拿走了钱某的手提包（价值2万元），以及包内的5000元钱。

【问题】关于拿走钱某的手提包和5000元现金的行为性质，如何定性？要求注重说明理由，并可以同时答出不同观点和理由。

【答案范式】对钱某的行为的定性，涉及到死者遗物的占有的认定。

（1）观点一（通说，即官方观点）：高某构成盗窃罪。理由是：死者遗物是他人占有的财物。高某秘密窃取他人占有的财物，根据《刑法》第264条的规定，构成盗窃罪。

（2）观点二（胡说，即学术观点）：高某构成侵占罪。理由是死者遗物无人占有，属于脱离他人占有的遗忘物。高某将遗忘物非法占为己有，根据《刑法》第270条第2款的规定，构成侵占罪。

二、多观点题写作理由的方法：记住通说原理，先正推通说、后反推胡说

（一）记住通说原理，先正推通说、后反推胡说

写作理由时，记住通说观点的基本理由和要点；少数观点根据通说观点的理由"逆推"即可。在平时学习刑法知识时，也没有必要去死记硬背各种观点；同样是只要学好通说观点和理由，知道如何反推胡说即可。以因果关系错误中的结果提前实现为例。

【事例3】甲准备使乙吃安眠药熟睡后将其绞死,但未待甲实施绞杀行为时,乙由于吃了过量的安眠药而死亡。

【问题】请根据《刑法》相关规定与刑法原理分析甲的刑事责任(要求注重说明理由,并可以同时答出不同观点和理由)。

【平时学习的理论知识原理】结果提前实现涉及的核心问题有两个:一是实行行为的认定,二是故意的认定(对行为的故意、对结果的故意)。

(1)通说观点:客观上,第一个动作对致死结果具有紧迫性,系实行行为,死亡结果仍由实行行为导致;在主观上,行为人所计划的两个动作都具有致人死亡的危险,故而实施第一个动作时对死亡结果有故意即杀人故意。构成故意犯罪既遂。

(2)少数观点:客观上,第一个动作系实行行为;主观上对实行行为有故意,但对死亡结果系过失。触犯故意杀人罪未遂、过失致人死亡罪,系想象竞合。

(3)少数观点:客观上,第一个动作预备行为;主观上对预备行为有故意,但对死亡结果系过失。触犯故意杀人罪预备、过失致人死亡罪,系想象竞合。

	第一个动作(想迷晕,实致死)	第二个动作(想绞死)	罪名
通说观点	杀人实行(致死)+杀人故意(对死亡结果故意)	未实施	故意杀人罪既遂
少数观点	杀人实行(致死)+杀人故意(对死亡结果过失)	未实施	故意杀人罪未遂、过失致人死亡罪,想象竞合
	杀人预备(致死)+杀人故意(对死亡结果过失)	未实施	故意杀人罪预备、过失致人死亡罪,想象竞合

【答案范式】甲故意杀害乙,根据《刑法》第232条,构成故意杀人罪。系因果关系认识错误中结果提前实现(构成要件提前实现)。

(1)观点一(通说):甲计划由两个动作组成一个杀人行为,客观上放安眠药的行为具有致人死亡的紧迫危险,应当认定杀人实行行为。同时认为,行为人实施掐脖子杀人行为之时对死亡结果具有杀人故意。构成故意杀人既遂。

(2)观点二(少数):客观上放安眠药的行为系杀人实行行为,当时主观上对行为具有实行故意,但对死亡结果仅有过失。触犯故意杀人罪未遂、过失致人死亡罪,想象竞合。

(3)观点三(少数):客观上放安眠药的行为系杀人预备行为,当时主观上对行为具有预备故意,但对死亡结果仅有过失。触犯故意杀人罪预备、过失致人死亡罪,想象竞合。

(二) 对于没见过的多观点题：围绕要点，随机应变，提升"胡说"能力

1. 有对应法条的，围绕法条明文规定（法条字句的解释）展开。
2. 讨论罪名构成要素的体系定位：客观要素、主观要素。
3. 根据犯罪构成理论，分析争议之处，讨论具体构成要件要素的解释。
4. 类比一些"熟悉的多观点问题"。

三、范例1：第一种问法"可以用不同观点作答"（先通说+后胡说）

《高某、夏某、宗某杀人案》（2015年主观题，难度系数60%）

【案情】（1）高某（男）与钱某（女）在网上相识，后发展为网恋关系，其间，钱某知晓了高某一些隐情，并以开店缺钱为由，骗取了高某20万元现金。

见面后，高某对钱某相貌大失所望，相处不久便感到她性格古怪，便决定断绝关系。但钱某百般纠缠，最后竟以公开隐情相要挟，要求高某给予500万元补偿费。高某假意筹钱，实际打算除掉钱某。

随后，高某找到密友夏某和认识钱某的宗某，共谋将钱某诱骗至湖边小屋，先将其掐昏，然后扔入湖中溺死。事后，高某给夏某、宗某各20万元作为酬劳。（事实一）

（2）按照事前分工，宗某发微信将钱某诱骗到湖边小屋。但宗某得知钱某到达后害怕出事后被抓，给高某打电话说："我不想继续参与了。一日网恋十日恩，你也别杀她了。"高某大怒说："你太不义气啦，算了，别管我了！"宗某又随即打钱某电话，打算让其离开小屋，但钱某手机关机未通。（事实二）

（3）高某、夏某到达小屋后，高某寻机抱住钱某，夏某掐钱某脖子。待钱某不能挣扎后，二人均误以为钱某已昏迷（实际上已经死亡），便准备给钱某身上绑上石块将其扔入湖中溺死。此时，夏某也突然反悔，对高某说："算了吧，教训她一下就行了。"高某说："好吧，没你事了，你走吧！"夏某离开后，高某在钱某身上绑石块时，发现钱某已死亡。为了湮灭证据，高某将钱某尸体扔入湖中。（事实三）

（4）高某回到小屋时，发现了钱某的LV手提包（价值5万元），包内有5000元现金、身份证和一张储蓄卡，高某将现金据为己有。（事实四）

（5）三天后，高某将LV提包送给前女友尹某，尹某发现提包不是新的，也没有包装，问："是偷来的还是骗来的"，高某说："不要问包从哪里来。我这里还有一张储蓄卡和身份证，身份证上的人很像你，你拿着卡和身份证到银行柜台取钱后，钱全部归你。"尹某虽然不知道全部真相，但能猜到包与卡都可能是高某犯罪所得，但由于爱财还是收下了手提包，并冒充钱某从银行柜台取出了该储蓄卡中的2万元。（事实五）

【问题】请根据《刑法》相关规定与刑法原理分析高某、夏某、宗某和尹某的刑事责任（要求注重说明理由，并可以同时答出不同观点和理由）。

满分答案（一个下划线一分）

一、高某的刑事责任

（一）高某对钱某，成立<u>故意杀人罪</u>。

理由：高某故意杀害钱某，根据《刑法》第232条，构成故意杀人罪。（或者：高某客观上对钱某实施了杀害行为，主观上有杀人故意，根据《刑法》第232条，构成故意杀人罪。）

是成立故意杀人既遂，还是故意杀人未遂与过失致人死亡罪的想象竞合，关键在于如何处理<u>因果关系认识错误</u>中<u>结果提前实现</u>（构成要件提前实现）的情况。

（1）观点一：虽然构成要件结果提前发生，但高某、夏某计划由两个动作组成一个杀人行为，掐脖子的行为本身具有致人死亡的紧迫危险，应当将实施掐脖子行为<u>认定杀人实行行为</u>。该行为导致死亡，系杀人实行导致死亡。同时认为，行为人实施掐脖子杀人行为之时即有<u>杀人故意</u>，着手实行之时存在故意。故高某应对钱某的死亡承担故意杀人既遂的刑事责任。

（2）观点二：高某、夏某<u>客观上</u>掐钱某的脖子致其死亡。但主观上掐钱某的脖子时只是想致钱某昏迷，没有认识到掐脖子的行为会导致钱某死亡，亦即<u>缺乏杀人既遂的故意</u>，因而不能对故意杀人既遂负责。如认为第一个动作掐脖子是杀人实行行为，则应认定为故意杀人罪未遂与过失致人死亡罪的想象竞合。

（3）观点三：如认为第一个动作掐脖子不是杀人实行行为，只是杀人预备行为，则应认定为故意杀人预备与过失致人死亡的想象竞合。

（二）关于拿走钱某的手提包和5000元现金的行为性质，涉及如何认定<u>死者遗物</u>的占有状态。

（1）观点一：高某对钱某的手提包和5000元现金成立<u>盗窃罪</u>。理由是死者遗物是<u>他人占有的财物</u>（例如认为归继承人占有）。高某的行为属于将他人占有财产转移给自己占有，符合盗窃罪的对象要求；实施了秘密窃取的盗窃行为，根据《刑法》第264条的规定，构成盗窃罪。

（2）观点二：高某对钱某的手提包和5000元现金成立<u>侵占罪</u>。理由是死者遗物是<u>不属他人占有的财物</u>（死者不能占有）。故手提包和5000元现金属于脱离他人占有的<u>遗忘物</u>。高某将遗忘物非法占为己有，根据《刑法》第270条第2款的规定，构成侵占罪。

（三）将钱某的储蓄卡与身份证交给尹某取款2万元的行为性质。

（1）观点一：<u>构成盗窃罪</u>。根据前述观点一，如认为死者遗物是他人占有的财物，则高某是盗窃信用卡，<u>盗窃信用卡并使用的</u>，不管是自己直接使用还是让第三者使用，根据《刑法》第196条第3款的规定，认定为盗窃罪。

（2）观点二：构成信用卡诈骗罪的教唆犯。根据前述观点二，如认为死者遗物是脱离他人占有的财物，则高某不是盗窃信用卡，而是拾到（侵占）信用卡，利用拾得的他人信用卡取款的，属于冒用他人信用卡，根据《刑法》第196条第1款第3项的规定，构成信用卡诈骗罪。高某唆使尹某冒用，根据《刑法》第29条，属于信用卡诈骗罪的教唆犯。

二、夏某的刑事责任

1. 夏某与高某共谋，参与高某的杀人行为，掐钱某的脖子，根据《刑法》第25条第1款，构成故意杀人罪的共同犯罪。构成故意杀人罪既遂。或者夏某成立故意杀人未遂与过失致人死亡的想象竞合；或者故意杀人预备与过失致人死亡的想象竞合。理由与高某相同。

2. 由于已经发生了钱某死亡结果，钱某死亡与夏某的行为之间具有因果关系，不符合《刑法》第24条规定的"有效地防止犯罪结果发生的"的中止条件，夏某不可能成立犯罪中止。

三、宗某的刑事责任

1. 如认为夏某与高某构成故意杀人罪既遂，则宗某也成立故意杀人既遂。

2. 宗某与高某共谋，参与高某的杀人行为，并将钱某诱骗到湖边小屋，根据《刑法》第25条第1款，构成故意杀人罪的共同犯罪。

3. 宗某虽然中途退出，后来没有参与高某的杀人实行行为，但其行为与钱某死亡结果之间具有因果关系，没有脱离共犯关系。宗某虽然给钱某打过电话，但该中止行为未能有效防止结果发生，不符合《刑法》第24条规定的"有效地防止犯罪结果发生的"的中止条件，不能成立犯罪中止。

4. 或者宗某成立故意杀人未遂与过失致人死亡的想象竞合；或者故意杀人预备与过失致人死亡的想象竞合。理由与高某相同。

四、尹某的刑事责任

1. 对于收下LV提包的行为，尹某构成掩饰、隐瞒犯罪所得罪。理由是，客观上，该包属于高某犯罪（盗窃罪，或侵占罪）所得，尹某实施了掩饰、隐瞒犯罪所得的行为；尹某主观上也认识到可能是高某犯罪所得，具备明知的条件，具有故意。根据《刑法》第312条，构成掩饰、隐瞒犯罪所得罪。

2. 对于尹某冒充钱某取出2万元的行为性质。涉及具体罪名故意的认定、承继的共同犯罪的问题。

（1）观点一：构成盗窃罪。如认为尹某主观上具有盗窃罪共同犯罪故意。尹某虽然没有盗窃储蓄卡，但认识到储蓄卡可能是高某盗窃所得，并且实施使用行为，属于承继的共同犯罪，应以盗窃罪论处。

(2)观点二：构成<u>信用卡诈骗罪</u>。尹某客观上实施了冒用他人信用卡的行为。如认为盗窃罪共同故意的成立需具体明知正犯实施有盗窃行为，尹某并不具体明知正犯盗窃，只知信用卡为他人信用卡。其主观上没有盗窃罪共同犯罪故意，<u>只有冒用信用卡故意</u>。根据《刑法》第196条第1款第3项的规定，构成信用卡诈骗罪。

四、范例2：第二种问法"赞成还是反对"（赞成通说+反对胡说）

《赵某所犯四宗罪》（2021年主观题A组，难度系数20%）

【案情】

赵某敲诈勒索周某，以不给钱就在网上曝光其隐私相威胁，周某害怕，将10万元现金放在赵某指定的垃圾桶内，赵某告诉刘某事实。刘某取来10万元后，赵某分给刘某5万。（事实一）

赵某侵入王某家，盗窃电脑后下楼时遇到楼上的李某，误将李某当作王某，以为对方发现自己的盗窃行为。为了窝藏赃物，实施暴力将李某打成轻伤。事后查明，李某是上楼贴小广告的。（事实二）

杨某欠赵某债务不还，刘某提议将杨某拘禁要其还钱，赵某遂将杨某拘禁。杨某声称你们把我抓来我没钱还，就是你们把我放出来我也不会还的。于是刘某提议砍掉杨某一个手指，赵某同意，遂砍掉杨某大拇指（重伤）。（事实三）

赵某妻子万某知道了赵某的行为后劝他自首，否则就要与赵某离婚并带走孩子。赵某很生气，想杀死妻子万某，遂拿皮带勒住万某的脖子，万某呼救。此时，其两个孩子（一个3岁，一个5岁）过来哀求赵某，赵某心想当着孩子的面杀死万某不合适，于是停止了杀人行为，万某构成轻伤。（事实四）

【问题】

1. 对于事实一，有观点认为刘某构成敲诈勒索罪，请说明理由？有观点认为刘某构成侵占罪，请说明理由？

2. 对于事实二，有观点认为赵某构成事后抢劫（准抢劫），理由为何？有观点认为，赵某的行为应评价为盗窃罪与故意伤害罪，理由为何？

3. 对于事实三，有观点认为赵某、刘某仅成立故意伤害罪一罪，你赞同还是反对，理由分别是什么？

4. 对于事实四，赵某是构成故意杀人罪中止，还是故意杀人罪未遂？理由为何？

满分答案范式(一个下划线一分)

一、对于事实一

【刘某在前行为人赵某已经实施敲诈勒索行为、中途加入，是否构成敲诈勒索罪的承继的共同犯罪？判断的关键在于：其加入之时前行为人赵某实施的敲诈勒索行为是否已经终了。敲诈勒索罪是状态犯，以既遂之时为行为终了之时。】

（一）观点一：构成掩饰、隐瞒犯罪所得罪。

如采"控制说"的标准，认为敲诈勒索罪的既遂标准是行为人控制住财物；并且认为本案中被害人周某按行为人赵某的指示将财物置于指定地点，行为人**赵某即已经控制占有财物**。则：

1. 在刘某加入时，前行为人赵某所犯敲诈勒索罪已经既遂，**行为已经终了**。则刘某加入后实施的行为不属敲诈勒索的共同犯罪行为，**不能构成敲诈勒索罪的承继的共同犯罪**。

2. 财物已归行为人赵某控制占有，不属脱离他人占有财物，刘某**不能构成侵占罪**。

3. 刘某明知是赵某敲诈勒索罪所得的赃物而予以转移、所有，根据《刑法》第312条的规定，**构成掩饰、隐瞒犯罪所得罪**。

（二）观点二：构成敲诈勒索承继的共同犯罪。

如仍采"控制说"的标准，但认为被害人周某将财物置于指定地点时，财物虽已脱离周某占有，**但仍未被行为人赵某控制占有**。则：

1. 在刘某加入时，前行为人赵某所犯敲诈勒索罪尚未既遂，**行为尚未终了**。则刘某中途加入，与赵某一起实施敲诈勒索的共同犯罪行为，主观上具有共同故意，根据《刑法》第274条、第25条第1款，**构成敲诈勒索承继的共同犯罪**。

2. 因刘某系本犯，不能构成掩饰、隐瞒犯罪所得罪。

3. 因已构成敲诈勒索的共同犯罪，刘某不再单独成立侵占罪。

（三）观点三：构成侵占罪。

如采"失控说"的标准，认为敲诈勒索罪的既遂标准是被害人失去对财物的控制；但认为本案中被害人周某将财物置于指点地点时，财物虽已经失控，但**仍未被行为人赵某控制占有**。则：

1. 刘某加入之时，前行为人赵某所犯敲诈勒索罪已经既遂，行为已经终了。则刘某不能构成敲诈勒索承继的共同犯罪。

2. 财物已脱离周某占有、但尚未被赵某控制占有，属于脱离他人占有财物的遗忘物，刘某非法占有遗忘物，根据《刑法》第270条第2款，**构成侵占罪**。

3. 赵某教唆刘某实施侵占罪，根据《刑法》第270条第2款、29条第1款，构成侵占罪的教唆犯。

二、对于事实二

【赵某犯盗窃罪后，为了窝藏赃物，而对李某实施暴力，是否构成事后抢劫，涉及《刑法》第269条事后抢劫（转化型抢劫）"为窝藏赃物、抗拒抓捕或者毁灭罪证"的理解，以及暴力对象人的界定问题。】

(一)观点一：构成事后抢劫（转化型抢劫）。

1. 如认为"为窝藏赃物、抗拒抓捕或者毁灭罪证"纯属主观目的要素。亦即，事后抢劫（转化型抢劫）的暴力对象人，在客观上并不限定为原占有人、抓捕人。只需行为人在实施暴力时主观上具有窝藏赃物、抗拒抓捕或者毁灭罪证的目的即可。

2. 则赵某犯盗窃罪后，主观上为窝藏赃物而实施暴力，尽管暴力对象人李某并非原占有人、抓捕人，也符合《刑法》第269条的规定，构成事后抢劫（转化型抢劫）。

3. 赵某故意伤害李某致其轻伤，根据《刑法》第234条规定，触犯故意伤害罪（轻伤）。与抢劫罪系法条竞合，以抢劫罪一罪论处。

(二)观点二：盗窃罪（既遂）、故意伤害罪（轻伤），数罪并罚。

1. 如认为"为窝藏赃物、抗拒抓捕或者毁灭罪证"既系客观行为要素，也系主观目的要素。亦即，不仅要求事后抢劫（转化型抢劫）暴力对象人，客观上需为原占有人、抓捕人；而且也需行为人主观上具有窝藏赃物、抗拒抓捕或者毁灭罪证的目的。

2. 则赵某犯盗窃罪后，主观上为了窝藏赃物而实施暴力，但是客观上暴力对象人李某并非原占有人、抓捕人，不符合《刑法》第269条的规定，不构成事后抢劫（转化型抢劫）。

3. 赵某侵入王某家盗窃其电脑，根据《刑法》第264条规定，系入户盗窃，构成盗窃罪（既遂）。

4. 赵某故意伤害赵某致其轻伤，根据《刑法》第234条规定，构成故意伤害罪（轻伤）。

5. 应以盗窃罪（既遂）、故意伤害罪（轻伤），数罪并罚。

三、对于事实三，我赞同将赵某、刘某数罪并罚的观点，反对仅成立故意伤害罪一罪的观点

(一)赵某、刘某触犯非法拘禁罪、故意伤害罪（重伤）。

1. 赵某、刘某为了索取债务而拘禁杨某，根据《刑法》第238条，构成非法拘禁罪，系索债型非法拘禁。

2. 在拘禁过程中，砍掉杨某大拇指致其重伤，根据《刑法》第234条，构成故意伤害罪（重伤）。

3. 至于二人的罪数及宣判罪名，涉及《刑法》第238条第2款后半句"使用暴力致人伤残……依照本法第二百三十四条故意伤害罪的规定定罪处罚"的理解和适用问题。

(二)我赞同将赵某、刘某认定为数罪的观点，赞同理由如下：

1.《刑法》第238条第2款后半句的罪数规则（转化犯）规定的原理，实为想象竞合犯。亦即，拘禁与伤害（杀人）为同一行为、有因果关系时，才择一重处认定为一罪。

因此，前述罪数规则只能限定为行为人主观上为了实施拘禁的目的而伤害的情形。

则本案赵某、刘某是在得知杨某不想还债后，才伤害杨某的，因此实施伤害行为当时没有拘禁或讨债的意图，系另起犯意；与拘禁行为没有因果关系，不能适用前述罪数规则。故应以非法拘禁罪（基本犯）、故意伤害罪（重伤）两罪并罚。

2. 有观点认为：只要求客观上重伤行为发生在非法拘禁过程中，即以一罪论处（所谓"拟制规定"），与立法原理不符。

四、对于事实四，赵某构成故意杀人罪中止

1. 赵某杀害妻子万某，根据《刑法》第232条，构成故意杀人罪。

2. 关于其犯罪形态的认定，涉及《刑法》第24条（犯罪中止）"自动放弃"，以及第23条（犯罪未遂）"意志以外的原因"的标准问题。

3. 依照《刑法》第23条（"意志以外的原因"）的规定，我国刑法中犯罪中止的停顿原因"自动放弃"、犯罪未遂的停顿原因"意志以外的原因"，明文规定为"主观说"。亦即，行为人主观上自认为没有外部障碍或足以阻止自己的外部障碍而放弃，属"自动放弃"，成立中止。

4. 本案中，赵某主观上是心想当着孩子的面杀死万某不合适而停止杀人，而并非认为有外部障碍而放弃。故不属犯罪未遂，构成犯罪中止。

5. "限定主观说"的标准，即认为只有出于悔悟、同情等感情、动机而停止犯罪才构成中止；"客观说"的标准，即认为客观上有能力继续犯罪但不继续实施，即一般人在此情况下不会放弃犯罪，但行为人放弃的，才构成中止；以及"犯罪人理性说"标准，即认为犯罪人不理性、不合情理的任意放弃，才构成中止；经理性思考后停止犯罪，不构成中止。均不是我国刑法规定的中止、未遂标准。

第二节 总论中多观点题及历年真题例示

一、打击错误+具体错误中主观过错的认定：观点一："法定符合说"，故意；观点二："具体符合说"，过失

	法定符合说		具体符合说	
	罪名故意	实际事实	行为人具体预想	实际事实
含义	故意杀人罪故意	实杀丙（人）	想杀瞄准的人（射程之内）	实杀射程外的另外一人
	乙死杀人故意能包容，对乙有杀人故意	丙死杀人故意能包容，对丙有杀人故意	乙在瞄准射程范围内，想到其死，有杀人故意	没想到会打死射程范围外的人，对其是过失
	<u>构成要件内符合即有故意</u>：行为人有杀人故意，只要对象是"人"，行为人对该"人"均有故意		<u>具体地符合才有故意（轻微错误会使故意不成立）</u>：需要考查行为人当时，对射程之外的"另外一个人死"结果有无认识	

— 281 —

续表

	法定符合说		具体符合说	
罪名	对乙：故意杀人罪未遂（数故意说）一故意说：故意杀人罪既遂（对"人"死亡的结果是故意）	对丙：故意杀人罪既遂	对乙：故意杀人罪未遂	对丙：过失致人死亡罪

（1）**观点一（通说观点）：法定符合说**(罪名故意 VS 实际事实)：行为人所认识的事实与实际发生的事实，只要在构成要件范围内是一致的，对该事实就成立故意。亦即，判断行为人对特定对象结果有无故意，法定符合说是将实际事实与罪名故意对比。先确定行为人是何罪故意，再看具体事实（特定对象结果）是否在该罪故意包容的范围之内，如在范围之内，即使不在行为人的具体预想内容范围内，也认为有故意。

（2）**观点二（少数观点）：具体符合说**(行为人具体预想 VS 实际事实)：行为人所认识的事实与实际发生的事实具体地相一致时，对该事实才成立故意。亦即，判断行为人对特定对象结果有无故意，具体符合说是将实际事实与行为人具体预想内容（如射程范围内的对象等）对比，看实际发生的特定对象结果是否在行为人具体预想的范围内，如在范围内才有故意，不在具体预想范围内就无故意。

事例演练和答案范式

【**事例4：2008延/2/53**】甲欲杀乙，向乙开枪，但未瞄准，子弹从乙身边穿过打中丙，致丙死亡。

【**问题**】请根据《刑法》相关规定与刑法原理分析甲的刑事责任（要求注重说明理由，并可以同时答出不同观点和理由）。

【**答案范式**】

1. 甲对乙：构成故意杀人罪（未遂）。

2. 甲对丙：客观上实施了杀人致死的行为；主观上系打击错误、具体错误。

（1）观点一：按照法定符合说，甲对丙具有杀人故意。根据《刑法》第232条，构成故意杀人罪（既遂）。

（2）观点二：按照具体符合说，甲对丙死亡结果系过失。根据《刑法》第233条，构成过失致人死亡罪。

3. 罪数：想象竞合，择一重处。

二、因果关系错误中"事前故意"的处理：故意犯罪既遂 VS 故意犯罪未遂与过失犯罪数罪并罚

	第一个动作（想杀死）	第二个动作（想抛尸实致死）	罪名
A 杀人 抛尸 B			

续表

通说观点	杀人实行（未死）+杀人故意	致死行为，不中断因果	故意杀人罪既遂
少数观点	杀人实行（未死）+杀人故意	致死行为+致死过失	故意杀人罪未遂，过失致人死亡罪；数罪并罚或想象竞合

事前故意是指行为人误认为第一个动作已经造成结果，出于抛尸等事后目的而实施第二个动作，实际上是第二个动作才导致预期的结果的情况。事前故意涉及的问题：抛尸行为是否中断因果关系。

（1）观点一（通说观点）：杀人后大概率后抛尸，第二个动作（抛尸）并不中断第一个动作（杀人）与死亡之间的因果关系，认定为故意杀人罪既遂一罪。之后的抛尸系过失行为，但因与死亡结果无因果关系，不能触犯过失致人死亡罪。

（2）观点二（少数观点）：第二个动作（抛尸），中断第一个动作（杀人）与死亡之间的因果关系，故而将第一个动作（杀人）、第二个动作（抛尸）视为二个行为分别评价，分别触犯了故意杀人罪未遂、过失致人死亡罪，按数罪并罚或按想象竞合处理。

事例演练和答案范式

【事例5：2010年主观题】同年6月26日，赵某将钱某约至某大桥西侧泵房后，二人发生争执。赵某顿生杀意，突然勒钱某的颈部、捂钱某的口鼻，致钱某昏迷。赵某以为钱某已死亡，便将钱某"尸体"缚重扔入河中……28日下午，钱某的尸体被人发现（经鉴定，钱某系溺水死亡）。

【问题】请根据《刑法》有关规定，分析上述案件中各行人的刑事责任。可以说明不同观点。

【答案范式】赵某致钱某死亡的行为，根据《刑法》第232条，构成故意杀人罪，在刑法理论上系因果关系认识错误中的事前故意。

对此现象的处理，涉及到因果关系是否中断的问题，主要有两种观点：

1. 观点一：认为杀人之后大概率的会抛尸，抛"尸"行为不中断因果关系，构成故意杀人罪既遂一罪。

2. 观点二：认为杀人之后不一定会抛尸，抛"尸"行为中断因果关系，构成故意杀人罪未遂。后行为抛"尸"行为客观上导致死亡，但行为人对死亡结果只有过失，根据《刑法》第233条，构成过失致人死亡罪。

应以故意杀人罪未遂、过失致人死亡罪，数罪并罚（或想象竞合）。

【事例6：2019年刑法主观题】洪某遂决定独自抢劫赵某，使用事前准备的凶器，朝赵某的后脑勺猛烈一击，导致赵某倒地昏迷。此时蓝某来到现场，与洪某共同取走了赵某身上价值2万余元的财物。随后，蓝某离开了现场，洪某误以为赵某已经死亡，便将赵某的"尸体"扔到附近的水库，导致赵某溺死（经鉴定赵某死前头部受重伤）。

【问题】请根据《刑法》相关规定与刑法原理分析洪某的刑事责任（要求注重说明理由，并可以同时答出不同观点和理由）。

【答案范式】洪某：**构成抢劫罪（致人死亡），或者抢劫罪、过失致人死亡罪。**

1. 洪某猛击赵某头部，暴力劫夺赵某2万元，根据《刑法》第263条，构成**抢劫罪**。

2. 洪某以杀人为手段抢劫之后，误认赵某死亡而"抛尸"致其淹死，系因果关系错误中的**事前故意**，对此如何认定，涉及**因果关系是否中断**的问题。

（1）观点一：如认为"抛尸"行为不中断因果关系，死亡结果与抢劫行为有因果关系，则洪某构成**抢劫罪（致人死亡）**，系结果加重犯。

（2）观点二：如认为"抛尸"行为中断因果关系，死亡结果与抢劫行为没有因果关系，则洪某构成**抢劫罪、过失致人死亡罪，数罪并罚**。

对于其中的抢劫罪：①观点一：认为是抢劫罪（致人死亡）结果加重犯的未遂；②观点二：认为是抢劫罪（致人重伤）结果加重犯的既遂。

三、因果关系错误中"结果提前实现"（构成要件提前实现）的处理：实行行为（预备行为）+对结果系故意（过失）

实行	第一个动作（想迷晕，实致死）	第二个动作（想绞死）	罪名
通说观点	杀人实行（致死）+杀人故意（致死故意）	未实施	故意杀人罪既遂
少数观点	杀人实行（致死）+杀人故意（致死过失）	未实施	故意杀人罪未遂、过失致人死亡罪，想象竞合
	杀人预备（致死）+杀人故意（致死过失）	未实施	故意杀人罪预备、过失致人死亡罪，想象竞合

指行为人预设采取数个系列动作组成的一个实行行为实现结果，实际上提前实施了预想结果。结果提前实现涉及的问题有二：**一是实行行为的认定，二是故意的认定**（对行为的故意、对结果的故意）。

（1）观点一（通说观点）：客观上，第一个动作对致死结果具有紧迫性，系**实行行为**，死亡结果仍为实行行为导致；在主观上，行为人所计划的两个动作都具有致人死亡的危险，故而实施第一个动作时有**杀人故意**。故按行为与责任同时性原则，仍为**故意犯罪既遂**。

（2）观点二（少数观点）：客观上，第一个动作系**实行行为**；主观上对实行行为有故意,但对死亡结果系过失。触犯故意杀人罪未遂、过失致人死亡罪,系想象竞合。

(3) 观点二(少数观点):客观上,第一个动作预备行为;主观上对预备行为有故意,但对死亡结果系过失。触犯故意杀人罪预备、过失致人死亡罪,系想象竞合。

事例演练和答案范式

【事例7:2015年主观题】高某找到密友夏某和认识钱某的宗某,共谋将钱某诱骗至湖边小屋,先将其掐昏,然后扔入湖中溺死……高某、夏某到达小屋后,高某寻机抱住钱某,夏某掐钱某脖子。待钱某不能挣扎后,二人均误以为钱某已昏迷(实际上已经死亡),便准备给钱某身上绑上石块将其扔入湖中溺死……夏某离开后,高某在钱某身上绑石块时,发现钱某已死亡。为了湮灭证据,高某将钱某尸体扔入湖中。

【问题】请根据《刑法》相关规定与刑法原理分析高某的刑事责任(要求注重说明理由,并可以同时答出不同观点和理由)。

【答案范式】高某故意杀害钱某,根据《刑法》第232条,构成故意杀人罪。系因果关系认识错误中结果提前实现(构成要件提前实现)。

(1) 观点一:客观上,掐脖子行为具有致人死亡的紧迫危险,应当认定杀人实行行为。主观上,行为人实施掐脖子杀人行为之时对死亡结果具有杀人故意。构成故意杀人罪既遂。

(2) 观点二:客观上,即使掐脖子行为可认定为杀人实行行为。但主观上,实施该行为当时具有杀人实行故意、但对死亡结果系过失。构成故意杀人罪未遂、过失致人死亡罪,系想象竞合。

(3) 观点三:客观上,掐脖子行为应认定为杀人预备行为。主观上,实施该行为当时具有杀人预备故意、对死亡结果系过失。构成故意杀人罪预备、过失致人死亡罪,系想象竞合。

四、片面共犯能否成立帮助犯、教唆犯、共同正犯? 否定说 VS 肯定说

观点辨析:片面共犯是否成立帮助犯、教唆犯、共同正犯?	
观点一:帮助故意可以是单向意思联络;共同实行故意、教唆故意需双向意思联络	观点二:帮助故意、教唆故意、共同实行故意,均可是单向意思联络
1. 片面帮助。片面帮助故意,可以成立帮助故意,才可成立帮助犯; 2. 片面教唆。片面教唆故意不能成立教唆故意,不构成教唆犯;成立间接正犯。 3. 片面实行。片面实行故意,不能成立共同正犯故意,不构成共同正犯;可成立帮助故意,成立帮助犯。	片面帮助、片面教唆、片面实行,可构成帮助犯、教唆犯、共同正犯

√(1) 观点一:①承认片面帮助犯。认为帮助故意可是单向意思联络只有片面帮助才可构成帮助犯。②片面教唆犯否定说。认为教唆故意的成立需双向意思联络,片

面教唆不构成教唆犯；但成立间接正犯。③片面实行犯否定说。认为共同实行故意（共同正犯）的成立需双向意思联络，片面实行不构成共同正犯，可成立片面帮助犯。

（2）观点二：片面帮助犯、片面教唆犯、片面实行犯肯定说。认为帮助故意、教唆故意、共同实行故意的成立，并不一定要求双向意思联络，单向的、片面的意思联络也能成立共同犯罪故意。从而，片面帮助、片面教唆、片面实行，均可构成帮助犯、教唆犯、共同正犯。

事例演练和答案范式

【**事例8：2017/2/54**】甲知道乙计划前往丙家抢劫，为帮助乙取得财物，便暗中先赶到丙家，将丙打昏后离去（丙受轻伤）。乙来到丙家时，发现丙已昏迷，以为是丙疾病发作晕倒，遂从丙家取走价值5万元的财物。

【**问题**】请根据《刑法》相关规定与刑法原理分析甲和乙的刑事责任（要求注重说明理由，并可以同时答出不同观点和理由）。

【**答案范式**】（一）对于正犯乙

1. 乙客观上趁人昏迷拿走财物，是盗窃行为；在实施盗窃行为当时主观上具有盗窃故意，根据《刑法》第264条，构成盗窃罪。

2. 乙不知甲在帮助其，主观上没有共同故意，不与甲构成共同犯罪。是盗窃罪的单独犯，只对盗窃5万元负责，不对甲暴力导致的轻伤结果负责。

（二）对于甲而言，其暗中帮助乙对丙实施暴力，具有片面的共同犯罪故意，系片面的共同犯罪行为。对其定性，涉及片面的共同犯罪行为如何处理的问题？

1. 观点一：只承认片面的帮助犯，只有片面帮助才可构成帮助犯；片面教唆、片面实行不可构成教唆犯、共同正犯，但有可能构成片面帮助犯。

（1）则本案中甲不构成共同正犯，但可构成片面帮助犯。按共犯从属说，正犯乙实施的是盗窃行为，甲为乙的盗窃提供帮助，具有片面帮助故意，根据《刑法》第264、27条，构成盗窃罪的片面帮助犯。

（2）同时，甲本人实施的伤害行为，具有伤害罪故意，根据《刑法》第234条，构成故意伤害罪（致人轻伤）的正犯，是单独犯。

（3）罪数上，系想象竞合，应当以两罪择一重罪论处。

2. 观点二：承认所有的片面的共同犯罪，认为片面帮助、片面教唆、片面实行可构成帮助犯、教唆犯、共同正犯。

（1）甲欲图帮助乙抢劫，客观上实施了抢劫的实行行为（暴力即伤害行为），主观上具有片面共同实行故意，根据《刑法》第263条，构成抢劫罪的片面正犯。

（2）甲不仅要对自己抢劫致人轻伤负责，而且为乙得财5万元负责，成立抢劫罪既遂。

五、偶然防卫的定性（正当防卫 VS 犯罪未遂、犯罪既遂）。

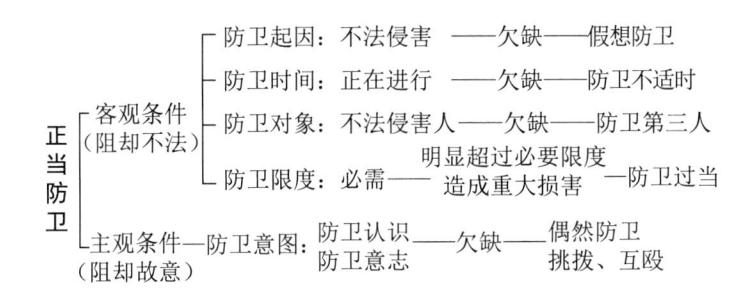

```
         ┌ 客观条件  ┌ 防卫起因：不法侵害 ——欠缺——假想防卫
         │ （阻却不法）│ 防卫时间：正在进行 ——欠缺——防卫不适时
正当防卫 ─┤          │ 防卫对象：不法侵害人——欠缺——防卫第三人
         │          │                  明显超过必要限度
         │          └ 防卫限度：必需—— 造成重大损害 —防卫过当
         │ 主观条件—防卫意图：防卫认识 ——欠缺——偶然防卫
         └ （阻却故意）       防卫意志         挑拨、互殴
```

立场	名称	防卫条件	理由	结论
结果无价值	结果无价值论的无罪说	成立正当防卫无需防卫意图	客观制止了侵害，系合法行为	★正当防卫
	结果无价值论的未遂说		客观无实害，但系偶然导致不能，具有危险，系不法未遂	☆犯罪未遂
	结果无价值论的二分说		B 在杀 C，A 偶然杀 B（正对不正）	紧急救助型，属正当防卫
			B 在杀 A，A 偶然杀 B（不正对不正）	自己防卫型，成立犯罪未遂
二元论行为无价值	行为无价值论的未遂说	成立正当防卫需要防卫意图	缺乏结果无价值，但存在行为无价值	犯罪未遂
一元论行为无价值论	行为无价值论的既遂说		缺乏防卫认识，具有犯罪故意，实际造成结果	☆犯罪既遂

比较常见的有以下三种观点：

√（1）观点一（法考通说观点）：<u>偶然防卫在不法层面上属正当防卫，是合法行为</u>。客观不法论（结果无价值）观点认为，偶然防卫在客观上虽造成"损害结果"，但损害不法侵害人（侵害的是坏人）、保护法益，没有造成"危害结果"，也没有造成危害结果的危险，不是不法行为，而是合法行为。只不过主观上具有犯罪故意而已。客观、主观相统一，仍是合法行为。

（2）观点二：<u>偶然防卫在不法层面上属不法未遂</u>。偶然防卫在客观上虽未造成实害的危害结果（侵害的是坏人），但有造成危害结果的危险（有可能侵害到好人），因此是不法的未遂，构成犯罪未遂。

（3）观点三：<u>偶然防卫是不法既遂</u>。传统观点（行为无价值［主观不法论］）认为，正当防卫的成立需要行为人主观上具有防卫意图条件（防卫认识、防卫意志），故而偶然防卫不属正当防卫。基于犯罪故意而造成实际结果，偶然防卫构成犯罪既遂。

事例演练和答案范式

【事例9：2016/2/52】甲、乙共同对丙实施严重伤害行为时，甲误打中乙致乙重伤，丙乘机逃走。关于本案，下列哪些选项是正确的？

【问题】请根据《刑法》相关规定与刑法原理分析甲的刑事责任（要求注重说明理由，并可以同时答出不同观点和理由）。

【答案范式】

（一）甲对丙：欲图伤害丙，根据《刑法》第234条，构成故意伤害罪（未遂）。

（二）甲对乙

1. 在客观不法积极层面上，甲实施有伤害行为，致乙重伤，对乙实施有伤害行为（重伤）。

2. 在客观不法消极层面（违法阻却事由）上，**系偶然防卫**。

（1）观点一：认为偶然防卫系正当防卫，阻却违法性；

（2）观点二：认定偶然防卫不属正当防卫，系不法未遂，系伤害未遂；

（3）观点三：认为认定偶然防卫不属正当防卫，系不法既遂，系伤害既遂。

3. 在主观责任层面上，系打击错误、具体错误。

（1）观点一：按照法定符合说，甲对乙也有伤害故意。

（2）观点二：按照具体符合说，甲对乙的重伤只有疏忽大意的过失。

4. 客观主观相统一认定罪名。①正当防卫（通说）+伤害故意（法定符合说）=无罪；②正当防卫（通说）+重伤过失（具体符合说）=无罪。③伤害未遂（少数说）+伤害故意（法定符合说）=故意伤害罪（未遂）。④伤害未遂（少数说）+过失（具体符合说）=无罪。⑤伤害既遂（极少数）+伤害故意（法定符合说）=故意伤害罪（重伤）。⑥伤害既遂（极少数）+过失（具体符合说）=过失致人重伤罪。

（三）乙的行为认定

1. 甲、乙是共同犯罪，二人对丙构成故意伤害罪（未遂），系共同正犯。

2. 对造成乙本人重伤的结果而言，属"偶然自损"。按通说不构成犯罪。

【事例10：2020年刑法主观题】2018年8月，洪某向林业主管部门举报了有人在国有森林中种植沉香的事实。林业主管部门工作人员赵某与郑某上山检查时，刘某与任某为了抗拒抓捕，对赵某与郑某实施暴力，赵某与郑某反击，形成互殴状态。赵某被打成轻伤，该轻伤由刘某、任某造成，但不能查明是刘某的行为所致，还是任某的行为所致。刘某被打成重伤、任某被打成轻伤，其中，刘某的重伤由赵某与郑某共同造成，任某的轻伤则是由刘某的打击错误所造成（刘某在攻击郑某时，郑某及时躲闪，导致刘某击中了同伙任某）。

【问题】请根据《刑法》有关规定，按顺序分析上述案件中各行为人的刑事责任（包括犯罪性质即罪名、犯罪形态、共同犯罪、数罪并罚、犯罪数额等），须说明理由。如有争议问题，可以同时答出不同观点和理由，并发表自己的看法。

【答案范式】

（一）刘某：妨害公务罪（致一人轻伤、一人伤害未遂，或者致二人轻伤）。

1. 对于将赵某打成轻伤的行为：

刘某、任某二人以暴力方法阻碍国家机关工作人员赵某、郑某依法执行职务，根据《刑法》第 277 条，构成**妨害公务罪**，系共同犯罪。

二人在伤害行为的范围内构成共同犯罪，对共同伤害导致的轻伤结果负责，根据《刑法》第 234 条，构成**故意伤害罪（轻伤）**。

想象竞合，择一重处，**以妨害公务罪（轻伤）论处**。

2. 对于攻击郑某的行为：同样构成妨害公务罪、故意伤害罪（未遂）。想象竞合，择一重处，以妨害公务罪（伤害未遂）论处。

3. 对于造成任某轻伤的行为：

（1）**客观上系偶然防卫**（制止了任某正在进行的妨害公务、伤害的不法侵害），存在以下几种观点：

观点一，认为客观上制止了正在进行的不法侵害，符合防卫的客观条件，系**正当防卫**；

观点二，认为具有侵害合法权利的可能，**系妨害公务、伤害未遂**；

观点三，认为造成了轻伤结果，系**轻伤既遂**。

（2）**主观上系打击错误、具体认识错误**，存在以下几种观点：

观点一，根据法定符合说，认为具有妨害公务罪、故意伤害罪的**犯罪故意**；

观点二，根据具体符合说，认为没有故意，具有**犯罪过失**。

（3）客观主观相统一，有不构成犯罪、妨害公务罪（伤害未遂）、妨害公务罪（轻伤既遂）三种观点。

4. 罪数上，对于刘某构成的妨害公务罪（轻伤），与对于刘某的行为，系想象竞合犯，择一重处，应以妨害公务罪（轻伤既遂）论处。

5. 暴力伤害赵某之后，又暴力伤害郑某、任某，**系连续犯**，应以妨害公务罪（致一人轻伤、一人伤害未遂，或者致二人轻伤）论处。

（二）任某：妨害公务罪（致一人轻伤、一人伤害未遂）

1. 对于妨害公务、伤害赵某致其轻伤，并攻击郑某的行为，刘某、任某二人构成共同犯罪，根据《刑法》第 234 条、277 条，构成故意伤害罪（致一人轻伤、一人伤害未遂）、妨害公务罪。想象竞合，择一重处，**以妨害公务罪（致一人轻伤、一人伤害未遂）论处**。

2. 对于自己受轻伤的结果，系与刘某构成的共同伤害导致，属偶然自损，不构成犯罪。

六、犯罪形态（既遂；中止；未遂、预备）

（一）中止"自动性"的标准

【事例 11：2021 年主观题全国卷 A 组】 赵某很生气，想杀死妻子万某，遂拿皮带勒住万某的脖子，万某呼救。此时，其两个孩子（一个三岁，一个五岁）过来哀求赵某，赵某心想当着孩子的面杀死万某不合适，于是停止了杀人行为，万某构成轻伤。（事实四）

【问题】对于事实四，赵某是构成故意杀人罪中止，还是故意杀人罪未遂？理由为何？（可以陈述不同观点）

观点一："主观说"，主观上认为有外部障碍而放弃犯罪是未遂、预备，其他原因放弃是中止。赵某成立中止。

观点二："限定主观说（悔过动机说）"，只有出于悔悟、同情等感情、动机而停止犯罪，才构成中止。客观上能够犯罪，但伦理上不能犯罪，不构成中止。赵某成立未遂。

观点三："客观说"，客观上有能力继续犯罪但不继续实施，即一般人在此情况下不会放弃犯罪，但行为人放弃的，才构成中止。赵某成立中止。

观点四："犯罪人理性说"。犯罪人不理性、不合情理地任意放弃，才构成中止；经理性思考后停止犯罪，不构成中止。赵某成立中止。

（二）实行行为的标准

【事例12】甲为了毒杀外地的乙，将毒药通过邮局寄给乙，甲已经寄出但乙尚未收到。

观点一："实质的结果说（结果无价值）"，着手实行是指行为发生了作为未遂犯的结果的危险性（危险结果），即侵害法益的危险达到紧迫程度。故意杀人罪预备。

观点二："主观说（犯意说）"，着手实行是指开始实施表现出行为者的犯罪意思确定性的行为。故意杀人罪未遂。

观点三："形式的客观说（构成要件行为说）"，着手实行是指开始实施了符合构成要件的行为。故意杀人罪未遂。

观点四："实质的行为说（行为无价值）"，着手实行是指开始实施具有现实危险性的行为。故意杀人罪未遂。

第三节 分则中常见的多观点题及历年真题例示

一、死者的财物、祭葬品、陪葬品占有状态的认定：他人占有物 VS 脱离占有物

观点辨析：拿走死者遗物	
通说观点：盗窃罪	少数观点：侵占罪
刑法认为死者遗物是他人占有的财物（归死者继承人占有）	认为死者遗物是无人占有的继承人所有物

（1）观点一："占有说"，社会观念认为死者遗物归死者的继承人占有，非法取走死者遗物行为构成盗窃罪。

（2）观点二："脱离占有说"，死者不能占有，也无人占有，非法取走死者遗物行为构成侵占罪。

事例演练和答案范式

【事例13：2015年主观题】高某将钱某诱骗至湖边小屋杀死，为了湮灭证据，高

某将钱某尸体扔入湖中。高某回到小屋时,发现了钱某的LV手提包(价值5万元),包内有5000元现金、身份证和一张储蓄卡,高某将现金据为己有。并让其前任女友尹某冒充钱某从银行柜台取出了该储蓄卡中的2万元。

【问题】请根据《刑法》相关规定与刑法原理分析高某的刑事责任(要求注重说明理由,并可以同时答出不同观点和理由)。

【答案范式】

(一)关于拿走钱某的手提包和5000元现金的行为性质,涉及如何认定死者遗物的占有状态。

(1)观点一:高某对钱某的手提包和5000元现金成立盗窃罪。理由是死者遗物是他人占有的财物(例如认为归继承人占有)。高某的行为属于将他人占有财产转移给自己占有,符合盗窃罪的对象要求;实施了秘密窃取的盗窃行为,根据《刑法》第264条的规定,构成盗窃罪。

(2)观点二:高某对钱某的手提包和5000元现金成立侵占罪。理由是死者遗物是不属他人占有的财物(死者不能占有)。故手提包和5000元现金属于脱离他人占有的遗忘物。高某将遗忘物非法占为己有,根据《刑法》第270条第2款的规定,构成侵占罪。

(二)将钱某的储蓄卡与身份证交给尹某取款2万元的行为性质。

(1)观点一:构成盗窃罪。根据前述观点一,如认为死者遗物是他人占有的财物,则高某是盗窃信用卡,盗窃信用卡并使用的,不管是自己直接使用还是让第三者使用,根据《刑法》第196条第3款的规定,认定为盗窃罪。

(2)观点二:构成信用卡诈骗罪的教唆犯。根据前述观点二,如认为死者遗物是脱离他人占有的财物,则高某不是盗窃信用卡,而是拾到(侵占)信用卡,利用拾得的他人信用卡取款的,属于冒用他人信用卡,根据《刑法》第196条第1款第3项的规定,构成信用卡诈骗罪。高某唆使尹某冒用,根据《刑法》第29条,属于信用卡诈骗罪的教唆犯。

二、诈骗罪与盗窃罪的区分:处分意识的认识内容(是否须认识数量)

有骗不一定构成诈骗罪,被骗人(有处分权限的人)有处分(转移占有的行为和意识)才构成诈骗罪。但是如何理解被骗人有处分财物的意识(意识处分行为说)的内容,除了认识到财物的性质,是否需要认识到财物的数量?理论上存在争议。

观点辨析:诈骗罪中处分意识的认识内容	
通说观点:对于财物的性质、数量均要有认识	少数观点:只需对财物性质有认识,无需对财物数量有认识
对性质、数量没有认识的,不构成诈骗罪,涉嫌盗窃罪	对性质有认识,对数量没有认识的,可构成诈骗罪

（1）观点一：认为被骗人在交付财物时，对于财物的性质、数量均要有认识，才认为处分意识，行为人才能构成诈骗罪。如果被骗人仅对性质有认识，对数量没有认识的，行为人不构成诈骗罪，构成盗窃罪。

（2）观点二：认为被骗人在交付财物时，只需对财物性质有认识，无需对财物数量有认识。被骗人仅对性质有认识，对数量没有认识的，行为人也能构成诈骗罪。

事例演练和答案范式

【事例14：2018年法考主观题】 王某组织某黑社会性质组织，刘某、林某、丁某积极参加。一日，王某、刘某在某酒店就餐，消费3000元。在王某用信用卡结账时，收银员吴某偷偷调整了POS机上的数额，故意将3000元餐费改成30 000元，交给王某结账。王某果然认错，输入密码，支付了30 000元。

【问题】 关于吴某的行为定性，有几种处理意见？须说明理由。

【答案范式】 对于吴某的行为，有盗窃罪、诈骗罪、信用卡诈骗罪三种处理意见。

吴某基于非法占有目的，修改刷卡数额，对王某实施了欺骗行为，是否构成诈骗罪，涉及<u>被骗人处分意识中对必要认识内容的理解（是否需对财物的数量有认识）</u>。

（1）观点一：<u>构成盗窃罪</u>。

理由是：如认为作为诈骗罪构成要素的被骗人的处分意识，不仅要求认识到转移占有的财物的性质，<u>也需认识到财物的数量</u>。则本案中被骗人王某未认识到多支付的钱款数额及其转移占有的事实，对该数额（27000元）的钱款，系在被害人不知情的情况下转移占有。吴某系盗窃行为，根据《刑法》第264条，构成盗窃罪。

（2）观点二：<u>构成诈骗罪</u>。

理由是：如认为作为诈骗罪构成要素的被骗人的处分意识，只需认识到转移占有的财物的性质，<u>无需认识到财物的数量</u>。则本案中被骗人王某已认识到钱款转移占有的事实，有处分财物的行为。吴某利用虚构数字的方式骗取王某实施处分行为，对该数额（27000元）的钱款，依照《刑法》第266条，构成诈骗罪。

（3）另可答观点三：信用卡诈骗罪。

理由是：如欺骗王某结账时在POS机上刷用信用卡，可被认为是利用被害人错误的间接正犯行为，系冒用他人信用卡的间接正犯行为，根据《刑法》第196条第1款第3项，构成信用卡诈骗罪。

三、抢劫罪

（一）转化型抢劫罪的对象人（一切人 VS 原占有人、抓捕人）

【事例15：2021年主观题全国卷A组】 赵某侵入王某家，盗窃电脑后下楼时遇到楼上的李某，误将李某当作王某，以为对方发现自己的盗窃行为。为了窝藏赃物，实施暴力将李某打成轻伤。事后查明，李某是上楼贴小广告的。（事实二）

【问题】 对于事实二，有观点认为赵某构成事后抢劫（准抢劫），理由为何？有观点认为，赵某的行为应评价为盗窃罪与故意伤害罪，理由为何？

【答案范本】

（一）观点一：构成事后抢劫（转化型抢劫）。

1. 如认为"为了窝藏赃物、抗拒抓捕或者毁灭罪证"纯属主观目的要素。亦即，事后抢劫（转化型抢劫）的暴力对象人，在客观上并不限定为原占有人、抓捕人。只需行为人在实施暴力时主观上具有窝藏赃物、抗拒抓捕或者毁灭罪证的目的即可。

2. 则赵某犯盗窃罪后，主观上为了窝藏赃物而实施暴力，尽管暴力对象人李某并非原占有人、抓捕人，也符合《刑法》第269条的规定，构成事后抢劫（转化型抢劫）。

3. 赵某故意伤害李某致其轻伤，根据《刑法》第234条规定，触犯故意伤害罪（轻伤）。与抢劫罪系法条竞合，以抢劫罪一罪论处。

（二）观点二：盗窃罪（既遂）、故意伤害罪（轻伤），数罪并罚。

1. 如认为"为了窝藏赃物、抗拒抓捕或者毁灭罪证"既系客观行为要素，也系主观目的要素。亦即，不仅要求事后抢劫（转化型抢劫）暴力对象人客观上需为原占有人、抓捕人；而且也需行为人主观上具有窝藏赃物、抗拒抓捕或者毁灭罪证的目的。

2. 则赵某犯盗窃罪后，主观上为了窝藏赃物而实施暴力，但是客观上暴力对象人李某并非原占有人、抓捕人，不符合《刑法》第269条的规定，不构成事后抢劫（转化型抢劫）。

3. 赵某侵入王某家盗窃其电脑，根据《刑法》第264条规定，系入户盗窃，构成盗窃罪（既遂）。

4. 赵某故意伤害李某致其轻伤，根据《刑法》第234条规定，构成故意伤害罪（轻伤）。

5. 应以盗窃罪（既遂）、故意伤害罪（轻伤），数罪并罚。

（二）转化型抢劫罪中"犯盗窃、诈骗、抢夺罪"的定性（客观 VS 主观）

【事例16】赵某盗窃被发现，路人钱某对赵某进行抓捕。此时，赵某的朋友孙某经过，知晓了事情的真相。为了帮助赵某逃走，在一旁偷偷伸腿绊了一下快速奔跑的钱某，导致钱某摔倒受重伤。赵某对此不知情，脱身逃走。（事实二）

【解析】

一、事实二中，孙某行为的定性，涉及《刑法》第269条转化型抢劫的构成要件中"犯盗窃、诈骗、抢夺罪"，是否属于客观行为要素的问题

1. 观点一，如认为"犯盗窃、诈骗、抢夺罪"不是客观行为要素，只是主观目的要素，亦即包括"为了帮犯盗窃、诈骗、抢夺罪抗拒抓捕……"，则孙某可构成转化型抢劫。

2. 观点二，如认为"犯盗窃、诈骗、抢夺罪"是客观行为要素，亦即对于这些行为需有共同行为、共同故意，则孙某不构成转化型抢劫。应构成窝藏罪、故意伤害罪（重伤），择一重处。

(三) 普通抢劫罪的承继共犯：前行为人抢的行为实施终了，后行为人加入实施劫的行为的定性

【事例 17：2007/2/53】周某为抢劫财物在某昏暗场所将王某打昏。周某的朋友高某正好经过此地，高某得知真相后应周某的要求提供照明，使周某顺利地将王某钱包拿走。

【分析】

1. 前行为人周某实施了抢劫罪的暴力行为、取财行为，根据《刑法》第 263 条，成立抢劫罪的正犯。

2. 抢劫罪是复合行为犯，由暴力、威胁、其它压制反抗的行为和劫财行为两部分组成。在抢劫行为终了之前，后行为人高某加入，帮助周某实施劫财行为；具有共同故意。

观点一：根据《刑法》第 263 条、27 条，构成抢劫罪的承继的共同犯罪。二人在后半截的范围内构成抢劫罪的共同犯罪。

观点二：高某只实施了劫财行为，没有实施暴力行为，二人在盗窃罪的范围内构成共同犯罪。

(四) 转化型抢劫罪的承继共犯：后行为人未参与盗窃、诈骗、抢夺，只实施了暴力或暴力威胁，能否构成转化型抢劫？

【事例 18】甲盗窃丙的皮包后被发现，丙追捕甲。一旁的乙看到甲盗窃后，为了帮助甲抗拒抓捕、帮其逃走，而将丙打成轻伤。

【分析】

观点一：转化型抢劫的真正实行行为是暴力、威胁，乙为了甲盗窃而抗拒抓捕，对丙实施暴力，符合《刑法》第 269 条的规定，构成抢劫罪，系转化型抢劫。

观点二：转化型抢劫是复合行为犯，乙与甲在盗窃罪范围内不是共同犯罪，不构成转化型抢劫。触犯窝藏罪、故意伤害罪，择一重处。

(五) 抢劫罪中暴力的对象人：是否需要具有处分能力

【事例 19：2021 年法考真题 B 组】赵某实施盗窃潜入李某家中，盗窃中，被李某的 5 岁孩子发现，孩子说到："为什么要拿我们家东西？"赵某对孩子说："嘘，不要发出声音，我的拳头很硬的，会让你的小脑袋难受的"。孩子不再吭声，随后赵某拿走李某价值 2 万财产，和李某的一部手机。（事实一）

【问题】关于事实一，如果认定赵某构成抢劫罪，理由是什么？如果认为赵某构成盗窃罪，理由是什么？

【答案】

（1）观点一：如认为抢劫罪中，暴力的对象人无需要具有处分能力，只需是原占有人（包括辅助占有人）即可。本案中 5 岁孩子虽无处分财物的能力，但其系原占有人或辅助占有人。赵某对孩子可构成抢劫罪。

（2）如认为抢劫罪中，暴力的对象人需要具有处分能力。本案中 5 岁孩子无处分

财物的能力，真正具有处分能力的原占有人是其父母。赵某对孩子的父母的财物可构成盗窃罪。

四、财产犯罪中"财产损失"（被害人）认定的标准：整体财产说 VS 具体财产说

认定财产犯罪的推理方法，首先需要确定被害人即财产损失人、行为对象。而财产犯罪中"财产损失"（被害人）认定的标准，存在"整体财产说""具体财产说"的不同立场标准。"整体财产说"是以被害人全部财产有无减损为标准，来判断损失与否；"具体财产说"是以具体的特定的财物对象为标准，来判断该具体财物有无损失。例如，张三潜入李四家，拿走李四的手机一部（价值5000元），同时又放了5000元的现金在李四家中，用于补偿李四。按"整体财产说"，李四的财产总价值没有损失，不是被害人。而按"具体财产说"，李四损失了手机一部；另外5000元属于不当得利。

【事例20：2022年刑法主观题《两个骗子亡命天涯》事实一】 王某与郑某成立了一家公司，但经营不善，一直亏损。某日，二人合谋骗取银行贷款。王某让郑某伪造了各种贷款材料；郑某同时伪造假材料，欺骗某保险公司的工作人员，让保险公司对其贷款提供保险，保险公司未能识破骗局而承保。王某与郑某从银行获取600万元贷款后逃匿。贷款到期后银行向保险公司追偿，保险公司对贷款本息进行了全额赔付。事后查明，王某对郑某欺骗保险公司的事情完全不知情。（事实一）

【问题】

1. 就事实一中郑某行为的认定，主要存在两种观点：第一种观点认为，郑某的行为仅构成保险诈骗罪。第二种观点认为，郑某的行为构成贷款诈骗罪和保险诈骗罪，系牵连犯，应当择一重处。请说明两种观点的理由与不足（如果认为有）；你持什么观点（可以是两种观点之外的观点)？请说明理由。

【解析】

事实一中郑某行为的认定，主要涉及贷款诈骗罪的财产损失结果认定、民法与刑法的衔接问题。

（一）关于观点一（郑某的行为仅构成保险诈骗罪）：

1. 观点一的理由是：

（1）在民法层面上，银行已从保险公司获得理赔，没有损失结果，不是被害人。或者，贷款之初银行即可通过保险理赔而避免贷款损失，不可能存在损失结果。则在刑法层面上：按"整体财产说"，银行不是被害人；郑某虽对银行实施了贷款诈骗行为，但因不能造成损失结果，不构成贷款诈骗罪。

（2）被害人是保险公司；投保人郑某伪造投保材料，故意造成财产损失的保险事故，骗取保险金，根据《刑法》第198条第1款第4项，构成保险诈骗罪（既遂）。

2. 观点一的不足之处在于：

（1）将郑某行为的定性，付诸于银行的民事求偿选择。如果银行不选择保险理赔，

则认为有损失，郑某可构成贷款诈骗罪，造成刑法定性不稳定。

（2）在民法层面上，如保险公司主张因郑某诈骗、保险合同无效，不予理赔，则被害人仍是银行，郑某仍构成贷款诈骗罪。

（3）在损失认定上，采用了"整体财产说"，而不是"个别财产说"；混淆了"行为对象"与"损失补偿"之间的区分。如按"个别财产说"，郑某贷款诈骗的"行为对象"是银行贷款；银行向保险的求偿只是"损失补偿"。行为人已骗得贷款，应是既遂；银行之后通过保险理赔获得赔偿，只不过是被害人被害之后的民事救济途径而已。

（二）关于观点二（构成贷款诈骗罪、保险诈骗罪，择一重处）：

1. 观点二的理由是：

（1）按"个别财产说"，对于银行而言，郑某贷款诈骗的行为对象是银行贷款，并已获得银行贷款，银行损失了贷款，有损失结果；根据《刑法》第193条，触犯贷款诈骗罪。银行之后通过保险理赔获得赔偿，只是被害之后的民事救济手段。

（2）同时，对于保险公司的保险金，触犯保险诈骗罪，理由同前。

（3）二者之间存在手段与目的关系，系牵连犯，择一重处。

2. 观点二的不足之处在于：

（1）本案只能造成一个财产损失结果，不可能同时造成两个财产损失结果。认为同时触犯两罪，将会对财产损失结果重复评价。

（2）在财产损失的认定上，没有考虑民法与刑法的衔接。

（3）两罪之间，不属典型的手段与目标关系，难以认定为牵连犯。择一重处，如以重罪贷款诈骗罪论处，则与实际财产损失人为保险公司的事实违背。

（三）我赞同的观点：不构成贷款诈骗罪，构成保险诈骗罪。

1. 在财产损失和被害人确认方面，应当采纳"整体财产说"，并"先民后刑"，注重民法与刑法的衔接。

2. 如民法层面上认为保险合同虽是受欺骗而签订、但不足以对抗银行，保险公司应当赔偿银行，则银行不是被害人，保险公司是被害人。

3. 郑某虽对银行实施了贷款诈骗行为，但因同时通过提供保险的方式，使银行不会承受损失贷款的结果。相当于虽骗走了600万元，但同时又给了等额600万元（求偿权）。不构成贷款诈骗罪。只对保险公司构成保险诈骗罪。

五、第三人可否对赃物主张善意取得：可以 VS 不可以

观点辨析：第三人可否对赃物主张善意取得	
通说观点：可以，**善意第三人不是被害人**	少数观点：不可以，**善意第三人是被害人**
因善意第三人无财产损失，行为人对第三人可能不构成犯罪	因善意第三人有财产损失，行为人对第三人也可构成犯罪

认定财产犯罪时，首先需要确定被害人，亦即犯罪行为终了之后，看谁的财产受到损失，这需以民法确权为基础。在讨论第三人可否对赃物主张善意取得时，有不同的观点。

（1）观点一：刑法通说认为，第三人对赃物可主张善意取得（不明知、无重大过失）。从而善意第三人不是被害人。依据有：

①《最高人民法院关于刑事裁判涉财产部分执行的若干规定》（自2014年11月6日起施行）第11条第2款："第三人善意取得涉案财物的，执行程序中不予追缴。作为原所有人的被害人对该涉案财物主张权利的，人民法院应当告知其通过诉讼程序处理。"《最高人民法院、最高人民检察院关于办理诈骗刑事案件具体应用法律若干问题的解释》第10条："行为人已将诈骗财物用于清偿债务或者转让给他人，具有下列情形之一的，应当依法追缴：（一）对方明知是诈骗财物而收取的；（二）对方无偿取得诈骗财物的；（三）对方以明显低于市场的价格取得诈骗财物的；（四）对方取得诈骗财物系源于非法债务或者违法犯罪活动的。他人善意取得诈骗财物的，不予追缴。"

②《民法典》第311条："无处分权人将不动产或者动产转让给受让人的，所有权人有权追回；除法律另有规定外，符合下列情形的，受让人取得该不动产或者动产的所有权：（一）受让人受让该不动产或者动产时是善意；（二）以合理的价格转让；（三）转让的不动产或者动产依照法律规定应当登记的已经登记，不需要登记的已经交付给受让人。受让人依据前款规定取得不动产或者动产的所有权的，原所有权人有权向无处分权人请求损害赔偿。当事人善意取得其他物权的，参照适用前两款规定。"第225条："船舶、航空器和机动车等的物权的设立、变更、转让和消灭，未经登记，不得对抗善意第三人。"

（2）观点二：刑法中少数观点（可能也是民法中的通说）认为，第三人对赃物不可主张善意取得，从而第三人有可能成为被害人。

依据是：《民法典》第312条："所有权人或者其他权利人有权追回遗失物。该遗失物通过转让被他人占有的，权利人有权向无处分权人请求损害赔偿，或者自知道或者应当知道受让人之日起二年内向受让人请求返还原物；但是，受让人通过拍卖或者向具有经营资格的经营者购得该遗失物的，权利人请求返还原物时应当支付受让人所付的费用。权利人向受让人支付所付费用后，有权向无处分权人追偿。"亦即，认为遗失物（侵占罪的对象）两年之内不可以主张善意取得。认为赃物属"法律另有规定的除外"。

事例演练和答案范式

【事例21：2015/2/18】乙全家外出数月，邻居甲主动帮乙照看房屋。某日，甲谎称乙家门口的一对石狮为自家所有，将石狮卖给外地人丙，得款1万元据为己有。

【问题】分析甲的行为的刑事责任（要求注重说明理由，并可以同时答出不同观点和理由）。

【答案范式】

(1) 甲对乙的石狮,触犯盗窃罪。

①尽管乙委托甲帮照看房屋,但就财物的占有认定来看,乙家门口的石狮在乙的控制领域内,属于乙占有的财物,并未脱离乙的占有。而不属甲独立占有,不属侵占罪的对象"代为保管的他人财物",甲不构成侵占罪。

②甲骗外地人而取得了乙的石狮,外地人对乙的石狮没有处分(转移占有)权限,甲不构成三角诈骗。系通过欺骗手段支配利用第三人去盗窃乙的石狮,根据《刑法》第 264 条,甲构成盗窃罪间接正犯。

(2) 关于甲对丙的 1 万元,涉及第三人可否对赃物主张善意取得的问题。

①观点一:如认为第三人能对赃物主张善意取得,则购买者丙没有财产损失。甲对购买者实施了诈骗行为,但被骗者没有财物损失,甲对丙不构成诈骗罪。

②观点二:如认为第三人不能对赃物主张善意取得,则购买者丙有财产损失。甲对购买者实施了诈骗行为,被骗者有财物损失,根据《刑法》第 266 条,甲对丙触犯诈骗罪,犯罪对象是 1 万元钱。

甲两行为触犯盗窃罪、诈骗罪两罪,二行为对象不同,有两个受害人,不属想象竞合犯,也不属事后不可罚,应当数罪并罚。

六、债权等财产权利是否可以成为转移占有型财产犯罪的对象

观点辨析:债权等财产权利是否可以成为转移占有型财产犯罪的对象	
通说观点:可转移占有的债权可以	少数观点:所有财产权利均可以
可立即转移交付、使一方得利、一方受损的财产性利益,例如免除债务,是转移占有型犯罪的对象财物。 仅仅只是延缓债权、侵犯返还权、请求权等,通说认为不构成转移占有型犯罪;但之后获取财物的行为可涉嫌犯罪。	不仅是债权、返还权、请求权、担保物权等财产权利也能成为转移占有型财产犯罪的对象。

(1) 观点一:可立即转移交付、使一方得利、一方受损的财产性利益,例如免除债务,是转移占有型犯罪的对象财物。仅仅只是延缓债权、侵犯返还权、请求权等,通说认为不构成转移占有型犯罪;但之后获取财物的行为可涉嫌犯罪。

(2) 观点二:不仅是债权、返还权、请求权、担保物权等财产权利也能成为转移占有型财产犯罪的对象。以暴力手段消除债权可构成抢劫,秘密地消除债权可构成盗窃。

事例演练和答案范式

【事例 22:2016 年主观题】 赵某与钱某原本是好友,赵某受钱某之托,为钱某保管一幅名画(价值 800 万元)达三年之久。某日,钱某来赵某家取画时,赵某要求钱

某支付10万元保管费，钱某不同意。赵某突然起了杀意，为使名画不被钱某取回进而据为己有，用花瓶猛砸钱某的头部，钱某头部受重伤后昏倒，不省人事，赵某以为钱某已经死亡。

【问题】关于赵某杀害钱某以便将名画据为己有这一事实，可能存在哪几种处理意见？各自的理由是什么？

【答案范式】关于赵某杀害钱某以便将名画据为己有这一事实，涉及返还请求权这种财产性利益能否成为抢劫罪的犯罪对象的问题。可能存在两种处理意见。

1. 观点一：认定为侵占罪、故意杀人罪，数罪并罚。

（1）对于名画，根据《刑法》第263条的规定，抢劫罪的对象是他人占有的财物，是转移占有型财产犯罪。赵某在杀害钱某之前，已经占有了名画，不可能对名画构成抢劫罪。

（2）赵某受委托保管名画，将代为保管的他人财物，非法据为自己所有，根据《刑法》第270条第1款的规定，赵某对名画成立侵占罪。

（3）对于名画的返还请求权这种财产性利益，如认为可立即转移交付的财产性利益才能成为抢劫罪对象，本案中该利益不能因行为人的行为而转移占有，不属抢劫罪的对象，不能构成抢劫罪。

（4）赵某杀害钱某，根据《刑法》第232条规定，构成故意杀人罪。

（5）在罪数上，应当以侵占罪、故意杀人罪，数罪并罚。

2. 观点二：认定成立抢劫罪（致人死亡）一罪。

（1）如认为名画的返还请求权这种财产性利益，可以成为抢劫罪的对象"公私财物"。则赵某以杀人的暴力手段，劫取钱某的财产性利益，目的是非法占有名画使其不被返还，根据《刑法》第263条的规定，构成抢劫罪。

（2）赵某也触犯了故意杀人罪、侵占罪。

（3）在罪数上，杀人是抢劫罪的手段，抢劫后侵占是抢劫罪的结果；以杀人为手段抢劫，是结果加重犯，以抢劫罪（致人死亡）一罪论处，系犯罪既遂。

【事例23：2021年法考真题B组】王某要求赵甲归还之前借给赵甲的10万块钱。并威胁如果不还钱，就告发他销售伪劣产品的行为。赵甲心生愤怒，不想还钱，同时为杀人灭口，于是到王某家中，将王某杀害。（事实四）

【问题】关于事实四，赵甲的行为性质如何定性？可以同时答出不同观点和理由。

【答案范式】关于赵甲的行为定性，涉及债权这种财产性利益能否成为抢劫罪的犯罪对象的问题，可能存在两种处理意见。

（1）观点一：认定为构成故意杀人罪。

债权这种财产性利益不能因杀人而转移占有，不属抢劫罪的对象"财物"，不能对此构成抢劫罪。

赵甲杀害王某，根据《刑法》第232条规定，构成故意杀人罪。

（2）观点二：认定成立抢劫罪（致人死亡）一罪。

理由是，如认为债权这种财产性利益，可以成为抢劫罪的对象"财物"；则赵甲以杀人的暴力手段杀害王某，系抢劫财产性利益的行为，根据《刑法》第263条的规定，可认定为抢劫"公私财物"，构成抢劫罪。

以杀人为手段抢劫，是结果加重犯，以抢劫罪（致人死亡）一罪论处，系犯罪既遂。

七、盗窃罪、诈骗罪、敲诈勒索罪、抢夺罪等财产犯罪的既遂标准

【事例24】甲要挟官员乙，让乙汇款100万元给自己，称不汇款，就将乙与女辅警丙通奸的丑事放到网上。乙慌乱中将100万元汇错至丁的账户。

【答案】甲构成敲诈勒索罪。

1. 观点一：按"控制说"，甲构成犯罪未遂。
2. 观点二：按"失控说"，甲构成犯罪既遂。

【事例25：2021年主观题全国卷回忆版A组"赵某所犯四宗罪"事实一】赵某敲诈勒索周某，以不给钱就在网上曝光其隐私相威胁，周某害怕，将10万元现金放在赵某指定的垃圾桶内，赵某告诉刘某事实。刘某取来10万元后，赵某分给刘某5万。（事实一）

【问题】1. 对于事实一，有观点认为刘某构成敲诈勒索罪，请说明理由？有观点认为刘某构成侵占罪，请说明理由？

【答案】

（一）观点一：掩饰、隐瞒犯罪所得、犯罪所得收益罪。

如采"控制说"的标准，认为敲诈勒索罪的既遂标准是行为人控制住财物；并且认为本案中被害人周某按行为人赵某的指示将财物置于指定地点，行为人赵某即已经控制占有财物。则：

1. 在刘某加入时，前行为人赵某所犯敲诈勒索罪已经既遂，行为已经终了。则刘某加入后实施的行为不属敲诈勒索的共同犯罪行为，不能构成敲诈勒索罪的承继的共同犯罪。

2. 财物已归行为人赵某控制占有，不属脱离他人占有财物，刘某不能构成侵占罪。

3. 刘某明知是赵某敲诈勒索罪所得的赃物而予以转移、所有，根据《刑法》第312条的规定，构成掩饰、隐瞒犯罪所得、犯罪所得收益罪。

（二）观点二：构成敲诈勒索承继的共同犯罪。

如仍采"控制说"的标准，被害人周某将财物置于指定地点时，财物虽已脱离周某占有，但仍未被行为人赵某控制占有。

1. 在刘某加入时，前行为人赵某所犯敲诈勒索罪尚未既遂，行为尚未终了。则刘某中途加入，与赵某一起实施敲诈勒索的共同犯罪行为，主观上具有共同故意，根据《刑法》第274条、第25条第1款，构成敲诈勒索承继的共同犯罪。

2. 因刘某系本犯，不能构成掩饰、隐瞒犯罪所得、犯罪所得收益罪。

3. 因已构成敲诈勒索的共同犯罪，刘某不再单独成立侵占罪。

(三) 观点三：构成侵占罪。

如采"失控说"的标准，认为敲诈勒索罪的既遂标准是被害人失去对财物的控制；本案中被害人周某将财物置于指定地点时，财物虽已经失控，但仍未被行为人赵某控制占有。则：

1. 刘某加入之时，前行为人赵某所犯敲诈勒索罪已经既遂，行为已经终了。则刘某不能构成敲诈勒索承继的共同犯罪。

2. 财物已脱离周某占有、但尚未被赵某控制占有，属于脱离他人占有财物的遗忘物，刘某非法占有遗忘物，根据《刑法》第270条第2款，构成侵占罪。

3. 赵某教唆刘某实施侵占罪，根据《刑法》第270条、第29条，构成侵占罪的教唆犯。

八、基于不法原因而占有的保管物是否属于侵占罪的对象？

观点辨析：基于不法原因而取得的保管物是否属于侵占罪的对象	
通说观点：属于，构成侵占罪	少数观点：不属于，不构成侵占罪
刑法侵占罪对象"代为保管的他人财物"既包括合法占有的代为保管物，也包括基于不法原因而占有的代为保管物	民法上基于不法原因而委托给付的财物，不属"合法占有"，财物不受民法保护；也当然不受刑法保护，委托人没有返还请求权，对象不能成为侵占罪的对象

（1）观点一：构成侵占罪。刑法侵占罪对象"代为保管的他人财物"既包括合法占有的代为保管物，也包括基于不法原因而占有的代为保管物。

（2）观点二：不构成侵占罪。民法上基于不法原因而委托给付的财物，不属"合法占有"，财物不受民法保护，也当然不受刑法保护，委托人没有返还请求权，对象不能成为侵占罪的对象。

事例演练和答案范式

【事例26：2013年主观题】在甲、乙被起诉后，甲父丙为使甲获得轻判，四处托人，得知丁的表兄刘某是法院刑庭庭长，遂托丁将15万元转交刘某。丁给刘某送15万元时，遭到刘某坚决拒绝（事实四）。丁告知丙事情办不成，但仅退还丙5万元，其余10万元用于自己炒股。在甲被定罪判刑后，无论丙如何要求，丁均拒绝退还余款10万元。丙向法院自诉丁犯有侵占罪（事实五）。

【问题】就事实五，有人认为丁构成侵占罪，有人认为丁不构成侵占罪。你赞成哪一观点？具体理由是什么？

【答案范式】事实五中，丁的"截贿"行为是否构成侵占罪，涉及基于不法原因而取得的保管物是否属于侵占罪的对象的问题。

1. 观点一：①如认为侵占罪的对象"代为保管的他人财物"也包括基于不法原因而占有的保管物。本案中丙托丁将贿赂款送与刘某，该款项属于侵占罪的对象。

②丙非法所有其中10万元，将代为保管的他人财物非法占为己有，数额较大，拒不退还，根据《刑法》第270条的规定，触犯侵占罪。

③无论丙对10万元是否具有返还请求权，10万元都不属于丁的财物，因此该财物属于"他人财物"。

④虽然民法不保护非法的委托关系，但刑法的目的不是确认财产的所有权，而是打击侵犯财产的犯罪行为，如果不处罚侵占代为保管的非法财物的行为，将可能使大批侵占赃款、赃物的行为无罪化，这并不合适。

2. 观点二：①如认为侵占罪的对象"代为保管的他人财物"应是民法上"合法的占有"财物。本案中丙托丁将贿赂款送与刘某，该款项属于丁帮丙保管的赃款，占有本身非法，不属于侵占罪的对象，丁非法所有其中10万元，不能触犯侵占罪。

②从民法上讲，10万元为贿赂款，丙没有返还请求权，该财物已经不属于丙，因此，丁没有侵占"他人的财物"。

③该财产在丁的实际控制下，不能认为其已经属于国家财产，故该财产不属于代为保管的"他人财物"。据此，不能认为丁虽未侵占丙的财物但侵占了国家财产。

④如认定为侵占罪，会得出民法上丙没有返还请求权，但刑法上认为其有返还请求权的结论，刑法和民法对相同问题会得出不同结论，法秩序的统一性会受到破坏。

九、信用卡诈骗："多倒几手"

【事例27：2021年法考真题B组】赵甲盗取手机后，试出了密码，发现支付宝余额上没有钱，但有绑定的银行卡，于是通过银行卡转账3万元至李某手机支付宝余额，并去商场购物，消费3万元。（事实二）

【问题】关于事实二，如果认为赵甲构成信用卡诈骗罪，理由是什么？如果认为赵甲构成盗窃罪，理由是什么？

【答案】

观点一：分前后两截，前半截是冒用李某信用卡账户的信用卡诈骗行为，但由于是转入李某支付宝账户，没有损失，不构成信用卡诈骗罪；后半截，才是造成李某财产损失的行为，对支付宝账户里的钱款构成盗窃罪。

观点二：前半截是冒用李某信用卡账户的信用卡诈骗行为，后半截是造成损失结果的事后不可罚行为，构成信用卡诈骗罪。

十、同一罪名（特别是数额犯）部分未遂、部分既遂的处理

部分既遂	部分未遂	分属不同量刑幅度	择一重处	情节：未计入部分
诈骗1万元既遂	诈骗100万元未遂	较大；特别巨大	诈骗100万元未遂	1万元既遂
部分既遂	部分未遂	属于同一量刑幅度	既遂	情节：未计入部分
诈骗1万元既遂	诈骗2万元未遂	较大；较大	诈骗1万元既遂	2万元未遂

盗窃罪、诈骗罪、贪污罪等涉及到财产的**数额犯**中经常出现一部分数额既遂、一部分数额未遂，**连续犯**中也经常出现部分行为既遂、部分行为未遂的情况。对此情况如何处理？

（1）通说观点：既有既遂，又有未遂，分别达到不同量刑幅度的，依照处罚较重的规定处罚；达到同一量刑幅度的，以既遂处罚。未被计入的部分可作为量刑情节考虑。

法条依据：《最高人民法院、最高人民检察院关于办理盗窃刑事案件适用法律若干问题的解释》第12条第2款、《最高人民法院、最高人民检察院关于办理诈骗刑事案件具体应用法律若干问题的解释》第6条，既有既遂，又有未遂，分别达到不同量刑幅度的，依照处罚较重的规定处罚；达到同一量刑幅度的，以既遂处罚。

（2）少说观点：以加重犯的未遂论处；或者数罪并罚。

事例演练和答案范式

【事例28：2016年主观题】赵某杀人后得到了一幅名画（价值800万元）。一个月后，孙某对赵某说："你做了一件对不起朋友的事，我也做一件对不起朋友的事。你将那幅名画给我，否则向公安机关揭发你的杀人罪行。"三日后，赵某将一幅赝品（价值8000元）交给孙某。孙某误以为是真品。

【问题】孙某向赵某索要名画的行为构成何罪（说明理由）？关于法定刑的适用与犯罪形态的认定，可能存在哪几种观点？

【答案范式】孙某索要名画的行为，**构成敲诈勒索罪**。

1. 孙某以<u>揭发违法犯罪为要挟勒索财物</u>，根据《刑法》第274条的规定，构成敲诈勒索罪。

2. 关于犯罪数额及犯罪形态的认定，涉及部分既遂、部分未遂案件中，是否适用加重犯未遂的问题，有以下处理意见。

（1）观点一：孙某以**敲诈勒索罪数额特别巨大加重犯未遂**论处。

对于敲诈勒索未得到的真名画（价值800万元），适用数额特别巨大的法定刑，同时适用未遂犯的规定，即认定为数额特别巨大加重犯未遂。

对于敲诈勒索已得到的赝品（价值8000元），属于敲诈勒索罪数额较大基本犯既遂。

参照《最高人民法院、最高人民检察院关于办理诈骗刑事案件具体应用法律若干问题的解释》（法释〔2011〕7号）第6条规定，择一重处。以数额特别巨大加重犯的未遂论处；同时，将取得价值8000元赝品即敲诈勒索数额较大既遂事实，作为量刑情节。

（2）观点二：孙某以**敲诈勒索罪数额较大基本犯既遂**论处。

亦即，将数额特别巨大视为单纯的量刑因素或量刑规则，按实际所得的数额量刑。对孙某应当按敲诈勒索罪并适用数额较大的法定刑，认定为犯罪既遂，不适用未遂犯的规定。

(3) 观点三：孙某以**敲诈勒索罪数额特别巨大加重犯未遂**、**敲诈勒索罪数额较大基本犯既遂**，数罪并罚。

十一、非法拘禁罪中另起犯意杀人、伤害的罪数

【事例29：2021年主观题全国卷A组】杨某欠赵某债务不还，刘某提议将杨某拘禁要其还钱，赵某遂将杨某拘禁。杨某声称你们把我抓来我没钱还，就是你们把我放出来我也不会还的。于是刘某提议砍掉杨某一个手指，赵某同意，遂砍掉杨某大拇指（重伤）。（事实三）

【问题】对于事实三，有观点认为赵某、刘某仅成立故意伤害罪一罪，你赞同还是反对，理由分别是什么？

【答案范式】对于事实三，我反对仅成立一罪，认为应当数罪并罚

（一）赵某、刘某触犯非法拘禁罪、故意伤害罪（重伤）。

1. 赵某、刘某为了索取债务而拘禁杨某，根据《刑法》第238条，构成非法拘禁罪，系索债型非法拘禁。

2. 在拘禁过程中，砍掉杨某大拇指致其重伤，根据《刑法》第234条，构成故意伤害罪（重伤）。

3. 至于二人的罪数及宣判罪名，涉及《刑法》第238条第2款后半句"使用暴力致人伤残……依照故意伤害罪规定定罪处罚"的理解和适用问题。

（二）我赞同将赵某、刘某认定为数罪的观点，赞同理由如下：

1. 《刑法》第238条第二款后半句的罪数规则（转化犯）规定的原理，实为想象竞合犯。亦即，拘禁与伤害（杀人）为同一行为、有因果关系时，才择一重处认定为一罪。

因此，前述罪数规则只能限定为行为人主观上为了实施拘禁的目的而伤害的情形。则本案赵某、刘某是在得知杨某不想还债后，才伤害杨某的，因此实施伤害行为当时没有拘禁或讨债的意图，系另起犯意；与拘禁行为没有因果关系，不能适用前述罪数规则。故应以非法拘禁罪（基本犯）、故意伤害罪（重伤）两罪并罚。

2. 有观点认为：只要求客观上重伤行为发生在非法拘禁过程中，即以一罪论处（所谓"拟制规定"），与立法原理不符。

十二、绑架罪、抢劫罪中"杀而未死受重伤"如何处理？

观点辨析：绑架罪、抢劫罪中杀而未死受重伤如何处理？	
通说观点：杀害、致人死亡结果加重犯的未遂	少数观点：致人重伤结果加重犯的既遂
比照绑架罪杀害被绑架人、抢劫罪致死的结果加重犯的既遂，可以从轻、减轻	直接按照绑架罪故意伤害致人重伤、抢劫罪致人重伤的结果加重犯的既遂处罚

第239条第2款【绑架罪的加重犯】犯绑架罪，**杀害被绑架人的，或者故意伤害被绑架人，致人重伤、死亡的**，处无期徒刑或者死刑，并处没收财产。

第263条【抢劫罪】以暴力、胁迫或者其他方法抢劫公私财物的，处三年以上十年以下有期徒刑，并处罚金；有下列情形之一的，处十年以上有期徒刑、无期徒刑或者死刑，并处罚金或者没收财产：……（五）抢劫致人重伤、死亡的。

（1）**观点一**：绑架罪、抢劫罪中"杀而未死受重伤"，系绑架中杀害被绑架人的"结果加重犯的未遂"。

绑架中如果"杀而未死""伤而未伤"，如何处理？在量刑时，以绑架中故意杀害被绑架人为基准刑（死刑或无期）；再结合未遂的规定"可以从轻、减轻"。情节恶劣，则不从轻、减轻。

亦即，绑架中杀害被绑架人，典型情形指绑架中故意杀人既遂，即**"结果加重犯的既遂"**（绑架罪+故意杀人既遂=绑架中杀害被绑架人）。如果绑架中杀人未遂，则属**"结果加重犯的未遂"**（此为基本犯既遂、加重结果未遂类型），应当适用《刑法》第239条第2款"杀害被绑架人的，或者故意伤害被绑架人，致人重伤、死亡的，处无期徒刑或者死刑，并处没收财产"的规定确定基准刑，同时适用刑法关于未遂犯从轻、减轻处罚的规定。

"绑架中杀害被绑架人的" =绑架罪+故意杀人既遂（"结果加重犯的既遂"的情形）		
杀死：绑架罪+故意杀人既遂	结果加重犯的既遂	处无期或死刑（基准刑）
杀而未死：绑架罪+故意杀人未遂（基本犯既遂、加重结果未遂类型）	结果加重犯的未遂	以上栏为基准刑，适用关于未遂犯"可以从轻、减轻"的规定。情节恶劣，也可不从轻、减轻

（2）**观点二**：绑架罪、抢劫罪中"杀而未死受重伤"，直接按照绑架罪故意伤害致人重伤、抢劫罪致人重伤，即**"结果加重犯的既遂"**处罚。这样才能保证罪刑均衡。

事例演练和答案范式

【事例30】甲以勒索财物为目的，砍杀乙之后，给乙的妻子丙打电话要钱，未料乙未死只受重伤。

【问题】分析甲的行为的刑事责任（要求注重说明理由，并可以同时答出不同观点和理由）。

【答案范式】

甲以勒索财物为目的砍杀乙，根据《刑法》第239条，构成绑架罪。如何量刑，有以下两种观点：

（1）观点一：认定为绑架中杀害被绑架人的构成"结果加重犯的未遂"，亦即，在量刑时，以绑架故意杀害被绑架人为基准刑（无期至死刑）；再结合未遂的规定"可以从轻、减轻"。

（2）观点二：直接按照绑架罪故意伤害致人重伤、抢劫罪致人重伤，即"结果加重犯的既遂"处罚,适用结果加重犯的基准刑(无期至死刑)。

第四节 稍微生僻一些的非主流观点

一、不作为

(一)先前的正当防卫行为能否引起作为义务(先前行为可否是正当行为)?

观点一:先前的正当防卫行为,如与风险有因果关系,能够引起作为义务;合并评价,整体判断,是否过当。

观点二:先前的正当防卫行为,如与风险有因果关系,能够引起作为义务。后续的不救助行为可以构成不作为犯罪。

观点三:先前行为只能是非法行为,不能是正当行为。先前的正当防卫行为,不能引起作为义务。

【事例31】网约车司机甲男行车途中强奸女乘客空姐乙女,群众丙为了制止甲男而赤手空拳殴击甲男。甲男跳河逃走,发现自己不会游泳。群众丙看着甲男淹死才离去。

【简要答案(此外没有观点)】群众丙殴击甲男的行为,与甲男跳河落水的风险之间,仅有条件关系,而无因果关系,丙没有救助甲男的义务,不构成不作为犯。

【事例32】D某在某偏僻路段强奸乙女,路人甲为制止D某而欲将D某打死,却只将其打成重伤;D某请求甲救助,甲径直离开现场没有对D某实施救助行为,5小时后,D某因失血过多死亡。

【解析】

观点一:如认为不作为犯中先前行为可以包括合法行为,则甲对D某具有救助义务,不救助导致死亡,如果单独评价可认为是不作为行为。只不过,之前的杀人行为,与之后的不救助行为,可合并评价为杀人致死行为;根据《刑法》第20条第3款,系特殊防卫,构成正当防卫。

观点二:如认为不作为犯中先前行为可以包括合法行为,则甲对D某具有救助义务,不救助导致死亡,如果单独评价可认为是不作为杀人行为。前行为杀人致重伤,系正当防卫;后行为实施不作为杀人行为时,不法侵害已经结束,系事后防卫,构成不作为故意杀人罪。

观点三:如认为不作为犯中先前行为不包括合法行为,则甲对D某无救助义务,不构成不作为行为。前行为杀人致重伤,系正当防卫。

【事例33】甲在公交车上扒窃乙的皮包,丙为了帮乙夺回皮包,持菜刀追砍伤害甲致轻伤。甲被迫跳入河中,在水中挣扎。乙、丙见状,救助也较为便利,但二人故意不救助而离去,半小时后甲溺水身亡。

【简要答案】

观点一:

1. 丙追砍的作为伤害,与之后的不救助致死,合并评价为伤害致死行为。

2. 对正在实施盗窃的甲进行防卫，超过防卫限度，系防卫过当。

3. 对过当致死的结果具有故意，构成故意杀人罪。

观点二：

1. 丙追砍的作为伤害致轻伤，系正当防卫。

2. 与之后的不救助致死，构成不作为故意杀人罪。

观点三：

1. 丙追砍的作为伤害致轻伤，系正当防卫。

2. 先前行为只能是非法行为，不能是正当行为。先前的正当防卫行为，不能引起作为义务。后行为不构成犯罪。

（二）共同犯罪人对共同犯罪引起的另一共犯人的实行过限行为是否有制止义务？

观点一：只有先前的共同犯罪行为，与过限行为之间具有因果关系，共犯人才有制止义务。

观点二：只需先前的共同犯罪行为，与过限行为之间具有条件关系，共犯人就有制止义务。

【事例34：2021年法考真题C组事实一】 赵某、孙某共同盗窃，之后赵某猥亵女主人，孙某看了没有制止。（事实一）

【问题】关于事实一，如果认为孙某不成立强制猥亵罪的共同犯罪，理由是什么？如果认为其成立强制猥亵罪的共同犯罪，理由又是什么？

【简要答案】

观点一：

1. 孙某与赵某在盗窃罪的范围内构成共同犯罪。

2. 赵某所犯强制猥亵罪，系其实行过限行为；孙某没有共同作为行为，不构成作为的共同犯罪。

3. 赵某所犯强制猥亵罪，虽与之前的共同盗窃有条件关系，但无因果关系；盗窃罪的共同犯罪人孙某对于赵某实施的强制猥亵没有制止义务，不构成不作为行为。对于赵某实施的强制猥亵，赵某既无共同作为行为，也没有不作为行为，不构成共同犯罪。

观点二：

赵某所犯强制猥亵罪，系之前与孙某的共同盗窃引起的，孙某具有先前行为引起的作为义务，不制止可构成不作为行为，系强制猥亵罪的帮助犯。

【事例35】 甲、乙共同入户抢劫丙，进入被害人丙家后，甲将丙捆绑后，二人共同实施了抢劫行为。之后，乙为灭口而临时起意杀害了丙，甲站在一旁观看没有制止。

【简要答案】

一、乙：抢劫后为灭口而杀人，构成抢劫罪（基本犯）、故意杀人罪，两罪并罚。

二、甲：

（一）与乙构成抢劫罪（基本犯）的共同正犯。

(二) 对于乙实施的杀人行为

观点一：①乙实施的杀人实行过限行为，是丙被杀的风险来源，负主要责任的条件，亦即具有因果关系；②甲与乙实施的共同抢劫行为，与丙被杀的风险仅有条件关系，而无因果关系。③甲不具有因先前行为引起的作为义务，对乙实施的杀人行为没有制止义务，不能构成不作为的故意杀人罪。只构成抢劫罪（基本犯）一罪。

观点二：乙实施的杀人行为，系之前甲与乙实施的共同抢劫行为引起，乙具有制止义务，构成不作为行为，系故意杀人罪的帮助犯。

二、因果关系

(一) 相当因果关系中"相当性"的不同立场

观点一：客观说，以行为导致结果当时的客观事实（上帝知道的事实）作为素材作为判断依据，亦即裁判者依照客观的事后审查，判断一般人对于行为导致结果是否具有预见可能性；

观点二：主观说，以行为人在行为当时认识到或可能认识到的事实（行为人认识的事实）作为判断依据；

观点三：折中说，以社会一般人能认识到的，或行为人特别认识到的事实为基础（一般人生活经验+行为人特别认识）作为判断依据。

【事例36】 甲与乙吵架，一气之下，伸手扇了乙脸上一巴掌；不料乙脑瘤破裂而死。甲并不知晓乙有脑瘤。

【简要答案】

观点一：客观说，特殊体质不中断因果，殴打行为与死亡结果之间具有因果关系；主观上系过失，构成过失致人死亡罪。

观点二：主观说，甲并不知晓乙有特殊体质，殴打行为与死亡结果之间没有因果关系；即使主观上有过失，也不构成过失致人死亡罪。

观点三：折中说，即使甲并不知晓乙有特殊体质，但如果一般社会公众知晓乙可能有特殊体质，则殴打行为与死亡结果之间具有因果关系，则甲构成过失致人死亡罪。只有一般社会公众也不知晓乙有特殊体质时，才无因果关系。

(二) 因果关系的标准：相当因果关系说 VS 客观归责说

观点一：相当因果关系说，应当负主要责任的、作用最大的、最为重要的、通常的条件，可认为是原因，与结果具有因果关系。

观点二：客观归责说，不仅需要条件关系；而且只有制造法所不容许的风险、实现法所不容许的风险、结果在构成要件的效力范围内，才能归责于行为。

以上观点，通常结论相当，只是理由不同而已。

【事例37】 甲、乙在繁华路段飙车竞驶，路旁行走的1名老妇看到后，受到惊吓致心脏病发作死亡。

【简要答案】

观点一,按相当因果关系说,被害人心脏病发作死亡的结果,虽与飙车竞驶有条件关系;但公众认为不是负主要责任的、通常的条件,不具相当性,没有因果关系。行为人对此结果不承担刑事责任。甲乙不构成交通肇事罪,仅构成危险驾驶罪。

观点二,按客观归责说,被害人心脏病发作死亡的结果,不是法律预设的飙车竞驶所应承担责任的结果,结果不在构成要件的保护范围之内,客观上不能归责于飙车竞驶行为。甲乙不构成交通肇事罪,仅构成危险驾驶罪。

三、共同犯罪

(一)共同犯罪:不法行为共同说、犯罪共同说、构成要件共同说

【事例38】林业主管部门工作人员赵某与郑某上山检查时,罪犯刘某与任某为了抗拒抓捕,对赵某与郑某实施暴力,赵某与郑某反击,形成互殴状态。结果罪犯刘某被打成重伤,由赵某与郑某共同造成,但不知具体由谁造成。

观点一:**按(不法)行为共同说,二人不属共同犯罪**。如果不能查明重伤结果具体由何人行为所致,则根据"存疑有利于被告人"规则,二人对重伤结果均不负责。

观点二:**按犯罪共同说,二人也不属共同犯罪**,如不能查明具体何人致重伤,对重伤结果也不负责。

观点三:**按构成要件共同说,二人属共同犯罪**,客观上均对共同防卫行为造成的重伤结果负责。在防卫限度上,即使造成重伤的重大损害结果,但防卫行为与不法侵害相差并不悬殊、也未明显过激的,<u>不属防卫过当</u>。根据《刑法》第20条,构成<u>正当防卫</u>。

(二)教唆犯:从属说 VS 独立说

第29条【教唆犯】教唆他人犯罪的,应当按照他在共同犯罪中所起的作用处罚。教唆不满十八周岁的人犯罪的,应当从重处罚。

【"教唆未遂"现象】如果被教唆的人没有犯被教唆的罪,对于教唆犯,可以从轻或者减轻处罚。

【事例39】甲杀教唆乙杀害丙,结果乙仅伤害丙致丙重伤。

观点一:按共犯从属说,甲构成故意伤害罪(重伤)的教唆犯。

观点二:按共犯独立说,甲构成故意杀人罪的教唆犯,系犯罪未遂。

【事例40:2012年主观题】李某非常恼火,回家与妻子陈某诉说。陈某说:"这种人太贪心,咱可把钱偷回来。"李某深夜到黄家伺机作案,但未能发现机会,便将黄某的汽车玻璃(价值1万元)砸坏。(事实四)

【问题】对陈某让李某盗窃及汽车玻璃被砸坏一案,对二人应如何定罪?为什么?

【解析】对陈某让李某盗窃及汽车玻璃被砸坏一案

(一)李某

1. 客观上实施了盗窃的预备行为，主观上有盗窃故意、非法占有目的，根据《刑法》第264条的规定，构成盗窃罪。在着手实行之前因为意志以外的原因被迫放弃，根据《刑法》第22条的规定，是犯罪预备。

2. 李某故意砸坏汽车玻璃，根据《刑法》第275条规定，还构成故意毁坏财物罪。

（二）陈某

1. 教唆李某实施盗窃行为，实行者李某实施了盗窃的预备行为

（1）观点一：按共犯从属说，陈某可构成盗窃罪预备阶段的教唆犯，构成犯罪预备。

（2）观点二：按共犯独立说，陈某属于"教唆未遂"，构成盗窃罪，系犯罪未遂。

2. 对于李某实施的毁坏财物行为，超出了陈某的教唆故意，属于李某实行过限，由李某自己负责，陈某不负责任。

（三）共同犯罪与身份

【事例41】 A公司为自己的汽车（购买价格10万元），向C保险公司投保了盗抢险，投保人、受益人、被保险人均为A公司。A公司的司机李某作业时，将汽车偷偷卖掉。又向A公司谎称汽车被盗，让A公司向C保险公司申请盗抢险理赔。A公司信以为真，向C保险公司申请理赔，获得保险金10万元。

【解析】 李某除构成职务侵占罪以外。

观点一：构成诈骗罪的间接正犯。因李某不具投保人、被保险人、受益人的身份，故而不能构成保险诈骗罪的间接正犯，可构成诈骗罪的间接正犯。

观点二：李某虽无身份，但可构成保险诈骗罪的教唆犯。

四、法条竞合

（一）行为不符合特别法（整体法）法条，但符合一般法（部分法）法条，能否构成一般法（部分法）

【事例42：2021年法考真题B组】 赵甲与孙某共谋，把价值20余元的低档白酒，冒充3000余元的高档白酒销售他人，共获利60余万元。（事实三）

【问题】 关于事实三，如果认为赵甲构成销售伪劣产品罪？你是赞成还是反对，理由各是什么？

1. 因"低档白酒"与"高档白酒"均系可合法销售的不同品牌酒类，不存在"低等级、低档次产品""高等级、高档次产品"区分，赵甲的行为不属于"以次充好"。

2. 赵甲用不属于高档白酒的产品，冒充高档白酒销售，属于"以假充真"；但根据《最高人民法院、最高人民检察院关于办理生产、销售伪劣商品刑事案件具体应用法律若干问题的解释》（法释〔2001〕10号）第1条的规定，"以假充真"，是指以<u>不具有某种使用性能的产品冒充具有该种使用性能的产品的行为</u>。因赵甲实际销售的低档白酒仍具有酒类使用性能，故而赵甲不构成销售伪劣产品罪。

3. 关于赵甲能否构成诈骗罪，涉及法条竞合关系中，行为不符合特别法（整体法）法条，但符合一般法（部分法）法条，能否构成一般法（部分法）的问题。

观点一：认为法条竞合关系论是规范层面上的竞合，两个法条系对立关系，只能择一适用；故而一旦在法条选择层面上，选取了特别法（整体法）法条的，即不能再选取了一般法（部分法）法条。故而，行为不符合特别法（整体法）法条，尽管符合一般法（部分法）法条的，也不能构成一般法（部分法）。从而，赵甲因不构成销售伪劣产品罪；不能再选取诈骗罪法条适用。赵甲不构成犯罪，只属行政违法。

观点二：认为为了保持刑法的协调和实现罪刑相适应原则，行为不符合特别法（整体法）法条，但符合一般法（部分法）法条，可以构成一般法（部分法）。从而，赵甲虽不构成销售伪劣产品罪；但可构成诈骗罪。

（二）特别法（整体法）法条是轻罪，一般法（部分法）是重罪，是以特别法（整体法）论处，还是以重罪论处

【事例43：2004/2/86】第266条规定的诈骗罪的法定最高刑为无期徒刑，而第198条规定保险诈骗罪的法定最高刑为15年有期徒刑。对保险诈骗数额特别巨大的，如何论处？

（1）观点一：两罪系特别法与一般法的法条竞合关系，根据《刑法》第266条（诈骗罪）最后一句法条竞合的处理规则"本法另有规定的，依照规定"，应当坚持罪刑法定原则，仍以特别法保险诈骗罪论处。

（2）观点二：为了保持刑法的协调和实现罪刑相适应原则，应以择一重处，以重罪诈骗罪论处。

五、非法拘禁罪

（一）为索取非法债务而绑架（严重威胁人身安全）他人

【事例44】方某为了向张某索要100万赌债，而绑架了张某，打电话威胁张某的妻子陈某，不还赌债就收尸。

（1）观点一：主观上不具非法占有目的，构成非法拘禁罪。同时触犯催收非法债务罪，择一重处，以催收非法债务罪论处。

（2）观点二：绑架罪。同时触犯催收非法债务罪，择一重处，以绑架罪论处。

（二）非法拘禁罪的结果加重犯与转化犯的区分

【事例45】方某扣押张某一天后，为了防止张某逃走，用木棍猛击张某的小腿，想打断张某的腿，不断失手击中张某脑袋致其死亡。

（1）观点一：主观上对伤害有故意、对死亡系过失，根据《刑法》第238条第2款后半句，构成故意伤害罪（致人死亡）。

（2）观点二：本款系"拟制规定"，构成故意杀人罪。

六、绑架罪

(一) 绑架罪的既遂标准

【事例46】方某欲图扣押张某，以向张某的妻子李某勒索财物，结果误将陈某当作张某扣押；后方某给李某打电话时，李某根本不怕。

(1) 观点一：客观上绑架了陈某，主观上系对象错误、具体错误，仍有绑架故意和勒赎目的，根据《刑法》第239条，构成绑架罪。已控制人身，系犯罪既遂。

(2) 观点二：对于陈某，构成非法拘禁罪既遂；对于张某，因未造成第三人即李某的恐惧，构成绑架罪未遂。

(二) 绑架罪与抢劫罪的关系

【事例47】方某在银行营业厅里用刀挟持了客户张某，强迫银行工作人员陈某交出10万元，否则杀死张某。

(1) 观点一：对张某构成非法拘禁罪，对陈某构成敲诈勒索罪，数罪并罚。

(2) 观点二：触犯绑架罪、抢劫罪，择一重处。

七、强奸罪

(一) 强奸罪加重犯"轮奸"的含义

【事例48】冯某纠集张某、施某及"新新"（绰号）共四人，共谋强奸被害人曹某（女，21岁）。张某奸淫得逞；冯某因喝酒过多，不能进行；施某见曹某有月经在身，未实施奸淫。"新新"只在一旁为三人放风。

【答案】冯某、张某、施某、"新新"四人构成强奸罪；前三人为共同正犯，"新新"系帮助犯。四人均构成强奸罪既遂。

(1) 观点一：轮奸是指强奸共同正犯中，至少二男以上得逞。本案仅有一男得逞，不属轮奸。

(2) 观点二：前三人为轮奸的共同正犯，"新新"系轮奸的帮助犯。张某系轮奸既遂，冯某系轮奸未遂，施某系轮奸中止。

(二) 罪数：强奸罪中故意致使被害人重伤、死亡

【事例49】杨某在树林中拦截张女（殁年10周岁），用匕首刺穿其气管使其丧失反抗能力，之后对其实施奸淫。后将重伤昏迷的张女扔至偏僻山林，张女被人发现时因流血过多而死亡。

【答案】杨某触犯强奸罪、故意杀人罪。

(1) 观点一：应当两罪并罚。

(2) 观点二：以强奸罪致人死亡论处。

八、婚恋纠纷与敲诈勒索罪

【事例 50：女辅警案】 女辅警乙女与某公安分局副局长甲男发生了不正当关系，后来乙女以已经怀孕、赔偿青春损失费等为由，向甲男索要 100 万元，称不给就向监察部门揭发甲男与自己发生性关系的严重违纪违法。乙女是否构成敲诈勒索罪？

(1) 观点一：利用揭发违法犯罪的要挟手段勒索财物，构成敲诈勒索罪。

(2) 观点二：当事人存在一定的权利主张依据，系民事权利纠纷，不构成犯罪。

九、盗窃行为 VS 抢夺行为

【事例 51：2013/2/60】 甲潜入他人房间欲盗窃，忽见床上坐起一老妪，哀求其不要拿她的东西。甲不理睬而继续翻找，拿走一条银项链（价值 400 元）。

(1) 观点一：盗窃与抢夺的区分是"秘密窃取 VS 公然夺取"，则据此甲的行为属于抢夺；因未达到数额较大，不构成抢夺罪。构成非法侵入住宅罪。

(2) 观点二：盗窃与抢夺的区分是"平和转移占有 VS 迅猛夺取（可能危害人身）"，则据此甲的行为属于盗窃，入户盗窃，可构成盗窃罪。

十、具有双重身份的人，构成利用影响力受贿罪还是斡旋型受贿

【事例 52】 甲男是某市市委书记，乙女系甲男的情妇，同时也是该市妇联主任。丙为了谋取不正当利益，送给乙女 100 万。乙女将其存作私房钱后，给甲男吹枕边风。甲男对于乙女收钱事不知情。

【分析】

观点一：乙女主要利用的是其甲男情妇的身份，利用甲男的职务便利，为丙为了谋取不正当利益。乙女构成利用影响力受贿罪。

观点二：乙女同时触犯斡旋型受贿罪、利用影响力受贿罪，应当择一重处。

十一、"不法"本质（客观不法论【结果无价值】VS 主观不法论【行为无价值】）

关于"不法"的观点和立场	
主流立场：客观不法论（结果无价值）	少数立场：主观不法论（行为无价值）
结果恶，即是不法	行为恶，才是不法
行为客观上造成了危害结果或有造成危害结果危险的可能性（具体危险、抽象危险），即可认定为"不法"；无需考虑行为人的主观要素	行为人主观上有恶意（具有违反规范的目的）时，才能被评定为"不法"

(1) 观点一（通说观点）：客观不法论（结果无价值）。认为只要行为在客观上造成了危害结果或有造成危害结果危险的可能性（具体危险、抽象危险），即能认定为

"不法"行为，而无需考虑行为人的责任年龄、能力、故意、过失、目的、动机等主观要素。

（2）观点二（少数观点）：主观不法论（行为无价值）。理论界另有少数观点认为，最重要的是要求行为人主观上有恶意（具有违反规范的目的）时，行为才能被评定为"不法"。此观点称为"主观不法"或"行为无价值论（行为负价值）"。据此，认定"不法"，关键是要考虑行为人的目的等主观要素。

事例演练和答案范式

【事例53：2014/2/52】严重精神病患者乙正在对多名儿童实施重大暴力侵害，甲明知乙是严重精神病患者，仍使用暴力制止了乙的侵害行为，虽然造成乙死亡，但保护了多名儿童的生命。

【问题】分析甲的刑事责任（要求注重说明理由，并可以同时答出不同观点和理由）。

【答案范式】关于甲的行为性质的认定，涉及到乙是否属不法侵害，以及对不法侵害的理解。

（1）观点一：按客观不法论，乙客观上实施了杀人不法行为，系不法侵害。甲为了制止正在进行的不法侵害而伤害不法侵害人乙，根据《刑法》第20条第3款，系特殊防卫，构成正当防卫，不构成犯罪。

（2）观点二：按主观不法论，乙因无主观意识能力，其实施的行为不能认定为不法侵害，但可认定为危险。甲为了使儿童免受正在发生的危险，不得已打死了乙，具有避险性质。但以命换命的避险超过了必要限度，根据《刑法》第21条第2款的规定，属于避险过当，应当减轻或免除处罚。

十二、择一故意中故意的个数：数故意 VS 一故意

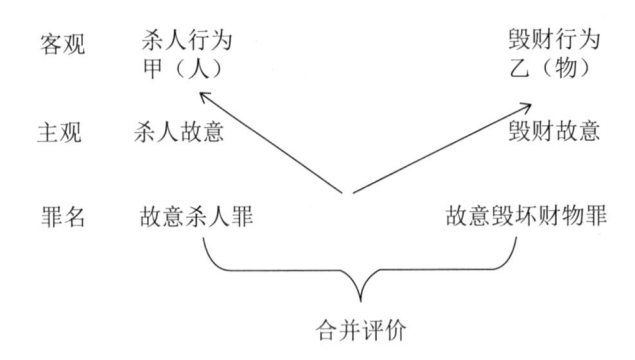

客观	杀人行为 甲（人）	毁财行为 乙（物）
主观	杀人故意	毁财故意
罪名	故意杀人罪	故意毁坏财物罪

合并评价

（1）观点一："数故意说"认为，行为人主观上对其行为针对的不同对象都有故意，应当分别判断，再合并评价罪名（想象竞合，或同种犯罪）。

（2）观点二："一故意说"认为，行为人主观上只有一个故意，即对能造成较重结果的对象具有故意，对能造成较轻结果的对象具有过失；或者对直接追求的结果和对象具有故意,对另一结果和对象具有过失(类似于打击错误)。

事例演练和答案范式

【事例54：2015/2/3】警察带着警犬(价值3万元)追捕逃犯甲。甲枪中只有一发子弹,认识到开枪既可能只打死警察(希望打死警察),也可能只打死警犬,但一枪同时打中二者,导致警察受伤、警犬死亡。

【问题】分析甲的刑事责任(要求注重说明理由,并可以同时答出不同观点和理由)。

【答案范式】甲主观上系择一故意的情形,对其定性,涉及择一故意是一故意还是数故意的问题。

(1) 观点一：按"数故意说",认为甲主观上对乙有杀人故意,对警犬有毁坏财物罪故意；客观上对乙实施了杀人行为,对警犬实施了毁坏财物的行为。则可认定为甲触犯故意杀人罪未遂、故意毁坏财物罪,系想象竞合。

(2) 观点二：依"一故意说",认为甲主观上对乙有杀人故意,对警犬仅有过失；则可认定为甲只触犯故意杀人罪未遂,过失毁坏财物的行为不能认定构成犯罪。

十三、集团犯罪首要分子的地位：组织犯(间接正犯)VS 教唆犯(共犯)

犯罪集团首要分子,指犯罪集团中起组织、策划、指挥作用的犯罪分子。根据《刑法》第26条第2款的规定,犯罪集团,指三人以上为了共同实施犯罪而组成的较为固定的犯罪组织。包括：一般犯罪集团：适用刑法总则规定,例如盗窃集团；特殊犯罪集团：适用刑法分则规定,例如黑社会性质组织。根据《刑法》第97条的规定,刑法中所称首要分子,是指在犯罪集团或者聚众犯罪中起组织、策划、指挥作用的犯罪分子。

根据《刑法》第26条第3款的规定,犯罪集团的首要分子,按集团所犯的全部罪行进行处罚。①"集团所犯罪行"指集团成员为了集团利益、采取集团惯用手段实施了集团犯罪范围内的犯罪。"集团所犯的全部罪行",并不等同于"集团成员所犯的全部罪行"；集团成员超出集团犯罪计划(集团犯罪故意)所实施的罪行,不是"集团所犯罪行",如首要分子未参与,不承担刑事责任。②对于集团成员所犯"集团所犯罪行",即使首要分子并不知情,没有直接参与、组织、策划,也要承担刑事责任。可见,犯罪集团首要分子的刑事责任,与其他一般主犯是不一样的。犯罪集团首要分子以外的其他主犯,只应当按照其所参与的或者组织、指挥的全部犯罪处罚。

在"主犯-从犯"的分类体系中,犯罪集团首要分子显然是主犯；但在"正犯-共犯"的分类体系中,犯罪集团首要分子是正犯,还是共犯呢？涉及到犯罪集团首要分子承担责任的范围。

(1) 观点一,犯罪集团首要分子是组织犯(间接正犯),日本刑法称"共谋的共同正犯",德国刑法称为"凭借强制的意志控制"支配实行者的间接正犯。由此,即使犯罪集团首要分子没有直接参与具体的集团所犯之罪，甚至对于具体的集团所犯之罪没有直接组织、策划，也对该具体的集团的犯罪承担正犯的责任。

（2）观点二，犯罪集团首要分子是教唆犯（共犯），亦即制造实行犯犯意的人，因此，即使要承担主犯责任，也需具体考察其本人的犯罪故意。

事例演练和答案范式

【事例55：2018年法考主观题】王某组织某黑社会性质组织，刘某、林某、丁某积极参加。王某上车以后气不过，让刘某"好好教训这个保安（武某）"，随即开车离开。刘某随即让林某、丁某二人开枪。林某、丁某二人一人朝武某腿部开枪、一人朝腹部开枪。只有一枪击中武某腹部，导致其死亡，现无法查明是谁击中。

【问题】其中王某的行为有几种处理意见？须说明理由。

【答案范式】林某构成故意杀人罪（既遂），丁某构成故意伤害罪（致人死亡）。王某如何承担刑事责任，涉及**集团犯罪首要分子承担责任范围**的问题。

（1）观点一：构成**故意杀人罪（既遂）**。因王某系黑社会性质组织的领导者，属于集团犯罪首要分子（组织犯，可认为是间接正犯）。如认为林某、丁某实施的故意杀人罪是黑社会集团范围内的犯罪。根据《刑法》第232条、26条第3款，需按照黑社会性质组织这种特定犯罪集团所犯全部罪行处罚。故其应对林某、丁某实施的故意杀人罪（既遂）负责。

（2）观点二：构成**故意伤害罪（致人死亡）**，系教唆犯。如只考虑其实施的本案具体行为，并认为丁某实施的故意杀人罪是黑社会集团之外的个人行为。因其基于"教训"意图教唆他人，根据《刑法》第234条、第29条，构成故意伤害罪（致人死亡）的教唆犯。

第五节　承前启后型推理的多观点题

在法考主观题中，还存在"承前启后"型推理的多观点题，亦即，后一步结论的得出，需要依据前一步行为的定性；或者，行为人乙的行为定性，需要依据行为人甲的行为定性。事实上，这种多观点题是数个多观点的推理、累加，只需逐层次推理即可。

事例演练和答案范式

【事例56】甲为报仇杀害了丙之后，临时起意拿走了丙身上的手机。群众丁发现甲的罪行后，抓捕甲与甲扭打在一起。此时路人乙经过，甲对乙喊"给你500块，帮我把丁打倒"。乙遂加入，将丁打成重伤。

【问题】分析甲、乙的行为的刑事责任（不计数额。要求注重说明理由，并可以同时答出不同观点和理由）。

【答案范式】

1. 关于甲的刑事责任：

（1）甲故意杀害丙的行为，根据《刑法》第 232 条的规定，构成故意杀人罪。

（2）甲实施的拿走手机行为，为抗拒抓捕而教唆乙打伤丁的行为性质，涉及如何认定死者遗物的占有状态的问题。构成抢劫罪（致人重伤），或者侵占罪、故意伤害罪（致人重伤）。

①观点一：甲拿走手机的行为成立盗窃罪。理由是死者遗物是他人占有的财物（例如认为归继承人占有）。甲的行为属于将他人占有财产转移给自己占有，符合盗窃罪的对象要求；实施了秘密窃取的盗窃行为，根据《刑法》第 264 条的规定，构成盗窃罪。

按此观点，甲犯盗窃罪，为抗拒抓捕而教唆乙打伤丁，根据《刑法》第 269 条，系转化型抢劫，构成抢劫罪（致人重伤）。

②观点二：甲拿走手机的行为成立侵占罪。理由是死者遗物是不属他人占有的财物（死者不能占有）。故手机属于脱离他人占有的遗忘物。甲将遗忘物非法占为己有，根据《刑法》第 270 条第 2 款的规定，构成侵占罪。

之后，为抗拒抓捕而教唆乙打伤丁，根据《刑法》第 234 条、第 29 条，构成故意伤害罪（致人重伤），系教唆犯。

2. 关于乙的刑事责任：构成抢劫罪（致人重伤），或者故意伤害罪（致人重伤）。

（1）观点一：按前述观点一，如甲构成抢劫罪（致人重伤），在转化型抢劫行为尚未终了之前，乙以抢劫故意加入，共同实施暴力行为，构成转化型抢劫的承继共同犯罪，系抢劫罪（致人重伤）。

（2）观点二：按前述观点二，如甲构成侵占罪、故意伤害罪，则乙不能构成转化型抢劫的承继共同犯罪，而构成故意伤害罪（致人重伤），系正犯。

第六节　与刑诉证据规则结合的推理题

由于法考提倡考查知识的综合性，故而经常会出现刑法与刑事诉讼法结合的题目。尤其是将刑法与证据法中证据规则结合起来，考察部分事实存疑时的行为定性的推理。此时，需运用证据法中事实存疑有利于被告人的规则，列出不同的事实可能，根据不同的事实设定分别进行推理。

【事例 57：同时犯】 甲与乙没有意思联络，都意欲杀丙，并同时向丙开枪（同时犯）。丙死亡，身上只有一个弹孔，可证明甲、乙二人一人击中、一人未击中，但不能查明谁击中。（1）对于甲而言，能够证明其实施了杀人行为，但是，无法证明杀人行为与丙死亡结果之间的因果关系。①可能性一：是甲击中的，乙未击中，则甲构成故意杀人罪既遂；②可能性二：是甲未击中，乙击中，则甲构成故意杀人罪未遂。③疑罪从轻，则对甲以故意杀人罪未遂论处。（2）对于乙的处理同样如此，也以故意杀人罪未遂论处。（3）二人对丙的死亡结果，在民法上承担连带赔偿责任。

【事例 58】 甲以伤害故意砍乙两刀，随即心生杀意又砍两刀，但四刀中只有一刀砍中乙并致其死亡,且无法查明由前后四刀中的哪一刀造成死亡。

【问题】分析甲的刑事责任。

【答案范式】

行为人甲实施了两行为,前两刀系伤害行为,后两刀系杀人行为。因为无法查明哪刀致死,故而认定因果关系,即死亡结果归伤害行为负责(故意伤害罪致死),还是归杀人行为负责(故意杀人既遂)时,存在两种可能。

(1)第一种事实可能,假设死亡是前两刀任一刀致死,则分别评价:前行为触犯故意伤害罪致死;后行为杀的是死人,没有杀死活人的可能性,不能触犯故意杀人罪,是不可罚的不能犯。总体评价为故意伤害罪(致人死亡)。

(2)第二种事实可能,假设死亡是后两刀任一刀致死,则分别评价:前行为触犯故意伤害罪既遂(造成轻伤以上结果)或未遂(未造成轻伤以上结果),后行为触犯故意杀人罪既遂。系另起犯意,按罪数规则,故意伤害罪与故意杀人罪是高度行为与低度行为的关系,高度行为吸收低度行为,故对案件总体评价为故意杀人罪既遂。

对于这两种可能事实,根据存疑时有利于被告人的原则,认定甲构成故意伤害罪(致人死亡)。

【事例59】赵某驾车逆行进入对向车道,撞上无驾驶资格的钱某驾驶的小轿车,钱某受重伤,被卡在车内无法动弹。赵某驾车逃逸。此时,醉酒后的孙某(血液中的酒精含量为100mg/100ml)驾驶摩托车经过此路段,发现钱某车时紧急刹车,摩托车侧翻,猛烈撞向钱某车左前门一侧。半小时后,交警李某赶到现场,将钱某抬出车时,发现其已死亡。并当场将孙某抓获。现无法查明钱某被孙某撞击前是否已死亡,也无法查明钱某被孙某撞击前所受创伤是否为致命伤。

【问题】分析赵某、孙某的刑事责任。

【答案范式】

对于被害人钱某死亡的时间和原因,因无法查明,存在三种事实可能:

(1)第一种事实可能:钱某在被孙某撞击之前已经死亡。此时应当认为钱某死亡结果与赵某逆行的违章行为之间有因果关系;与孙某撞击行为没有因果关系。

则根据《刑法》第133条,赵某违章致一人死亡,构成交通肇事罪;在交通肇事罪致人死亡之后再逃逸,系交通肇事后逃逸。

则根据《刑法》第133条之一,孙某醉酒驾驶机动车,构成危险驾驶罪。

(2)第二种事实可能:钱某在被孙某撞击之前没有死亡,死于孙某的撞击。此时应当认为钱某死亡结果与赵某逆行的违章行为之间没有因果关系;与孙某撞击行为有因果关系。

则根据《刑法》第133条,赵某违章仅致一人重伤,之后逃逸,构成交通肇事罪,系交通肇事的基本犯。

则根据《刑法》第133条之一、第133条,孙某醉酒驾驶机动车,致一人死亡,触犯危险驾驶罪、交通肇事罪,以交通肇事罪的基本犯论处。

(3) 第三种事实可能：钱某在被孙某撞击之前没有死亡，但造成致命重伤；孙某撞击加重伤情，造成死亡；二行为对死亡结果作用均较大，或者均有作用但无法查明作用大小。此时应当认为钱某死亡结果与赵某逆行的违章行为、孙某撞击行为之间均有因果关系。

则赵某构成交通肇事罪，系交通肇事后逃逸。孙某构成交通肇事罪的基本犯。

(4) 因钱某并非因得不到及时救治而死亡，故赵某不能构成交通肇事罪因逃逸致人死亡。

综上所述，对于以上三种可能事实，根据存疑时有利于被告人的原则，应当认定赵某构成交通肇事罪的基本犯，孙某构成危险驾驶罪。二人对钱某的死亡结果，在民法上承担连带赔偿责任。

【方鹏主观题练习24：孤寡富翁案】

【案情】 陈某知道方某计划前往马某家（孤寡富翁）某小区别墅里抢劫，为帮助方某取得财物，便暗中先赶到马某家，欲将马某打死（实际马某受重伤），后离去。（事实一）

方某来到马某家时，发现马某倒地不醒，以为马某死亡。甚为害怕，遂先将马某的"尸体"从别墅里搬出扔入小区里的一口枯井中，实际导致马某摔死。完事后返身走掉，发现刚才搬"尸体"时从马某身上掉在枯井边的皮包甚为精美，以为其中有钱，遂取走。（事实二）

方某走出该别墅小区大门时，遭到小区保安李某盘问。赵某误认为李某发现了自己刚才抛尸、拿皮包的事情，欲逃走。方某为逃走，打电话叫来哥们张某来帮忙，告知张某刚才拿了大富翁东西。方某、张某遂共同持刀砍击李某，对其实施伤害行为。未料张某的砍刀脱手，误打中方某致方某重伤，李某乘机逃走。方某让张某带着皮包逃走。（事实三）

事后，张某打开皮包，发现其中有海洛因100克，某银行借记卡一张。遂将海洛因卖掉，用借记卡在商场刷卡购买黄金消费10万元。（事实四）

【问题】 请根据《刑法》相关规定与刑法原理分析方某、陈某、张某的刑事责任（要求注重说明理由，并可以同时答出不同观点和理由）。

【简要答案】

1. 方某构成过失致人死亡罪、抢劫罪，数罪并罚；或者过失致人死亡罪、侵占罪、故意伤害罪（未遂），数罪并罚。

2. 陈某构成盗窃罪的帮助犯、故意杀人罪（未遂）的想象竞合犯；或者侵占罪的帮助犯、故意杀人罪（未遂）的想象竞合犯；或者抢劫罪正犯，系抢劫罪致人死亡结果加重犯的未遂（或者抢劫罪致人重伤结果加重犯的既遂）。

3. 张某构成抢劫罪、贩卖毒品罪，数罪并罚；或故意伤害罪、贩卖毒品罪、信用卡诈骗罪。

第六编　实战演练

第二十五章　刑法主观题简单示例及答题范例

由于法考刑法主观题命题基本格局是：**人身、财产、贪贿渎职、经济犯罪（尤其是信用卡诈骗、金融诈骗、合同诈骗）、妨害司法犯罪+共同犯罪+认识错误+因果关系+刑罚（自首、立功、追诉时效）+多观点问题**。因此，考生在备考时，可以从分则入手，对分则罪名中的侵犯公民人身权利罪、侵犯财产罪、贪污贿赂罪分别进行演练，并结合总论中犯罪构成、共同犯罪、认识错误、因果关系，进行突破分析。以下，编写具有代表性的几道简单示例题，供考生由基础深入学习参考。

一、简单示例案例一：颜某等人追小偷案（犯罪构成）

【案情】

（1）颜某（17岁）、韩某（当天16岁生日）发现周某（13岁）正在盗窃颜某的自行车，便尾随追赶周某至河边码头。颜某、韩某分别手持石块、扳手，击打周某头部等处，致周头皮裂创（轻伤）。（事实一）

（2）周某挣脱逃跑，颜某、韩某分头继续追赶周某，周某被赶到货船上，见无路可逃而跳入河中。颜某、韩某二人在船上见周某向前游了数米后又往回游，在水中挣扎，并向船上的颜某、韩某二人呼救。货船主人蒋某告诫二人"要出人命了"，船上虽有救生圈，但二人却无动于衷。（事实二）

（3）此时，周某抓住了货船边的一条绳子，蒋某想将周某拉起。颜某见状，用扳手顶着蒋某脑袋，喝斥道"谁叫你拉的？把绳子解掉，不然打爆你的头！"蒋某被迫将绳子解掉。（事实三）

（4）半小时后，颜某、韩某二人直到看见周某逐渐沉入水中、不见身影，才下船离开。在此期间，当地检察院的一位检察官张某一直在一旁观看，也没有救助。（事实四）

（5）公安人员接警后赶至事发地点，欲抓捕颜某、韩某二人。韩某暴力拒捕，将一名干警打成重伤。颜某趁机逃跑。（事实五）

（6）颜某逃跑时推了一名围观群众，导致该群众朱某倒地后心脏病发作死亡。（事实六）

（7）后公安人员将周某打捞上来时，周某已溺水身亡。

【问题】

1. 对于事实一、事实二、事实四，颜某、韩某有无救助周某的义务？对于周某死亡有无罪过？二人的行为如何定性？说明理由。

2. 对于事实三，蒋某的行为如何定性？说明理由。

3. 对于事实四，张某有无救助周某的义务？如何定性？说明理由。

4. 对于事实五，韩某的行为如何定性？颜某是否对此结果负责？说明理由。

5. 对于事实六，颜某的行为与朱某的死亡结果有无因果关系？有无罪过？如何定性。说明理由。

【分析和答题思路】

本题的原型是最高人民法院刑一庭至刑五庭编写的《刑事审判参考》（2008年第1集·总第60集）上刊载的第475号案例"颜克于等故意杀人案——'见死不救'能否构成犯罪"，是在此案基础上改编的案例分析题。基本案情是：追小偷导致其跳河、不救助导致死亡。考查的知识点包括：因果关系、不作为犯的义务来源、成立条件、违法阻却事由、责任年龄、故意、过失的认定，是对犯罪构成理论及其要素的综合考查。重点难点在于不作为义务有无的判断、因果关系的认定。对于此类案件，不能简单地认为是因追小偷，就一律不构成犯罪；或者简单地认为是因追逐他人导致死亡，就一律认为构成犯罪。应当先不考虑先前行为的扭送、防卫性质；而直接判断风险与先前作为行为之间是否具有因果关系，以确定行为人有无救助义务。然后再对违法阻却事由进行判断，评价不作为造成的结果是否超过正当行为的限度条件，以认定行为是否构成犯罪。需要运用犯罪构成理论、按照逻辑顺序进行推理。

本题的答题思路，在整体上要按照"先客观不法后主观责任、客观主观相统一"的犯罪论体系，先判断客观行为，在本题中主要是不作为行为问题，重点涉及作为义务有无的判断；再判断不作为行为是否可以单独评价；然后判断防卫过当、扭送过当等违法阻却事由；最后结合主观责任，认定犯罪是否成立、以及相关罪名。

1. 对于颜某、韩某：第一步，先在客观不法积极层面上，判断不作为的作为义务来源，以及不作为行为是否成立的问题。颜某、韩某分别手持石块、扳手追打周某，导致周某跳水，先要判断颜某、韩某是否负有救助义务，其行为是否属于刑法上的不作为行为。本案中关键是看行为人有无先前行为引起的义务。先前行为与危险的造成具有刑法上的因果关系，亦即系最主要条件和最重要因素（最重要条件）时，行为人才负有的排除危险或者防止危害结果发生的特定积极义务。本案追打行为之后，介入了被害人自己的跳河因素，因此又涉及因果关系的认定问题。因前行为是严重暴力，被害人被迫跳河，因果关系不中断，应认定颜某、韩某负有救助义务，不救助的行为系不作为行为。对生命有支配力，应认定为不作为的故意杀人行为。

2. 第二步，在客观不法消极层面上，判断正当行为是否过当。由于本案中被害人系因盗窃而被行为人追打，行为人的追打行为具有扭送性质，先前行为是正当扭送行为（作为行为）。由此先前行为而引起作为义务，需要判断后续不作为行为造成的结果，是否超过先前作为正当行为的限度。因为导致了死亡结果，应当认为超过了正当行为了限度，系不法侵害。

3. 第三步，在主观责任层面上，在罪过形式方面，判断颜某、韩某对于周某死亡的结果以及过当的结果，是故意还是过失。应认定为故意。在刑事责任年龄方面，韩某16岁生日当天，系不满16周岁，应对故意杀人罪负责。

4. 对于蒋某的行为，涉及危害行为（作为）的本质判断，以及紧急避险的区分和认定。(1) 蒋某在颜某的威胁下将绳子解掉，创设了风险，在事实层面上属危害行为。(2) 蒋某在颜某的威胁下实施该行为，具有避险性质，关键是要看其是否超过避险的限度条件、是否过当。

5. 另外，对于颜某逃跑时推了一名围观群众，导致该群众朱某倒地后心脏病发作死亡，朱某的死亡结果与颜某的行为是否具有因果关系，这涉及特殊体质案件中因果关系的判断认定问题。

【答案范本】

（一）对于事实一、事实二、事实四，颜某、韩某有救助周某的义务，对于周某死亡有直接故意，二人构成故意杀人罪。

1. 客观上，颜某、韩某之前实施的击打周某头部的行为，系作为的伤害行为。

2. 之后，颜某、韩某有救助周某的义务。颜某、韩某分别手持石块、扳手追打周某，导致周某跳水。尽管介入了周某跳水的条件，但是，先行行为系严重暴力行为，导致被害人迫不得已或者几乎必然实施躲避行为而跳水。因此，介入因素并不中断因果关系。颜某、韩某的追打行为对造成周某落水负有主要责任，具有因果关系。由此，颜某、韩某负有先行行为引起的救助义务。

3. 不救助的行为能够支配周某生命，系不作为的杀人行为。与之前的作为伤害行为合并一起评价，应当认定为不作为的杀人行为。

4. 颜某、韩某在盗窃行为终了之后，继续抓捕盗窃违法犯罪分子，意图不是制止犯罪，不属防卫，但具有扭送性质。但是，故意杀人的行为造成了死亡结果，明显超过了扭送的正当限度造成了重大损失。

5. 主观上，二行为人均已满12周岁，对故意杀人罪致死承担刑事责任。

6. 颜某、韩某对过当及死亡结果具有故意。颜某、韩某明知周某会死亡，而拒不救助，甚至阻碍他人进行救助，对于死亡结果希望追求，根据《刑法》第14条，具有故意杀人罪的直接故意。

7. 客观主观相统一，根据《刑法》第232条，颜某、韩某构成故意杀人罪。

（二）对于事实三，蒋某的行为构成故意杀人罪。

1. 蒋某将绳子解掉的行为，使周某丧失救助措施，创设了死亡风险，并导致死亡结果，属于作为的杀人行为。

2. 蒋某因受颜某的暴力威胁，为了保全自己的生命，迫不得已实施该杀人行为。虽具有避险性质，但属于以命换命的避险，超过避险应有限度，属于避险过当。

3. 蒋某主观上对过当和死亡结果具有故意，根据《刑法》第232条，构成故意杀人罪。

4. 因系避险过当，依照《刑法》第21条第2款的规定，应当减轻或免除处罚。因迫不得已而欠缺期待可能，实务中应免除处罚。

（三）对于事实四，张某有没有救助周某的义务，不构成犯罪。

检察官张某的职责中不包含救助危难的义务，没有职务或者业务要求的义务，也没有其他作为义务来源。其不救助行为，不属于刑法层面上的不作为行为。

（四）对于事实五，韩某构成故意伤害罪（致人重伤），颜某对此结果不负责。

1. 韩某暴力拒捕，将一名干警打成重伤，实施了妨害公务、故意伤害致人重伤的行为。

2. 因为韩某当天16岁生日，系不满16周岁，根据《刑法》第17条第2款，其不对妨害公务承担刑事责任，只对故意伤害致人重伤行为承担刑事责任。根据《刑法》第234条，构成故意伤害罪（致人重伤）。

3. 颜某对此没有共同行为、共同故意，不构成共同犯罪，无需对此行为及结果负责。

（五）对于事实六，颜某的行为与朱某的死亡结果有因果关系，具有过失，构成过失致人死亡罪。

1. 颜某推人的行为违反了生活规范，系过失行为。

2. 被害人特殊体质不影响因果关系的判断，应当认定朱某的死亡结果与颜某的行为具有因果关系。

3. 在主观上，颜某没有预料到死亡结果，但应当预料到逃跑冲撞他人具有致死的危险，根据《刑法》第15条，对死亡结果具有疏忽大意过失。

4. 客观主观统一，根据《刑法》第233条的规定，构成过失致人死亡罪。

【关键词】

因果关系；先前行为；不作为行为；过当；避险；16岁生日；共同犯罪；特殊体质。

二、简单示例案例二：赵某等人绑架案（侵犯公民人身权利、民主权利罪）

【案情】

2018年3月5日，赵某预谋从被害人李某（女）处勒索钱财，遂邀请钱某、孙某二人参与。赵某对二人谎称李某欠自己高利贷50万元，至今未还，让二人帮忙"要债"。钱某、孙某二人误信为真，遂加入。

3月9日凌晨2时许，钱某、孙某驾车将李某强行带至郊区一处住房扣押。之后，赵某到达，冒充公安人员强行将李某随身佩戴的手链、项链、戒指等物（价值2万元）搜走，并指派钱某、孙某二人看押被害人李某。

尔后，赵某两次向李某家属打电话，称不给钱就杀人，勒索人民币100万元，打入其事先开立的账号中。

3月11日中午，在钱某、孙某二人看押李某期间，李某欲逃走，钱某殴打李某，在推搡的过程中致李某跌倒，头触墙角致重伤。（事实一）

李某遂告诉二人自己与赵某之间根本就不存在债务关系，请求二人将自己放走、送往医院，并主动承诺在放人后给予二人好处费5万元。钱某、孙某二人知情后，表示可以放人，但要求李某被放之后一定要兑现承诺。下午2点，二人将李某送往医院放走。

4月11日，在李某被放回家一个月后，病情痊愈，但仍未联系钱某、孙某二人。钱某即找孙某商量，孙某说"算了，我不管了"。钱某遂单独给李某打电话讲，"我把你放了，你答应给我们的钱还不兑现吗？如果不汇钱的话，你就自己看着办。我们能绑你一次，就能绑你第二次"。（事实二）

李某害怕，表示见面再聊。钱某见到李某后，索要5万元，李某不给，遂当即将李某打昏，将李某卖给何某为妻，期间关押了李某近一个月，还强奸了李某，还强迫李某为其口交。（事实三）

何某买下李某后，逼迫李某与自己结婚。李某不从，何某遂将李某关押一个月。（事实四）

案发后，孙某首先被抓获归案。为了逼取孙某的口供，刑警周某对孙某实施殴打，由于出手过重将孙某打成重伤，送医院治疗十天后死亡。（事实五）

【问题】

1. 对于事实一，赵某、钱某、孙某构成何罪？是否构成共同犯罪？说明理由。
2. 对于事实二，钱某构成何罪？孙某是否对此应当负责？说明理由。
3. 对于事实三，钱某构成何罪？说明理由。
4. 对于事实四，何某构成何罪？说明理由。
5. 对于事实五，周某构成何罪？说明理由。

【分析和答题思路】

本题的原型是最高人民法院刑一庭至刑五庭编写的《刑事审判参考》（2009年第4期，总第69期）上刊载的第571号案例"李彬、袁南京、胡海珍等绑架、非法拘禁、敲诈勒索案——帮人'讨债'参与绑架，与人质谈好'报酬'后将其释放，事后索要'报酬'的如何定罪处罚"，是在此案基础上改编的案例分析题。涉及绑架罪，非法拘禁罪，敲诈勒索罪，拐卖妇女、儿童罪，收买被拐卖的妇女、儿童罪，强奸罪，强制猥亵、侮辱罪，故意杀人罪，过失致人死亡罪，故意伤害罪，刑讯逼供罪等罪名。主要的难点在于数人基于不同故意实施共同犯罪，如何确定各行为人罪名。需要综合共同犯罪的总论知识加以认定。本题的答题思路，大体上围绕共同犯罪及其范围展开。

1. 第一步，关于赵某、钱某、孙某三人罪名的认定。（1）赵某构成绑架罪没有问题。（2）钱某、孙某二人主观为了帮人要赌债，而非法扣押、拘禁他人的，构成非法拘禁罪。

2. 第二步，共同犯罪的认定。（1）赵某、钱某、孙某三人，基于不同的主观故意，共同实施非法拘禁行为，需要认定是否构成共同犯罪。（2）还需判断钱某、孙某二人，对于之后实施的敲诈勒索罪是否构成共同犯罪。

3. 第三步，钱某、何某、周某等人的定性，主要涉及罪数问题。（1）钱某拐卖妇女的过程中，关押被拐卖妇女，还奸淫被拐卖妇女，还强制猥亵，认定为几罪。（2）何某收买被拐卖妇女的过程中，关押被收买的妇女，认定为几罪。（3）周某刑讯逼供致人重伤、之后死亡的，对于伤害结果系故意、死亡结果系过失，是构成故意伤害罪（致人死亡），还是故意杀人罪。

【答案范本】

（一）对于事实一，赵某构成绑架罪、抢劫罪（冒充军警抢劫）；钱某、孙某构成非法拘禁罪（致人重伤）；三人在非法拘禁罪的范围内成立共同犯罪。

1. 赵某以勒索财物为目的绑架他人根据《刑法》第239条，触犯绑架罪。

使用暴力、威胁强行劫夺李某随身携带财物，根据《刑法》第263条，触犯抢劫罪。冒充公安人员招摇撞骗，根据《刑法》第279条，触犯招摇撞骗罪。根据《刑法》第263条第1款第6项，系冒充军警抢劫，认定为抢劫罪的加重犯。

2. 钱某、孙某为索取高利贷而非法扣押、拘禁他人的，根据《刑法》第238条第3款，系索债型的非法拘禁，触犯非法拘禁罪。

3. 三人对非法拘禁行为有共同行为、共同故意，根据《刑法》第25条第1款，在非法拘禁罪的范围内成立共同犯罪。

4. 钱某在非法拘禁的过程中殴打李某过失致李某重伤，因对重伤结果系过失而非故意，根据《刑法》第238条第2款，不属转化犯，属于非法拘禁的结果加重犯，即非法拘禁罪致人重伤。

5. 因重伤结果是三人共同拘禁行为导致，三人对此结果均需承担刑事责任。孙某亦属非法拘禁罪致人重伤。赵某构成绑架罪、过失致人重伤罪的想象竞合，择一重处仍以绑架罪论处。

（二）对于事实二，**钱某构成敲诈勒索罪，孙某对此不负责。**

1. 之前，被害人李某主张答应给与财物，对此钱某、孙某没有实施敲诈勒索行为，不构成犯罪。

2. 之后，钱某以绑架他人进行威胁、要挟，强迫李某交付财物，根据《刑法》第274条，构成敲诈勒索罪。

3. 孙某只是参与过之前的非法拘禁，对之后钱某实施的敲诈勒索行为没有共同行为、共同故意，不构成共同犯罪，对此行为不应负责。

（三）对于事实三，**钱某构成拐卖妇女罪（中奸淫被拐卖妇女），强制猥亵、侮辱罪**。

1. 钱某以出卖为目的绑架妇女并予以贩卖，根据《刑法》第 240 条，触犯拐卖妇女罪。

2. 强行奸淫妇女，根据《刑法》第 236 条，触犯强奸罪。

3. 强制猥亵、侮辱李某，根据《刑法》第 237 条，触犯强制猥亵、侮辱罪。

4. 在罪数上，根据《刑法》第 240 条第 1 款第 3 项，拐卖中强奸的，属拐卖妇女罪中奸淫被拐卖妇女，以拐卖妇女罪的加重犯一罪论处。但对于强制猥亵、侮辱罪，应当数罪并罚。

（四）对于事实四，**何某构成收买被拐卖妇女罪、非法拘禁罪**。

1. 何某收买被拐卖妇女，根据《刑法》第 241 条，触犯收买被拐卖妇女罪。

2. 非法剥夺李某自由，根据《刑法》第 238 条，触犯非法拘禁罪。

3. 在罪数上，根据《刑法》第 241 条第 4 款，应当数罪并罚。

（五）对于事实五，**周某构成故意伤害罪（致人死亡）**。

1. 刑警周某系司法工作人员，刑事诉讼过程为了逼取孙某的口供，对孙某实施殴打，根据《刑法》第 247 条，触犯刑讯逼供罪。

2. 由于出手过重将孙某打成重伤，后导致死亡。根据《刑法》第 234 条，构成故意伤害罪（致人死亡）。

3. 在罪数上，根据《刑法》第 247 条，刑讯逼供致人伤残，对于伤害结果系故意、死亡结果系过失，以故意伤害罪（致人死亡）论处。

【关键词】

绑架罪；冒充军警抢劫；招摇撞骗罪；索取高利贷；敲诈勒索罪；共同犯罪；拐卖妇女罪中奸淫被拐卖妇女；刑讯逼供。

三、简单示例案例三：张某等人偷盗白糖案（侵犯财产罪）

【案情】

张某、李某、胡某三人共谋，在某国道边乘道路堵车之机，从路过的货车上搞些东西。由张某携带割草用的镰刀，偷偷扒上司机巴某驾驶的行驶缓慢的货车，钻进盖货物的油布，躲在里面，把车厢里装运的白糖抛到路边水沟里。李某、胡某二人骑着三轮车，沿着路边的水沟捡拾白糖，装上三轮车运走。张某共抛下白糖 30 袋（价值人民币 3 万元）。

司机巴某从后视镜上看见有人扒货，即下车查看，当场抓住了张某，张某为了脱身，用镰刀照巴某的脸上砍了一下，将巴的面部划伤（经鉴定构成轻伤），巴某见此情形驾车逃走。李某、胡某在20米开外，李某没有看见张某砍人的情况，对此不知情。胡某虽看见了，也没有吱声。（事实一）

李某、胡某捡到了20袋白糖，还有10袋在水沟里正在捡拾，张某前来会合帮忙捡拾。附近村的村长黄某见三人形迹可疑，就假装警察，上前盘问"我是警察，你们白糖是不是偷来的！白糖放下，人跟我去公安局。"三人误信为真，停止捡拾。李某见状打了黄某一拳，拔腿就跑。张某、胡某二人只好把三轮车停在路边，走在前面。走了约二里地，黄某又说"算了，你们交5千块罚款，就不抓你们了"。张某掏出身上的一部手机和3千块钱给了丁某。（事实二）

黄某返身去取三轮车和白糖时，发现不见踪影。原来，在此期间，该村村民王某路过此处时，发现路边停放的三轮车及白糖，看四周无人，就将其推走拿回家中。不久，另一村民林某经过时，发现了在水沟里的10袋白糖，以为是从货车上掉下的，也捡回家中。（事实三）

巴某报案后，王某担心公安部门追查，将白糖和三轮车均沉入河道中销毁。巴某向林某索要白糖时，遭到其拒绝。（事实四）

【问题】

1. 对于事实一，张某、李某、胡某构成何罪？是否构成共同犯罪？说明理由。
2. 对于事实二，黄某构成何罪？说明理由。
3. 对于事实二，李某是否构成妨害公务罪？说明理由。
4. 对于事实三，如不计数额，王某、林某构成何罪？是盗窃罪，还是侵占罪。说明理由。
5. 对于事实四，王某构成何罪？如何认定罪数。说明理由。

【分析和答题思路】

本题的原型是最高人民法院刑一庭至刑五庭编写的《刑事审判参考》（2003年第3期，总第32期）上刊载的第244号案例"张某抢劫、李某盗窃案——盗窃共同犯罪中部分共犯因为抗拒抓捕当场实施暴力转化为抢劫罪，其他共犯是否也随之转化"，是在此案基础上改编的案例分析题。涉及抢劫罪、盗窃罪、诈骗罪、抢夺罪、侵占罪、职务侵占罪、敲诈勒索罪、故意毁坏财物罪等罪名。主要难点在于转化型抢劫罪以及共同犯罪的认定、盗窃罪与侵占罪的区分，以及认识错误的处理。本题的答题思路，大体上围绕转化型抢劫罪以及共同犯罪展开。

1. 第一步，对于张某、李某、胡某行为的认定。（1）转化型抢劫罪的认定。《刑法》第269条规定，犯盗窃、诈骗、抢夺罪，为窝藏赃物、抗拒抓捕或者毁灭罪证而当场使用暴力或者以暴力相威胁的，构成抢劫罪。本案张某可构成该罪。（2）共同犯罪的认定。两人以上共同实施盗窃、诈骗、抢夺犯罪，其中部分行为人为窝藏赃物、抗拒抓捕或者毁灭罪证而当场使用暴力或者以暴力相威胁的，对于其余行为人是否以抢劫罪共犯论处，主要看其对实施暴力或者以暴力相威胁的行为人是否形成共同犯意、提供帮助。本案李某、胡某对于暴力没有共同行为、共同故意，不能以抢劫共犯论处。

2. 第二步，对于黄某行为的认定，涉及招摇撞骗罪与诈骗罪二罪之间的罪数关系以及法条竞合关系。对于冒充国家机关工作人员诈骗财物的情况，最高人民法院、最高人民检察院《关于办理诈骗刑事案件具体应用法律若干问题的解释》第8条规定冒充国家机关工作人员进行诈骗，同时构成诈骗罪（数额较大）和招摇撞骗罪的，依照处罚较重的规定定罪处罚。二罪之间存在交叉关系的法条竞合关系。

3. 第三步，对于王某行为的认定，涉及盗窃罪与侵占罪的区分，以及认识错误的处理。从理论上讲，两罪的区分：（1）盗窃罪的对象是他人占有的财物（盗窃对象），侵占罪的对象是他人失去占有、本人合法占有的财物（侵占对象）；（2）盗窃故意需行为人明知财物归他人占有（盗窃故意），侵占故意需行为人明知他人对财物已失去占有（侵占故意）。区分关键：客观上财物归谁占有，物主是否失去占有（是盗窃对象还是侵占对象）；主观上的故意内容（是盗窃故意还是侵占故意）。

【答案范本】

（一）对于事实一，**张某构成抢劫罪，李某、胡某构成盗窃罪，三人在盗窃罪的范围内成立共同犯罪**。

1. 张某构成抢劫罪。张某犯盗窃罪，为抗拒抓捕而当场使用暴力，根据《刑法》第269条，构成转化型抢劫罪（事后抢劫）。

2. 李某、胡某与张某合谋盗窃，并实施盗窃罪的帮助行为，根据《刑法》第25条第1款、第27条，构成盗窃罪的帮助犯。

3. 李某、胡某对张某实施的暴力行为并不知情，对暴力没有共同行为、共同故意，不能构成转化型抢劫罪（事后抢劫）。张某实施的暴力系其实行过限行为，与之前的共同盗窃行为虽有条件，但无因果关系，李某、胡某没有制止的义务。

4. 三人对盗窃行为有共同行为、共同故意，根据《刑法》第25条第1款，在盗窃罪的范围内成立共同犯罪。

（二）对于事实二，**黄某应以招摇撞骗罪、诈骗罪择一重处**。

1. 黄某冒充警察招摇撞骗，根据《刑法》第279条，触犯招摇撞骗罪。

2. 虚构事实骗取他人财物，根据《刑法》第266条，触犯诈骗罪。

3. 二罪系交叉关系的法条竞合，按重法优于轻法的适用规则，应当择一重处。司法解释参见《最高人民法院、最高人民检察院关于办理诈骗刑事案件具体应用法律若干问题的解释》（法释〔2011〕7号）第8条。

（三）对于事实二，**李某不构成妨害公务罪**。

1. 客观上，黄某并非真的警察或国家机关工作人员，也未执行合法公务，李某的行为在客观上不属妨害公务行为。尽管李某主观上误认为黄某是警察，具有妨害公务罪的故意，但并不构成妨害公务罪。

2. 事实上，李某打犯罪分子黄某一拳，系偶然防卫。

（四）对于事实三，王某构成盗窃罪，林某构成侵占罪。

1. 王某构成盗窃罪。客观上，行为对象是停在路边的三轮车和白糖，距离非法控制人黄某近在咫尺，并且黄某马上返身来取，应当认定为黄某占有的财物，系盗窃罪的对象。主观上，王某对于路边停放的三轮车及白糖，都应认识到是他人占有的财物，具有盗窃罪故意。故而根据《刑法》第264条，构成盗窃罪。

2. 林某构成侵占罪。行为对象是沟里的10袋白糖，也应认为系黄某占有的财物，系盗窃罪的对象。但是林某主观上以为白糖是从货车上掉下的遗忘物，存在认识错误，具有侵占罪故意。客观、主观相统一，根据《刑法》第270条，构成侵占罪。

（五）对于事实四，王某触犯故意毁坏财物罪，系事后不可罚，以盗窃罪一罪论处。

1. 王某将白糖和三轮车销毁，根据《刑法》第275条，触犯故意毁坏财物罪。

2. 由于之前其对此对象触犯盗窃罪。盗窃同一对象之后，又毁坏，属于事后不可罚，应当认定为盗窃罪一罪，不数罪并罚。

【关键词】

转化型抢劫罪；在盗窃罪的范围内成立共同犯罪；择一重处；客观上不是公务；盗窃罪的对象；侵占罪故意；事后不可罚。

四、简单示例案例四：赵某等人挪用公款案（贪污贿赂罪）

【案情】

赵某系某国有公司A公司副总经理，其高中同学钱某找到赵某，对赵某说，"现在炒股很挣钱，你从公司倒点钱出来轻而易举，我给你一成好处，钱会马上还"。赵某遂未经公司董事会决定，以A公司名义将200万元资金借给钱某。钱某给了赵某好处费20万元。（事实一）

钱某得到钱款后，用于购进假币，在黑市转卖销售获利甚丰。钱某还将部分所购假币用于商场购物等，总面额5万元。（事实二）

期间，钱某告知银行职员孙某该款的真实来源，让孙某为其提供资金账户用于存款。（事实三）

两个月后，钱某将其中150万元本金归还给赵某，赵某将其还回本单位。又过了两个月，赵某得知钱某借钱的真实用途是购买假币，匆忙催促钱某归还另外50万元。赵某得款后知事态严重，携带50万元潜逃。（事实四）

案发后，监察委员会对此案进行调查，为了获得轻判，赵某给承办该案的监察委员会工作人员李某送钱10万，让其将携带50万元潜逃的事实情节不写入卷宗。李某收钱后照办，后被揭发。（事实五）

【问题】

1. 对于事实一，赵某、钱某的行为如何定性？是否构成共同犯罪？说明理由。
2. 对于事实二，钱某的行为如何定性？说明理由。
3. 对于事实三，孙某的行为如何定性？说明理由。
4. 对于事实四，赵某的行为如何定性？犯罪数额为多少？说明理由。
5. 对于事实五，评述李某可否构成徇私枉法罪。说明理由。

【分析和答题思路】

本题主要考查贪污罪、挪用公款罪、受贿罪、行贿罪、挪用公款罪以及共同犯罪问题、挪用公款罪与贪污罪的关系问题。同时，也结合《监察法》的制订和监察委员会在刑法中的定位问题进行了考查。本题的解题思路比较简单，涉及以下几个问题。

1. 挪用公款罪以及共同犯罪的构成。（1）挪用公款罪，是指国家工作人员利用职务上的便利，挪用公款归个人使用，进行非法活动的，或者挪用公款数额较大、进行营利活动的，或者挪用公款数额较大、超过三个月未还的行为。（2）挪用公款给他人使用，使用人与挪用人共谋，指使或者参与策划取得挪用款的，以挪用公款罪的共犯定罪处罚。各共同犯罪人，对于挪用公款的用途认识不一致的，应依据本人认识来确定挪用用途。（3）依据最高人民法院《关于审理挪用公款案件具体应用法律若干问题的解释》第2条第2款，"挪用公款给他人使用，不知道使用人用公款进行营利活动或者用于非法活动，数额较大、超过三个月未还的，构成挪用公款罪；明知使用人用于营利活动或者非法活动的，应当认定为挪用人挪用公款进行营利活动或者非法活动。"可见，挪用公款罪中的"用途"实际上是行为人的主观目的，在挪用公款给他人使用的情况下，本人认识的用途与使用人实际用途不一致时，应以本人认识为根据。

2. 受贿罪、行贿罪的构成，以及罪数问题。因受贿而进行其他违法活动构成其他罪的，一般依照数罪并罚的规定处罚。国家机关工作人员收受贿赂并实施渎职犯罪，同时构成受贿罪的，除刑法另有规定外（徇私枉法罪，民事、行政枉法裁判罪，执行判决、裁定滥用职权罪），以渎职犯罪和受贿罪数罪并罚。国家机关工作人员收受贿赂，并实施徇私枉法罪，民事、行政枉法裁判罪，执行判决、裁定滥用职权罪的，依照处罚较重的规定定罪处罚。

3. 洗钱罪的构成和认定。洗钱罪，是指明知是7种特定上游犯罪的所得及其产生的收益，为掩饰、隐瞒其来源与性质，而提供资金账户，协助将财产转换为现金、金融票据、有价证券，通过转账或者其他结算方式协助资金转移，协助将资金汇往境外，或者以其他方法掩饰、隐瞒犯罪所得及其收益的性质和来源的行为。需要判断本案上游犯罪假币犯罪，是否属于7种特定上游犯罪。

4. 挪用公款罪与贪污罪的关系。区分原理：贪污罪要求行为人具有非法占有目的。行为人在挪用公款之后，如果查明具有非法占有目的（不归还公款的意思），则以贪污罪论处。也就是说，贪污罪可包容挪用公款罪（整体法与部分法的法条竞合关系）。可查明有非法占有目的的，由挪用公款罪"转化"为贪污罪。

5. 徇私枉法罪的成立条件，以及司法工作人员的认定。监察委员会成立之后，其工作人员是否属于司法工作人员、可否构成徇私枉法罪，需要结合《刑法》第94条以及监察委员会职责进行认定。

【答案范本】

（一）对于事实一，赵某构成挪用公款罪、受贿罪，钱某构成挪用公款罪（教唆犯）、行贿罪；二人系共同犯罪。

1. 赵某构成挪用公款罪、受贿罪，应当数罪并罚。

（1）国家工作人员赵某个人决定将公款200万借给钱某，系挪用公款归个人使用。主观上，赵某受到钱某的欺骗，认为钱某将公款用于"炒股"即进行合法营利活动，主观上属于挪用公款进行营利活动。数额较大，即使二个月即归还，根据《刑法》第384条的规定，仍构成挪用公款罪。

（2）收受钱某给予的好处费5万元，为其谋取利益，根据《刑法》第385条第1款的规定，构成受贿罪。

（3）受贿后挪用公款的，应当数罪并罚。

2. 钱某构成挪用公款罪（教唆犯）、行贿罪，应当数罪并罚。

（1）钱某指使赵某挪用公款并一起策划，根据《刑法》第25条第1款、第29条，构成挪用公款罪的教唆犯。其主观上欲将用于买卖假币，属于挪用公款进行非法活动。根据《刑法》第384条的规定，仍构成挪用公款罪。

（2）向赵某行贿谋取不正当利益，根据《刑法》第389条的规定，构成行贿罪。

（3）犯行贿，又实施挪用公款的，应当数罪并罚。

3. 赵某、钱某二人构成挪用公款罪的共同犯罪；受贿罪、行贿罪系对合犯，也成立共同犯罪。

（二）对于事实二，钱某构成出售、购买假币罪。

1. 钱某实施购买假币、出售假币的行为，根据《刑法》第171条，构成出售、购买假币罪。

2. 钱某使用假币的行为，根据《刑法》第171条，构成使用假币罪。

3. 在罪数上，依照最高人民法院《关于审理伪造货币等案件具体应用法律若干问题的解释》第2条第1款规定：行为人购买假币后使用，构成犯罪的，以购买假币罪定罪并从重处罚。同一宗币，以出售、购买假币罪一罪论处。

（三）对于事实三，孙某构成洗钱罪。

1. 孙某明知钱某的存款系贪污贿赂犯罪的所得，而为其提供资金账户的，根据《刑法》第191条的规定，构成洗钱罪。

2. 孙某掩饰、隐瞒贪污贿赂犯罪的所得，根据《刑法》第312条，触犯掩饰、隐瞒犯罪所得罪。

3. 在罪数上，两罪是特别法与一般法的法条竞合。并根据《最高人民法院关于审理洗钱等刑事案件具体应用法律若干问题的解释》（法释〔2009〕15号）第3条、《最高人民法院关于审理掩饰、隐瞒犯罪所得、犯罪所得收益刑事案件适用法律若干问题的解释》（法释〔2021〕8号）第7条，应以洗钱罪论处。

（四）对于事实四，赵某的行为构成贪污罪，犯罪数额为50万元。

1. 赵某携带挪用的公款潜逃的，推定行为人主观上具有非法占有目的，根据《刑法》第382条，构成贪污罪。

2. 在犯罪数额上，对查明具有非法占有目的的数额（50万），以贪污罪定罪。剩余数额（150万），认定为挪用公款罪，数罪并罚。

（五）对于事实五，李某系刑法上的司法工作人员，可构成徇私枉法罪。

1. 根据《刑法》第399条第1款的规定，徇私枉法罪是指司法工作人员徇私枉法、徇情枉法，对明知是无罪的人而使他受追诉、对明知是有罪的人而故意包庇不使他受追诉，或者在刑事审判活动中故意违背事实和法律作枉法裁判的行为。

徇私枉法罪的主体是司法工作人员，本案李某系监察委员会工作人员。其是否构成徇私枉法罪，关键在于认定其是否属于刑法中的司法工作人员。

2. 根据《刑法》第94条的规定本法所称司法工作人员，是指有侦查、检察、审判、监管职责的工作人员。

3. 在宪法层面上，监察委员会虽不属司法机关。但根据《中华人民共和国监察法》第3条对于监察委员会的监察职能与职责的规定，监察机关依法行使监察权，主要职能是：（一）维护宪法和法律法规；（二）依法监察公职人员行使公权力的情况，调查职务违法和职务犯罪；（三）开展廉政建设和反腐败工作。

监察机关对涉嫌贪污贿赂、滥用职权、玩忽职守、权力寻租、利益输送、徇私舞弊以及浪费国家资财等职务犯罪，有进行监督、调查、处置的职责和职权，该"调查"职权在内容上和本质上是即是刑法上的"侦查"职权。李某在本案调查职务犯罪时，<u>应当认定为刑法层面上的"司法工作人员"</u>。

4. 由此，李某可构成徇私枉法罪，同时触犯受贿罪，根据《刑法》第399条第4款的规定，应当择一重罪处断。

【关键词】

挪用公款罪；主观用途；受贿罪；行贿罪；洗钱罪；携款潜逃；司法工作人员；监察法；徇私枉法罪。

第二十六章　主观题综合演练一：基本套路

一、毒丝瓜案（构成要件理论）

【案情】

（1）赵某与被害人A某两家东西相邻，因争执，赵某对A某怀恨在心。赵某找到与A某有过节的钱某，说起此事，钱某欲想借赵某之手报复A某。遂骗赵某说"我这里有一种药水，吃了只会使人瞎掉，你拿去给A某吃，把她弄瞎"。而实际上找来一支一次性注射器，从家中甲胺磷农药瓶中抽取半针筒剧毒农药，交给赵某。

当晚赵某潜至A某家门前丝瓜棚处，将钱某给的"药水"（实为甲胺磷农药）打入瓜藤上所结的5条丝瓜中。（事实一）

（2）赵某的丈夫孙某见赵某鬼鬼祟祟，向赵某问及此事，赵某如实说明，并说"放心吧，只会弄瞎，死不了人的"。孙某未予以制止。（事实二）

（3）次日晚，A某采摘3条丝瓜后，将其送给婆婆B某。B某食用被注射有甲胺磷农药的丝瓜后，因患有糖尿病，甲胺磷农药中毒引发糖尿病高渗性昏迷低钾血症。因糖尿病高渗性昏迷低钾血症是临床医学中较为罕见的疑难病症，非常难以正确症治。时逢实习医生李某值班，因其医术有限，且在诊断中存在轻微不当，而仅以糖尿病和高血压症进行救治，B某因抢救无效于次日早晨死亡。（事实三）

（4）B某死后，赵某指使孙某偷偷潜入A某家门前丝瓜棚，将未采摘但注射有农药的丝瓜偷走。案发后，孙某又指使另一村民周某向公安局侦查人员作虚假证言，证明赵某案发时不在场。（事实四）

（5）与此同时，孙某送给当地公安局局长郑某的母亲吴某一张价值10万元的美容卡，请吴某让郑某帮个忙，关照一下赵某案。吴某收下美容卡后，满口答应；后给郑某说起此事时，被郑某严词拒绝。但吴某仍欺骗孙某说已打招呼了。在赵某被拘留后，吴某主动将美容卡退还。（事实五）

【问题】

1. 事实一、事实三中，赵某、钱某的行为如何定性？二人是否构成共同犯罪？说明理由。

2. 事实二中，孙某的行为如何定性？孙某、赵某是否构成共同犯罪？说明理由。

3. 事实三中，B某死亡的结果归谁负责？李某的行为如何定性？说明理由。

4. 事实三中，赵某、钱某欲图谋害A某，却引起B某死亡，如何评价赵某、钱某的行为？说明理由，并可以同时答出不同观点和理由。

5. 事实四中，赵某、孙某、周某的行为如何定性？说明理由。

6. 事实五中，吴某的行为如何定性？说明理由。

【答案范本】

（一）事实一、事实三中，按法定符合说，赵某构成故意伤害罪（致人死亡），钱某构成故意杀人罪既遂，二人在故意伤害罪的范围内构成共同犯罪。

1. 对于赵某的行为：客观上，赵某投农药致B某死亡；主观上，赵某仅具有伤害故意，对于死亡结果系过失。依照《刑法》第234条，赵某构成故意伤害罪（致人死亡）。

2. 对于钱某的行为：

（1）教唆并帮助赵某实施伤害行为，依照《刑法》第234条、29条，构成故意伤害罪（致人死亡）的教唆犯。

（2）钱某利用赵某的伤害行为而杀害他人，主观上具有杀人罪故意。依照《刑法》第232条，构成故意杀人罪，系故意杀人罪的间接正犯。

（3）两罪系法条竞合，以重罪故意杀人罪论处。

3. 赵某、钱某在A某家门前丝瓜棚打"药水"，针对特定个人实施，不是针对不特定或者多数人，未危害公共安全，不符合投放危险物质罪的对象要求，不构成投放危险物质罪。构成故意伤害罪、故意杀人罪。

（二）事实二中，孙某不构成犯罪，与赵某不构成共同犯罪。

1. 孙某与赵某系夫妻关系，孙某对赵某有保护义务（扶养义务），并没有监管义务。对于赵某的犯罪，孙某没有刑法上的制止和报告义务，不制止、不报告不构成刑法上的不作为行为。

2. 对于赵某实施的犯罪，孙某也没有实施共同实行、教唆、帮助行为，没有共同行为，不能构成共同犯罪。孙某仅是知情不举，不构成犯罪。

（三）B某死亡的结果，由赵某、钱某负责。李某不构成犯罪。

1. 在因果关系认定方面，导致B某死亡结果的因素，是赵某（以及钱某）打"药水"行为，与B某的疾病即特殊体质结合，介入了医生李某的诊断不当，最终导致结果。特殊体质不中断因果关系；介入因素只有轻微不当，不中断因果关系。故应认定B某死亡结果，与赵某（以及钱某）行为具有刑法上的因果关系。赵某、钱某的行为应认为是致人死亡的行为。

2. 由于实习医生李某的诊断不当只具有轻微不当，与死亡结果之间不具有刑法上的因果关系，不构成医疗事故罪。李某不构成犯罪。

（四）事实三中，赵某、钱某欲害A某，导致B某死亡，系打击错误，具体认识错误。如何定性，涉及在故意认定标准上是采法定符合说，还是采具体符合说。

1. 观点一：按照法定符合说的观点，赵某、钱某对于A某、B某均有伤害、杀人故意。赵某构成故意伤害罪（致人死亡），钱某构成故意杀人罪既遂。

2. 观点二：按照具体符合说的观点，赵某、钱某对于A某具有伤害、杀人故意；对于B某死亡的结果具有过失。赵某构成故意伤害罪、过失致人死亡的想象竞合，钱某构成故意杀人罪未遂、过失致人死亡的想象竞合。

（五）事实四中，赵某不构成犯罪，孙某构成帮助毁灭证据罪、妨害作证罪，周某构成伪证罪。

1. 孙某将作为犯罪证据的丝瓜摘走，帮助当事人毁灭证据，根据《刑法》第307条第2款的规定，构成帮助毁灭证据罪。

2. 孙某指使证人周某作伪证，根据《刑法》第307条第1款的规定，构成妨害作证罪。

3. 证人周某在刑事诉讼中故意作伪证，根据《刑法》第305条的规定，构成伪证罪。

4. 本犯赵某教唆孙某毁灭证据，因其本人是犯罪人，对于妨害司法犯罪行为欠缺期待可能，不能构成帮助毁灭证据罪的教唆犯。

（六）事实五中，吴某构成利用影响力受贿罪，系犯罪既遂。

1. 公安局长郑某没有受贿罪故意、受贿行为，不能构成受贿罪。吴某不能构成受贿罪的共犯。

2. 吴某系郑某母亲，即国家工作人员的近亲属，收受请托人财物后，利用国家工作人员职权，为请托人谋取不正当利益，根据《刑法》第388条之一的规定，构成利用影响力受贿罪。

3. 吴某为请托人谋取不正当利益，客观上许诺即可。收受财物后即为既遂，事后退赃不影响犯罪成立。

二、王某等人绑票案（人身犯罪）

【案情】

（1）王某因企业遭遇新冠疫情破产停工，遂产生了勒索财物的犯意。经考察，王某选定了某个体户朱大之子朱小（5岁）为绑架对象。

王某骗自己厂里的员工杜某说："朱大欠我赌债100万未还，你把他儿子绑来，我向他要债后，给你付工资"，并给了一张朱小的照片。杜某表示同意，在朱小放学路上蹲守，并将"朱小"（实为该校长相与朱小相似的另一名小学生黄某）迷昏抓获，用胶带将其反绑置于郊外一废弃楼房五楼楼顶贮藏室内关押，后告诉王某"人已绑好"。（事实一）

王某随即打电话给马某（系王某情妇），告诉其真相，要求马某帮助自己看管好小孩，并让其逼小孩问出家人联系方式。马某遂到酒店，逼问出家人电话号码之后，遂刀砍黄某，欲图将其杀死，黄某见状，慌忙翻窗跳楼逃跑，结果造成严重颅脑损伤重伤昏迷。马某误认为人质死亡，慌忙将"尸体"抛至下水道中。后马某向王某告知人质家属电话号码，但隐瞒了人质已死的事实。（事实二）

第二天，王某遂又打电话给董某（系王某妻子），告诉董某自己绑架了一个小孩，并告知被害人家人赵某电话号码，要董某帮忙向被害人家人勒索。董某共3次打电话

给被害人家（实为黄某家），提出了勒索 50 万元人民币、一部汽车等条件。（事实三）

因被害人家属报案，第三天凌晨，董某、杜某、马某先后被公安机关抓获，并在下道中发现了黄某的尸体，经鉴定死因实系重伤被抛入下水道后溺水身亡。（事实四）

王某外逃，期间因走投无路盗窃他人信用卡一张，刷卡消费时才发现是伪造的假卡。因此被抓获。（事实五）

【问题】

1. 事实一中，王某、杜某的行为如何定性？二人是否构成共同犯罪？说明理由。
2. 事实二中，马某的行为如何定性？说明理由。
3. 事实二、事实四中，黄某实系溺水身亡，马某、王某是否对黄某死亡的结果承担刑事责任？说明理由，并可以同时答出不同观点和理由。
4. 事实三中，董某的行为如何定性？与王某是否构成共同犯罪？说明理由。
5. 事实五中，王某的行为如何定性？说明理由。

【答案范本】

（一）事实一中，王某构成绑架罪，杜某构成非法拘禁罪。王某、杜某在非法拘禁罪的范围内成立共同犯罪，均为犯罪既遂。

1. 杜某构成非法拘禁罪（既遂）。

（1）为了索取债务而扣押、拘禁黄某。

（2）主观上误将黄某当作朱小绑架，存在对象认识错误、具体认识错误，对其仍有对拘禁罪故意。

（3）根据《刑法》第 238 条第 3 款，构成非法拘禁罪，属索债型非法拘禁，系直接正犯。

（4）已经控制黄某的人身，杜某构成非法拘禁罪既遂。

（5）因客观上并不存在赌债，不构成催收非法债务罪。

（6）因主观上没有勒索目的，不构成绑架罪。

2. 王某构成绑架罪（既遂）。

（1）教唆杜某实施非法拘禁罪，根据《刑法》第 238 条第 3 款、第 29 条，构成非法拘禁罪的教唆犯。系犯罪既遂。

（2）王某欺骗杜某利用其行为控制、绑架他人，主观上具有勒索财物的目的，根据《刑法》第 239 条，构成绑架罪的间接正犯。

（3）按通说观点，绑架罪的既遂标准是控制住人质的人身（或者杀死人质），则王某成绑架罪既遂。

（4）王某作为绑架罪的间接正犯、非法拘禁罪的教唆犯，系法条竞合，以绑架罪的间接正犯论处。

（二）事实二中，马某构成绑架罪的共同正犯，系绑架罪中杀害被绑架人。

1. 马某加入"绑架"时，绑架罪虽已既遂，但人质尚处控制之中，绑架行为尚未终了。

2. 马某加入后实施了绑架行为，具有绑架故意和勒索目的，系绑架罪承继的共同正犯。

3. 马某杀害黄某，导致翻窗跳楼逃跑致重伤，因为前行为严重暴力，大概率会导致他人逃走，介入因素不中断因果关系。死亡的危险、重伤结果与之前的杀害行为有因果关系。

4. 绑架中杀害被绑架人致其重伤的，根据《刑法》第239条第2款的规定，以绑架罪一罪论处，系绑架罪中杀害被绑架人。

（三）事实二、事实四中，马某、王某需对黄某死亡的结果承担刑事责任（通说）。

1. 马某实施绑架、杀人行为之后，误认为人质死亡，"抛尸"导致溺水身亡，系因果关系认识错误中的事前故意的情形。对此现象的处理，涉及到因果关系是否中断的问题，主要有两种观点：

①观点一：马某的行为应认定为绑架罪一罪，系绑架中杀害被绑架人（结果加重犯的既遂）。理由是，认为绑架之后大概率会抛尸，绑架行为与抛尸行为之间具有依附关系，抛"尸"行为不中断因果关系，杀人行为（或绑架行为）与死亡结果之间的因果关系并未中断，则只构成绑架罪一罪，系绑架中杀害被绑架人（结果加重犯的既遂）。

②观点二：将马某的前行为认定为绑架罪（杀而未死致重伤），将后行为认定为过失致人死亡，对二者实行数罪并罚。理由是，认为绑架之后不一定会抛尸，绑架行为与抛尸行为之间系独立关系，抛"尸"行为中断因果关系。前行为构成绑架罪（杀而未死致重伤），系绑架中杀害被绑架人结果加重犯的未遂，或少数观点认为绑架中伤害被绑架人致重伤的结果加重犯的既遂。后行为导致死亡，但行为人对后行为只有过失，构成过失致人死亡罪。构成绑架罪（杀害被绑架人结果加重犯的未遂，或伤害被绑架人致重伤的结果加重犯的既遂）、过失致人死亡罪两罪。

2. 王某与马某在绑架罪的范围内成立共同犯罪，其对黄某死亡的结果是否负责，与前述观点选择有关：

①按前述观点一，马某、王某的共同绑架行为，与黄某的死亡的结果之间，具有刑法上的因果关系，王某需对此死亡结果承担刑事责任，系绑架中杀害被绑架人（结果加重犯的既遂）。

②按前述观点二，黄某的死亡的结果，系马某的之后单独过失行为导致，不是共同绑架行为导致王某对死亡结果不承担刑事责任，但对杀而未死致重伤的结果负责，系绑架中杀害被绑架人结果加重犯的未遂，或少数观点认为系绑架中伤害被绑架人致重伤的结果加重犯的既遂。

（四）事实三中，董某构成敲诈勒索罪，系犯罪未遂。与王某在敲诈勒索罪的范围内构成共同犯罪。

1. 客观上，董某加入"绑架"时，人质已经不再被控制或死亡，是在绑架罪犯罪终了之后加入，不能构成绑架罪的承继的共同犯罪。

2. 董某实施的客观行为实系利用虚假消息，威胁、要挟赵某，向其勒索钱财，实施的是敲诈勒索行为。

3. 主观上，董某有绑架、勒索的故意。客观、主观统一，<u>根据《刑法》第274条的规定</u>，构成敲诈勒索罪。主观上没有诈骗罪故意，不能触犯诈骗罪。

4. 董某、王某二人对敲诈勒索行为有共同行为、共同故意，按照《刑法》第25条第1款，在敲诈勒索罪的范围内构成共同犯罪。

（五）事实五中，王某构成信用卡诈骗罪，是犯罪未遂。

1. 客观上，王某盗窃伪造的信用卡并使用，因伪造的信用卡不属财物，不符合《刑法》第196条第3款"盗窃信用卡并使用的"的规定，不构成盗窃罪。应当认定为《刑法》第196条第1款第1项"使用伪造的信用卡"，系信用卡诈骗行为。

2. 主观上，王某具有盗窃信用卡并使用的故意，即盗窃罪故意（包容信用卡诈骗罪故意），客观主观统一于信用卡诈骗罪。

三、廖某、张某偷回质押的汽车案（财产犯罪）

【案情】

廖某创业失败，缺钱还债，遂从张某处租得一部全新本田汽车（价值20万）。廖某交纳2000元租车费（一个月租金）后，将该车开回。

后廖某以资金周转困难为由，向方某借贷10万元，并将租来的轿车质押给方某，谎称该车为自己所有，双方约定廖某在10日内归还12万元本息以赎回该车。但廖某借出款项后，却将借款用于挥霍，到期未能还款。

张某因此找到廖某要车，廖某表示该车已被其质押给方某，无钱赎回。当晚，二人合谋潜入到方某家中将车开走。由张某在门外放风，廖某进入车库开车。廖某趁黑摸到一辆汽车，用接线打火的方式将该车发动。响声惊醒了方某，方某前来阻拦，用木棍将廖某打成轻伤。廖某遂开车将方某撞成重伤后逃走。因方某患有血友症，送医后流血不止死亡。

张某见屋里有响动，遂逃离现场。后张某打电话问廖某发生了何事，廖某说："方某拦我，我撞了一下他，车到手了，马上还你。"

廖某驾驶离开途中，由于超速慌张，不慎将行人陈某撞倒受重伤。廖某索性一不作、二不休，倒车连续碾轧陈某三次。误认为将陈某轧死，将其"尸体"抛至一偏僻阴沟。致陈某不幸溺亡。廖某逃走。

廖某开回汽车后，发现该车不是A公司的汽车（车牌号A12345），而是另一辆本田轿车（实系方某本人的本田轿车，车牌号B54321）。

廖某灵机一动，伪造了车牌号A12345的假车牌，挂在该车上，故意将轿车撞在高速护栏上撞毁。然后向张某谎称开车时失误将车撞毁，让张某以投保人的身份，向保险公司申请理赔。张某误信，得到全损理赔20万元。

后方某家属报案，廖某准备外逃，但苦于无钱可用。廖某正着急，看到有一顾客在街边小店购物时，掉了一张工商银行借记卡在脚边。遂趁顾店不注意，将借记卡踩在自己在鞋底下。等顾客走后捡起借记卡，发现背后写有密码。回家先是骗老婆白某说在街上捡到一张卡，让老婆去工商银行ATM机取出2万元。

后来，廖某又偶然发现马路边一台农业银行的ATM存取款机，假币识别能力差，能够存入假币，于是使用先后两次存入假币取出真币的方法，共从ATM机内获取5万元人民币。

张某被抓后，坚持认为自己取回属于自己的汽车，不能构成犯罪。

【问题】请根据《刑法》有关规定，按顺序分析上述案件中各行人的刑事责任（包括犯罪性质即罪名、犯罪形态、共同犯罪、数罪并罚等），须说明理由。如有争议问题，可以同时答出不同观点和理由，并发表自己的看法。

【答案范本】

一、第一段事实（骗车），廖某构成诈骗罪

廖某隐瞒想借车不还的真相，骗取张某交付汽车，主观上具有非法占有目的（"缺钱还债"），根据《刑法》第266条的规定，构成诈骗罪。

二、第二段事实（骗钱），对于廖某向方某处借贷10万元的行为

（1）观点一：如果认为方某可以通过质押物而受偿，不会因此诈骗行为而有财物损失；则廖某虽实施了欺骗行为，主观上亦有非法占有目的，但因被害人损失的不是10万元，故廖某对此不构成诈骗罪。

（2）观点二：如认为被害人损失的是10万元，则廖某对此构成诈骗罪。[注：由于双方不是市场交易主体，不构成合同诈骗罪。]

三、第三段事实（偷车）

（一）汽车是盗窃罪、抢劫罪的对象

1. 方某并不知情汽车系廖某诈骗取得，受让动产时是善意的；以合理的价格，通过市场手段进行质押，已经交付获取。依照《民法典》第311条，可善意取得对轿车的质押权。

2. 质押权人方某因质押权而合法占有该汽车，未经方某同意，廖某、张某不得取回汽车，方某对汽车的占有效力高于廖某、张某，属于盗窃罪、抢劫罪的对象"公私财物"即他人占有效力更高的财物。

（二）廖某构成抢劫罪（致人死亡）

1. 廖某潜入到方某家，将车开走，秘密转移占有，客观上实施了盗窃行为。

2. 误将方某本人汽车当作质押汽车，主观上存在对象认识错误、具体认识错误，不影响盗窃罪故意的成立。

3. 偷走质押物之后必然使质押权人受损，可认定其主观上具有非法占有目的，依照《刑法》第264条的规定，构成盗窃罪的直接正犯。

4. 廖某犯盗窃罪，为抗拒抓捕而当场使用暴力，依照《刑法》第269条的规定，

构成抢劫罪，系转化型抢劫。

5. 特殊体质不影响因果关系的认定，廖某实施的抢劫暴力与方某死亡结果之间具有因果关系，张某构成抢劫罪致人死亡，系结果加重犯。

（三）张某构成盗窃罪的帮助犯，系从犯

1. 张某为廖某实施的盗窃行为放风、提供帮助，主观上有帮助盗窃的故意，依照《刑法》第264条、第27条的规定，构成盗窃罪的帮助犯，系从犯。二人在盗窃罪的范围内构成共同犯罪。

2. 主观上也存在对象认识错误、具体认识错误，不影响盗窃罪故意的成立。

3. 放风当时对于廖某实施的暴力行为并不知情，对暴力没有共同故意，不构成抢劫罪的共同犯罪。对于廖某暴力导致的重伤、死亡结果，不承担刑事责任。

4. 张某虽是所有权人，但侵犯他人占有权，不属自救。

5. 张某存在违法性认识错误，具有违法性认识可能性，可酌情从宽处罚。

（四）方某系正当防卫

方某将为了制止正在实施盗窃的廖某而将其打成轻伤，没有超过必要限度造成重大损失，根据《刑法》第20条，构成正当防卫。

四、第四段事实（撞人）：廖某构成交通肇事罪、故意杀人罪（或另犯过失致人死亡罪）

1. 超速致人重伤后逃逸，根据《刑法》第133条，构成交通肇事罪。

2. 死亡因之后的杀人行为导致，系交通肇事罪的基本犯，不属因逃逸致人死亡。

3. 肇事后杀害被害人，根据《刑法》第232条，构成故意杀人罪。

4. 抛尸导致死亡，属因果关系错误中的事前故意，涉及因果关系是否中断的问题。

（1）观点一：因果关系不中断，构成故意杀人罪既遂。

（2）观点二：因果关系中断，构成故意杀人罪未遂、过失致人死亡罪，数罪并罚。

5. 对于抛尸行为，因本犯欠缺期待可能性，不构成帮助毁灭证据罪。

五、第五段事实（骗赔）

（一）廖某：以诈骗罪的间接正犯（或保险诈骗罪的教唆犯论处）

1. 廖某将客观上属方某所有的汽车故意毁坏，根据《刑法》第275条的规定，触犯故意毁坏财物罪。

2. 抢劫汽车后又毁坏所抢财物，系事后不可罚，应以抢劫罪一罪论处。

3. 车牌不属国家机关证件或身份证件（注：军车车牌属武装部队专用标志罪，也不属证件），故其不构成伪造国家机关证件罪。

4. 廖某欺骗投保人张某骗取保险金：

（1）因廖某不具有身份，不能构成保险诈骗罪的间接正犯，但可以构成诈骗罪的间接正犯。

（2）可否触犯保险诈骗罪的教唆犯，涉及片面教唆的定性问题。

①观点一：如肯定片面教唆犯，则另外触犯保险诈骗罪的教唆犯，以特别法保险

诈骗罪的教唆犯论处。

②观点二：如否定片面教唆犯，则不能触犯保险诈骗罪的教唆犯。

(二) 张某：主观上无保险诈骗罪、诈骗罪故意，不构成犯罪

六、第六段事实（借记卡）

(一) 廖某：盗窃罪（7万元）、使用假币罪，数罪并罚

1. 持卡人近在咫尺，系盗窃信用卡并教唆他人使用，根据《刑法》第196条第3款，构成盗窃罪。

2. 教唆白某冒用信用卡，触犯信用卡诈骗罪的教唆犯，系事后不可罚，以盗窃罪论处。

3. 在ATM机中存入假币，根据《刑法》第172条，构成使用假币罪。

4. 利用ATM机故障，使其账户余额增大后取款或使用，其银行卡没有真实的对应现金。被害人为银行，犯罪对象为ATM机内的现金，该现金归银行占有。利用增大数额的手段非法转移占有，银行对此并不知情，其行为应当认定为秘密窃取的盗窃行为，符合《刑法》第264条的规定，构成盗窃罪。

5. 两次盗窃系连续犯，以盗窃罪（7万元）论处，与使用假币罪数罪并罚。

(二) 白某：信用卡诈骗罪（2万元）

1. 误认为是捡到的而冒用，根据《刑法》第196条第1款第3项，构成信用卡诈骗罪。

2. 不知信用卡系盗窃所得，没有盗窃罪的共同故意，不构成盗窃罪的承继共犯。

3. 与廖某在信用卡诈骗罪的范围内成立共同犯罪。

四、赵某等人挪用案（贪污贿赂渎职犯罪）

【案情】

（1）赵某担任A村村长（村民委员会主任），协助乡政府发放救灾大米。赵某的妻弟钱某开有一家粮油公司B公司（具有法人资格的私营企业），对赵某谎称B公司大米货源紧缺，让赵某将救灾大米挪出供B公司周转一下，许诺挣钱后给其好处。

赵某遂私自决定以A村村委会的名义将救灾大米100吨（价值40万元），借给B公司周转使用，约定好两个月后归还。

获得大米后，钱某当即指令B公司将其转卖，将货款40万元，用于走私黄金入境（偷逃关税15万元），获利后用以补发职工工资，后被公安机关立案侦查。

赵某知情后，赶紧从钱某处追回货款10万元，携款潜逃途中被抓获，后被C县监察委员会立案、在C县法院审理。（事实一）

（2）赵某的妻子孙某，为使赵某能得到轻判，找到C县妇联主任李某（女，系C县县委书记周某的情妇），邀请李某出国旅游、购物、做美容（为此花费30万元），并给李某20万元，让李某找人说情。

李某将孙某给自己的好处告知了周某，让周某帮忙。周某联系上了C县法院民庭庭长吴某，请其帮忙。为此，李某将孙某给的20万元取出10万元，送给吴某。吴某遂给该院刑庭庭长郑某打招呼，希望郑某能判决赵某无罪。（事实二）

（3）孙某还指使A村会计王某出庭作假证，谎称赵某曾为村民委员会公务支出40万元。

郑某拟以事实不清为由，判决赵某无罪；但该法院审委会在讨论该案时，否定了郑某的意见。于是吴某将10万元退还给周某。（事实三）

（4）孙某见打击贪腐形势严峻，遂向C县监察委员会主动交代，并检举揭发李某、周某、吴某，由此案发。（事实四）

【问题】

1. 事实一中，赵某、钱某的行为如何认定？说明理由。
2. 事实二中，孙某、李某、周某、吴某、郑某的行为如何认定？说明理由。
3. 事实三中，孙某、王某的行为如何认定？说明理由。
4. 事实四中，孙某是否构成自首？如何处理？说明理由。

【答案范本】

（一）事实一中，赵某构成挪用公款罪、贪污罪；钱某构成挪用公款罪（教唆犯）、走私普通货物、物品罪。

1. 村民委员会主任赵某协助乡政府从事公务，属国家工作人员。赵某个人决定以单位名义将特定款物借给其他单位，谋取私利，属挪归个人使用；挪给他人进行营利活动，系挪用公款进行营利活动，数额巨大，根据《刑法》第384条，构成挪用公款罪。

携款10万潜逃，具有非法占有目的，根据《刑法》第383条，构成贪污罪（10万）。

应当以挪用公款罪（30万）、贪污罪（10万）数罪并罚。

2. 钱某教唆赵某挪用，并用于非法活动，构成挪用公款罪的教唆犯。

B公司走私黄金入境偷逃关税数额较大，根据《刑法》第153条，构成走私普通货物、物品罪；根据《刑法》第30条、第31条，系单位犯罪。钱某系直接负责的主管人员，应当承担刑事责任。

应当数罪并罚。

（二）事实二中，孙某构成行贿罪，李某构成受贿罪（共犯）、行贿罪；周某、吴某构成受贿罪，郑某构成徇私枉法罪。

1. 刑庭庭长郑某在刑事审判中故意违背事实、法律判案，根据《刑法》第399条，构成徇私枉法罪。

2. 民庭庭长吴某收受请托人财物，利用本人职权或者地位形成的便利条件，通过其他国家工作人员职务上的行为，为请托人谋取不正当利益，根据《刑法》第388条，构成斡旋型受贿罪。

3. 县委书记周某明知其情妇即特定关系人收受请托人财物，仍利用本人职权或者地位形成的便利条件，通过其他国家工作人员职务上的行为，为请托人谋取不正当利益，根据《刑法》第388条，构成斡旋型受贿罪。

4. 李某与周某通谋，是周某受贿罪的共犯。不构成利用影响力受贿罪、斡旋型受贿罪。另外，李某送给吴某10万，构成行贿罪。

5. 孙某为了谋取不正当利益，给予国家工作人员以财物的，根据《刑法》第389条，构成行贿罪。

（三）事实三中，孙某构成妨害作证罪，王某构成伪证罪。

1. 证人王某在刑事诉讼中作假证，根据《刑法》第305条，构成伪证罪。
2. 孙某指使证人作假证，根据《刑法》第307条，构成妨害作证罪。

（四）事实四中，孙某构成自首，但应按《刑法》第390条第2款从宽。

1. 孙某自动投案，如何供述，根据《刑法》第67条第1款，构成自首。
2. 行贿人交代受贿人是交代共犯，不构成立功。
3. 按照分则（第390条第2款），此种特别的自首，行贿人在被追诉前主动交待行贿行为的，可以从轻或者减轻处罚。其中，犯罪较轻的，对侦破重大案件起关键作用的，或者有其他重大立功表现的，可以减轻或者免除处罚。

五、张某、周某案

【案情】

2017年5月3日18时许，张某、周某见被害人陈某（女）貌美，遂冒充警察，以调查案件为名，将陈某骗进汽车。两人将陈某带往郊外，周某按住陈某的手脚，张某对陈某实施了奸淫。（事实一）

奸淫完毕后，张某发现陈某掉落在一旁的手机（价值4800元）甚为精美，就想趁陈某不注意顺手取走。但陈某很快发现，捡起手机。张某伸手去夺，遭受陈某的强烈反抗。于是周某上前，卡住陈某的脖子，将其卡昏。实际上，因周某用力过猛，导致陈某当时就被卡死。张某、周某以为陈某昏迷，张某取走了陈某的手机，后二人离开现场。（事实二）

在离开现场的途中，张某担心陈某苏醒后会报案，于是和周某讲明原委，商量是否需要"回去处理一下"陈某，周某说"我不管了，你看着办吧"。于是张某于21时许又返回现场，用石头猛砸陈某的头部，直至确信陈某被砸死。之后，为制造假象，张某将陈某的尸体扛到邻近的高速公路上，摆在黑暗的路面上离开。（事实三）

22时许，司机高某醉酒后驾车经过此处，因路面黑暗看不清楚，轧上了陈某的尸体。高某下车查看，误以为自己撞死了人，甚为慌张，遂将陈某的衣物剥光，并将其身边的皮包拿走，将尸体隐匿在路边下水沟中后逃逸。（事实三）

回家后，高某打开皮包，发现其中有陈某的身份证，还有空白现金支票用纸一张、信用卡一张。5月4日上午，高某自行在空白现金支票用纸上填上10万元的数额，然后持陈某的身份证到银行，对柜台工作人员谎称受陈某委托取款，将现金支票兑现。同时，到ATM机上查询信用卡，发现信用卡无密码。遂将其上余额1万元取走，并透支提款2万元。后高某将信用卡抛弃。（事实四）

5月5日下午，陈某的尸体被人发现，公安机关起初以交通肇事罪立案，并悬赏5万元提供破案线索。周某闻讯后，感到案情重大，同时为取得5万元赏金。于5月28日向公安机关投案，如实交代了与张某一起奸淫陈某的事实，但隐瞒了抢走手机的事实，并讲明了张某可能杀人的情况。5月29日，公安机关将张某抓获，6月5日将高某抓获，至此案情大白。（事实五）

【问题】根据刑法知识认定张某、周某、高某的行为性质和刑事责任。

【简要结论】

（一）张某构成强奸罪（既遂）；抢劫罪（既遂），系抢劫致人死亡；故意杀人罪（未遂）。周某构成强奸罪（既遂）；抢劫罪（既遂），系抢劫致人死亡。张某、周某对于强奸罪、抢劫罪成立共同犯罪。

（二）高某的行为构成危险驾驶罪，伪造金融票证罪与票据诈骗罪的牵连犯（择一重处），盗窃罪（盗窃信用卡并使用）。

（三）周某对于其所犯强奸罪成立自首，对于其所犯抢劫罪不成立自首，提供张某所犯故意杀人罪线索成立立功。

六、孙某、梁某案

【案情】

（1）甲欠孙某赌债81万元未还，孙某遂纠集梁某，在甲下班的路上持刀拦截甲，让甲还债。甲拒绝，孙某、梁某强行搜身，从甲身上搜出1万元（事实一）。

（2）孙某、梁某接着将甲捆绑到一间空房内，梁某负责看守，孙某外出打电话让甲的妻子乙归还余下的80万元赌债，否则不放人。期间，梁某殴打甲致其死亡（事实二）。

（3）甲的妻子乙担心甲的安危，给了孙某一辆奔驰汽车（价值60万元）用于抵债。

（4）孙某将汽车开回后才发现甲已死亡，惊慌失措，赶紧带上梁某一起驾车逃走。孙某驾车时因过于慌乱连闯数个红灯，不小心将路人丙撞倒，致丙受重伤。（事实三）

（5）坐在副驾上的梁某提议将丙拖到偏僻处扔掉，孙某听从，二人合力将重伤昏迷丙抬上汽车，拉到郊外一水沟扔掉。后丙因得不到及时救治而死亡（事实四）。

（6）孙某见又出了一条人命，将汽车交给梁某让其销毁，慌忙逃走。

（7）梁某得到汽车后，伪造了乙的身份证、机动车辆登记证书，将该车以人民币

60万元质押给丁,并向丁作出还款赎回的书面承诺。得款后,当天晚间梁某用事先另配的钥匙从丁处将车盗走,后将该车卖得30万元(事实五)。

【问题】

1. 对于事实一、事实二,孙某、梁某构成何罪?二人是否成立共同犯罪?孙某是否需对甲的死亡结果承担刑事责任?说明理由。

2. 对于事实三、事实四,孙某、梁某构成何罪?二人是否成立共同犯罪?孙某、梁某是否属于交通肇事后逃逸或因逃逸致人死亡?说明理由。

3. 对于事实五,丁对于汽车有无合法的质押权?梁某是构成诈骗罪,还是盗窃罪,或侵占罪?说明理由。

【简要结论】

(一)孙某构成非法拘禁罪,为索债而扣押他人。梁某构成故意杀人罪,非法拘禁使用暴力致人死亡。二人在非法拘禁的范围内成立共同犯罪。孙某对甲的死亡结果不承担故意责任。

(二)孙某构成交通肇事罪,不属交通肇事后逃逸或因逃逸致人死亡,因"一般违章+重伤+逃逸"还是交通肇事罪的基本犯。后行为,孙某、梁某构成故意杀人罪,二人是共同犯罪。

(三)梁某构成盗窃罪。根据《民法典》,丁对于汽车是善意取得,有合法的质押权。

七、药某案

【案情】

(1) 2017年7月2日凌晨1时许,货车司机药某醉酒后驾驶一辆厢式货车,沿市政公路往一商场运送啤酒,当车行至路段时,因超速驾驶且遇紧急情况处置不当而撞倒前方公路上的一名行人(事后查明为肖某),致肖某受伤(事后查明为重伤)。

药某下车查看并将肖某扶至路边,经与其交谈后,仅看到肖某背部有皮肤擦伤,看不出有其他受伤,且肖某当时能够讲话、能够自由行走。药某认为肖某只是轻微伤,故驾车离开现场。

后药某于凌晨6时返程时再次路过此处,看到肖某仍然坐在路边一动不动,上前触摸发现肖某已无呼吸。药某认为出了人命、事态重大,害怕受到追究。遂将肖某的衣服脱下,将其身边一黑色皮包拿走,将其尸体拖到附近一土坑里掩埋。(事实一)

(2) 回家后,药某搜索肖某皮包,搜出手机一部(价值7000元),卡号为123456789、背面签名档处写有"密666666"的工商银行储值卡一张。药某遂向手机通讯录中姓名显示为"妈妈"的手机号码上发送了一条"妈:我被人绑架了,速汇10万元至我工行卡账户赎人"的短信,但未收到回复。(事实二)

(3) 7月3日20时许，药某持肖某的工行卡至一自动提款机前，输入"666666"查询，发现10万元并未到账，但卡上尚有余额1万元，药某遂将1万元取出后挥霍。后药某将手机换号后自己使用，将信用卡、皮包、衣服（价值1万元）销毁。（事实三）

(4) 7月5日，药某被抓获。经法医鉴定，被害人肖某是在汽车撞倒之后，因腹膜后出血（重伤）引起失血性休克，于凌晨6时许死亡，被害人若及时抢救可避免死亡。经交警部门认定，药某负该起事故的全部责任。（事实四）

【问题】 药某构成何罪？说明理由？

【简要结论】

（一）对于事实一，药某构成交通肇事罪，属于"交通肇事后逃逸"，不属于"因逃逸致人死亡"。

其第一次离开现场不是为了逃避法律追究，故不属"逃逸"。被害人的死亡虽是因抢救不及时导致，但因药某无"逃逸"行为，故不认为是"因逃逸致人死亡"。而直接认定为交通肇事致人死亡。

第二次离开现场是为了逃避法律追究，属于"逃逸"。构成"交通肇事后逃逸"。

（二）对于事实二，药某构成敲诈勒索罪（未遂）、诈骗罪（未遂），系想象竞合。

没有真实的绑架行为，不构成绑架罪。是"假绑架"，同时触犯敲诈勒索罪、诈骗罪。

（三）对于事实三，药某构成盗窃罪、故意毁坏财物罪，数罪并罚。

盗窃死者的遗物，按通说观点，死者遗物在刑法上是观念上的他人占有物，构成盗窃。

盗窃信用卡（刑法中的信用卡包括银行储值卡）在ATM机上使用，按照司法解释的原理，构成盗窃罪。

故意毁坏他人财物，构成故意毁坏财物罪。

第二十七章　主观题综合演练二：进阶变形

一、假绑架真索债案（人身犯罪、认识错误）

【案情】

（1）方大邀请富豪林某参赌，赢了林某100万元，林某借上厕所为名开溜。（事实一）

为索赌债，方大叫来陈某，欺骗陈某说"林某很有钱，咱俩去绑个票，一辈子就不愁吃喝了"，并给了陈某一张林某的照片。

（2）陈某信为以真，拦截了林某的汽车，拿着照片抓住了"林某"（实为林某雇的替身张某），将"林某"（实为张某）关押在一废弃仓库，并向方大汇报"人抓住了"。（事实二）

（3）方大又叫来肖某，告诉肖某已抓住了林某，让肖某给林某的妻子曲某打电话，索要赌债100万元。肖某给曲某打电话时，多了一个心眼，不仅让曲还赌债100万元，还私自另多要50万元，称是"利息"，让曲把150万元打入自己账户，否则"让你老公没命"。（事实三）

（4）曲某真以为林某被绑架，早就想让老公死了继承遗产（价值2亿元），另择小鲜肉，就对肖某讲"给你150万元没问题，你如杀了林某，我再给你加500万元"。肖某遂给陈某打电话，欺骗陈某说"老板方大让你把林某干掉"。（事实四）

（5）陈某想把"林某"（实为张某）用绳子勒昏后，再扔到河里淹死，没想到勒时用力过猛而勒死。（事实五）

（6）之后，陈某临时起意，拿走了张某身上的银行储值卡一张，到商场刷卡消费3万元。（事实六）

【问题】 分析方大、陈某、肖某、曲某的刑事责任（可以根据不同观点作答）。须说明理由。

【答案范本】

（一）方大构成非法拘禁罪（致人死亡），或非法拘禁罪未遂、过失致人死亡罪。

1. 方大欺骗陈某，让陈某去"绑架"林某，并指使肖某索要赌债的行为，其主观上具有索债目的，根据《刑法》第238条第3款，构成非法拘禁罪。

2. 陈某在绑架（非法拘禁）的过程中，杀害被绑架人，因死亡结果系共同非法拘禁行为导致，方大对此死亡结果也需负责。主观上对死亡结果没有故意，应当承担过失责任，系非法拘禁罪致人死亡。

3. 正犯陈某误将张某将作林某，但教唆犯方大并未认错对象，方大系打击错误、具体认识错误。如何定性，涉及在故意认定标准上是采法定符合说，还是采具体符合说。

（1）观点一：按照法定符合说的观点，方大对于林某、张某均有非法拘禁罪故意。

方大构成非法拘禁罪既遂。

（2）观点二：按照具体符合说的观点，方大对于林某非法拘禁罪故意，构成非法拘禁罪未遂；对于张某仅有过失，构成过失致人死亡罪。

4. 方大客观上教唆陈某绑架林某，但其主观上不具有勒索财物的目的，不能构成绑架罪的教唆犯。

5. 方大、陈某、肖某在非法拘禁罪的范围内成立共同犯罪。陈某是正犯，方大是非法拘禁罪的教唆犯，肖某是帮助犯。

6. 采用限制人身自由的手段催收赌债，根据《刑法》第293条之一，还触犯催收非法债务罪。

7. 应以非法拘禁罪（致人死亡）、催收非法债务罪择一重处，以非法拘禁罪（致人死亡）论处。

（二）**陈某构成绑架罪（杀害被绑架人）、盗窃罪（或信用卡诈骗罪）**。

1. 陈某以勒索财物为目的扣押他人，根据《刑法》第239条第1款，构成绑架罪。因"勒索财物"是主观目的要素，无需实施"勒索财物"的客观行为。

2. 陈某将张某误认为林某，是对象错误、具体认识错误，仍具有绑架罪故意。

3. 陈某想把"林某"（实为张某）用绳子勒昏后，再扔到河里淹死，没想到勒时用力过猛而勒死。根据《刑法》第232条，触犯故意杀人罪。如何定性，关键在于如何处理因果关系认识错误中结果提前实现（构成要件提前实现）的情况。

（1）观点一：虽然构成要件结果提前发生，但陈某计划由两个动作组成一个杀人行为，勒昏的行为本身具有致人死亡的紧迫危险，应当将勒昏行为认定为杀人实行行为。该行为导致死亡，系杀人实行导致死亡。同时认为，行为人实施勒昏行为之时即有杀人故意，着手实行之时存在故意。故陈某触犯故意杀人既遂。

（2）观点二：陈某客观上勒昏致其死亡，但主观上勒昏时只是想致"林某"（实为张某）昏迷，没有认识到勒昏行为会导致"林某"（实为张某）死亡，亦即缺乏杀人既遂的故意，因而不能对故意杀人既遂负责。如认为第一个动作掐脖子是杀人实行行为，则应认定为故意杀人罪未遂、过失致人死亡罪的想象竞合。

（3）观点三：如认为第一个动作勒昏不是杀人实行行为，只是杀人预备行为，则应认定为故意杀人预备、过失致人死亡的想象竞合。

4. 在罪数上，按照《刑法》第239条第2款的规定，绑架中杀害被绑架人的，只构成绑架罪一罪。根据前述论述，陈某可能有三种处理结果：

（1）按前述观点一：系"绑架中杀害被绑架人"结果加重犯的既遂。

（2）按前述观点二：系"绑架中杀害被绑架人"结果加重犯的未遂、过失致人死亡罪的想象竞合。

（3）按前述观点二：系"绑架中杀害被绑架人"结果加重犯的预备、过失致人死亡罪的想象竞合。

5. 陈某临时起意拿走死者银行储值卡并消费的行为性质，涉及如何认定死者遗物的占有状态。

（1）观点一：构成盗窃罪。如认为死者遗物是他人占有的财物，则甲系盗窃信用卡并使用的行为，根据《刑法》第 196 条第 3 款的规定，认定为盗窃罪。

（2）观点二：构成信用卡诈骗罪。如认为死者遗物是脱离他人占有的财物，则甲不是盗窃信用卡，而是拾到（侵占）信用卡，利用拾得的他人信用卡取款的，属于冒用他人信用卡，根据《刑法》第 196 条第 1 款第 3 项的规定，构成信用卡诈骗罪。

（三）**肖某构成非法拘禁罪（帮助犯），绑架罪（杀害被绑架人）与敲诈勒索罪的想象竞合。**

1. 对于肖某帮助方大索要赌债 100 万元的行为，构成非法拘禁罪的帮助犯，系承继的共犯。

2. 对于肖某自作主张另行索要 50 万元并威胁杀人一事，触犯绑架罪（对张某）、敲诈勒索罪（对曲某），系想象竞合犯，应择一重处。

（1）对于张某而言，客观上，肖某、方某、陈某对张某共同实施了拘禁（绑架）行为；主观上，肖某具有勒索财物的目的，根据《刑法》第 239 条，触犯了绑架罪。

（2）对于林某以及林某的妻子曲某而言，客观上，肖某并未实际控制住林某，对林某系"假绑架"，无法构成绑架罪。因此，客观上肖某系以虚假事由威胁曲某，系敲诈勒索行为；主观上肖某具有敲诈勒索故意，客观主观统一，根据《刑法》第 274 条，构成敲诈勒索罪。由于存在被害人曲某的承诺，不能构成既遂。

（3）客观上肖某对曲某虽有欺骗行为，但其误认为绑架的真是林某，主观上没有诈骗故意，不能构成诈骗罪。

（4）一行为造成两结果、触犯两罪，系想象竞合犯，应择一重处。

3. 肖某教唆陈某杀人，触犯故意杀人罪，系绑架中杀害被绑架人。

（1）肖某教唆陈某杀人，根据《刑法》第 29 条，构成故意杀人罪的教唆犯。

（2）陈某将张某误认为林某，是对象错误、具体认识错误。

（3）对于故意杀人罪的犯罪形态，与前述陈某处理的情况相同。

（4）绑架中杀害被绑架人的，构成绑架罪一罪，处理方法，与前述陈某处理的情况相同。

（四）**曲某构成故意杀人罪（或抢劫罪）。**

1. 曲某教唆肖某杀人，而肖某又教唆陈某杀人，系教唆了教唆犯的间接教唆情形，可以比照教唆犯处罚。

2. 对于曲某教唆他人杀夫以获取遗产的行为，涉及到遗产继承权这种财产权利能否成为抢劫罪的对象，有不同观点：

（1）观点一：如认为遗产继承权不能成为抢劫罪的对象，则曲某可比照故意杀人罪的教唆犯处罚。存在对象错误、具体认识错误。处理方法，与前述陈某处理的情况相同。

（2）观点二：如认为遗产继承权可以成为抢劫罪的对象，则曲某以杀人手段抢劫，根据《刑法》第 263 条，构成抢劫罪。是"抢劫致人死亡"结果加重犯的既遂还是未遂，与前述陈某处理的情况相同。

二、盗卖通信发射塔案（财产犯罪）

【案情】

（1）行为人甲某到由丙某经营的"废旧购销部"店里，自称自己是 A 电信公司（国有控股公司）的工作人员，谎称公司有架设在该镇的一处废弃通信发射铁塔（实为还未架设完毕的发射铁塔）要变卖，问丙某要不要买。丙某见有利可图，答应要买，但需甲某出具证明手续，证明货源可靠真实。（事实一）

（2）甲某找到乙某，称自己要对人实施诈骗，请乙某帮助伪造印章，乙某遂帮甲某伪造了"A 电信公司"的假印章。甲某用该印章加盖在一份自己制作的假证明上，内容是经 A 电信公司总部同意将废旧铁塔以 2 万元转卖给丙某，由买方进行拆除。（事实二）

（3）甲某将此证明拿给丙某看，骗取了丙某的信任，丙某支付给甲某 2 万元钱。第二天，丙某组织雇请民工对铁塔进行拆除，甲某到场观看。（事实三）

（4）A 电信公司主管人员 B 某接获报告后，前往现场对丙某、甲某的行为进行制止。丙某误认为 B 某无理阻挠、敲诈自己而为阻止 B 某，甲某为了抗拒抓捕，二人合力将 B 某打成重伤。B 某身上仅有一处重伤，不知是甲某导致，还是丙某导致。后甲某借机离开现场溜走，丙某将拆下的角铁运回。（事实四）

（5）甲某走脱后，半路中寻思如 B 某以后报案会抓获自己，于是购买了一把菜刀，返回现场持刀砍杀 B 某，欲杀人灭口。甲某的仇人丁某恰好经过此处，为报仇用木棒从身后猛击甲某的头部，将甲某杀死。事后才发现居然阴差阳错救了 B 某一命，B 某被甲某砍成重伤。（事实五）

破案后，被拆走的铁塔经物价部门鉴定价值 18 万元。

【问题】

1. 根据事实一、事实二、事实三回答问题（注意：回答本题时不涉及事实四、事实五）：如果本案案情只进行至事实三即告结束，则甲某、乙某、丙某构成何罪？是否成立共同犯罪？说明理由。

2. 根据本案全部五项事实（事实一至事实五）回答问题：甲某、乙某、丙某构成何罪？是否成立共同犯罪？说明理由（可以说明不同观点）。

3. 本案事实五中，对于丁某行为的性质如何？说明三种以上的不同观点的理据。

【答案范本】

（一）对于事实一、事实二，事实三：

1. 甲某构成盗窃罪、诈骗罪。

（1）甲某对发射铁塔构成盗窃罪。丙没有将电信塔转移占有的权利，甲欺骗没有处分权利的丙，不构成诈骗罪；利用丙盗窃电信公司占有的发射铁塔，根据《刑法》

第264条，构成盗窃罪的间接正犯。

（2）甲某虚构事实骗取丙某2万元，造成其财产损失，根据《刑法》第266条，构成诈骗罪。

（3）甲某教唆乙某伪造公司印章罪，根据《刑法》第29条、第280条第2款，触犯伪造公司印章罪（教唆犯）。

（4）在罪数上，伪造公司印章罪与诈骗罪是牵连犯，择一重处以诈骗罪论处；诈骗罪、盗窃罪应当数罪并罚。

2. 乙某触犯伪造公司印章罪、诈骗罪（帮助犯），系牵连犯，应当择一重罪处断。

（1）乙某伪造"A电信公司"的假印章，根据《刑法》第280条第2款，触犯伪造公司印章罪。

（2）乙某主观上具有帮助诈骗的故意，正犯甲某客观上实施了诈骗行为，根据《刑法》第27条，触犯诈骗罪的帮助犯（从犯）。

（3）在罪数上，是牵连犯，应当择一重罪处断。

3. 丙某客观上虽实施了盗窃行为，但主观上无盗窃故意，不构成犯罪，是被欺骗的工具。甲某、丙某不构成共同犯罪。

（二）对于本案全部事实：

1. 甲某构成抢劫罪、故意杀人罪（未遂）。

（1）甲某犯盗窃罪，为抗拒抓捕当场对B某实施暴力，根据《刑法》第269条，系转化型抢劫，构成抢劫罪。

（2）甲某意图砍杀B某致其重伤，根据《刑法》第232条，构成故意杀人罪未遂。

（3）在罪数上，抢劫后为灭口而杀人，应当数罪并罚。

2. 乙某触犯伪造公司印章罪、诈骗罪（帮助犯），系牵连犯，应当择一重罪处断。
理由同上，乙某未参与甲某之后的暴力行为，对此不负责。

3. 丙某不构成犯罪。

（1）丙某客观上伤害B某，实施了伤害他人的行为。

（2）主观上，丙某误认为B某无理阻挠而阻止B某，具有防卫故意，系假想防卫，主观上不具犯罪故意，仅具有过失。

（3）甲某系故意、丙某系过失，二人不能构成共同犯罪，系同时犯。

（4）B某的重伤结果，虽在客观上是由甲某、丙某行为导致，但因不属共同犯罪，不能承担共同责任。B某身上仅有一处重伤，不知是甲某导致，还是丙某导致，根据疑罪有利被告人的原则，不能认定是丙某导致。

（5）过失行为没有实害结果，不能认为丙构成犯罪。

（三）对于事实五：

本情形丁某的行为系偶然防卫。客观上虽制止了甲某杀人的不法侵害；但行为人主观上未认识到不法侵害，不具防卫认识，亦无制止不法侵害的防卫意志。对其行为的定性，涉及到正当防卫的成立条件问题。

（1）观点一：如认为偶然防卫是不法层面上属正当防卫，则丁杀死甲的行为，在客观上符合正当防卫的客观条件，起到了制止甲杀B、实施不法侵害的效果，在不法层面上属正当防卫；丁主观上具有实施不法杀人的故意，但客观、主观不统一，仍不构成犯罪。

（2）观点二：如认为偶然防卫是不法层面上属正当防卫，但认为丁有杀死他人的危险，则丁构成故意杀人罪未遂。

（3）观点三：如认为正当防卫的成立必需防卫意图条件，偶然防卫不属正当防卫，则丁构成故意杀人罪既遂。

三、假警察勒索案（人身、财产犯罪综合）

【案情】

（1）A某为自己吸食毒品而联系B某，二人商量好，A某欲用总面额1万元的假币从B某处换取少量毒品。在交接毒品地点交易时被甲某看到，于是甲某身穿从地摊上买来的警服冒充警察，将A某、B某二人"抓获"，当场没收海洛因1克，强迫二人交纳"取保候审保证金"才放人。B某误信为真，把出售毒品刚从A某处获取的1万元假币交给甲某，甲某不知为假币，将B某释放。（事实一）

（2）因A某不交钱，甲某遂对A某进行殴打，让A某再交付10万元的"取保候审保证金"才放人。A某从甲某的言谈举止判断A某不是真警察，甲某见被识破，即喝令A某"赶快打电话去找钱，别给人说我绑了你，不然宰了你"。甲某遂给其妻子C某打电话要钱，谎称吸毒被抓，让妻子往自己账户上打入10万元的"取保候审保证金"。（事实二）

（3）期间，甲某叫来乙某继续看押A某，自己外出吃饭。乙某来后，认为关押麻烦，就想杀死A某，于是用刀连捅A某数刀，误认A某死亡后，欲图将关押A某的仓库（仓库周边有很多民居）点燃焚尸。实际上，A某被杀时并未死亡，实系点火时烟熏将A某熏死。消防员及时赶到将引火物扑灭，没有造成其它财产和人员损失。（事实三）

（4）乙某杀死A某后，又临时起意给A某的妻子C某打电话，称绑架了A某，要拿钱赎人。C某立即报案。（事实四）

【问题】

1. 对于事实一，A某、B某构成何罪？甲某构成何罪？说明理由。
2. 对于事实二，甲某构成何罪？说明理由。
3. 对于事实三，对于乙某的行为如何处理？说明理由。可以用不同观点作答。
4. 对于事实四，乙某构成何罪？甲某、乙某是否成立共同犯罪？

【简要结论】

（一）对于事实一

1. A某：（1）根据《刑法》第171条，构成出售假币罪，而不是使用假币罪。（2）为自己吸食而购买少数毒品，不构成犯罪。

2. B某：(1) 根据《刑法》第347条，构成贩卖毒品罪。(2) 根据《刑法》第171条，构成购买假币罪。数罪并罚。(3) 主观想将1万元假币交给甲某交罚款，根据《刑法》第172条，主观上具有使用假币罪的故意，但客观上实为被骗，不构成使用假币罪。

3. 甲某：(1) 根据《刑法》第279条、第266条，触犯招摇撞骗罪、诈骗罪，系交叉关系的法条竞合，应择一重罪处断。(2) 误将假币当真币，系对象错误、具体认识错误，仍构成犯罪既遂。

(二) 对于事实二

1. 甲某：(1) 主观意图是向被绑人本人要钱，具有抢劫故意，根据《刑法》263条，构成抢劫罪，系冒充军警抢劫。(2) 不是意图向第三人要钱，不具有勒赎目的，不构成绑架罪。

2. 甲某与乙某构成抢劫罪的共同犯罪，乙某系承继的共同犯罪。甲某需对乙某抢劫中杀害A某的行为负责。

(三) 对于事实三

1. 乙某系甲某抢劫罪的承继的共同犯罪。

2. 乙某在抢劫中杀害被害人，以抢劫罪一罪论处。

3. 乙某放火危害公共安全，根据《刑法》第114条，构成放火罪。

4. A某死亡结果归因于抢劫杀人或放火哪个行为，系因果关系认识错误中"事前故意"的情形，对此现象的处理，涉及到因果关系是否中断的问题，又有两种观点：

(1) 观点一：甲的行为应认定为抢劫罪（致人死亡）、放火罪危险犯的既遂。

理由是，认为杀人之后大概率会焚尸，杀人行为与焚尸行为之间具有依附关系，焚"尸"行为不中断因果关系，抢劫杀人行为与死亡结果之间的因果关系并未中断，构成抢劫罪（致人死亡）。死亡结果不归因于放火行为，故而放火罪危险犯的既遂，而不是放火罪的实害犯（致人死亡）。

(2) 观点二：甲的行为应认定为抢劫罪（致人死亡结果加重犯的未遂）、放火罪的实害犯（致人死亡）。

理由是，认为抢劫杀人之后不一定会焚尸，杀人行为与放火焚"尸"之间系独立关系，放火焚"尸"行为中断因果关系，构成故意杀人罪未遂。后行为放火焚"尸"行为客观上导致死亡，但行为人对死亡结果只有过失，根据《刑法》第115条，构成放火罪的实害犯（致人死亡）。

(四) 对于事实四

1. 乙某：触犯敲诈勒索罪、诈骗罪，想象竞合。

2. 甲某没有共同故意、共同行为，不构成共同犯罪。

四、盗卖翻斗车后骗保案（人身、财产犯罪综合）

【案情】

（1）某国有全资建筑公司A公司（法定代表人系B某）为做工程而购买二手翻斗车一辆（购买价格5万元），并向C保险公司投保了盗抢险，投保人、受益人、被保险人均为A公司。该公司会计李某为了自家建房之用，向A公司借用了该翻斗车。用完之后，李某谎称翻斗车为自己所有，以15万元价格偷偷将车卖给张某，并将15万元挥霍。（事实一）

（2）之后，李某又向A公司谎称翻斗车被盗，让A公司向C保险公司申请盗抢险理赔。A公司信以为真，向C保险公司申请理赔，获得保险金5万元。（事实二）

（3）一个月后，A公司的法定代表人B某偶然从张某处发现了该翻斗车，遂将张某告到派出所。在此过程中，张某告知B某自己系从李某处购车，B某告知张某翻斗车原价为5万元，B某、张某这才发现均被李某欺骗。经B某、张某二人协商，A公司付给张某5万元，将车取回。（事实三）

（4）张某为了向李某索要损失赔偿，找到社会人员王某，让王某帮自己讨债，王某到李某家后，绑架了李某11岁的女儿D某，将D某带走关押了3天。之后，张某打电话告诉李某已扣押D某，让李某赔偿10万元损失，否则不放人。李某不给说要报警，张某害怕，让王某送D某回家。（事实四）

（5）但在途中，王某将D某以5000元卖给人贩子，在此期间，以发生性关系即给D某钱为利诱，与D某发生了性关系。（事实五）

（6）李某向当地公安局控告张某绑架自己女儿D某；张某知情后，送给该公安局局长赵某8万元，让赵某不要立案。赵某收钱后，以涉及民事纠纷为由，指示手下干警将该刑事案件撤销。（事实六）

【问题】

1. 根据事实一、事实三，先分析：作为涉案标的的翻斗车在被李某卖给张某后，权属状况如何，张某的损失是如何造成的，本案中谁是被害人？然后回答：李某构成何罪？并说明理由。

2. 根据事实二，回答：A公司是否构成犯罪，李某构成何罪，是否构成共同犯罪？并说明理由（可以作答不同观点）。

3. 根据事实四，回答：张某、王某构成何罪，是否构成共同犯罪？并说明理由（可以作答不同观点）。

4. 根据事实五，回答：王某构成何罪，张某对此是否要承担刑事责任？并说明理由。

5. 根据事实六，回答：赵某构成何罪？并说明理由。

【答案范本】

（一）事实一、事实三中

翻斗车在被李某卖给张某后，张某是否可以主张善意取得其所有权，有不同的观点。

1. 刑法通说认为：根据《最高人民法院关于刑事裁判涉财产部分执行的若干规定》（自 2014 年 11 月 6 日起施行）第 11 条第 2 款，第三人对赃物可主张善意取得（不明知、无重大过失）。从而第三人有可能不是被害人。

2. 刑法中少数观点（可能也是民法理论中的通说）认为：第三人对赃物不可主张善意取得，从而第三人有可能是被害人。

3. 如果张某可善意取得翻斗车，则李某虽欺骗张某，但张某没有财产损失，李某对其不能构成诈骗罪。如果张某不能主张善意取得翻斗车，则根据《刑法》第 266 条，李某对其构成诈骗罪，犯罪数额为 15 万元。

4. 李某将 A 公司的翻斗车卖与张某，可构成侵占罪。

（1）李某借用翻斗车后，属将代为保管的他人财物非法占为己有，数额较大，拒不退还，根据《刑法》第 270 条，构成侵占罪。

（2）李某非基于职务行为而占有翻斗车，不能构成职务侵占罪、贪污罪。

（二）事实二中

1. 投保人 A 公司不构成犯罪，客观上实施了保险诈骗行为，但主观上对于骗保行为无故意，不构成犯罪。

2. 李某欺骗投保人利用投保人（A 公司）的无过错行为，对保险公司实施诈骗。处理意见有两种：

（1）构成诈骗罪的间接正犯。因李某不具投保人、被保险人、受益人的身份，故而不能构成保险诈骗罪的间接正犯，可构成诈骗罪的间接正犯。

（2）也有观点认为，李某虽无身份，但可构成保险诈骗罪的教唆犯。

3. A 公司无共同犯罪故意，与李某不构成共同犯罪。

（三）事实四中，王某、张某构成非法拘禁罪。

1. 张某构成非法拘禁罪的教唆犯。

尽管客观上可能并不存在债务关系，但张某主观上是"为了向李某索要损失赔偿"，根据《刑法》第 238 条第 3 款的规定，系"为索取债务非法扣押、拘禁他人的"，构成非法拘禁罪。因无勒索目的，不构成绑架罪。

2. 王某系非法拘禁罪的正犯。

（四）事实五中，王某构成拐卖儿童罪。

1. 王某以出卖为目的贩卖儿童，根据《刑法》第 240 条，构成拐卖儿童罪。系拐卖中"奸淫被拐卖的妇女"。注意：其中的"妇女"应解释包括女童。

2. 张某对此行为不承担刑事责任。因其无共同故意，王某系实行过限。

（五）事实六中，赵某构成徇私枉法罪、受贿罪，应当择一重罪处断。

1. 司法工作人员赵某在刑事诉讼中，徇私枉法、徇情枉法，对明知是有罪的人而故意包庇不使他受追诉，根据《刑法》第399条，构成徇私枉法罪。

2. 收受张某财物，为其谋取利益，根据《刑法》第385条，构成受贿罪。

3. 罪数上，根据《刑法》第399条第4款，受贿后徇私枉法的，择一重罪处断。

五、情妇收钱案（贪污贿赂渎职）

【案情】

（1）甲是某市某房地产开发公司总经理，乙是该市政协主席，丙是该市税务局局长，丁是该市环保局副局长（女，系丙的情妇）。

（2）2017年9月，甲经该房地产开发公司集体研究商定，为该公司受让某项目减免税款一事而找到乙，让乙提供帮助，给丙打电话说情。丙知该公司不符合减税条件，但因乙打招呼仍然违法办理减税事务，使得该公司得以违法少交税款300万元。甲为向乙表示感谢，赠与乙该房地产开发公司"一成干股"（价值100万元），当时转移的股权。此外，甲为感谢丙，以"打三折"的明显低价，将该公司开发的一处价值100万元的房产，以30万元的价格出售给丙。（事实一）

（3）2017年12月，甲因个人偷逃个人所得税（事后查明逃税数额200万、超过应纳税款）被该市税务局查处。甲为了不受惩处，知晓丁与丙之间的关系，遂找到丁，送给丁一张某高档美容院的终身美容卡（价值50万元），让丁帮忙向丙打招呼说情。丁遂利用与丙相处的机会，在丙面前给甲说情。丙遂指令市税务局工作人员不再查处甲，也不再向甲追缴税款。

（4）2018年3月，乙想调到"省里发展"，找来甲，让甲帮忙到省里找找关系为自己"跑跑官"。甲骗乙说，"我认识省委书记A某，但需要送给A某500万，A某才会帮你升官。这个钱我可以帮你出，不过你也要帮我一个忙"，要求乙把自己破格列为该市的政协委员。乙信以为真，之后违反组织程序将甲列为政协委员（事发后在该省范围内造成了恶劣的社会影响）。为了敷衍乙，甲伪造仿效A某笔迹、写给乙的亲笔书信，内容是让乙耐心等待，等省里干部一有空缺就提拔乙。

（5）2018年8月，甲因嫖宿幼女而被公安机关刑事拘留。为了立功，甲将前述（2）（3）（4）案情一并向公安机关举报，移交检察院后经查证属实。

【问题】分析甲、乙、丙三人的行为性质和刑事责任。

【简要结论】

（一）甲：（单位）逃税罪，（单位）行贿罪，（个人）逃税罪，徇私舞弊不征、少征税款罪（教唆犯），对有影响力的人行贿罪，滥用职权罪（教唆犯），强奸罪。

1. 甲所在的房地产开发公司逃税，并以单位名义、为了单位利益送给乙"干股"、给丙"打折"，系单位犯罪。构成（单位）逃税罪，（单位）行贿罪。甲应当对此承担刑事责任。

2. 甲自己逃税，构成（个人）逃税罪。单位逃税罪、个人逃税罪是由不同主体实施，故而需要数罪并罚。

3. 甲请托丙违规减税、免税，构成徇私舞弊不征、少征税款罪（教唆犯）。行贿人同时触犯他罪，应当数罪并罚。

4. 甲为了谋取不正当利益送给国有工作人员丙的情妇丁财物，构成对有影响力的人行贿罪。

甲教唆乙滥用职权，构成滥用职权罪（教唆犯）。

5. 甲嫖宿幼女，构成强奸罪。

6. 甲不构成立功，因为揭发的是共同犯罪事实，但可成立自首。对于除强奸罪之外的其他犯罪（即单位逃税罪，单位行贿罪，个人逃税罪，对有影响力的人行贿罪，滥用职权罪教唆犯），成立自首。

其中，对于（单位）行贿罪，行贿人在被追诉前主动交待行贿行为的，可以从轻或者减轻处罚。其中，犯罪较轻的，对侦破重大案件起关键作用的，或者有其他重大立功表现的，可以减轻或者免除处罚。

（二）乙：构成受贿罪，徇私舞弊不征、少征税款罪（教唆犯），滥用职权罪

1. 乙利用其担任市政协主席形成的便利条件，通过市税务局局长丙职务上的行为，为请托人甲谋取不正当利益，收受"一成干股"，构成斡旋型的受贿罪。乙是利用"官位影响"，不构成介绍贿赂罪。"一成干股"是财产性利益。

2. 乙"破格"违反组织程序将甲列为该市的政协委员，造成恶劣社会影响，构成滥用职权罪。对于甲承诺帮其出的 500 万元，客观没有此事。故其不构成受贿罪。

（三）丙：构成受贿罪，徇私舞弊不征、少征税款罪，数罪并罚。

1. 以明显低价向请托人购进房产，是"交易型受贿"。

2. 利用职权为其它单位、个人徇私舞弊不征、少征税款，构成徇私舞弊不征、少征税款罪。

应当数罪并罚。

（四）丁：构成利用影响力受贿罪，徇私舞弊不征、少征税款罪（教唆犯），数罪并罚。

1. 丁虽也有国家工作人员身份，但其影响丙时，是利用情妇关系进行人身影响，而不是利用官位职位影响，

2. 教唆丙违规减税、免税，构成徇私舞弊不征、少征税款罪（教唆犯）。

第二十八章　历届刑法主观题真题解析及答案范本

对于刑法主观题，需要多看看范例，勤做题，多练手，多在电脑上写写答案，上考场后才不会慌张。在平时训练时，完全可以借鉴历届司法考试中的案例分析题，对法考主观题的答题方法来进行训练。只不过，现行法考在命题难度和事实上更为复杂，在答案标准上，要求更为严格。

以下，根据现行法考答案标准（结论+理由［关键词］+法条援引［序号］），对历届司法考试（2002-2023）中的案例分析题进行解析。其中，2023年真题、2020年真题，参见本书第一章（命题形式）；2021年主观题A组真题、2015年真题，参见第二十四章（多观点题）；2020年新疆延考题，参见第三章（法条援引方法）；2018年真题、2007年真题，参见第十一章（共同犯罪）。

一、《两个骗子亡命天涯》（2022年主观题，难度系数50%）

【案情】

王某与郑某成立了一家公司，但经营不善，一直亏损。某日，二人合谋骗取银行贷款。王某让郑某伪造了各种贷款材料；郑某同时伪造假材料，欺骗某保险公司的工作人员，让保险公司对其贷款提供保险，保险公司未能识破骗局而承保。王某与郑某从银行获取600万元贷款后逃匿。贷款到期后银行向保险公司追偿，保险公司对贷款本息进行了全额赔付。事后查明，王某对郑某欺骗保险公司的事情完全不知情。（事实一）

王某与郑某逃往外地后，侵入陈某所有的长期无人居住的住宅内，在该住宅内生活多日。（事实二）

某日，王某趁郑某熟睡时，打开郑某的手机支付宝，发现支付宝余额有3000元，并且支付宝绑定了一张银行卡。王某遂将郑某支付宝绑定的银行卡上的2万元，转入郑某的支付宝余额；然后将郑某的支付宝余额内的2万元，转入自己的支付宝，并删除了郑某手机上的相关短信和信息。（事实三）

次日，郑某醒来后，发现自己的银行卡里少了2万元，就问王某，王某矢口否认。郑某就将王某锁在一个房间内近50个小时，不让王某吃喝。待王某无力反抗后，郑某逼迫王某承认未果，遂将王某从二楼推下，致使王某重伤。郑某随后逃走。（事实四）

【问题】

1. 就事实一中郑某行为的认定，主要存在两种观点：第一种观点认为，郑某的行为仅构成保险诈骗罪。第二种观点认为，郑某的行为构成贷款诈骗罪和保险诈骗罪，系牵连犯，应当择一重处。请说明两种观点的理由与不足（如果认为有）；你持什么观点（可以是两种观点之外的观点）？请说明理由。

2. 就事实一中王某的行为的定性（包括犯罪形态），可能存在哪些观点？各种观点的理由是什么？

3. 关于事实二，王某、郑某是否构成非法侵入住宅罪？理由分别是什么？

4. 就事实三的认定，主要存在两种观点：第一种观点认为，王某的行为构成盗窃罪。第二种观点认为，王某的行为构成信用卡诈骗罪。请说明两种观点的理由与不足（如果认为有）；你持什么观点（可以是两种观点之外的观点）？请说明理由。

5. 就事实四的认定，一种观点认为，郑某只认定为故意伤害罪（致人重伤）。请评价该观点的理由和不足。

【方鹏作答满分答案】

一、事实一中郑某行为的认定，主要涉及贷款诈骗罪的财产损失结果认定、民法与刑法的衔接问题

（一）关于观点一（郑某的行为仅构成保险诈骗罪）：

1. 观点一的理由是：

（1）在民法层面上，银行已从保险公司获得理赔，没有损失结果，不是被害人。或者，贷款之初银行即可通过保险理赔而避免贷款损失，不可能存在损失结果。则在刑法层面上，按"整体财产说"，银行不是被害人，郑某虽对银行实施了贷款诈骗行为，但因不能造成损失结果，不构成贷款诈骗罪。

（2）被害人是保险公司；投保人郑某伪造投保材料，故意造成财产损失的保险事故，骗取保险金，根据《刑法》第198条第一款第4项，构成保险诈骗罪（既遂）。

2. 观点一的不足之处在于：

（1）将郑某行为的定性，付诸于银行的民事求偿选择。如果银行不选择保险理赔，则认为有损失，郑某可构成贷款诈骗罪；如果银行选择保险理赔，则郑某不构成贷款诈骗罪。造成刑法定性不稳定。

（2）在民法层面上，如保险公司主张因郑某诈骗导致保险合同无效，不予理赔，则被害人仍是银行，郑某仍构成贷款诈骗罪。

（3）在损失认定上，采用了"整体财产说"，而不是"个别财产说"；混淆了"行为对象"与"损失补偿"之间的区分。如按"个别财产说"，郑某贷款诈骗的"行为对象"是银行贷款，银行向保险公司的求偿只是"损失补偿"。行为人已骗得贷款，应是既遂，只不过是被害人被害之后的民事救济途径而已。

（二）关于观点二（构成贷款诈骗罪、保险诈骗罪，择一重处）：

1. 观点二的理由是：

（1）按"个别财产说"，对于银行而言，郑某贷款诈骗的行为对象是银行贷款，并已获得银行贷款，银行损失了贷款，有损失结果；根据《刑法》第193条，触犯贷款诈骗罪。银行之后通过保险理赔获得赔偿，只是被害之后的民事救济手段。

（2）同时，对于保险公司的保险金，触犯保险诈骗罪，理由同前。

（3）二者之间存在手段与目的关系，系牵连犯，择一重处。

2. 观点二的不足之处在于：

（1）本案只能造成一个财产损失结果，不可能同时造成两个财产损失结果。认为同时触犯两罪，将会对财产损失结果重复评价。

（2）在财产损失的认定上，没有考虑民法与刑法的衔接问题。

（3）两罪之间，不属于典型的手段与目的关系，难以认定为牵连犯。择一重处，如以重罪贷款诈骗罪论处，则与实际财产损失人为保险公司的事实违背。

（三）我赞同的观点：**不构成贷款诈骗罪，构成保险诈骗罪。**

1. 在财产损失和被害人确认方面，应当采纳"整体财产说"，并"先民后刑"，注重民法与刑法的衔接。

2. 如民法层面上认为保险合同虽是受欺骗而签订，但不足于对抗银行，保险公司应当赔偿银行，则银行不是被害人，保险公司是被害人。

3. 郑某虽对银行实施了贷款诈骗行为，但因同时通过提供保险的方式，银行不能造成损失贷款的结果。相当于虽骗走了600万元，但同时又给了等额600万元（求偿权）。不构成贷款诈骗罪，只对保险公司构成保险诈骗罪。

二、事实一中王某的行为的定性

王某与郑某共同实施了骗取银行贷款的行为；但王某没有参与保险诈骗行为。

1. 观点一：王某不构成贷款诈骗罪。理由同前述郑某，没有造成银行损失。

2. 观点二：构成贷款诈骗罪的未遂。本应既遂，但由于郑某或银行的原因，系出于王某意志以外的原因导致不能得逞。成立犯罪未遂。

3. 观点三：已经骗得了贷款，构成贷款诈骗罪的既遂。只不过银行通过其它民事救济方式获得了损失补偿。

三、事实二中，二人是否构成非法侵入住宅罪，涉及"住宅"这个规范的构成要件要素（社会功能要素）的认定

1. 观点一：长期无人居住的住宅，也是"住宅"；具有居住可能性，并未丧失"居住"的功能性特征，存在侵害人身安全的可能性。构成非法侵入住宅罪。

2. 观点二：我国《刑法》中的非法侵入住宅罪，是刑法分则第四章"侵犯人身权利"的罪名；保护的法益是人身权利，而不是财产和场地本身。进入长期无人居住的住宅，不具有侵害人身安全的法益侵害危险，不构成非法侵入住宅罪。

四、事实三的认定

1. 观点一：前段行为，客观上是冒用信用卡账户的行为，但未造成损失结果，即使主观上有冒用故意，不构成信用卡诈骗罪。后段行为，盗窃支付宝余额账户里的钱款，根据刑法第264条，构成盗窃罪。

2. 观点二：认为前段行为与后段行为是一个整体，前段行为冒用信用卡账户，通过后段行为造成损失结果，构成信用卡诈骗罪。

3. 观点三：前段行为触犯信用卡诈骗罪，后段行为触犯盗窃罪，择一重处。

五、事实四的认定

（一）关于只认定为故意伤害罪（致人重伤）的观点

1. 理由：

（1）《刑法》第 238 条第二款后半句"使用暴力致人伤残、死亡的，依照本法第二百三十四条、第二百三十二条的规定定罪处罚。"

（2）原理是所谓的"拟制规定"。

2. 不足之处：

（1）当作"拟制规定"，违背《刑法》第 14、15 条的过错原则（责任主义）、客观主观相统一原则。只考虑了客观上的实害结果；没有考虑客观上的危险结果。也没有考虑主观上杀人故意、伤害故意的区分。

（2）两个行为造成两个结果，应当两罪并罚。将原本的两罪只认定为一罪，违反刑法第 5 条罪刑相适应原则。

（3）也不符合罪数标准。

（二）我支持的观点：非法拘禁罪、故意杀人罪（未遂），数罪并罚。

二、《赵某所犯四宗罪》（2021 年主观题 A 组，难度系数 30%）：参见本书第二十四章（多观点题）

三、《赵某所犯四宗罪》（2021 年主观题 B 组，难度系数 30%）

【案情】

赵某实施盗窃潜入李某家中，盗窃中，被李某的5岁孩子发现，孩子说道："为什么要拿我们家东西？"赵某对孩子说："嘘，不要发出声音，我的拳头很硬的，会让你的小脑袋难受的。"孩子不再吭声，随后赵某拿走李某价值 2 万的财产和李某的一部手机。（事实一）

赵某盗取手机后，试出了密码，发现支付宝余额上没有钱，但有绑定的银行卡，于是通过银行卡转账 3 万至李某手机支付宝余额，并去商场购物，消费 3 万元。（事实二）

赵某为逃避法律追究逃往外地。向王某借了 10 万块钱经营小卖部。赵某与孙某共谋，把价值 20 余元的低档白酒，冒充 3000 余元的高档白酒销售给他人，共获利 60 余万元。赵某认为孙某出力不多，就分给孙某 5 万元。（事实三）

王某要求赵某还 10 万块钱，并威胁如果不还钱就告发他销售伪劣产品的行为。赵某心生愤怒，想杀人灭口，于是到王某家中，将王某杀害。（事实四）

【问题】

1. 关于事实一，如果认定赵某构成抢劫罪，理由是什么？如果认为赵某构成盗窃罪，理由是什么？

2. 关于事实二，如果认为赵某构成信用卡诈骗罪，理由是什么？如果认为赵某构成盗窃罪，理由是什么？

3. 关于事实三，如果认为赵某构成销售伪劣产品罪？你是赞成还是反对，理由是什么？

4. 关于事实四，赵某的行为性质如何定性？说明理由。

【方鹏作答满分答案（每个下划线一分）】

一、对于事实一

涉及抢劫罪中暴力、威胁行为的对象人是否要求<u>具有处分财物的能力</u>，以及<u>财物占有人</u>的资质问题。

（一）观点一（通说）：构成抢劫罪的理由

如认为抢劫罪中暴力、威胁的对象、财物的占有人无需具有处分财物的能力，无民事行为能力的人也能成为抢劫罪的对象、财物的占有人，则赵某对5岁的孩子实施暴力威胁，劫取财物，符合《刑法》第263条抢劫罪的构成要件，构成抢劫罪。

（二）观点二（少数说）：构成盗窃罪的理由

如认为抢劫罪中暴力、威胁的对象人、财物的占有人需要具有处分财物能力，具有民事行为能力，则赵某对没有民事行为能力的5岁的孩子实施暴力威胁，不构成抢劫罪。

财物的占有人应当认定为孩子的父母，赵某在李某不知情的情况下拿走其财物，系秘密窃取的盗窃行为，根据《刑法》第264条的规定，构成盗窃罪。

二、对于事实二

涉及到<u>非法占有目的的认定</u>、<u>造成财物损失的行为的确定</u>问题。

（一）观点一（通说）：构成盗窃罪的理由

1. 第一段行为，赵某虽在支付宝平台上冒用李某的信用卡账户，但是将钱款转至李某的余额账户，<u>并未造成李某财产损失</u>结果，如认为其不具有非法占有目的，则不构成信用卡诈骗罪。

2. 第二段行为，赵某在李某不知情的情况下将其支付宝余额账户中的3万元转走，造成李某财产损失，系秘密窃取的盗窃行为，根据《刑法》第264条的规定，构成盗窃罪。

（二）观点二（少数说）：构成信用卡诈骗罪的理由

1. 第一段行为，如认为具有非法占有目的，赵某在支付宝平台上冒用李某的信用卡账户，根据《刑法》第196条，构成信用卡诈骗罪。

2. 第二段行为，也构成盗窃罪。

3. 在罪数上，系事后不可罚，以信用卡诈骗罪论处。

三、对于事实三

涉及对于《刑法》第140条生产、销售伪劣产品罪规定的"以假充真"，以及相关司法解释的理解。

（一）我认为赵某不构成销售伪劣产品罪

1. 因"低档白酒"与"高档白酒"均系可合法销售的不同品牌酒类，不存在"低等级、低档次产品""高等级、高档次产品"区分，赵某的行为不属于"以次充好"。

2. 根据《最高人民法院、最高人民检察院关于办理生产、销售伪劣商品刑事案件具体应用法律若干问题的解释》（法释〔2001〕10号）第1条的规定，"以假充真"，是指以不具有某种使用性能的产品冒充具有该种使用性能的产品的行为。因赵某实际销售的低档白酒仍具有酒类使用性能。故而赵某不构成销售伪劣产品罪。

3. 关于赵某能否构成诈骗罪，涉及法条竞合关系中，行为不符合特别法（整体法）法条、但符合一般法（部分法）法条能否构成一般法（部分法）的问题。

（1）观点一：认为法条竞合关系是规范层面上的竞合，两个法条系对立关系，只能择一适用；故而一旦在法条选择层面上，选取了特别法（整体法）法条的，即不能再选取一般法（部分法）法条。故而，行为不符合特别法（整体法）法条，尽管符合一般法（部分法）法条的，也不能构成一般法（部分法）。从而，赵某因不构成销售伪劣产品罪；不能再选取诈骗罪法条适用。赵某不构成犯罪，只属于行政违法。

（2）观点二：认为为了保持刑法的协调和实现罪刑相适应原则，行为不符合特别法（整体法）法条，但符合一般法（部分法）法条，可以构成一般法（部分法）。从而，赵某虽不构成销售伪劣产品罪，但可构成诈骗罪。

（二）认为赵某构成销售伪劣产品罪的理由是：

1. 司法解释不当地限缩刑法的处罚范围，应当以刑法规定为准。

2. 赵某既触犯销售伪劣产品罪，也触犯诈骗罪，系法条竞合，以整体法销售伪劣产品罪论处。

四、对于事实四

涉及债权这种财产性利益能否成为抢劫罪的犯罪对象的问题，可能存在两种处理意见。

（一）观点一（通说）：认定为构成故意杀人罪。

1. 债权这种财产性利益不能因杀人而转移占有、不能立即消灭，不属于抢劫罪的对象"财物",不能对此构成抢劫罪。

2. 赵某客观上杀害王某,根据《刑法》第232条规定,对王某的死亡成立故意杀人罪。

(二)观点二:认定成立抢劫罪(致人死亡)一罪。

1. 如认为债权这种财产性利益可以成为抢劫罪的对象"财物",则赵某以杀人的暴力手段杀害王某,系抢劫财产性利益的行为,根据《刑法》第263条的规定,可认定为抢劫"公私财物",构成抢劫罪。系犯罪既遂。

2. 以杀人为手段抢劫,是结果加重犯,以抢劫罪(致人死亡)一罪论处。

四、《还是四宗罪》(2021年主观题C组,难度系数20%)

【案情】

赵某、孙某共同盗窃,之后赵某猥亵女主人,孙某看了没有制止。(事实一)

赵某趁机拿走了孙某的手机,见手机未锁屏,遂先把孙某信用卡账户的5万元钱款,打到孙某的微信钱包账户上,然后再从孙某微信钱包账户上转至赵某自己微信账户中。(事实二)

赵某的行为被孙某发现,遂将孙某打昏。看到手机(价值800元),临时起意拿走。(事实三)

赵某又与吸毒者王某联络,想贩毒给王某,已经商量好了价格。于是赵某购买了60克毒品,但是成交前害怕被抓。没有将毒品交给王某,而是将毒品销毁。(事实四)

【问题】

1. 关于事实一,如果认为孙某不成立强制猥亵罪的共同犯罪,理由是什么?如果认为其成立强制猥亵罪的共同犯罪,理由又是什么?

2. 关于事实二,赵某的转钱行为可能构成哪些罪名?各自理由是什么?

3. 关于事实三,赵某拿走手机的行为,是否构成抢劫罪?说明理由。

4. 关于事实四,赵某是否成立贩卖毒品罪的中止犯?说明理由。

【方鹏作答满分答案(每个下划线一分)】

一、关于事实一

(一)观点一:

1. 孙某与赵某在盗窃罪的范围内构成共同犯罪。

2. 赵某所犯强制猥亵罪,系其实行过限行为;孙某没有共同作为行为,不构成作为的共同犯罪。

3. 赵某所犯强制猥亵罪,虽与之前的共同盗窃有条件关系,但无因果关系;盗窃罪的共同犯罪人孙某对于赵某实施的强制猥亵没有制止义务，不构成不作为行为。对于赵某实施的强制猥亵，赵某既无共同作为行为，也没有不作为行为，不构成共同犯罪。

（二）观点二：

赵某所犯强制猥亵罪，系之前与孙某的共同盗窃引起的，孙某具有先前行为引起的作为义务，不制止可构成不作为行为，系强制猥亵罪的帮助犯。

二、关于事实二

1. 观点一：前段行为，冒用信用卡账户的行为，未造成损失结果，不构成信用卡诈骗罪。后段行为，盗窃微信钱包账户里的钱款，根据《刑法》第264条，构成盗窃罪。

2. 观点二：认为前段行为与后段行为是一个整体，冒用信用卡账户，造成损失结果，构成信用卡诈骗罪。

3. 观点三：前段行为触犯信用卡诈骗罪，后段行为触犯盗窃罪，择一重处。

三、关于事实三：

1. 不构成抢劫罪。"临时起意"表明赵某对孙某实施暴力时，主观上对于手机并无抢劫故意，不构成抢劫罪。

2. 在昏迷之后才起意拿走手机，根据《刑法》第264条，构成盗窃罪。

四、关于事实四：成立贩卖毒品罪的中止犯。

1. 贩卖毒品罪的行为犯（抽象危险犯），以贩卖行为完成亦即毒品卖出为既遂标准。

2. 赵某已经着手实行贩卖行为，但在成交前害怕被抓未交付，没有完成贩卖行为；其停止犯罪的原因，按主观说，系在主观上认为没有既遂障碍的情况之下自动放弃犯罪，并且自动防止既遂结果的发生，根据《刑法》第24条，构成犯罪中止。

五、《洪某重出江湖偷沉香案》（2020年主观题，难度系数100%）：参见本书第一章（命题形式）

六、《被家暴男的毒苹果反击》（2020年新疆延考题，难度系数30%）：参见本书第三章（法条援引方法）

七、《洪某罄竹难书的罪恶一生》（2019年主观题，难度系数100%）

【案情】

1995年7月，甲市的洪某与蓝某共谋抢劫，蓝某打探了被害人赵某的行踪。二人事前进行了商议，进行了详细规划，决定于同年7月13日晚20:00作案。到了两人约定之日，洪某于19：55到达了现场，但蓝某迟迟未出现。洪某遂决定独自抢劫赵某，使用事先准备的凶器，朝赵某的后脑勺猛烈一击，导致赵某倒地昏迷。此时蓝某来到现场，与洪某共同取走了赵某身上价值2万余元的财物。随后，蓝某离开了现场，洪某误以为赵某已经死亡，便将赵某的"尸体"扔到附近的水库，导致赵某溺死（经鉴定赵某死前头部受重伤）。后洪某逃至乙市，使用化名在某保险公司做保险代理。

<u>2016年9月</u>，洪某被保险公司辞退后回到甲市。由于没有经济来源，洪某打算从事个体经营。于是洪某伪造了房屋产权证明，从A银行贷款30万元，用于个体工商户经营，后因经营不善而难以偿还贷款。为了归还贷款，洪某想通过租车用于质押骗取他人借款。洪某从B汽车租赁公司的员工钱某那里得知，所有的汽车都装有GPS定位系统，如果他将汽车开出去质押，租车公司也可以找得回来，因而不会有财产损失。于是，洪某于2017年3月12日，以真实身份与B公司签订了租车合同，租用了一辆奥迪汽车，约定租车一周，交付了租金。租到车辆后，洪某伪造了驾驶证、机动车登记证、购车发票，以奥迪汽车为质押，向C小额贷款公司借款50万元。C小贷公司负责人孙某信以为真，将奥迪车留在公司（但没有办理质押手续），借给孙某50万元，要求洪某一星期后归还本息。一周后，B租车公司发现奥迪车超期未还，通过GPS发现了车子的位置，B公司员工钱某遂于深夜将其开走。洪某从C公司借来的50万元归还了A银行的贷款30万元。孙某发现自己受骗，于是报警。

公安机关以洪某犯诈骗罪为由在网上通缉洪某，洪某通过公安部网上发布的通缉令知道，公安部并未掌握他1995年的犯罪事实。便找到甲市环保局副局长白某，给白某5万元，让白某找人帮自己说情。白某联系上公安局副局长李某，请其帮忙。李某假意答应，但通过联系白某套取了洪某的住所，第二天带领警察将洪某抓捕归案。

在讯问中，洪某承认向C公司借钱、向B公司借车质押的事实，但否认自己对B公司构成犯罪。也未交代1995年抢劫事实。但同时交代了自己的实施另一桩公安机关尚未掌握的罪行，并揭发了黄某和程某的犯罪过程。事实如下：

<u>2016年10月</u>，洪某潜入某政府部门办公室，趁无人之际拿走办公桌上的一个信封。打开后发现里面有8000元现金和一张背后写有密码的银行卡。洪某将现金据为己有，将信用卡交给其妻子青某，谎称："这是我捡来的信用卡，你拿去商城买点衣服吧。"青某信以为真，但并未按照嘱咐去商场买衣服，而是在自动柜员机（ATM机）上取现4万，对此洪某并不知情。

洪某称其揭发的黄某与程某的犯罪事实，是他在和程某喝酒时，程某酒醉说出的。当时黄某雇用程某，让程某去伤害黄某的前妻周某。程某问到什么程度，黄某说伤她一条手臂即可。先付你10万，事成之后付你20万元。程某在小巷拦截周某，想着不如再敲诈一笔，大喊"有人雇我来伤你，给我40万，不然我真的照做"。周某说"我才不相信你"，程某持水果刀朝周某胳膊上捅了一刀，致周某轻伤。因周某患有白血病，流血过多而死亡。事后查明，程某对此并不知情周某患有白血病，而黄某却一清二楚。事后程某找黄某索要剩余的20万，黄某称"只叫你伤害，没叫你杀人，没钱给

你"，拒绝支付。程某气急败坏，遂将黄某打成重伤。

在公安机关的进一步讯问下，洪某被迫交代了1995年曾经抢劫的事实。公安机关知晓该案件，但并不知晓何人作案。

【问题】请根据《刑法》有关规定，按顺序分析上述案件中各行人的刑事责任（包括犯罪性质即罪名、犯罪形态、共同犯罪、数罪并罚等），须说明理由。如有争议问题，可以同时答出不同观点和理由，并发表自己的看法。

【解析】
可以分为如下五段小故事，并可以用画图的方式图解案情。

(一) 案情第一段：抢劫后抛尸案

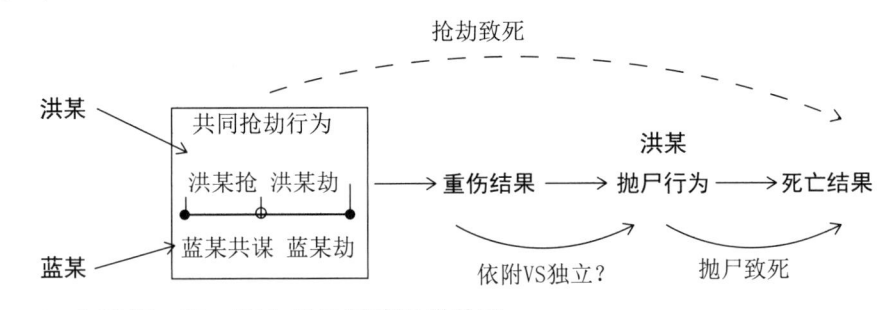

```
                        抢劫致死
                 ┌─────────────────────────┐
                 ↓                         ↓
洪某──→ ┌─共同抢劫行为──┐                 洪某
        │ 洪某抢  洪某劫 │ → 重伤结果 → 抛尸行为 → 死亡结果
        │ ●────●────● │         ↘         ↗
蓝某──→ └─蓝某共谋 蓝某劫┘       依附VS独立?   抛尸致死
```

(二) 案情第二段：租车后质押骗取借款案

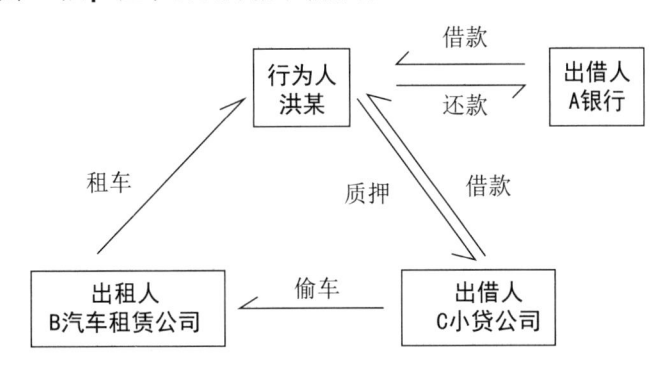

```
                    借款
        ┌────────────────┐
        │  行为人  ←──── │ 出借人
        │  洪某    ────→ │ A银行
        │          还款  │
        │↑              ↓│
   租车 │          质押 借款
        ↓                ↘
   ┌─────────┐  偷车  ┌─────────┐
   │ 出租人  │ ←──── │ 出借人  │
   │B汽车租赁│        │C小贷公司│
   │ 公司    │        │         │
   └─────────┘        └─────────┘
```

被害人	A 银行	B 公司	C 公司
对象	30万贷款 （已还）	奥迪汽车 （被C抵押，后偷回）	对象1：质押的汽车 （被B公司员工偷走） 对象2：借款50万 （被洪某占有、还债）
客观（行为、结果）	行为：骗 结果：无损失	行为：骗 结果：取回后也有损失	行为：骗 结果：有损失
主观（目的）	无非法占有目的	有非法占有目的	有非法占有目的
罪名（客+主）	不构成犯罪	合同诈骗罪	构成诈骗犯罪 或者不构成犯罪

— 367 —

（三）案情第三段：连环贿赂案

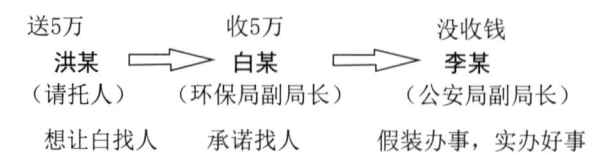

```
        送5万              收5万            没收钱
洪某      ⇒       白某      ⇒      李某
（请托人）    （环保局副局长）    （公安局副局长）
想让白找人     承诺找人      假装办事，实办好事
```

（四）案情第四段：盗窃信用卡教唆他人使用案

```
                        青某：
盗窃信用卡（盗窃行为）│冒用信用卡（兑现行为）
     盗窃罪        │    信用卡诈骗罪
        ╲_____╱
           洪某：  盗窃罪
```

（五）案情第五段：雇凶杀妻案

```
     教唆         伤害
黄某 ─────→ 程某 ─────→ 周某+特殊体质 ─────→ 死亡
 │           不明知                            ↑
 │- - - - - - - - - - - - - - - - - - - - - - ┘
 明知
```

【方鹏作答满分答案（每个下划线一分）】

一、第一段事实中

（一）洪某：构成抢劫罪（致人死亡），或者抢劫罪、过失致人死亡罪。

1. 洪某猛击赵某头部，暴力劫夺赵某 2 万元，根据《刑法》第 263 条，构成**抢劫罪**。

2. 洪某以杀人为手段抢劫之后，误认赵某死亡而"抛尸"致其淹死，系因果关系错误中的**事前故意**，对此如何认定，涉及**因果关系是否中断**的问题。

（1）观点一：如认为"抛尸"行为不中断因果关系，死亡结果与抢劫行为有因果关系，则洪某构成**抢劫罪（致人死亡）**，系结果加重犯。

（2）观点二：如认为"抛尸"行为中断因果关系，死亡结果与抢劫行为没有因果关系，则洪某构成**抢劫罪、过失致人死亡罪，数罪并罚**。

对于其中的抢劫罪：①观点一：认为是抢劫罪（致人死亡）结果加重犯的未遂；②观点二：认为是抢劫罪（致人重伤）结果加重犯的既遂。

3. 洪某与蓝某构成抢劫罪的共同犯罪。

4. 在追诉时效上，因洪某实施抢劫、致死行为（结果加重犯的既遂或未遂，无论按新旧刑法，法定最高刑均为死刑）后，在立案（但未被采取强制措施）后逃避侦查。

（1）根据时效中断时即 2016 年 9 月及破案时的刑法，即现行《刑法》第 88 条第 1

款（注："在人民检察院、公安机关、国家安全机关立案侦查或者在人民法院受理案件以后，逃避侦查或者审判的，不受追诉期限的限制"），<u>不受追诉时限的限制，仍可追诉</u>。

（2）根据行为当时的刑法即1979年旧《刑法》第77条（注："在人民法院、人民检察院、公安机关采取强制措施以后，逃避侦查或者审判的，不受追诉期限的限制"），应受追诉时限的限制。追诉时限为20年，至2015年7月已超追诉时效。但是，根据1979年《刑法》第76条第4项，如认为必须追诉的，<u>须报请最高人民检察院核准</u>。

（3）根据现行《刑法》第12条，从旧兼从轻，对于洪某应依法报请最高人民检察院核准后可追诉。

5. 洪某因涉嫌诈骗被抓捕后，最终如实交代了本人抢劫的事实。尽管公安机关已掌握案情，但对于系洪某作案并不知情，洪某仍属"如实供述司法机关尚未掌握的本人其他罪行"，根据《刑法》第67条第2款，构成自首，<u>系**特别自首**</u>。

（二）蓝某：构成抢劫罪（致人死亡），或者抢劫罪（致人死亡）结果加重犯的未遂，或者抢劫罪（致人重伤）结果加重犯的既遂。

1. 蓝某与洪某共谋抢劫，并共同实施了劫财行为，根据《刑法》第263条、第25条第1款，构成抢劫罪的共同犯罪。对于共同抢劫行为导致的结果负责。

2. 对于赵某死亡的结果，蓝某是否负责，同上，也存在不同观点。

（1）按前述观点一，赵某死亡与共同抢劫行为有因果关系，蓝某系<u>**抢劫罪（致人死亡）**</u>。

（2）如前述观点二，赵某死亡与共同抢劫行为没有因果关系，系洪某过失致死造成，则蓝某构成<u>**抢劫罪（致人死亡）结果加重犯的未遂**</u>；或者抢劫罪（致人重伤）结果加重犯的既遂。

3. 在追诉时效上，蓝某未逃避侦查，无论按1979年旧《刑法》还是现行《刑法》，都不存在不受时效限制的情况，现行《刑法》第12条、1979年旧《刑法》第76条第4项，<u>案发时已超过追诉时效；如认为必须追诉，须报请最高人民检察院核准</u>。

二、第二段事实中

（一）洪某骗取A银行贷款的行为，<u>不构成犯罪</u>。

1. 客观上虽以欺骗手段取得贷款，因主观无非法占有目的，不构成贷款诈骗罪。

2. 并未给银行造成重大损失（依照行为当时的刑法，也未达到数额标准、"造成重大损失或者有其他严重情节"），也不构成骗取贷款罪。

[注：2021年3月1日生效的《刑法修正案（十一）》对骗取贷款罪进行了修正，将该罪的成罪要素由原"造成重大损失或者有其他严重情节"，修正为现"造成重大损失"，不影响本处认定。]

（二）洪某伪造房屋产权证的行为，根据《刑法》第280条第1款的规定，构成<u>伪</u>

造国家机关证件罪。

（三）洪某租用 B 公司汽车用于质押的行为，构成合同诈骗罪。

1. C 公司善意取得质押权，虽未办质押手续，但质押有效，对汽车具有质押权、系合法占有。

2. 客观上虚构借后会还的事实，骗取 B 公司转移占有，实施了诈骗行为。

3. 主观上虽知有 GPS 定位，但将汽车用于质押，使之丧失产权，**具有非法占有目的**。

4. 在签订履行合同中收受对方当事人出借的汽车后逃匿，根据《刑法》第 224 条，构成合同诈骗罪。

5. 伪造驾驶证，根据《刑法》第 280 条第 3 款，触犯**伪造身份证件罪**。伪造机动车登记证，触犯**伪造国家机关证件罪**。伪造购车发票，因无骗税目的，不构成伪造增值税发票罪等。

6. 系**牵连犯**，择一重处，以合同诈骗罪论处。

7. 洪某被抓获后，如实交待该事实，否认自己对 B 公司构成犯罪，系违法性认识错误，不影响犯罪故意的成立。根据《刑法》第 67 条第 3 款，对法律性质的辩解，不影响**成立坦白**。

（四）洪某骗取 C 公司 50 万元的行为，有不构成犯罪，构成合同诈骗罪，或贷款诈骗罪，或诈骗罪等观点。

1. 洪某使用虚假的产权证明作担保，骗取 C 公司借款 50 万元，实施了诈骗行为。

2. 如认为 C 公司能够善意取得汽车质押权，则 C 公司损失的财物不是 50 万元，而是汽车，洪某对该 50 万元借款不能构成诈骗罪。

3. 如认为 C 公司损失的财物系 50 万元，则洪某涉嫌诈骗犯罪。关于具体罪名认定，涉及小额贷款公司是否属于刑法中的"金融机构"的问题。[详情参见方鹏 2021 版《刑法宝典》第 337 页]

（1）观点一：如认为小额贷款公司不属"金融机构"，但系市场经济主体，则根据《刑法》第 224 条，洪某构成**合同诈骗罪**。

（2）观点二：如认为小额贷款公司属"金融机构"，则根据《刑法》第 193 条第 4 项，构成**贷款诈骗罪**。

（3）观点三：如认为小额贷款公司既不属"金融机构"，也不是市场经济主体，系民间借贷，则根据《刑法》第 266 条，构成**诈骗罪**。

4. 如实供述已经掌握的本人罪行，构成**坦白**。

（五）B 公司员工钱某偷回汽车，**涉嫌盗窃罪**。

1. C 公司善意取得汽车质押权，汽车归 C 公司合法占有，系盗窃罪对象。

2. B 公司员工钱某秘密窃取汽车，给善意取得汽车质押权的 C 公司造成损失，具有非法占有目的，根据《刑法》第 264 条，构成**盗窃罪**。

3. 钱某是从合法占有人处取回汽车，系非法行为，不属于自救。

三、第三段事实中，白某构成受贿罪，洪某构成行贿罪

1. 李某未实施徇私枉法或其他犯罪行为，当然不构成犯罪。

2. 环保局局长白某，收受洪某5万元，利用本人地位形成的便利条件，承诺并实际实施了通过李某为洪某谋取不正当利益的行为，根据《刑法》第388条，构成受贿罪，**系斡旋型受贿**。[注意：白某不触犯徇私枉法罪的教唆犯，因正犯客观上没有实施徇私枉法不法行为，按共犯从属说，教唆犯不能成立]。

3. 洪某为谋取不正当利益，给予白某5万元，根据《刑法》第389条，构成**行贿罪**。

四、第四段事实中，洪某构成盗窃罪，青某构成信用卡诈骗罪

（一）洪某：构成盗窃罪。

1. 盗窃信封中的现金，根据《刑法》第264条，构成**盗窃罪**。

2. **盗窃信用卡并教唆青某使用**，根据《刑法》第196条第3款，构成盗窃罪。

3. 洪某教唆青某在商场使用，青某实际在柜员机上使用信用卡，仍系冒用信用卡的信用卡诈骗行为，在构成要件范围之内，系因果关系错误中的具体流程偏离、具体错误，仍具有教唆故意，构成青某所犯信用卡诈骗罪的教唆犯。以盗窃罪一罪论处。

4. 犯他罪被抓捕后，如实供述司法机关尚未掌握的罪行，根据《刑法》第67条第2款，构成自首，**系特别自首**。

（二）青某：构成信用卡诈骗罪。

1. 客观上实施了盗窃信用卡并使用的承继共犯行为、信用卡诈骗行为，主观上无盗窃罪的故意，仅有冒用信用卡故意，根据《刑法》第196条第1款第3项，构成**信用卡诈骗罪**。[注意：这里一律以司法解释为依据，不存在对人、对机器的讨论]。

2. 与洪某在信用卡诈骗罪的范围内成立共同犯罪。

五、第五段事实中，程某构成抢劫罪、故意伤害罪，黄某构成故意杀人罪

（一）程某：构成抢劫罪（未遂）、故意伤害罪（致一人死亡、一人重伤）。

1. 对周某当场暴力威胁劫夺财物，根据《刑法》第263条，构成**抢劫罪**。[注意：不构成敲诈勒索罪]。未轻伤、得财，系犯罪未遂。

2. 抢劫不成另起犯意，对周某实施了伤害行为，具有伤害故意，根据《刑法》第234条，构成故意伤害罪。**特殊体质不中断死亡结果与伤害行为之间的因果关系**，系结果加重犯，**故意伤害罪（致人死亡）**。

3. 与黄某在故意伤害罪的范围内成立共同犯罪。

4. 对黄某的重伤：程某将黄某打成重伤，主观上是为报复，没有非法占有目的，不构成抢劫罪，构成**故意伤害罪（致人重伤）**。

5. 系连续犯，以故意伤害罪（致一人死亡、一人重伤）论处。

(二) 黄某：故意杀人罪（间接正犯）。

1. 黄某利用没有杀人故意的程某致周某死亡；主观上，黄某知情周某有白血病、明知伤害后会有死亡的结果，<u>具有杀人故意</u>，根据《刑法》第232条，构成故意杀人罪，<u>系间接正犯</u>。

2. 构成程某故意伤害罪（致人死亡）的教唆犯。以故意杀人罪一罪论处。

(三) 洪某：揭发他人重大犯罪，根据《刑法》第68条，构成<u>重大立功</u>。

八、《黑帮老大被骗记》（2018年主观题，难度系数50%）：参见本书第十一章（共同犯罪）

九、《甲、乙、丙绑错人案》（2017年主观题，难度系数20%）：参见本书第二章（写作理由的方法）

十、《怀璧其罪之"名画血案"》（2016年主观题，难度系数40%）

【案情】

（1）赵某与钱某原本是好友，赵某受钱某之托，为钱某保管一幅名画（价值800万元）达三年之久【旁注："保管"。侵占罪否？】。某日，钱某来赵某家取画时，赵某要求钱某支付10万元保管费，钱某不同意。赵某突然起了杀意，为使名画不被钱某取回进而据为己有，用花瓶猛砸钱某的头部【旁注：杀人。为了名画杀人，抢劫否？】，钱某头部受重伤后昏倒，不省人事，赵某以为钱某已经死亡【旁注：是不是又要"抛尸"？事前故意？】。（事实一）

（2）刚好此时，赵某的朋友孙某来访。赵某向孙某说"我摊上大事了"，要求孙某和自己一起将钱某的尸体埋在野外，孙某同意【旁注：承继共犯还是事后犯？】。二人一起将钱某抬至汽车的后座，由赵某开车，孙某坐在钱某身边。开车期间，赵某不断地说"真不该一时冲动"，"悔之晚矣"【旁注：啥意思？现在没故意？】。其间，孙某感觉钱某身体动了一下，仔细察看，发现钱某并没有死。但是，孙某未将此事告诉赵某【旁注：孙有故意，赵不知情】。到野外后，赵某一人挖坑并将钱某埋入地下（致钱某窒息身亡）【旁注：果然事前故意！】，孙某一直站在旁边没做什么，只是反复催促赵某动作快一点【旁注：孙是间接正犯？帮助犯？教唆犯？】。（事实二）

（3）一个月后，孙某对赵某说："你做了一件对不起朋友的事，我也做一件对不起朋友的事。你将那幅名画给我，否则向公安机关揭发你的杀人罪行。"【旁注：分赃？敲诈勒索罪？抢劫罪？】（事实三）

（4）三日后，赵某将一幅赝品（价值8000元）交给孙某【旁注：想骗真品，骗到赝品。认识错误？既遂、未遂？部分未遂、部分既遂？】。孙某误以为是真品，以600万元的价格卖给李某【旁注："以为是真品"。诈骗罪？】。李某发现自己购买了赝品，向公安机关告发孙某，导致案发。（事实四）

【问题】

1. 关于赵某杀害钱某以便将名画据为己有这一事实,可能存在哪几种处理意见?各自的理由是什么?

2. 关于赵某以为钱某已经死亡,为毁灭罪证而将钱某活埋导致其窒息死亡这一事实,可能存在哪几种主要处理意见?各自的理由是什么?

3. 孙某对钱某的死亡构成何罪(说明理由)?是成立间接正犯还是成立帮助犯(从犯)?

4. 孙某向赵某索要名画的行为构成何罪(说明理由)?关于法定刑的适用与犯罪形态的认定,可能存在哪几种观点?

5. 孙某将赝品出卖给李某的行为是否构成犯罪?为什么?

【方鹏作答满分答案(每个下划线一分)】

答:赵某、孙某二人的刑事责任以及五个问题回答如下。

一、关于赵某杀害钱某以便将名画据为己有这一事实

涉及返还请求权这种财产性利益能否成为抢劫罪的犯罪对象的问题。可能存在两种处理意见。

1. 观点一:认定为侵占罪、故意杀人罪,数罪并罚。

(1) 对于名画,根据《刑法》第263条的规定,抢劫罪的对象是他人占有的财物,是转移占有型财产犯罪。赵某在杀害钱某之前,已经占有了名画,不可能对名画构成抢劫罪。

对于名画的返还请求权这种财产性利益,如认为可立即转移交付才能成为抢劫罪对象,本案中该利益不能因行为人的行为而转移占有,不属于抢劫罪的对象,不能构成抢劫罪。

(2) 赵某受委托保管名画,将代为保管的他人财物,非法据为自己所有,根据《刑法》第270条第1款的规定,赵某对名画成立侵占罪。

(3) 赵某杀害钱某,根据《刑法》第232条规定,对钱某的死亡成立故意杀人罪。

(4) 在罪数上,应当以侵占罪、故意杀人罪,数罪并罚。

2. 观点二:认定成立抢劫罪(致人死亡)一罪。

(1) 名画的返还请求权这种财产性利益,可以成为抢劫罪的对象"公私财物"。赵某以杀人的暴力手段,劫取钱某的财产性利益,目的是非法占有名画使其不被返还,根据《刑法》第263条的规定,构成抢劫罪。

(2) 赵某也触犯了故意杀人罪、侵占罪。

(3) 在罪数上,杀人是抢劫罪的手段,抢劫后侵占是抢劫罪的结果;以杀人为手段抢劫,是结果加重犯,以抢劫罪(致人死亡)一罪论处,系犯罪既遂。

二、赵某以为钱某已经死亡，为毁灭罪证而将钱某活埋导致其窒息死亡

属于因果关系认识错误中的**事前故意**。对此现象的处理，涉及**因果关系是否中断的问题**，主要有两种观点：

1. 观点一：应认定为<u>故意杀人既遂一罪（或抢劫罪致人死亡）</u>。

理由是，认为杀人之后大概率的会抛尸，杀人行为（或抢劫行为）与死亡结果之间的<u>因果关系并未中断</u>，则只构成故意杀人罪既遂（或抢劫罪致人死亡）一罪。

2. 观点二：触犯<u>故意杀人罪未遂（或抢劫罪基本犯）</u>、过失致人死亡，数罪并罚（或想象竞合）。

理由是，认为杀人之后不一定会抛尸，抛"尸"行为<u>中断因果关系</u>，前行为构成故意杀人罪未遂（或抢劫罪基本犯）。后行为抛"尸"行为客观上导致死亡，主观上只有过失，根据《刑法》第233条，构成过失致人死亡罪。

应以故意杀人罪未遂、过失致人死亡罪两罪并罚（当作为两个行为），或想象竞合（当作一个行为）。

三、孙某对钱某的死亡，构成<u>故意杀人罪</u>。

1. 孙某催促赵某杀人，实施了杀人的帮助行为或间接正犯行为，主观上具有杀人故意，根据《刑法》第232条，构成故意杀人罪。

（1）观点一：倘若在前一问题上，认为赵某成立故意杀人既遂（或抢劫罪致人死亡即对死亡持故意）；那么，孙某以催促的方式为赵某进行<u>精神帮助行为</u>，主观上具有<u>帮助犯的故意</u>，根据《刑法》第232条、27条，成立故意杀人罪的帮助犯（从犯）。

（2）观点二：倘若在前一问题上，认为赵某成立故意杀人未遂（或抢劫罪基本犯）与过失致人死亡罪；那么，孙某利用赵某的<u>过失行为支配赵某实施故意杀人</u>，系杀人的间接正犯行为。根据《刑法》第232条，成立故意杀人罪的间接正犯。

3. 即使认为赵某构成抢劫罪，孙某加入时，赵某之前的抢劫行为已经行为终了，孙某不构成抢劫罪的共同犯罪（承继共犯）。

四、孙某索要名画的行为，构成<u>敲诈勒索罪</u>。

1. 孙某以<u>揭发违法犯罪为要挟勒索财物</u>，根据《刑法》第274条的规定，构成敲诈勒索罪。

2. 关于犯罪数额及犯罪形态的认定，涉及部分既遂、部分未遂案件中，是否适用加重犯未遂的问题，有以下处理意见。

（1）观点一：孙某以**敲诈勒索罪800万元未遂**论处。

对孙某按敲诈勒索罪800万元，适用数额特别巨大的法定刑，同时适用未遂犯的规定，即认定为数额特别巨大的加重犯的未遂。

同时，将敲诈勒索罪8000元既遂，即取得价值8000元的赝品的事实，作为量刑

情节。

这是司法实务中的一般做法。可参照《最高人民法院、最高人民检察院关于办理诈骗刑事案件具体应用法律若干问题的解释》(法释〔2011〕7号) 第6条规定:"诈骗既有既遂,又有未遂,分别达到不同量刑幅度的,依照处罚较重的规定处罚;达到同一量刑幅度的,以诈骗罪既遂处罚。"

(2) 观点二:孙某以**敲诈勒索罪8000元既遂**论处。

亦即,将数额特别巨大视为单纯的量刑因素或量刑规则,按实际所得的数额量刑。对孙某应当按敲诈勒索罪8000元适用数额较大的法定刑,认定为犯罪既遂,不适用未遂犯的规定。

(3) 观点三:敲诈勒索罪8000元,即基本犯既遂,与800万元即加重犯的未遂,想象竞合,择一重处。或者数罪并罚。观点二、观点三是理论观点。

五、孙某出卖赝品的行为,不构成诈骗罪。

理由是,孙某客观上虽实施了售假行为,但孙某主观上以为出卖的是真的名画,不具有诈骗罪故意。不能构成诈骗罪。

十一、《高某、夏某、宗某杀人案》(2015年主观题,难度系数60%):参见本书第二十四章(多观点题)

十二、《甲、乙、丙、丁、戊贪腐案》(2014年主观题,难度系数30%)

【案情】

(1) 国有化工厂车间主任甲与副厂长乙(均为国家工作人员)共谋,在车间的某贵重零件仍能使用时,利用职务之便,制造该零件报废、需向五金厂(非国有企业)购买的假象(该零件价格26万元),以便非法占有货款。甲将实情告知五金厂负责人丙,嘱托丙接到订单后,只向化工厂寄出供货单、发票而不需要实际供货,等五金厂收到化工厂的货款后,丙再将26万元货款汇至乙的个人账户(事实一)。

(2) 丙为使五金厂能长期向化工厂供货,便提前将五金厂的26万元现金汇至乙的个人账户。乙随即让事后知情的妻子丁去银行取出26万元现金,并让丁将其中的13万元送给甲。3天后,化工厂会计准备按照乙的指示将26万元汇给五金厂时,因有人举报而未汇出(事实二)。

(3) 甲、乙见事情败露,主动向检察院投案,如实交待了上述罪行,并将26万元上交检察院(事实三)。

(4) 此外,甲还向检察院揭发乙的其他犯罪事实(事实四):乙利用职务之便,长期以明显高于市场的价格向其远房亲戚戊经营的原料公司采购商品,使化工厂损失近300万元(事实五);戊为了使乙长期关照原料公司,让乙的妻子丁未出资却享有原料公司10%的股份（乙、丁均知情），虽未进行股权转让登记，但已分给红利58万元，每次分红都是丁去原料公司领取现金（事实六）。

【问题】请分析甲、乙、丙、丁、戊的刑事责任（包括犯罪性质、犯罪形态、共同犯罪、数罪并罚与法定量刑情节），须答出相应理由。

【考点分解】

本题主要考查贪污贿赂犯罪、犯罪形态、共同犯罪、数罪并罚、自首立功等。

1. 事实一涉及贪污罪与受贿罪的区分，关键在于作为犯罪目标的26万元应然所有权归谁？三人最终是想把化工厂的26万元搞出来，该笔款项应属化工厂所有，故应认定为贪污；而不是五金厂所有，故不构成受贿罪。丙虽无国家工作人员身份，但可构成贪污罪的共犯。

2. 事实二涉及贪污罪的既遂标准，在客观上化工厂的26万元还没到手控制，获得了26万元并不是化工厂钱款，而是五金厂的供货款，应是贪污未遂。

3. 事实三涉及自首的认定。

4. 事实四涉及立功的认定。

5. 事实五涉及为亲友非法牟利罪。

6. 事实六涉及收受干股型的受贿罪，法条依据参见《最高人民法院、最高人民检察院关于办理受贿刑事案件适用法律若干问题的意见》第2条："干股是指未出资而获得的股份。国家工作人员利用职务上的便利为请托人谋取利益，收受请托人提供的干股的，以受贿论处。进行了股权转让登记，或者相关证据证明股份发生了实际转让的，受贿数额按转让行为时股份价值计算，所分红利按受贿孳息处理。股份未实际转让，以股份分红名义获取利益的，实际获利数额应当认定为受贿数额。"

【答案范本】

（一）甲构成贪污罪（未遂），具有自首、立功情节。

1. 甲、乙利用职务上便利，骗取本单位公款，欲图归自己所有，根据《刑法》第382条的规定，构成贪污罪。二人是共同犯罪。

2. 欲图骗取的对象是化工厂的公款（虽然客观上还未获得），即本单位公款；而不是五金厂给予的钱款，故不构成受贿罪。

3. 贪污罪的既遂标准是控制本单位的财产。本案中单位公款26万元尚未汇出，因意志以外的原因未得逞，根据《刑法》第23条的规定，甲、乙构成贪污罪未遂。客观上，甲、乙获得的26万元不是化工厂的财产，没有给化工厂造成实际损失，甲、乙没有贪污到化工厂的财产，不构成贪污罪既遂。

4. 甲、乙犯贪污罪后自动投案、如实供述，根据《刑法》第67条的规定，成立自首（一般自首），可以从轻或者减轻处罚。

5. 甲揭发了乙为亲友非法牟利罪与受贿罪的犯罪事实，根据《刑法》第68条的规定，构成立功，可以从轻或者减轻处罚。

（二）乙构成贪污罪未遂，为亲友非法牟利罪，受贿罪，应当数罪并罚。具有自首情节。

1. 乙与甲构成贪污罪的共同犯罪。具有自首情节。理由同前。

2. 乙长期以明显高于市场的价格向其远房亲戚戊经营的原料公司采购商品，使化工厂损失近300万元的行为，根据《刑法》第166条的规定，构成为亲友非法牟利罪。

3. 乙以妻子丁的名义，在原料公司享有10%的股份分得红利58万元，为原料公司谋取利益，根据《刑法》第385条，构成受贿罪，系"干股受贿"。乙、丁成立受贿罪的共同犯罪。受贿数额，根据司法解释，股份未实际转让，以股份分红名义获取利益的，实际获利数额应当认定为受贿数额。

4. 对于上述贪污罪、为亲友非法牟利罪、受贿罪，应当实行数罪并罚。

（三）丙构成贪污罪的帮助犯（从犯）。

1. 丙虽无国家工作人员的身份，但明知甲、乙二人实施贪污行为，客观上为甲、乙实施了贪污行为提供帮助，主观上有帮助故意，根据《刑法》第25条第1款、第27条的规定，丙构成贪污罪的帮助犯（从犯）。

2. 丙将五金厂的26万元挪用出来汇给乙的个人账户，是为了单位利益，不是为了个人使用，也不是为了谋取个人利益，不符合《刑法》第272条"挪用本单位资金归个人使用或者借贷给他人"的条件，不能构成挪用资金罪。

3. 对于从犯，应当从轻、减轻处罚或者免除处罚。

（四）丁构成受贿罪的帮助犯（从犯）。

1. 丁将26万元取出的行为，不构成贪污罪的共犯，因为丁取出26万元时该26万元不是贪污犯罪所得；丁主观上也只有事后加入的故意，没有贪污罪的共同故意。

2. 丁也不构成掩饰、隐瞒犯罪所得罪。因为客观上该26万元不是贪污犯罪所得，也不是其他犯罪所得，不符合《刑法》第312条规定的"犯罪所得"的对象要素。主观上虽有掩饰、隐瞒犯罪所得罪的故意，但系不能犯。

3. 丁将其中的13万元送给甲，既不是帮助分赃，也不是行贿，不成立犯罪。

4. 丁虽无国家工作人员的身份，但明知乙收受原料公司"干股"和58万元贿赂，仍以自己名义获取干股，并领取贿赂款，对乙受贿行为进行帮助，有帮助故意，根据《刑法》第25条第1款、第27条的规定，构成受贿罪的帮助犯（从犯）。

5. 对于从犯，应当从轻、减轻处罚或者免除处罚。

（五）戊构成行贿罪（或单位行贿罪）。

戊为了谋取不正当利益，给予国家工作人员乙"干股"和58万元贿赂，根据《刑法》第389条规定，构成行贿罪（或单位行贿罪）。

【关键词】

本单位财产；贪污罪；犯罪未遂；自首；立功；为亲友非法牟利罪；犯罪所得；干股受贿；共同犯罪；行贿罪。

十三、《甲盗窃后杀人案》（2013年主观题，难度系数30%）

【案情】

甲与余某有一面之交，知其孤身一人。某日凌晨，甲携匕首到余家盗窃，物色一段时间后，未发现可盗财物。此时，熟睡中的余某偶然大动作翻身，且口中念念有词。甲怕被余某认出，用匕首刺死余某，仓皇逃离（事实一）。

逃跑中，因身上有血迹，甲被便衣警察程某盘查。程某上前拽住甲的衣领，试图将其带走。甲怀疑遇上劫匪，与程某扭打。甲的朋友乙开黑车经过此地，见状停车，和甲一起殴打程某。程某边退边说："你们不要乱来，我是警察。"甲对乙说："别听他的，假警察该打。"程某被打倒摔成轻伤（事实二）。

司机谢某见甲、乙打人后驾车逃离，对乙车紧追。甲让乙提高车速并走"蛇形"，以防谢某超车。汽车开出2公里后，乙慌乱中操作不当，车辆失控撞向路中间的水泥隔离墩。谢某刹车不及撞上乙车受重伤。赶来的警察将甲、乙抓获（事实三）。

在甲、乙被起诉后，甲父丙为使甲获得轻判，四处托人，得知丁的表兄刘某是法院刑庭庭长，遂托丁将15万元转交刘某。丁给刘某送15万元时，遭到刘某坚决拒绝（事实四）。

丁告知丙事情办不成，但仅退还丙5万元，其余10万元用于自己炒股。在甲被定罪判刑后，无论丙如何要求，丁均拒绝退还余款10万元。丙向法院自诉丁犯有侵占罪（事实五）。

【问题】

1. 就事实一，对甲的行为应当如何定性？理由是什么？

2. 就事实二，对甲、乙的行为应当如何定性？理由是什么？

3. 就事实三，甲、乙是否应当对谢某重伤的结果负责？理由是什么？

4. 就事实四，丁是否构成介绍贿赂罪？是否构成行贿罪（共犯）？是否构成利用影响力受贿罪？理由分别是什么？

5. 就事实五，有人认为丁构成侵占罪，有人认为丁不构成侵占罪。你赞成哪一观点？具体理由是什么？

【解析】本题主要考查盗窃罪、假想防卫、因果关系、贿赂犯罪、侵占罪等。

1. 事实一涉及盗窃罪、故意杀人罪、抢劫罪，关键在于可否认定为转化型抢劫，关键要看行为人实施暴力时有无窝藏赃物、抗拒抓捕、毁灭罪证三种特定目的。

2. 事实二涉及假想防卫，即误认警察当劫匪打成轻伤，如何定性。假想防卫，因行为人主观上有防卫意图，对实害结果不认定具有犯罪故意；关键在于有无过失，以及过失实施特定危害行为，刑法是否规定为犯罪。

3. 事实三涉及因果关系的认定，是介入因素与因果关系判断的模型。在被告人高速驾车走蛇形和被害人重伤之间，介入被害人的过失行为（如对车速的控制不当等）。根据条件说，甲乙的行为、谢某的追尾行为，都是导致谢某重伤结果的条件。根据一般常识，追尾者对于造成事故负有全部或主要责任。故而根据相当因果关系说的观点，负有全部或主要责任者的行为，与结果具有因果关系。故而，从规范判断（相当因果关系说）的角度看，谢某的重伤与甲乙的行为之间，仅有条件关系，而没有因果关系；谢某的重伤与谢某自己驾驶的汽车对乙车追尾行为之间，具有因果关系。该结果不应当由甲、乙负责。

4. 事实四涉及介绍贿赂罪与行贿罪共犯、利用影响力受贿罪之间的区分。关键要看行为人所处的立场和利用的关系，偏向受贿人一方、与受贿者有共谋，帮受贿者收钱，是受贿罪的共犯。偏向行贿人一方是行贿罪的共犯；居中介绍是介绍贿赂罪，利用本人与国家工作人员之系的密切关系是利用影响力受贿罪。

5. 事实五涉及侵占罪的认定，关键在于侵占基于不法原因而取得的保管物是否构成侵占罪，是一个"设定结论反推观点"多观点题。设定不同结论，考查推理原理。通说观点从刑法角度来看，认为可以构成侵占罪；少数观点从民法角度入手，认为基于不法原因而取得的保管物本身不受法律保护，不构成侵占罪。

【答案范本】

（一）事实一中，甲构成盗窃罪（未遂）、故意杀人罪（既遂），数罪并罚。

1. 甲携带凶器盗窃、入户盗窃，根据《刑法》第264条，构成盗窃罪。因意志以外原因未取得财物，系盗窃罪未遂。

2. 甲怕被余某认出而故意杀害余某，根据《刑法》第232条，构成故意杀人罪。

3. 本案中被害人并未发现罪犯的盗窃行为，并未反抗；甲并非出于窝藏赃物、抗拒抓捕、毁灭罪证的目的而杀人，不符合《刑法》第269条规定，不能构成转化型抢劫。甲也未在杀害被害人后再取得财物，也不是出于劫财目的而杀人，不符合《刑法》第263条规定，也不能构成普通抢劫罪。

4. 应以盗窃罪和故意杀人罪，数罪并罚。

（二）事实二中，甲、乙不构成犯罪。

1. 甲、乙的行为系假想防卫，主观上有防卫意图，不具有犯罪故意；在程某明确告知是警察的情况下，仍然对被害人使用暴力，应当预见而未预见，主观上对危害结果具有过失。

2. 甲、乙不构成妨害公务罪。甲、乙客观上实施了以暴力方法阻碍国家机关工作人员依法执行职务的妨害公务行为。但其系假想防卫，主观上具有防卫意图，没有认识到程某是在执行公务，不具有妨害公务罪的故意。应当预见而未预见是警察执行公务，对于妨害公务的行为仅具有过失。根据《刑法》277条的规定，妨害公务罪的成立需要行为人主观上具有妨害公务罪的故意，故甲、乙不构成妨害公务罪。

3. 甲、乙不构成故意伤害罪。客观上乙实施了伤害致人轻伤的实行行为，甲实施了教唆乙实施伤害的行为；但甲、乙主观上具有防卫意图，不具有伤害的故意。对于程某实施合法行为而非不法侵害应当预见而未预见，对于轻伤结果系疏忽大意的过失。甲、乙不构成故意伤害罪。

因我国刑法对于过失致人轻伤的行为未规定为犯罪，根据《刑法》第3条罪刑法定原则，不能追究甲、乙过失轻伤的刑事责任。

（三）事实三中，甲、乙是否对谢某重伤的结果承担刑事责任。

1. 根据条件规则判断，导致谢某重伤结果的因素两个：甲、乙走蛇形水泥撞上隔离墩停车、谢某刹车不及追尾。没有甲、乙撞上隔离墩停车，谢某不会重伤；即使甲、乙撞上隔离墩停车，没有谢某的追尾，谢某也不会重伤。两个行为都是导致谢某重伤结果的条件。

2. 在相当性判断方面，一般情况下，追尾者对于造成事故负有全部或主要责任。故而根据相当因果关系说的观点，追尾者谢某负有全部或主要责任者的行为，是造成谢某重伤结果的具有相当性的条件，具有刑法上的因果关系。

3. 故而，从规范判断（相当因果关系说）的角度看，谢某的重伤结果与甲乙的行为之间，仅有条件关系，而没有因果关系；谢某的重伤与谢某本人的追尾行为之间，具有刑法上的因果关系。甲、乙不对该结果承担刑法上的责任。

（四）事实四中，丁构成行贿罪（未遂）的帮助犯（从犯）。不构成介绍贿赂罪、利用影响力受贿罪。

1. 丁客观上并未索取或者收受他人财物，主观上并无收受财物的意思，不构成利用影响力受贿罪。

2. 丁接受丙的委托，帮助请托人丙实施行贿行为，客观上有帮助行贿的行为，主观上有帮助行贿的故意，根据《刑法》第389条、第27条的规定，构成行贿罪（未遂）帮助犯（从犯）。

3. 介绍贿赂罪要求介绍他人向国家工作人员行贿，丁已经构成行贿罪的帮助犯，可视为介绍自己行贿，没有实施居中介绍的介绍贿赂行为，不构成介绍贿赂罪。

（五）事实五中，丁的"截贿"行为是否构成侵占罪，涉及基于不法原因而取得的保管物是否属于侵占罪的对象的问题。

1. 观点一：①如认为侵占罪的对象"代为保管的他人财物"，包括基于不法原因而取得的保管物。侵占罪对象的"合法的占有"财物，是指之前转移占有行为不构成犯罪。本案中丙托丁将贿赂款送与刘某该款项属于侵占罪的对象。

②丁非法所有其中10万元，将代为保管的他人财物非法占为己有，数额较大，拒不退还，根据《刑法》第270条的规定，触犯侵占罪。

③无论丙对10万元是否具有返还请求权，10万元都不属于丁的财物，因此该财物属于"他人财物"。

④虽然民法不保护非法的委托关系，但刑法的目的不是确认财产的所有权，而是打击侵犯财产的犯罪行为，如果不处罚侵占代为保管的非法财物的行为，将可能使大批侵占赃款、赃物的行为无罪化，这并不合适。

2. 观点二：①如认为侵占罪的对象"代为保管的他人财物"，应是民法上"合法的占有"财物。本案中丙托丁将贿赂款送与刘某，该款项属于丁帮丙保管的赃款，占有本身非法，不属于侵占罪的对象，丁非法所有其中10万元，不能触犯侵占罪。

②从民法上讲，10万元为贿赂款，丙没有返还请求权，该财物已经不属于丙，因此，丁没有侵占"他人的财物"。

③该财产在丁的实际控制下，不能认为其已经属于国家财产，故该财产不属于代为保管的"他人财物"。据此，不能认为丁虽未侵占丙的财物但侵占了国家财产。

④如认定为侵占罪，会得出民法上丙没有返还请求权，但刑法上认为其有返还请求权的结论，刑法和民法对相同问题会得出不同结论，法秩序的统一性会受到破坏。

十四、《黄某、李某骗取补偿款案》（2012年主观题，难度系数40%）

【案情】

镇长黄某负责某重点工程项目占地前期的拆迁和评估工作。黄某和村民李某勾结，由李某出面向某村租赁可能被占用的荒山20亩植树，以骗取补偿款。但村长不同意出租荒山。黄某打电话给村长施压，并安排李某给村长送去6万元现金后，村长才同意签订租赁合同。李某出资6万元购买小树苗5000棵，雇人种在荒山上。（事实一）

副县长赵某带队前来开展拆迁、评估工作的验收。李某给赵某的父亲（原县民政局局长，已退休）送去6万元现金，请其帮忙说话。赵某得知父亲收钱后答应关照李某，令人将邻近山坡的树苗都算到李某名下。（事实二）

后李某获得补偿款50万元，分给黄某30万元。黄某认为自己应分得40万元，二人发生争执，李某无奈又给黄某10万元。（事实三）

李某非常恼火，回家与妻子陈某诉说。陈某说："这种人太贪心，咱可把钱偷回来。"李某深夜到黄家伺机作案，但未能发现机会，便将黄某的汽车玻璃（价值1万元）砸坏。（事实四）

黄某认定是李某作案，决意报复李某，深夜对其租赁的山坡放火（李某住在山坡上）。

树苗刚起火时，被路过的村民邢某发现。邢某明知法律规定发现火情时，任何人都有报警的义务，但因与李某素有矛盾，便悄然离去。（事实五）

大火烧毁山坡上的全部树苗，烧伤了李某，并延烧至村民范某家。范某被火势惊醒逃至屋外，想起卧室有5000元现金，即返身取钱，被烧断的房梁砸死。（事实六）

【问题】

1. 对村长收受黄某、李某现金6万元一节，应如何定罪？为什么？
2. 对赵某父亲收受6万元一节，对赵某父亲及赵某应如何定罪？为什么？
3. 对黄某、李某取得补偿款的行为，应如何定性？二人的犯罪数额应如何认定？
4. 对陈某让李某盗窃及汽车玻璃被砸坏一节，对二人应如何定罪？为什么？

5. 村民邢某是否构成不作为的放火罪？为什么？

6. 如认定黄某放火与范某被砸死之间存在因果关系，可能有哪些理由？如否定黄某放火与范某被砸死之间存在因果关系，可能有哪些理由？（两问均须作答）

【解析】本题主要考查贪污贿赂犯罪、共同犯罪与身份、教唆犯的认定、不作为犯、因果关系的认定。

1. 事实一涉及国家工作人员的认定，即村长的身份如何认定。受委托从事公务是国家工作人员，仅从事村里事务时不是国家工作人员。

2. 事实二涉及受贿罪共犯与利用影响力受贿罪之间的区分。与国家工作人员关系密切的人收受请托人钱款，利用国家工作人员职务便利或地位，为请托人谋取不正当利益的：如国家工作人员知情受贿事件，构成受贿罪的共犯；如国家工作人员不知情受贿事件，才可能构成利用影响力受贿罪。

3. 事实三涉及有身份人与无身份人内外勾结侵吞财物行为的定性，具体涉及诈骗罪与贪污罪共同的区分。关键有二：其一，侵吞财物的属性为何，应然权属是公共财物还是个人财物；其二，是否实际利用了国家工作人员的职务便利。

4. 事实四涉及共同犯罪的认定，教唆者教唆实行者实施A罪，实际上实行者实施B罪（如果A罪行为、B罪行为不重叠），即"教唆未遂"这种现象如何认定处理。主流观点即共犯从属说认为实行者未实施被教唆行为，教唆者不构成教唆犯；少数观点即共犯独立说认为教唆者构成教唆犯。但本案中，实行者实施了盗窃的预备行为，按共犯从属说，教唆犯也能成立。

5. 事实五涉及不作为犯的问题，主要涉及违背其它法律（行政法）的积极义务的不作为行为，可否构成刑法不作为犯罪的问题。回答是：只有符合刑法规定的具体犯罪构成要件的，才能构成不作为犯罪。

6. 事实五涉及因果关系的认定，是介入因素与因果关系判断的模型。是一个"设定结论反推观点"题，设定不同结论，考查推理原理。关键在于论述介入因素是否对结果起到重要作用。

【答案范本】

（一）对村长收受黄某、李某现金6万元一节，村长构成非国家工作人员受贿罪，黄某、李某构成对非国家工作人员行贿罪。

1. 出租荒山是村民自治组织事务，不是接受乡镇政府从事公共管理活动，不符合《刑法》第93条、《全国人民代表大会常务委员会关于〈中华人民共和国刑法〉第九十三条第二款的解释》，村长此时不具有国家工作人员身份，属于非国家工作人员，不构成受贿罪。

2. 非国家工作人员村长利用职务上的便利，收受他人财物，为他人谋取利益，根据《刑法》第164条规定，构成非国家工作人员受贿罪。

3. 黄某、李某为谋取不正当利益，给予非国家工作人员村长以财物，根据《刑法》第164条规定，构成对非国家工作人员行贿罪。

（二）对赵某父亲收受6万元一节，赵某构成受贿罪，赵某父亲构成受贿罪的帮助犯（从犯）。

1. 副县长赵某系国家工作人员，明知其近亲属收受请托人财物不予退还，为请托人谋取利益，根据《刑法》第385条，以及《最高人民法院、最高人民检察院关于办理贪污贿赂刑事案件适用法律若干问题的解释》第16条第2款的规定，构成受贿罪。

2. 赵某父亲帮助赵某受贿，有共同故意，根据《刑法》第25条第1款、第27条，构成受贿罪的帮助犯（从犯）。

3. 赵某父亲虽具有国家工作人员近亲属、离职国家工作人员的身份，但因已构成受贿罪的帮助犯，不再以利用影响力受贿罪论处。

（三）对黄某、李某取得补偿款的行为，黄某、李某构成贪污罪，二人的犯罪数额均为50万元。

1. 镇长黄某系国家工作人员，利用职务便利骗取公共财物补偿款归自己所有，根据《刑法》第382条的规定，构成贪污罪。

2. 该补偿款的应然权属是公共财物，是贪污罪的对象；不应归李某所得，黄某不构成受贿罪。

3. 李某虽无国家工作人员身份，但与黄某勾结伙同贪污的，根据《刑法》第382条第3款、第25条第1款、第27条，构成贪污罪的共犯，系帮助犯（从犯）。

4. 不同身份人相互勾结共同犯罪的，以主犯身份定罪，本案镇长黄某的职权作用大。

5. 二人系共同犯罪，对共同贪污行为的犯罪数额负责，犯罪数额均为50万元。而不能按照各自最终分得的赃物确定犯罪数额。

（四）对陈某让李某盗窃及汽车玻璃被砸坏一节，陈某、李某构成盗窃罪（预备），李某另构成故意毁坏财物罪（既遂）。

1. 李某客观上实施了盗窃的预备行为，主观上有盗窃故意、非法占有目的，根据《刑法》第264条的规定，构成盗窃罪。在着手实行之前因为意志以外的原因被迫放弃，根据《刑法》第22条的规定，是犯罪预备。

2. 对于教唆者陈某，教唆李某实施盗窃行为，实行者李某实施了盗窃的预备行为，按共犯从属说，陈某可构成盗窃罪的教唆犯。陈某属于"教唆未遂"，正犯李某在预备阶段停顿，陈某构成犯罪预备。

3. 李某故意砸坏汽车玻璃，根据《刑法》第275条规定，还构成故意毁坏财物罪。

4. 对于李某实施的毁坏财物行为，超出了陈某的教唆故意，属于李某实行过限，由李某自己负责，陈某不负责任。

（五）村民邢某是否构成不作为的放火罪。

1. 成立刑法中的不作为犯，行为人必须具有法律、法规规定的义务，职务或者业务要求的义务，法律行为引起的义务，先前行为引起的义务四种作为义务之一。

2. 一般公民发现火情后并不报警，虽然违反了《消防法》（行政法）第44条"任何人发现火灾都应当立即报警"明文规定,是《消防法》(行政法)层面上的不作为行为;但刑法没有规定不报告火灾罪,故不属于刑法上的不作为行为。

3. 村民邢某也不负有其他义务来源,无刑法上的作为义务,故单纯的不报警行为难以构成不作为犯罪。

(六)黄某放火行为与范某死亡结果之间,介入了被害人范某的行为。

1. 观点一:否定因果关系的大致理由。①根据相当因果关系说,放火和被害人死亡之间不具有相当性;②被告人实施的放火行为并未烧死范某,范某为抢救数额有限的财物返回高度危险的场所,违反常理;③被害人是精神正常的成年人,对自己行为的后果非常清楚,因此要对自己的选择负责;④被害人试图保护的法益价值有限。只有甲对乙的住宅放火,如乙为了抢救婴儿而进入住宅内被烧死的,才能肯定放火行为和死亡后果之间的因果关系。

2. 观点二:肯定因果关系的大致理由。①根据条件说,可以认为放火行为和死亡之间具有"无 A 就无 B"的条件关系;②被害人在当时情况下,来不及精确判断返回住宅取财的危险性;③被害人在当时情况下,返回住宅取财符合常理。

十五、《陈某假绑架案》(2011 年主观题,难度系数 30%)

【案情】

陈某因没有收入来源,以虚假身份证明骗领了一张信用卡,使用该卡从商场购物 10 余次,金额达 3 万余元,从未还款。(事实一)

陈某为求职,要求制作假证的李某为其定制一份本科文凭。双方因价格发生争执,陈某恼羞成怒,长时间勒住李某脖子,致其窒息身亡。(事实二)

陈某将李某尸体拖入树林,准备逃跑时忽然想到李某身有财物,遂拿走李某手机、现金等物,价值 6 万余元。(事实三)

陈某在手机中查到李某丈夫赵某手机号,以李某被绑架为名,发短信要求赵某交 20 万元"安全费"。由于赵某及时报案,陈某未得逞。(事实四)

陈某逃至外地。几日后,走投无路向公安机关投案,如实交待了上述事实二与事实四。(事实五)

陈某在检察机关审查起诉阶段,将自己担任警察期间查办犯罪活动时掌握的刘某抢劫财物的犯罪线索告诉检察人员,经查证属实。(事实六)

【问题】

1. 对事实一应如何定罪?为什么?
2. 对事实二应如何定罪?为什么?
3. 对事实三,可能存在哪几种处理意见(包括结论与基本理由)?
4. 对事实四应如何定罪?为什么?

5. 事实五是否成立自首？为什么？
6. 事实六是否构成立功？为什么？

【解析】本题主要考查信用卡类犯罪、故意杀人罪、拿走死者财物行为的定性、"假绑架"的定性、自首、立功。

1. 事实一涉及信用卡类犯罪，主要涉及信用卡诈骗罪、妨害信用卡管理罪，以及罪数关系（牵连犯）。

2. 事实二涉及故意杀人罪。

3. 事实三涉及临时起意拿走死者财物的定性问题。是一个学术争议观点考查题，涉及到盗窃罪、侵占罪。

4. 事实四涉及"假绑架"的定性问题。

5. 事实五涉及自首的认定，关键在于对自动投案要件的理解。

6. 事实六涉及立功的认定，是对立功司法解释的考查。

【答案范本】

（一）对事实一，陈某应认定为信用卡诈骗罪。

1. 以虚假身份证明骗领信用卡，根据《刑法》第177条之一第1款第3项，触犯了妨害信用卡管理罪。

2. 使用以虚假的身份证明骗领的信用卡，诈骗财物数额较大，根据《刑法》第196条第1款第1项，触犯信用卡诈骗罪。

3. 二罪之间是牵连犯关系，从一重罪论处，应认定为信用卡诈骗罪。

（二）对事实二，陈某应认定为故意杀人罪。

客观上，陈某长时间勒住被害人的脖子致其死亡，实施有杀人行为；主观上表明行为人具有杀人故意，根据《刑法》第232条，构成故意杀人罪（既遂）。

（三）对事实三，陈某临时起意拿走死者的财物，主要存在盗窃罪、侵占罪两种处理意见，涉及如何认定死者遗物的占有状态。

1. 观点一：陈某构成盗窃罪。理由是死者遗物是他人占有的财物（例如认为归继承人占有）。陈某的行为属于将他人占有财产转移给自己占有，符合盗窃罪的对象要求；实施了秘密窃取的盗窃行为，根据《刑法》第264条的规定，构成盗窃罪。

2. 观点二：陈某构成侵占罪。理由是死者遗物是不属他人占有的财物（死者不能占有）。故死者的手机、现金等物属于脱离他人占有的遗忘物。陈某将遗忘物非法占为己有，根据《刑法》第270条第2款的规定，构成侵占罪。

（四）对事实四，陈某构成敲诈勒索罪（未遂）、诈骗罪（未遂），系想象竞合。

1. 陈某具有勒索财物故意之时，客观上没有实施绑架行为，系假绑架，不构成绑架罪。

2. 陈某利用假消息对赵某实行威胁、要挟，意图勒索财物未果，根据《刑法》第274条，触犯敲诈勒索罪（未遂）。

3. 陈某隐瞒李某死亡的事实，意图骗取财物未果，根据《刑法》第266条，触犯诈骗罪（未遂）。

4. 陈某的一行为同时符合二罪的犯罪构成，属于想象竞合犯，应从一重罪论处。

（五）事实五中，陈某对故意杀人罪、敲诈勒索罪（或诈骗罪）成立自首。

走投无路而投案的，也属于自动投案，不影响自首的成立。后如实供述，根据《刑法》第67条第1款的规定，构成自首（一般自首）。

（六）事实六中，陈某不构成立功。

1. 根据刑法和司法解释的规定，陈某提供的犯罪线索虽属实，但是其以前查办犯罪活动中掌握的，故不构成立功。

2. 司法解释依据参见《最高人民法院关于处理自首和立功若干具体问题的意见》第4条第2款："犯罪分子将本人以往查办犯罪职务活动中掌握的，或者从负有查办犯罪、监管职责的国家工作人员处获取的他人犯罪线索予以检举揭发的，不能认定为有立功表现。"

十六、《赵某杀人后勒索案》（2010年主观题，难度系数30%）

【案情】

被告人赵某与被害人钱某曾合伙做生意（双方没有债权债务关系）。

2009年5月23日，赵某通过技术手段，将钱某银行存折上的9万元存款划转到自己的账户上（没有取出现金）。【旁注：黑客盗窃？既遂还是未遂？】【旁注：主观上具有非法占有目的】

钱某向银行查询知道真相后，让赵某还给自己9万元。

同年6月26日，赵某将钱某约至某大桥西侧泵房后，二人发生争执。赵某顿生杀意，突然勒钱某的颈部、捂钱某的口鼻，致钱某昏迷。赵某以为钱某已死亡，便将钱某"尸体"缚重扔入河中。【旁注：事前故意？】

6月28日凌晨，赵某将恐吓信置于钱某家门口，谎称钱某被绑架，让钱某之妻孙某（某国有企业出纳）【旁注：国家工作人员】拿20万元到某大桥赎人，如报警将杀死钱某。【旁注：假绑架】

孙某不敢报警，但手中只有3万元，于是在上班之前从本单位保险柜拿出17万元，急忙将20万元送至某大桥处。【旁注：挪用公款？】赵某蒙面接收20万元后，声称2小时后孙某即可见到丈夫。

28日下午，钱某的尸体被人发现（经鉴定，钱某系溺水死亡）。【旁注：果然事前故意】

赵某觉得罪行迟早会败露，于29日向公安机关投案，如实交待了上述全部犯罪事实，【旁注：一般自首】并将勒索的20万元交给公安人员（公安人员将20万元退还孙某，孙某于8月3日将17万元还给公司）。【旁注：挪用一个多月？避险？】

公安人员李某听了赵某的交待后随口说了一句"你罪行不轻啊"，赵某担心被判死刑，逃跑至外地。在被通缉的过程中，赵某身患重病无钱治疗，向当地公安机关投案，再次如实交待了自己的全部罪行。【旁注：自首？】

【问题】请根据《刑法》有关规定，分析上述案件中各行人的刑事责任。

【满分答案范式（一个下划线一分）】

（一）赵某将钱某的 9 万元存款划转到自己账户的行为，构成<u>盗窃罪</u>，系<u>犯罪既遂</u>。【结论】

1. 存折上对应的存款，属于<u>他人占有的公私财物</u>，系盗窃罪的对象。赵某在原占有人不知情的情况下将其转移占有，系秘密窃取的盗窃行为。【理由（关键词）】根据<u>《刑法》第 264 条</u>的规定，构成盗窃罪。【援引法条序号】

2. 根据盗窃罪的既遂标准<u>控制说</u>，赵某将存款转移至其账户后，能够随时兑现，<u>已经控制</u>该笔存款，系盗窃罪既遂。

（二）赵某致钱某死亡的行为，根据《刑法》第 232 条，构成<u>故意杀人罪</u>，在刑法理论上系<u>因果关系认识错误中的事前故意</u>。

对此现象的处理，涉及到因果关系是否中断的问题，主要有两种观点：

1. 观点一：赵某的行为应认定为<u>故意杀人既遂一罪</u>。【结论】

理由是，认为杀人之后大概率的会抛尸，杀人行为与抛尸行为之间具有依附关系，抛"尸"行为<u>不中断因果关系</u>，杀人行为与死亡结果之间的因果关系并未中断，则只构成故意杀人罪既遂一罪。【理由（关键词）】

2. 观点二：将赵某的前行为认定为故意杀人罪未遂，将后行为认定为<u>过失致人死亡</u>，对二者实行数罪并罚，或者按想象竞合处理。【结论】

理由是，认为杀人之后不一定会抛尸，杀人行为与抛尸行为之间系独立关系，抛"尸"行为<u>中断因果关系</u>，构成故意杀人罪未遂。后行为抛"尸"行为客观上导致死亡，但行为人对死亡结果只有过失，根据《刑法》第 233 条，构成过失致人死亡罪。

应以故意杀人罪未遂、过失致人死亡罪两罪并罚，或者按想象竞合处理。【理由（关键词）】

（三）赵某向孙某勒索 20 万元的行为，触犯<u>敲诈勒索罪</u>、<u>诈骗罪</u>，系<u>想象竞合犯</u>，应择一重处。【结论】

1. 赵某在杀人之后，临时起意进行勒索，客观上<u>未实施绑架行为</u>，不构成绑架罪。

2. 赵某在钱某死亡之后谎称绑架，诈骗孙某钱财，根据《刑法》第 266 条，触犯<u>诈骗罪</u>。【理由（关键词）+援引法条序号】

3. 赵某利用虚假消息，<u>威胁</u>、<u>要挟</u>敲诈孙某，向其<u>勒索</u>钱财，根据《刑法》第 274 条，触犯敲诈勒索罪。【理由（关键词）+援引法条序号】

4. 一行为同时触犯数罪，系两罪的<u>想象竞合犯</u>，应当从一重罪论处。

（四）赵某的行为成立自首。【结论】

根据《刑法》第 67 条的规定，犯罪以后自动投案，如实供述自己的罪行的，是自首。成立自首需具备自动投案、如实供述两个条件。

1. 对于赵某第一次投案行为，根据《最高人民法院关于处理自首和立功具体应用法律若干问题的解释》第1条第1项规定，犯罪嫌疑人自动投案后又逃跑的，不属于自动投案，不能认定为自首。

2. 但是，对于赵某第二次投案行为，虽被通缉是在无钱治病的情况下投案，但根据前述司法解释的规定，虽被发觉，但犯罪嫌疑人尚未被采取强制措施时投案；犯罪后逃跑，在被通缉、追捕过程中，主动投案的，也属于自动投案。符合<u>自动投案</u>、<u>如实供述</u>两个条件。构成自首。【理由（关键词）+援引法条序号】

（五）孙某的行为<u>不成立犯罪</u>。【结论】

1. 孙某系国有企业出纳，系国家工作人员。其利用职务上的便利，将单位公款，<u>挪归其本人使用</u>，系挪用公款行为。

2. 但其将公款挪给其个人使用，用于其他用途，虽数额较大，但并没有超过<u>三个月</u>。不符合《刑法》第384条规定的时间条件，不构成挪用公款罪。【理由（关键词）+援引法条序号】

3. 即使挪用超过三个月，主观上为挽救钱某生命而被迫挪用，具有避险意图，没有犯罪故意，也不构成挪用公款罪。

十七、《甲杀情妇偷保险柜案》（2009年主观题，难度系数20%）

【案情】

甲和乙均缺钱。乙得知甲的情妇丙家是信用社代办点，配有保险柜，认为肯定有钱，便提议去丙家借钱，并说："如果她不借，也许我们可以偷或者抢她的钱。"甲说："别瞎整！"乙未再吭声。某晚，甲、乙一起开车前往丙家。乙在车上等，甲进屋向丙借钱，丙说："家里没钱。"甲在丙家吃饭过夜。乙见甲长时间不出来，只好开车回家。甲一觉醒来，见丙已睡着，便起身试图打开保险柜。丙惊醒大声斥责甲，说道："快住手，不然我报警了！"甲恼怒之下（为抗拒抓捕）将丙打死，藏尸地窖。（事实一）

甲不知密码打不开保险柜，翻箱倒柜只找到了丙的一张储蓄卡及身份证。甲回家后想到乙会开保险柜，即套问乙开柜方法，但未提及杀丙一事。甲将丙的储蓄卡和身份证交乙保管，声称系从丙处所借。两天后甲又到丙家，按照乙的方法打开保险柜，发现柜内并无钱款。乙未与甲商量，通过丙的身份证号码试出储蓄卡密码，到商场刷卡购买了一件价值两万元的皮衣。（事实二）

案发后，公安机关认为甲有犯罪嫌疑，即对其实施拘传。甲在派出所乘民警应对突发事件无人看管之机逃跑。半年后，得知甲行踪的乙告知甲，公安机关正在对甲进行网上通缉，甲于是到派出所交代了自己的罪行。（事实三）

【问题】

请根据《刑法》有关规定，对上述案件中甲、乙的各种行为和相关事实、情节进行分析，分别提出处理意见，并简要说明理由。

【解析】本题主要考查转化型抢劫、信用卡诈骗罪、共同犯罪、自首。甲的行为涉及转化型抢劫，是法考常考内容，比较简单。疑难问题在于甲、乙是否构成共同犯罪，关键在于认定乙是否具有共同犯罪故意。其它问题均有法可依，没有太大争议和难度。

【答案范本】

（一）甲构成抢劫罪（致人死亡），成立自首。

1. 甲在着手盗窃丙的保险柜过程中，因抗拒抓捕（为了防卫丙"不然我报警了"）而对被害人使用暴力、将丙杀害，根据《刑法》第269条的规定，系转化型抢劫，构成抢劫罪。

2. 抢劫过程中故意杀害被害人，成立抢劫罪的结果加重犯，属于抢劫致人死亡，应适用加重犯法定刑。

3. 甲将丙的储蓄卡和身份证交乙保管，是对抢劫所得赃物的隐藏行为，因其为犯罪人本人（本犯），欠缺期待可能性，不能构成掩饰、隐瞒犯罪所得罪。亦未教唆乙冒用储蓄卡，不构成信用卡诈骗罪的教唆犯。

4. 甲两天后回到丙家，打开保险柜试图窃取丙的钱财的行为，属于抢劫罪中取财行为的一部分，不单独构成盗窃罪。

5. 甲到派出所交代了自己的罪行，成立自首。

①根据《刑法》第67条的规定，犯罪以后自动投案，如实供述自己的罪行的，是自首。成立自首需具备自动投案、如实供述两个条件。

②对于甲第一次行为，公安机关对甲实施拘传，不属于自动投案，不构成自首。

③但是，对于甲第二次投案行为，虽被通缉后投案，但根据《最高人民法院关于处理自首和立功具体应用法律若干问题的解释》的规定，犯罪后逃跑，在被通缉、追捕过程中，主动投案的，也属于自动投案。符合自动投案、如实供述两个条件。构成自首。

（二）乙构成信用卡诈骗罪。

1. 乙最初"偷或者抢"的造意行为未被甲接受，当时没有达成犯罪合意，对此二人没有共同犯罪故意，不构成共同犯罪。甲之后实施的抢劫行为属于临时起意，犯意系自己产生，系单独犯罪。甲之后实施的盗窃、杀人、抢劫行为，都与乙无关，乙没有实施共同行为，也无共同故意，根据《刑法》第25条第1款的规定，不成立共同犯罪。也不符合《刑法》第29条的规定，不能构成教唆犯，更不能适用第29条第2款"教唆未遂"的规定。

2. 甲、乙一起开车前往丙家，并非为了犯罪而前往，乙没有实施帮助犯罪的行为。在甲实施抢劫行为之时，乙已经离开现场，客观上也没有实施帮助抢劫的行为，主观上也无帮助故意，不成立帮助犯。

3. 甲抢劫之后，甲向乙"套问"打开保险柜的方法，将丙的储蓄卡、身份证交乙保管时，均未告知乙实情，乙缺乏传授犯罪方法罪，掩饰、隐瞒犯罪所得罪的故意。

不构成该二罪。

4. 乙未经合法持卡人同意，到商场刷丙储蓄卡购买皮衣，系冒用他人信用卡的行为；主观上认为储蓄卡系甲从丙处所借，具有冒用故意，根据《刑法》第 196 条第 1 款第 3 项的规定，构成信用卡诈骗罪。

十八、《徐某、顾某等利用改制隐匿国有资产案》（2008 年主观题，难度系数 45%）

【案情】

徐某系某市国有黄河商贸公司的经理，顾某系该公司的副经理。2005 年，黄河商贸公司进行产权制度改革，将国有公司改制为管理层控股的股份有限公司。其中，徐某、顾某及其他 15 名干部职工分别占 40%、30%、30% 股份。

在改制过程中，国有资产管理部门委托某资产评估所对黄河商贸公司的资产进行评估，资产评估所指派周某具体参与评估。在评估时，徐某与顾某明知在公司的应付款账户中有 100 万元系上一年度为少交利润而虚设的，经徐某与顾某以及公司其他领导班子成员商量，决定予以隐瞒，转入改制后的公司，按照股份分配给个人。（事实一）

当周某发现了该 100 万元应付款的问题时，公司领导班子决定以辛苦费的名义，从公司的其他公款中取出 6 万元送给周某。周某收下该款后，出具了隐瞒该 100 万元虚假的应付款的评估报告。（事实二）

随后，国有资产管理部门经研究批准了公司的改制方案。在尚未办理产权过户手续时，徐某等人因被举报而案发。（事实三）

【问题】

1. 徐某与顾某构成贪污罪还是私分国有资产罪？为什么？
2. 徐某与顾某的犯罪数额如何计算？为什么？
3. 徐某与顾某的犯罪属于既遂还是未遂？为什么？
4. 给周某送的 6 万元是单位行贿还是个人行贿？为什么？
5. 周某的行为是否以非国家工作人员受贿罪与提供虚假证明文件罪实行数罪并罚？为什么？
6. 周某是否构成徐某与顾某的共犯？为什么？

【解析】 本题主要考查贪污罪与私分国有资产罪的区分、共同犯罪以及共同犯罪中犯罪数额的认定、贿赂犯罪、提供虚假证明文件罪等。疑难点是集体贪污与私分国有资产罪的区分。本题的原型为最高人民法院编《刑事审判参考》2004 年总第 39 集第 313 号"杨代芳贪污、受贿案——私分国有资产与共同贪污的区分"，解题的关键是看行为人的行为是个人行为还是单位行为。

私分国有资产罪是纯正的单位犯罪，而贪污罪是纯正的自然人犯罪。故而，如是单位行为，则构成私分国有资产罪；如是个人行为，则构成贪污罪（集体贪污）。《最高人民法院关于审理单位犯罪案件具体应用法律有关问题的解释》第3条也规定，盗用单位名义实施犯罪，违法所得由实施犯罪的个人私分的，依照自然人犯罪的规定定罪处罚。

本案中徐某等人私分国有财产归单位中在改制后持股的个人，而不是全体单位成员或多数员工，并且按照股份分配，主要归管理层的几个人，因此属于盗用单位名义进行的为个人谋利益的犯罪，属于个人行为，系集体贪污，即贪污罪共同犯罪。私分国有资产罪要求单位集体研究决定，将国有资产分配给单位的所有成员或者多数人。将国有资产私自分给单位少数成员的，应认定为共同贪污。

【答案范本】

（一）徐某与顾某构成贪污罪，而不构成私分国有资产罪。

1. 根据《刑法》第396条第1款的规定，私分国有资产罪系单位犯罪，要求国有单位实施"以单位名义将国有资产集体私分给个人"的单位行为，亦即私分给全体单位成员或多数员工。本案中徐某、顾某等人，是将国有资产侵吞给徐某、顾某及其他15名干部职工少数员工，不符合以单位名义集体私分的特征，不属于单位行为，不构成私分国有资产罪。

2. 徐某、顾某等人，将国有资产分给少数个人，系个人行为。身为国家工作人员，利用职务便利，采取隐瞒的方式将国有资产予以非法占有，根据《刑法》第382条的规定，构成贪污罪。

3. 徐某与顾某以及公司其他领导班子成员，共同实施贪污行为，具有共同故意，根据《刑法》第25条第1款，系共同犯罪。

（二）徐某与顾某的贪污罪数额为100万元（未遂）、6万元（既遂）；对非国家工作人员行贿罪的犯罪数额为6万元。

1. 对于贪污应付款账户中100万元，徐某与顾某系共同犯罪，应对100万元的贪污总数额负责，而不是只对个人所得部分（即分赃数额）负责。

2. 其他分配到该款项，但未参与贪污的干部职工，因无犯罪故意，不构成贪污罪；如果分得利益，系不当得利。

3. 此外，徐某与顾某为了谋取不正当利益，向非国家工作人员周某行贿的6万元，根据《刑法》第164条规定，构成对非国家工作人员行贿罪。

4. 用于行贿的6万元系公司其他公款，利用职务便利将此笔公款非法占有，也构成贪污罪。此数额也应计入贪污数额。

（三）徐某与顾某贪污100万元属于犯罪未遂，贪污6万元属于犯罪既遂；对非国家工作人员行贿罪属于犯罪既遂。

1. 对于贪污100万元，因公司产权尚未过户，徐某等人尚未控制该笔款项。已经着手实施贪污行为，但因意志以外的原因未得逞，根据《刑法》第23条的规定，属于犯罪未遂。

2. 对于贪污6万元，已经转出单位账户控制住，属于犯罪既遂。

3. 部分既遂、部分未遂的，应以贪污100万元（数额巨大）未遂论处，同时将贪污6万元既遂的事实，作为量刑情节。

（四）给周某送的6万元属于个人行贿，构成对非国家工作人员行贿罪。

因为不是为单位谋取不正当利益，不属于单位行为；不符合《刑法》第30条单位犯罪的规定。而是为了个人谋取利益，系个人行为。

（五）周某构成提供虚假证明文件罪，不与非国家工作人员受贿罪实行并罚。

1. 周某作为承担资产评估的中介组织的人员故意提供虚假证明文件，情节严重，根据《刑法》第229条的规定，构成提供虚假证明文件罪。

2. 非国家工作人员周某利用职务上的便利，收受他人财物，为他人谋取利益，根据《刑法》第163条规定，构成非国家工作人员受贿罪。

3. 在罪数上，周某犯提供虚假证明文件罪，又非法收受他人财物，根据《刑法》第229条第2款的规定，应依照处罚较重的规定即提供虚假证明文件罪定罪处罚（依考试当时的刑法，构成提供虚假证明文件罪的加重犯），不数罪并罚。

（六）周某构成徐某与顾某犯罪的共同犯罪。

1. 徐某与顾某实施贪污行为，周某明知而提供帮助，实施有帮助行为，具有帮助故意，根据《刑法》第25条第1款、第27条的规定，构成贪污罪的帮助犯（从犯）。

2. 徐某与顾某构成对非国家工作人员行贿罪，周某触犯非国家工作人员受贿罪，系对合犯，对于行贿受贿行为有共同行为、共同故意，构成共同犯罪。但周某所犯非国家工作人员受贿罪不单独处罚。

3. 周某实施提供虚假证明文件的实行行为，构成该罪的正犯；徐某与顾某虽对其进行教唆，但因系对合行为，刑法分则未规定提供的对象人构成犯罪，故也不能构成教唆犯。

4. 周某构成提供虚假证明文件罪正犯、贪污共犯，系想象竞合。

十九、《网上"裸聊"案》（2008年论述题，难度系数80%）

【案情】

案例一：2005年9月15日，B市的家庭主妇张某在家中利用计算机ADSL拨号上网，以E话通的方式，使用视频与多人共同进行"裸聊"被公安机关查获。对于本案，B市S区检察院以聚众淫乱罪向S区法院提起公诉，后又撤回起诉。

案例二：从2006年11月到2007年5月，Z省L县的无业女子方某在网上从事有偿"裸聊"，"裸聊"对象遍及全国22个省、自治区、直辖市，在电脑上查获的聊天记录就有300多人，网上银行汇款记录1000余次，获利2.4万元。对于本案，Z省L县检察院以传播淫秽物品牟利罪起诉，L县法院以传播淫秽物品牟利罪判处方某有期徒刑6个月，缓刑1年，并处罚金5000元。

关于上述两个网上"裸聊"案，在司法机关处理过程中，对于张某和方某的行为如何定罪存在以下三种意见：第一种意见认为应定传播淫秽物品罪（张某）或者传播淫秽物品牟利罪（方某）；第二种意见认为应定聚众淫乱罪；第三种意见认为"裸聊"不构成犯罪。

【问题1（法理学）】 以上述两个网上"裸聊"案为例，从法理学的角度阐述法律对个人自由干预的正当性及其限度。

【问题2（刑法学）】 根据罪刑法定原则，评述上述两个网上"裸聊"案的处理结果。

【答题要求】

1. 在综合分析基础上，提出观点并运用法学知识阐述理由；
2. 观点明确，论证充分，逻辑严谨，文字通顺；
3. 不少于500字，不必重复案情。

【《刑法》参考条文】

第3条　法律明文规定为犯罪行为的，依照法律定罪处刑；法律没有明文规定为犯罪行为的，不得定罪处刑。

第363条（第1款）　以牟利为目的，制作、复制、出版、贩卖、传播淫秽物品的，处三年以下有期徒刑、拘役或者管制，并处罚金；情节严重的，处三年以上十年以下有期徒刑，并处罚金；情节特别严重的，处十年以上有期徒刑或者无期徒刑，并处罚金或者没收财产。

第364条（第1款）　传播淫秽的书刊、影片、音像、图片或者其他淫秽物品，情节严重的，处二年以下有期徒刑、拘役或者管制。

第301条（第1款）　聚众进行淫乱活动的，对首要分子或者多次参加的，处五年以下有期徒刑、拘役或者管制。

第367条　本法所称淫秽物品，是指具体描绘性行为或者露骨宣扬色情的诲淫性的书刊、影片、录像带、录音带、图片及其他淫秽物品。

有关人体生理、医学知识的科学著作不是淫秽物品。

包含有色情内容的有艺术价值的文学、艺术作品不视为淫秽物品。

【问题2的解析及参考答案】

（一）罪刑法定原则的含义。《刑法》第3条后半句规定：法律没有明文规定为犯罪行为的，不得定罪处刑。此之谓罪刑法定原则。基本含义是法无明文规定不为罪，法无明文规定不处罚。包含排斥习惯法、禁止（不利于被告人的）溯及既往、禁止（不利于被告人的）类推解释、禁止不确定刑、明确性原则、禁止处罚不当罚的行为，禁止不均衡的、残虐的刑罚等内容。禁止（不利于被告人的）类推解释是核心内容之一。

（二）分析法条含义。聚众淫乱罪中"聚众淫乱"指纠集三人以上群奸群宿，其中的"淫乱"一般限于身体接触型的性行为。传播淫秽物品罪、传播淫秽物品牟利罪中的"淫秽物品"，一般应限定为具体描绘性行为或者露骨宣扬色情的诲淫性的书刊、影片、录像带、录音带、图片及其他淫秽物品。

（三）罪刑法定原则禁止不利于被告人类推解释。案例一的"裸聊"行为，不属身体接触型的性行为，解释进"淫乱"之中，属于类推解释，将其认定为聚众淫乱罪，违反罪刑法定原则。

但是，案例一、案例二中的"裸聊"，亦即行为人自己裸体的视频影像，能否被解释为"淫秽物品"，不仅应援引司法解释规定，还应分析司法解释的解释方法。

（四）在司法解释规定方面，《最高人民法院、最高人民检察院关于办理利用互联网、移动通讯终端、声讯台制作、复制、出版、贩卖、传播淫秽电子信息刑事案件具体应用法律若干问题的解释》第1条第2款规定，利用聊天室、论坛、即时通信软件、电子邮件等方式，制作、复制、出版、贩卖、传播，淫秽电影、表演、动画等视频文件，音频文件，电子刊物，图片，文章，短信息，电子信息，都属于"传播淫秽物品"的行为。由此，案例一、案例二中"裸聊"行为人自己裸体的视频影相，符合淫秽物品"视频文件"的类别；传播方式也符合"利用即时通信软件"的传播方式，按司法解释属于传播淫秽物品、传播淫秽物品牟利行为。

（五）如果认为前述司法解释是对刑法规定的"传播"方式进行解释的话（利用网络），则该解释属于平义解释，不属于类推解释，以其定罪符合罪刑法定原则。

但如果认为该解释是对"淫秽物品"中的"物品"一词进行解释的话。因"物品"的一般文义指实物及实物载体而不包括信息，其最大的可能的文义也不能包含信息。则前述两高对"淫秽物品"的解释，不仅超过了其一般文义，也突破了可能文义，就有可能属于类推解释，应为罪刑法定原则所禁止。

（六）结论：对于案例一中张某、案例二中方某，虽可依前述两高解释认定其构成传播淫秽物品罪、传播淫秽物品牟利罪。但是，如果认为作为该认定依据的司法解释的解释方法有可能属于类推解释，则该解释可能违反罪刑法定原则。

二十、《毒西瓜案》（2008年延考主观题，难度系数20%）

【案情】

瓜农王某在自家田地里种了5亩西瓜。因在西瓜成熟季节经常被盗，王某便在全村喊话："西瓜打了农药（其实没有打药），偷吃西瓜出了人命我不负责。"但此后西瓜仍然被盗。（事实一）

于是，王某果真在西瓜上打了农药，并用注射器将农药注入瓜田中较大的5个西瓜内，并在西瓜地里插上写有"瓜内有毒，请勿食用"的白旗。（事实二）

邻村李某路过瓜地，虽然看见了白旗，但以为是吓唬人的，仍然摘了一大一小两个西瓜，其中大的西瓜是注入了农药的。回家后，李某先把小的西瓜吃了，然后出门干活。（事实三）

当天，正好家里来了3位客人，李某的妻子赵某见桌子上放着一个大西瓜，以为

是李某买的，就用来招待客人，结果导致2个客人死亡，1个重伤。（事实四）

【问题】

1. 王某的行为构成犯罪还是属于正当防卫？为什么？
2. 李某的行为触犯了哪些罪名？
3. 李某触犯的数个罪名是否构成数罪？为什么？
4. 李某触犯的数个罪名应当如何处理？
5. 赵某的行为是否构成犯罪？为什么？

【解析】本题主要考查故意、过失的认定、正当防卫、想象竞合犯。关键在于判断王某、李某、赵某对于客人死亡、重伤结果的心态。王某明知结果发生的可能性高仍然实施行为，系间接故意；李某应当预见而未预见，系过失；赵某没有预见可能性，系意外事件。

【答案范本】

（一）王某的行为构成投放危险物质罪，不属于正当防卫。

1. 在客观方面，行为人王某将毒西瓜置于众人可能取食的公开场合，针对的是不特定的多数人，行为本身具有危害公共安全的危险性；并且已经发生了多人中毒死伤的危害公共安全后果，实施了危害公共安全、投放危险物质的行为。

2. 在主观方面，就题干描述的案情来看，王某明知他人极有可能偷食毒西瓜，造成危害公共安全的可能性极大；其虽插上白旗，但应当知道插上白旗后他人仍很可能偷食西瓜，也就是明白自己的警示不能有效阻止结果的发生。认识到了结果发生的极大可能性，仍然实施投毒行为，不属于真诚地希望结果不发生，而属于放任结果发生。根据《刑法》第14条、第15条的规定，不能认定为过于自信的过失，而应认定为间接故意。

3. 客观主观统一，根据《刑法》第115条的规定，构成投放危险物质罪（致人死亡）。

4. 王某在西瓜里暗中投毒，不能阻止他人正在实施的盗窃行为，而是在他人实施盗窃完毕后加害他人。不属于"制止不法侵害"的防卫行为，不符合《刑法》第20条的规定，不属于正当防卫，应以投放危险物质罪论处。

（二）李某的行为触犯过失致人死亡罪、过失致人重伤罪。

1. 在客观方面，李某看到"瓜内有毒"的告示仍偷摘西瓜，致2个客人死亡，1个重伤，客观上实施了过失致人死亡、过失致人重伤的过失行为。

2. 在主观方面，李某看到了"瓜内有毒"的告示，以为西瓜内没有毒，没有认识到瓜内有毒，没有认识会产生危害后果；但就一般人而言，看到告示具有认识到瓜内有毒的可能性。故而李某的心态属于没有认识而应当认识，根据《刑法》第15条的规定，对死伤结果具有疏忽大意的过失。

3. 客观主观统一，根据《刑法》第233条、第235条的规定，李某的行为触犯过失致人死亡罪、过失致人重伤罪。

（三）李某一行为触犯数罪，是属于想象竞合犯，应当择一重罪处断，不数罪并罚。

（四）择一重罪处断，对李某以过失致人死亡罪论处。

（五）赵某的行为不构成犯罪，属于意外事件。

1. 在客观方面，赵某的行为致人死亡、重伤。

2. 赵某并不知晓瓜内有毒，一般社会公众在当时的情况下也不可能知道放在自家桌上的西瓜有毒，对于危害结果没有认识可能性。根据《刑法》第16条的规定，属于意外事件，不是犯罪。

二十一、《甲抢车抢钱骗男孩案》（2006年主观题，难度系数20%）

【案情】

甲在2003年10月15日见路边一辆面包车没有上锁，即将车开走，前往A市。（事实一）

行驶途中，行人乙拦车要求搭乘，甲同意。甲见乙提包内有巨额现金，遂起意图财。行驶到某偏僻处时，甲谎称发生故障，请乙下车帮助推车。乙将手提包放在面包车座位上，然后下车。甲乘机发动面包车欲逃。乙察觉出甲的意图后，紧抓住车门不放，被面包车拖行10余米。甲见乙仍不松手并跟着车跑，便加速疾驶，使乙摔倒在地，造成重伤。乙报警后，公安机关根据汽车号牌将甲查获。（事实二）

讯问过程中，虽有乙的指认并查获赃物，但甲拒不交待。侦查人员丙、丁对此十分气愤，对甲进行殴打，造成甲轻伤。（事实三）

在这种情况下，甲供述了以上犯罪事实，同时还交待了其在B市所犯的以下罪行：2003年6月的一天，甲于某小学放学之际，在校门前拦截了一名一年级男生，将其骗走，随即带该男生到某个体商店，向商店老板购买价值5000余元的高档烟酒。在交款时，甲声称未带够钱，将男生留在商店，回去拿钱交款后再将男生带走。商店老板以为男生是甲的儿子便同意了。甲携带烟酒逃之夭夭。公安机关查明，甲身边确有若干与甲骗来的烟酒名称相同的烟酒，但未能查找到商店老板和男生。（事实四）

本案移送检察机关审查起诉后，甲称其认罪口供均系侦查人员丙、丁对他刑讯逼供所致，推翻了以前所有的有罪供述。经检察人员调查核实，确认了侦查人员丙、丁对甲刑讯逼供的事实。（事实五）

【问题】 请根据我国刑法和刑事诉讼法的有关规定，对上述案例中甲、丙、丁的各种行为及相关事实分别进行分析，并提出处理意见。

【解析】 本题主要考查"他人占有的财物"的认定、转化型抢劫与犯意转化型抢劫的区分、拐骗儿童罪与拐卖儿童罪的区分、诈骗罪、刑讯逼供罪、自首等。

难点在于转化型抢劫与犯意转化型抢劫的区分。转化型抢劫，要求行为人实施暴力和暴力威胁时具有窝藏赃物、抗拒抓捕或者毁灭罪证的目的，而不能是直接劫财的目的。本案中甲加速拖行被害人乙，其实施暴力行为的目的在于劫财，使未被转移占有的财物强制转移占有,故而不属于转化型抢劫;而是抢夺不成继而实施直接抢劫。

【答案范本】

(一)甲构成盗窃罪、抢劫罪、拐骗儿童罪、诈骗罪。

1. 甲开走他人面包车的行为构成盗窃罪。

(1)即使面包车没有锁,但根据社会的一般观念,该车属于他人占有的财物,属于盗窃罪的对象。甲秘密窃取他人占有的面包车,根据《刑法》第264条,构成盗窃罪。

(2)面包车不是脱离他人占有的遗忘物,不属于《刑法》第270条规定的侵占罪的对象,不构成侵占罪。

2. 甲拿走乙的提包及巨额现金,构成抢劫罪。

(1)起初,甲乘机发动面包车抢走乙的提包及巨额现金,系公然夺取他人财物,根据《刑法》第267条第1款,构成抢夺罪。甲开始打算实施抢夺,但抢夺未成,并未控制财物,是抢夺罪未遂。

(2)之后,在乙抓住车门不放时,甲加速拖行被害人乙的行为属于暴力行为,实施暴力行为的目的在于劫取财物转移占有,根据《刑法》第263条的规定,构成抢劫罪(普通抢劫)。

(3)甲对乙实施暴力的目的,不是窝藏赃物、抗拒抓捕或者毁灭罪证,不符合《刑法》第269条的规定,不属于转化型抢劫。

(4)在罪数上,抢夺不成转而实施直接实施普通抢劫,是犯意转化,应以高度行为抢劫罪论处。

(5)抢劫致被害人受重伤,系抢劫罪的结果加重犯,属于《刑法》第263条第1款第5项规定的抢劫罪致人重伤。

3. 甲对男生的行为构成拐骗儿童罪。

(1)甲拐骗不满十四周岁的未成年人一年级男生,使脱离家庭或者监护人学校,根据《刑法》第262条,构成拐骗儿童罪。

(2)甲将男生留在商店,骗取商店老板的信任,借机逃走;并没有以儿童换取商品,与商主之间没有买卖儿童的交易。主观上没将儿童作为"商品"出卖的出卖目的,不符合《刑法》第240第2款规定的拐卖妇女、儿童罪构成所需的"以出卖为目的"要件,不构成拐卖儿童罪。

4. 甲骗取商店老板高档烟酒的行为,构成诈骗罪。

甲将男生留在商店,欺骗商店老板,让其将高档烟酒拿走,系骗取他人转移占有,根据《刑法》第266条规定,构成诈骗罪。

5. 上述盗窃罪、抢劫罪、拐骗儿童罪、诈骗罪,应当数罪并罚。

(二)丙、丁对甲的行为构成刑讯逼供罪。

(1)侦查人员丙、丁系司法工作人员,在刑事司法工作中,对犯罪嫌疑人甲实行刑讯逼供,逼取其口供,根据《刑法》第247条,构成刑讯逼供罪。

(2)对甲进行殴打造成甲轻伤,根据《刑法》第234条,触犯故意伤害罪(轻伤)。

(3) 两罪系想象竞合犯，法定刑相同以目的行为（或者根据《刑法》第234条第2款"本法另有规定的，依照规定"），即以刑讯逼供罪论处。

（三）在刑事诉讼法方面

1. 根据《最高人民法院、最高人民检察院关于非法证据排除的有关司法解释》规定，甲认罪口供系刑讯逼供获取，应予排除。

2. 对于拐骗儿童罪、诈骗罪只有犯罪嫌疑人口供，且甲翻供，如无其他证据证明，犯罪事实不能认定。

3. 对于甲盗窃面包车、抢劫乙的财物的犯罪行为，即盗窃罪、抢劫罪的事实仍可认定。

4. 如果拐骗儿童罪、诈骗罪可以认定，则根据《刑法》第67条第2款，甲如不翻供，对该两罪可成立特别自首。如果拐骗儿童罪、诈骗罪由于证据原因而不能认定，或甲翻供，则甲也不成立特别自首。

二十二、《丁某骗取贷款案》（2005年主观题，难度系数100%）

【案情】

丁某系某市东郊电器厂（私营企业，不具有法人资格）厂长，2003年因厂里资金紧缺，多次向银行贷款未果。为此，丁某仿照银行存单上的印章模式，伪造了甲银行的储蓄章和行政章，以及银行工作人员的人名章，伪造了户名分别为黄某和唐某在甲银行存款额均为50万元的存单两张。（事实一）

随后，丁某约请乙银行办事处（系国有金融机构）副主任朱某吃饭，并将东郊电器厂欲在乙银行办事处申请存单抵押贷款的打算告诉了朱某，承诺事后必有重谢。朱某见有利可图，就让丁某第二天到办事处找信贷科科长张某办理，并答应向张某打招呼。次日，丁某来到乙银行办事处。朱某将其介绍给张某，让其多加关照。（事实二）

张某在审查丁某提交的贷款材料时，对甲银行的两张存单有所怀疑，遂发函给甲银行查询。此时，丁某通过朱某催促张某，张某遂打电话询问查询事宜。甲银行储蓄科长答应抓紧办理，但张某未等回函，就为丁某办理了抵押贷款手续，并报朱某审批。后甲银行未就查询事宜回函。（事实三）

朱某审批时发现材料有问题，就把丁某找来询问。丁某见瞒不过朱某，就将假存单之事全盘托出，并欺骗朱某说有一笔大生意保证挣钱，贷款将如期归还，并当场给朱某10万元好处费。朱某见丁某信誓旦旦，便收受了好处费，同意批给丁某100万元贷款。丁某获得贷款后，以感谢为名送给张某5万元，张某予以收受。丁某将贷款全部投入违法业务（原题为"投入电器厂经营"），结果亏损殆尽，致使银行贷款不能归还。检察机关将本案起诉至法院。（事实四）

【问题】简析丁某、朱某和张某涉嫌犯罪行为触犯的罪名，然后根据有关的刑法理论和法律规定确定三人分别应如何定罪处罚。

【解析】本题主要考查金融诈骗犯罪、罪数关系。答题方法是先将触犯的罪名全部列举出来，然后分析各罪名之间的罪数关系。疑难之处在于法条竞合、牵连犯的认定。

【答案范本】
（一）**丁某应以贷款诈骗罪、行贿罪论处，数罪并罚。**

1. 丁某触犯了伪造企业印章罪，伪造金融票证罪，金融凭证诈骗罪，贷款诈骗罪，行贿罪。

（1）丁某伪造甲银行的储蓄章和行政章，根据《刑法》第280条第2款，触犯伪造公司、企业印章罪。

（2）丁某伪造甲银行的存单两张，根据《刑法》第177条第1款第2项，触犯伪造金融票证罪。

（3）丁某使用伪造的银行存单骗取财物，根据《刑法》第194条第2款，触犯金融凭证诈骗罪。

（4）丁某使用伪造的银行存单作为证明文件，骗取乙银行贷款，用于非法经营业务，主观上具有非法占有目的，根据《刑法》第193条第3项，触犯贷款诈骗罪。

（5）丁某为谋取不正当利益，送给国有银行国家工作人员朱某10万元好处费、张某5万元，根据《刑法》第389条，触犯行贿罪。

2. 在罪数方面，丁某宣判为贷款诈骗罪、行贿罪，数罪并罚。

（1）金融凭证诈骗罪与贷款诈骗罪之间，存在交叉关系的法条竞合关系，应按照重法优于轻法的原则处理，因两罪法定刑一样，以目的行为贷款诈骗罪论处。（注：如以考试时2005年的刑法认定，金融凭证诈骗罪法定刑重，应以金融凭证诈骗罪论处）。

（2）伪造公司、企业印章罪和伪造金融票证罪之间存在牵连关系，按照从一重罪处断的原则，应定伪造金融票证罪。

（3）伪造金融票证罪与贷款诈骗罪之间，又存在牵连关系，应按照从一重罪处断的原则处理，因两罪法定刑一样，以目的行为贷款诈骗罪论处。

（4）行贿罪另行论处。

综上，丁某应以贷款诈骗罪、行贿罪论处，应实行数罪并罚。

（二）**朱某应以违法发放贷款罪、受贿罪论处，数罪并罚。**

1. 朱某作为金融机构的工作人员违反国家规定发放贷款，造成重大损失，根据《刑法》第186条的规定，构成违法发放贷款罪。

2. 朱某主观上误认为丁某会如期归还贷款，对丁某主观上具有非法占有目的并不知情，不具有非法占有目的，不能构成金融凭证诈骗罪、贷款诈骗罪的共同犯罪。

3. 国家工作人员朱某收受丁某财物，为其谋取利益，根据《刑法》第385条，触犯受贿罪。

4. 在罪数方面，违法发放贷款罪、受贿罪，应实行数罪并罚。

（三）**张某应以国有公司、企业人员失职罪、受贿罪论处，数罪并罚。**

1. 国有银行工作人员张某在发放贷款，应当履行细致审核义务而未履行，由于严重不负责任造成国有公司、企业破产或者严重损失,致使国家利益遭受重大损失,主观上具有过失,根据《刑法》第168条规定,触犯国有公司、企业人员失职罪。

《刑法》第168条第3款规定国有公司、企业工作人员,徇私舞弊,犯国有公司、企业人员失职罪,依照国有公司、企业人员失职罪规定从重处罚。

2. 张某不知存单系伪造,对于违法发放贷款没有故意,不能触犯违法发放贷款罪。对丁某主观上具有非法占有目的并不知情,不具有非法占有目的,不能构成金融凭证诈骗罪、贷款诈骗罪的共同犯罪。

3. 国家工作人员张某收受丁某财物,为其谋取利益,根据《刑法》第385条,触犯受贿罪。

4. 在罪数方面,国有公司、企业工作人员失职罪、受贿罪,应实行数罪并罚。

(四)注意刑法的修正情况

以上答案均是根据现行刑法规定作答;而对考试时的官方答案进行了修正。当前,刑法增设了违法发放贷款罪、骗取贷款罪,在考试当时都不存在。《刑法修正案(八)》已废除金融凭证诈骗罪的死刑,故而现在金融凭证诈骗罪与贷款诈骗罪的法定刑一样,交叉关系法条竞合、择一重罪的结果,应是以目的行为贷款诈骗罪论处。

二十三、《甲男、乙男抢劫女教师案》(2004年主观题,难度系数80%)

【案情】

甲男与乙男于2004年7月28日共谋入室抢劫某中学暑假留守女教师丙的财物。7月30日晚,乙在该中学校园外望风,甲翻院墙进入校园内。甲持水果刀闯入丙居住的房间后,发现房间内除有简易书桌、单人床、炊具、餐具外,没有其他贵重财物,便以水果刀相威胁,喝令丙摘下手表(价值2100元)给自己。丙一边摘手表一边说:"我是老师,不能没有手表。你拿走其他东西都可以,只要不抢走我的手表就行。"(事实一)

甲立即将刀装入自己的口袋,然后对丙说:"好吧,我不抢你的手表,也不拿走其他东西,让我看看你脱光衣服的样子我就走。"丙不同意,甲又以刀相威胁,逼迫丙脱光衣服,丙一边顺手将已摘下的手表放在桌子上,一边流着泪脱完衣服。甲不顾丙的反抗强行摸了丙的乳房后对丙说:"好吧,你可以穿上衣服了。"(事实二)

在丙背对着甲穿衣服时,甲乘机将丙放在桌上的手表拿走。(事实三)

甲逃出校园后与乙碰头,乙问抢了什么东西,甲说就抢了一只手表。甲将手表交给乙出卖,乙以1000元价格卖给他人后,甲与乙各分得500元。(事实四)

【问题】请根据刑法规定与刑法原理,对本案进行全面分析。

【解析】本题主要考查共同犯罪的问题,包括实行过限、共同犯罪的犯罪形态(部分中止)等问题。从犯罪过程上看:(1)甲男与乙男共谋抢劫,并且乙望风、甲实行,二人对抢劫罪构成共同犯罪。甲在实施抢劫的过程中,自动停止,是抢劫罪中止,甲乙二人的共同抢劫行为至此为止。（2）对于甲之后实施的强制猥亵、侮辱罪（原为强制猥亵、侮辱妇女罪），盗窃罪，不是甲乙共同犯罪故意之内的行为，与乙没有共同犯罪故意，属于甲的实行过限行为，属于甲的单独犯罪，不成立共同犯罪。

【答案范本】

一、事实一、事实二中，甲、乙构成抢劫罪（入户抢劫）的共同犯罪，甲系犯罪中止，乙系犯罪未遂。

（一）**甲构成抢劫罪正犯、主犯，系入户抢劫，犯罪中止。**

1. 在罪名上，正犯甲以水果刀暴力威胁劫取丙的手表，根据《刑法》第263条的规定，构成抢劫罪。系正犯、主犯。

2. 在加重犯方面，甲为实施抢劫行为而闯入丙生活的与外界相对隔离的住所，暴力发生在户内，系入户抢劫。甲也触犯了非法侵入住宅罪。在罪数上，抢劫罪、非法侵入住宅罪系吸收犯关系，以抢劫罪（入户抢劫）一罪论处，是抢劫罪的加重犯。

3. 在犯罪形态上，甲、乙虽客观上取得了手表，但取得手表的结果与系甲盗窃所得，与二人的共同抢劫行为之间没有因果关系，不能认定抢劫罪既遂。

甲在着手实行之中，虽能够抢劫既遂，但自动放弃了抢劫行为，有效防止结果发生，根据《刑法》第24条，构成抢劫罪中止。

4. 在量刑情节上，抢劫行为虽未造成抢劫罪的损害结果，但是已造成入户即非法侵入住宅罪的既遂结果，属于"造成损害的"中止，应当比照入户抢劫的既遂犯减轻处罚。

（二）**乙构成抢劫罪（入户抢劫）的帮助犯、从犯，系犯罪未遂。**

1. 乙为甲实施的入户抢劫望风，客观上实施有帮助抢劫的行为，主观上有帮助故意，根据《刑法》第25条第1款、第27条，构成抢劫罪（入户抢劫）的帮助犯、从犯。

2. 在犯罪形态上，乙未能通过抢劫取得财物，是因同伙甲自动放弃，对于乙而言，属于意志以外的原因而不能得逞。正犯甲已实行，共犯乙也应认为已实行。系已经着手实行后由于意志以外的原因而未得逞，根据《刑法》第23条，构成抢劫罪犯罪未遂。

3. 乙有两个量刑情节：未遂犯、从犯。对于未遂犯，可以比照入户抢劫的既遂犯从轻或者减轻处罚。对于从犯，应当从轻、减轻或者免除处罚。

二、事实二中，**甲单独成立强制猥亵、侮辱罪既遂，乙对此不负责。**

1. 甲逼迫丙脱光衣服并猥亵丙的行为，根据《刑法》第237条，构成强制猥亵、侮辱罪（原为强制猥亵、侮辱妇女罪），系犯罪既遂。

2. 甲单独实施的强制猥亵、侮辱罪，超出了甲、乙共同抢劫故意的范围，属于实行过限，乙对此不承担刑事责任。且乙并不知情，没有犯罪故意。

三、事实三中，**甲单独成立盗窃罪既遂，乙对此不负责。**

1. 甲乘丙不知情之机拿走丙手表的行为，系秘密窃取的盗窃行为，根据《刑法》

第264条，构成盗窃罪，系犯罪既遂。

甲在抢劫中止、行为终了之后，再另起犯意实施盗窃行为，该行为不是抢劫行为的延伸，故而另行认定为盗窃罪。

2. 甲、乙仅对抢劫这一阶段成立共同犯罪，在正犯甲实施第一个实行行为即抢劫行为中止、行为终了之后，共同犯罪关系已经终了，帮助犯乙帮助抢劫的行为也已终了。对于甲另起犯意单独实施第二个盗窃行为，乙对此没有共同故意，不承担责任。（这与乙以抢劫故意放风，甲入户直接实施了盗窃，正犯甲仅有一个盗窃实行行为的情况不同。）

四、事实四中，甲、乙不另行构成掩饰、隐瞒犯罪所得罪。

1. 乙客观上销售了甲盗窃所得赃物，实施了掩饰、隐瞒犯罪所得的行为。

2. 乙主观上误认为销售的是甲与自己共同抢劫犯罪所得赃物，存在对象认识错误。但他人盗窃所得赃物、本人抢劫所得财物，均为犯罪所得赃物，系具体错误，乙主观上具有掩饰、隐瞒犯罪所得罪的故意。

3. 但乙主观上误认为销售的是本人犯罪所得赃物，系期待可能性认识错误。期待可能性是客观责任要素，本案中乙确实参与抢劫，误信赃物系抢劫所得，可认为其陷入错误是不可能期待的，从而欠缺期待可能性而阻却责任，不能构成掩饰、隐瞒犯罪所得罪。

4. 甲系盗窃罪正犯，甲教唆乙销售甲盗窃所得赃物，客观上甲虽有教唆行为、主观上有教唆故意，但在责任上欠缺期待可能性，也不能构成掩饰、隐瞒犯罪所得罪。

五、综上所述：

1. 甲构成抢劫罪（正犯、主犯，系入户抢劫，犯罪中止）、强制猥亵、侮辱罪（既遂）、盗窃罪（既遂），三罪并罚。

2. 乙构成抢劫罪（入户抢劫、帮助犯、从犯、犯罪未遂）一罪。

二十四、《李某携带三角刮刀抢夺案》（2002年主观题，难度系数10%）

【案情】

李某长期在甲市行人较多的马路边询问行人是否需要身份证，然后将需要身份证的人的照片、住址等资料送交何某伪造。何某伪造后，李某再交给购买者。（事实一）

在此期间，李某使用伪造的身份证办理手机入网手续并使用手机，造成电信资费损失3000余元。（事实二）

为了防止司法人员的抓捕，李某一直将一把三角刮刀藏在内衣口袋中。2001年4月下旬的一天晚上，李某在马路上询问行人是否需要身份证时，发现钱某孤身一人行走，便蹿至其背后将其背包（内有价值2000元的财物）夺走后迅速逃跑。（事实三）

钱某大声呼喊抓强盗。适逢民警赵某经过此地，赵某将李某拦住。此时李某掏出三角刮刀，朝赵某的腰部捅了一刀后逃离，致赵某重伤。（事实四）

甲市公安机关抓获李某后，与李某居住地乙市公安机关联系，发现李某是因为在乙市使用信用卡透支1万元后，为逃避银行催收而逃至甲市的。（事实五）

【问题】请结合上述案情，分析李某各行为的性质，并请说明理由。

【答案范本】

（一）事实一中，李某构成伪造、买卖身份证件罪。

李某与何某共谋，由何某伪造身份证，交由李某出卖，根据《刑法》第280条第3款，构成伪造、买卖身份证件罪。二人是共同犯罪。

（二）事实二中，李某诈骗罪。

李某使用伪造的身份证欺骗电信公司，骗取电信资费3000余元，根据《刑法》第266条，构成诈骗罪。此外，《最高人民法院关于审理扰乱电信市场管理秩序案件具体应用法律问题的若干解释》第9条规定，以虚假、冒用的身份证件办理入网手续并使用移动电话，造成电信资费损失数额较大的，以诈骗罪定罪处罚。

（三）事实三、事实四中，李某构成抢劫罪（致人重伤）。

1. 李某携带三角刮刀抢夺钱某，根据《刑法》第267条第2款规定，携带凶器抢夺的，依照抢劫罪定罪处罚。

2. 在抢劫的过程中，将民警赵某扎成重伤，触犯故意伤害罪（重伤）；但系抢劫过程中实施，重伤是抢劫罪的暴力手段，重伤结果系抢劫行为导致，根据《刑法》第263条第5项，系抢劫致人重伤，不再另定故意伤害罪。

3. 前行为已构成抢劫，本案不属于《刑法》第269条规定的转化型抢劫。

（四）事实五中，李某构成信用卡诈骗罪。

李某以非法占有为目的，使用信用卡进行恶意透支，数额较大，根据《刑法》第196第1款第4项及第2款的规定，构成信用卡诈骗罪。

二十五、《陈某避险案》（2002年主观题，难度系数20%）

【案情】

2001年3月13日下午，陈某因曾揭发他人违法行为，被两名加害人报复砍伤。陈某逃跑过程中，两加害人仍不罢休，持刀追赶陈某。途中，陈某多次拦车欲乘，均遭出租车司机拒载。当两加害人即将追上时，适逢一中年妇女丁某骑摩托车（价值9000元）缓速行驶，陈某当即哀求丁某将自己带走，但也遭拒绝。眼见两加害人已经逼近，情急之下，陈某一手抓住摩托车，一手将丁某推下摩托车（丁某倒地，但未受伤害），骑车逃走。（事实一）

陈某骑车至安全地方（离原地约2公里）停歇一会儿后，才想到摩托车怎么处理。陈某将摩托车尾部工具箱的锁撬开，发现内有现金3000元和一张未到期的定期存单（面额2万元）。陈某顿生贪欲，将3000元现金和存单据为己有，并将摩托车推至山下摔坏。几日后，陈某使用伪造的身份证在到期之前将存单中的2万元取出。此后逃往

外地。(事实二)

【问题】试分析陈某上述各行为的性质,并说明理由。

【答案范本】

(一)事实一中,陈某抢劫丁某摩托车的行为,构成紧急避险。

1. 陈某将丁某推下摩托车,对其实施人身暴力,劫取其摩托车,系抢劫财物的行为。

2. 陈某面临正在发生的被加害人砍伤的危险,为了保护自己的身体、生命,迫不得已抢劫丁某的摩托车,属于避险行为。损害了他人较小合法权益(财产)保全了较大利益(身体、生命),没有超过必要限度造成不应有的损害。根据《刑法》第21条,构成紧急避险,不负刑事责任。

(二)事实二中,陈某构成故意毁坏财物罪、盗窃罪。

1. 陈某因紧急避险而抢劫丁某摩托车,对摩托车系合法占有、代为保管的他人财物。但对于摩托车不享有所有权,负有风险过后的返还义务。

2. 陈某将摩托车故意推下山崖摔坏的行为,根据《刑法》第275条,构成故意毁坏财物罪。

3. 陈某虽合法占有摩托车(如将摩托车据为己有,构成侵占罪),但摩托车尾部上锁工具箱里的财物,属于封缄物,仍应认定归丁某占有,系盗窃罪的对象。其中财物不是脱离他人占有的代为保管的他人财物或遗忘物,不属于侵占罪的对象。拿走其中的财物,系秘密窃取他人占有的财物,属于盗窃行为。

4. 陈某盗窃摩托车工具箱里丁某占有的的现金3000元,根据《刑法》第264条,构成盗窃罪。

5. 陈某盗窃摩托车工具箱里丁某占有定期存单,之后冒领兑现2万元,根据《刑法》第264条,也构成盗窃罪。

6. 陈某使用伪造的身份证将2万元取出的行为,根据《刑法》第266条,触犯诈骗罪,系"三角诈骗"。

7. 在罪数上,根据《最高人民法院、最高人民检察院关于办理盗窃刑事案件适用法律若干问题的解释》(法释〔2013〕8号)第5条第2项的规定,盗窃记名的有价支付凭证,按照兑现部分的财物价值计算盗窃数额。故而,盗窃存单之后的冒领行为,系事后不可罚行为,对该诈骗罪不再单独定罪。

8. 从而,对于陈某应以故意毁坏财物罪(摩托车)、盗窃罪(数额为2.3万元)论处。

学院简介
COLLEGE INTRODUCTION

中国政法大学（简称法大）是一所以法学为特色和优势，兼有文学、历史学、哲学、经济学、管理学、教育学、理学、工学等学科的"211工程"重点建设大学。

法大的法律资格考试培训历史悠久，全国律师资格考试始于1986年，而1988年法大就开展了法律培训。2005年3月成立了中国政法大学司法考试学院，这是一所集法考研究、教学研究、辅导培训为一体的司法考试学院，2018年正式更名为中国政法大学法律职业资格考试学院。经过多年的积淀，法大法律职业资格考试学院被广大考生称为国家法律职业资格考试考前培训及法考研究、教学研究的大本营。

2024年法大法考课程体系
>>> 面授班型 <<<

	班型	上课时间	标准学费（元）
主客一体面授班	面授精英A班	2024年3月-2024年10月	59800
	面授精英B班	2024年5月-2024年10月	49800
	面授集训A班	2024年6月-2024年10月	39800
	面授集训B班	2024年7月-2024年10月	32800
客观题面授班	面授全程班	2024年3月-2024年9月	35800

更多课程详情联系招生老师 ——>

法大法考姚老师　　法大法考白老师

010-5890-8131　　http://cuploeru.com
北京市海淀区西土城路25号中国政法大学研究生院东门

>>> 2024年法大法考课程体系 — 网络班型 <<<

班型		上课时间	标准学费（元）
主客一体网络班	网络尊享特训班	2024年3月-2024年10月	35800
	网络独享班	2023年7月-2025年10月	23800
	网络预热班	2024年3月-2024年10月	19800
	网络在职先行班	2023年7月-2024年10月	15800
	网络全程优学班	2024年3月-2024年10月	15800
	网络全程班	2024年3月-2024年10月	14800
	网络二战优学班	2023年7月-2024年10月	13800
	网络系统提高班	2023年7月-2024年10月	10800
	网络在职先锋班	2023年7月-2024年10月	9800
客观题网络班	网络入门先行班	2023年7月-2024年9月	2980
	网络基础班	2024年3月-2024年9月	8980
	网络强化班	2024年5月-2024年9月	7980
	网络冲刺班	2024年8月-2024年9月	3980
主观题网络班	网络全程班	2024年9月-2024年10月	9800
	网络冲刺班	2024年10月	4980

温馨提示：1、缴纳学费后，因个人原因不能坚持学习的，视为自动退学，学费不予退还。 2、课程有效期内，不限次回放
投诉及建议电话：吴老师17718315650

─── **优质服务 全程陪伴** ───

★历年真题　★在线模考题库　★打卡学习　★错题本　★课件下载　★思维导图　★1V1在线答疑随时咨询
★有效期内不限次数回放　★上课考试通知　★报考指导　★成绩查询　★认定指导　★配备专属教辅
★客观/主观不过退费协议（部分班型）　★免费延期或重修1次（部分班型）　★专属自习室（部分班型）
★小组辅导　★个人定制化学习通关和职业发展规划　★颁发法大法考结业证（部分班型）　★特殊服务 随时跟读